上海虹桥商务区核心区社会投资项目工程建设实录

SHANGHAI HONGQIAO SHANGWUQU HEXINQU SHEHUI TOUZI XIANGMU

工程建设实录
GONGCHENG JIANSHE SHILU

（2011—2017年）

上海虹桥商务区管理委员会　编
上海建科工程咨询有限公司

图书在版编目（CIP）数据

上海虹桥商务区核心区社会投资项目工程建设实录. 2011-2017年/上海虹桥商务区管理委员会，上海建科工程咨询有限公司编. — 上海：同济大学出版社, 2018.5

ISBN 978-7-5608-7813-3

Ⅰ.①上… Ⅱ.①上…②上… Ⅲ.①社会投资-基本建设投资-项目管理-概况-上海-2011-2017 Ⅳ.①F284

中国版本图书馆CIP数据核字(2018)第076459号

上海虹桥商务区核心区社会投资项目工程建设实录（2011—2017年）

上海虹桥商务区管理委员会　编
上海建科工程咨询有限公司

出 品 人　华春荣
责任编辑　孙宗霄
责任校对　徐逢乔
出版发行　同济大学出版社 www.tongjipress.com.cn
　　　　　（地址：上海四平路1239号　邮编：200092　电话：021-65985622）
经　　销　全国各地新华书店
印　　刷　上海丽佳制版印刷有限公司
开　　本　889mm×1194mm　1/16
印　　张　19
字　　数　608 000
版　　次　2018年5月第1版　2018年5月第1次印刷
书　　号　ISBN 978-7-5608-7813-3
定　　价　168.00元

本书若有印装问题，请向本社发行部调换　版权所有　侵权必究

编审委员会

主　　任：闵师林
顾　　问：薛全荣
副 主 任：陈伟利　费小妹
指　　导：鲍铁鸣　江小龙
成　　员：卫爱民　徐明生　李佳川　王爱洁　贾开京　俞颂勤
　　　　　李　俊　赵　俊　王玉良　张　强　周红波

编写工作组

主　　编：徐明生
副 主 编：李　俊　刘华伟
组织编写：刘华伟　纪　梅　黄海生
编写成员：（按姓氏笔画排序）
　　　　　王　凡　王　军　王　科　王　蓬　王景耀　石子胜
　　　　　占建刚　叶满龙　史永亮　乐日春　朱水保　任传民
　　　　　刘　飞　刘　波　刘华伟　纪　梅　苏建民　李　远
　　　　　李劲东　李佳宇　李淑君　李露凡　何　铭　何华锋
　　　　　余卫民　沈雪梅　沈培莉　沈瞳耀　张双甜　张毅琳
　　　　　陈　功　陈声凯　林爱忠　金健宁　周小山　周维才
　　　　　封　军　俞颂勤　秦　勇　顾　飞　顾耀明　徐　斌
　　　　　徐伟忠　高维忠　董　昆　曾莎洁　潘　雷

序 | Foreword

2009年，上海市委、市政府作出开发建设虹桥商务区的战略决策，并成立了虹桥商务区管委会。2010年，国务院批复的《长江三角洲地区区域规划》提出"依托虹桥综合交通枢纽，构建面向长三角、服务全国的商务中心"。同年，市政府颁布《上海市虹桥商务区管理办法》，进一步明确虹桥商务区的功能定位是"上海现代服务业的集聚地，上海国际贸易中心建设的新平台，面向国内外企业总部和贸易机构的汇集地，服务长三角地区、服务长江流域、服务全国的高端商务中心"。

2011年3月26日，随着核心区区域集中供能项目开工暨06号、08号地块建设项目举行奠基仪式，虹桥商务区核心区开发建设正式启动。

多年来，在市委市政府的坚强领导下，虹桥商务区管委会、市和区有关部门齐心协力，几万名一线工程建设者辛勤付出，核心区开发建设取得阶段性成果。目前，核心区31个社会投资项目352栋楼宇中，已有344栋结构封顶，封顶率达97.7%；已竣工验收备案面积达到350万 m^2，占核心区总建筑面积的60%。空中廊道、地下通道、能源站等政府配套项目功能设施基本满足社会投资项目需求。"虹桥天地""虹桥绿谷""龙湖天街""虹桥万科中心""虹桥丽宝广场"等一批标志性项目陆续投入运营，罗氏、壳牌、菲亚特、科施博格等千余家企业入驻，逐步实现了"出功能、出形象、出效益"的目标，虹桥商务区稳步朝着"长三角城市群联动发展新引擎"和"世界一流水准商务区"的发展目标迈进。

回顾这七年（2011—2017年）来的工程建设历程，留下了许多宝贵的经验财富。建设伊始，基坑均为"高、大、深"，又紧临地铁，且穿插着诸多政府投资项目交叉作业，施工难度大、工期紧、风险高。为保证各项目安全有序施工，管委会在工程前期审批管理、施工进度控制、施工界面协调和安全质量监管、竣工验收备案等方面均做了大量督促指导、统筹协调工作，工作中也有不少创新。特别是委托第三方编制了基坑群安全施工总控计划，确保了近百个基坑群的安全、有序开挖。各参建单位在管委会统一协调下，也在基坑工程、主体结构、幕墙、室外总体、绿色施工等阶段采用了新技术、新工艺和新方法。

为更好回顾总结虹桥商务区核心区社会投资项目的建设管理经验和创新做法，同时也为上海市后续类似成片开发项目群的安全建设和施工管理提供可借鉴的文字资料，管委会与上海建科工程咨询有限公司通力合作，历经一年时间，通过大量现场调研、资料搜集、整理汇编，编写了《上海虹桥商务区核心区社会投资项目工程建设实录（2011—2017年）》一书并公开出版发行，借以成为虹桥商务区开发建设过程中的宝贵历史资料。

一代人有一代人的长征路，一代人有一代人的使命担当。在习近平新时代中国特色社会主义思想的指引下，虹桥商务区的广大工程建设者们将继续按照市委、市政府的战略决策部署，以时不我待、只争朝夕的精神，更加坚持功能定位，更加坚守品质标准，锐意进取，埋头苦干，加快推进虹桥商务区开发建设，为推动上海经济腾飞、长三角城市联动发展做出积极的贡献！

上海虹桥商务区管委会党组书记、常务副主任
上海虹桥商务区开发建设指挥部常务副总指挥

2017 年 12 月

目录 | Contents

序

第1篇 区域概况

1 总体规划 ... 2
    1.1 规划范围 ... 2
    1.2 目标定位 ... 2
    1.3 功能定位 ... 2
    1.4 规划建设理念 ... 4

2 社会投资项目 ... 5

3 政府配套项目 ... 7
    3.1 能源中心及供能管沟工程 ... 7
    3.2 地下人行通道工程 ... 9
    3.3 空中廊道公共段人行天桥工程 ... 9
    3.4 绿地工程 ... 10

第2篇 前期报批

4 项目报建 ... 14
    4.1 概述 ... 14
    4.2 受理范围 ... 14
    4.3 受理依据 ... 14
    4.4 项目报建流程 ... 14
    4.5 工作实施过程 ... 14
    4.6 经验总结 ... 15

5 设计文件审查 ... 15
    5.1 概述 ... 15
    5.2 受理范围 ... 15
    5.3 设计文件审查流程 ... 15
    5.4 工作实施过程 ... 16

6 招标投标管理 — 17
- 6.1 概述 — 17
- 6.2 受理范围 — 17
- 6.3 受理依据 — 17
- 6.4 招标投标备案流程 — 18
- 6.5 工作实施过程与经验 — 20

7 合同信息报送 — 21
- 7.1 概述 — 21
- 7.2 受理依据 — 21
- 7.3 合同信息报送流程 — 21
- 7.4 工作实施过程及工作经验 — 22

8 施工许可办理 — 22
- 8.1 概述 — 22
- 8.2 受理依据 — 22
- 8.3 施工许可证办理流程 — 22
- 8.4 工作实施过程 — 23

9 竣工验收备案 — 24
- 9.1 概述 — 24
- 9.2 受理依据 — 24
- 9.3 竣工验收备案流程 — 24
- 9.4 工作实施过程 — 25
- 9.5 相关工作经验 — 26
- 9.6 工作中存在的问题 — 27

第3篇 项目建设

10 虹桥丽宝广场 — 30
- 10.1 项目概况 — 30
- 10.2 基坑工程 — 31
- 10.3 主体结构工程 — 34
- 10.4 机电安装工程 — 35

11 虹源盛世国际文化城 — 36
- 11.1 项目概况 — 36
- 11.2 基坑工程 — 38
- 11.3 主体结构工程 — 40
- 11.4 幕墙工程 — 42
- 11.5 机电安装工程 — 44

12 虹桥万科中心 — 45
- 12.1 项目概况 — 45
- 12.2 基坑工程 — 46

		12.3 主体结构工程	47
		12.4 幕墙工程	48
13	虹桥汇		49
	13.1	项目概况	49
	13.2	基坑工程	51
	13.3	主体结构工程	52
	13.4	幕墙工程	53
	13.5	机电安装工程	53
14	上海虹桥万通中心		55
	14.1	项目概况	55
	14.2	基坑工程	57
	14.3	主体结构工程	59
	14.4	机电安装工程	60
15	上海虹桥新地中心		61
	15.1	项目概况	61
	15.2	基坑工程	63
	15.3	主体结构工程	64
	15.4	幕墙工程	66
	15.5	机电安装工程	67
16	龙湖虹桥天街		69
	16.1	项目概况	69
	16.2	基坑工程	71
	16.3	主体结构工程	74
	16.4	幕墙工程	75
	16.5	机电安装工程	79
17	虹桥天地		81
	17.1	项目概况	81
	17.2	基坑工程	83
	17.3	主体结构工程	84
	17.4	幕墙工程	85
	17.5	机电安装工程	86
18	上海冠捷科技总部大厦		87
	18.1	项目概况	87
	18.2	基坑工程	89
	18.3	主体结构工程	92
	18.4	幕墙工程	92
19	金臣汇		93
	19.1	项目概况	93

	19.2 基坑工程	94
	19.3 主体结构工程	96
	19.4 幕墙工程	97
	19.5 机电安装工程	98
20	**虹桥绿谷广场**	**100**
	20.1 项目概况	100
	20.2 基坑工程	102
	20.3 主体结构工程	104
	20.4 幕墙工程	105
	20.5 机电安装工程	106
21	**虹桥三湘广场**	**110**
	21.1 项目概况	110
	21.2 基坑工程	112
	21.3 主体结构工程	116
	21.4 幕墙工程	120
	21.5 机电安装工程	121
22	**中骏广场**	**122**
	22.1 项目概况	122
	22.2 基坑工程	124
	22.3 主体结构工程	128
	22.4 幕墙工程	128
	22.5 机电安装工程	129
23	**恒基·旭辉中心**	**130**
	23.1 项目概况	130
	23.2 基坑工程	132
	23.3 主体结构工程	132
	23.4 幕墙工程	132
	23.5 机电安装工程	133
24	**虹桥富力十号**	**135**
	24.1 项目概况	135
	24.2 基坑工程	137
	24.3 主体结构工程	138
	24.4 幕墙工程	139
25	**虹桥阿里中心**	**140**
	25.1 项目概况	140
	25.2 基坑工程	141
	25.3 主体结构工程	146
	25.4 幕墙工程	149

	25.5 机电安装工程	149
26	**虹桥嘉汇和尚品华庭**	**150**
	26.1 项目概况	150
	26.2 基坑工程	152
	26.3 主体结构工程	154
	26.4 幕墙工程	155
	26.5 机电安装工程	157
27	**上海国际新华联中心**	**158**
	27.1 项目概况	158
	27.2 基坑工程	159
	27.3 主体结构工程	162
	27.4 幕墙工程	164
	27.5 机电安装工程	167
28	**万科·时一区**	**168**
	28.1 项目概况	168
	28.2 基坑工程	171
	28.3 主体结构工程	171
	28.4 幕墙工程	173
	28.5 机电安装工程	175
29	**上海虹桥协信中心**	**178**
	29.1 项目概况	178
	29.2 基坑工程	179
	29.3 主体结构工程	182
	29.4 幕墙工程	183
30	**虹桥正荣中心**	**184**
	30.1 项目概况	184
	30.2 基坑工程	185
	30.3 主体结构工程	187
	30.4 幕墙工程	188
	30.5 机电安装工程	188
31	**上海宝业中心**	**190**
	31.1 项目概况	190
	31.2 基坑工程	191
	31.3 主体结构工程	193
	31.4 幕墙工程	193
32	**隆视广场**	**195**
	32.1 项目概况	195
	32.2 基坑工程	196

32.3	主体结构工程	198
32.4	幕墙工程	199
32.5	机电安装工程	200

第4篇 管理创新

33 施工现场管理 — 202
- 33.1 总体情况 — 202
- 33.2 相关的工作举措 — 203
- 33.3 工作总结 — 205

34 属地安全质量监管 — 206
- 34.1 监管背景 — 206
- 34.2 项目特点和监管难点 — 206
- 34.3 监管对策 — 207
- 34.4 结语 — 208

35 基坑群施工安全总控 — 208
- 35.1 概述 — 208
- 35.2 基坑群施工总控的必要性 — 208
- 35.3 基坑群总控组织结构 — 210
- 35.4 基坑群安全总控工作内容 — 210
- 35.5 工作流程 — 212
- 35.6 实施总结 — 213

36 绿色建筑管理 — 213
- 36.1 商务区绿色建筑发展概况 — 213
- 36.2 商务区绿色建筑设计管理 — 216
- 36.3 商务区绿色建筑施工管理 — 217
- 36.4 奋斗创新，继往开来 — 219

37 公共绿地认建认养 — 219
- 37.1 虹桥商务区核心区南北片区公共绿地认建认养情况 — 219
- 37.2 开发企业认建认养公共绿地的意义 — 220
- 37.3 推广运用开发企业认建认养公共绿地的建议 — 220

第5篇 技术创新

38 基坑工程 — 222
- 38.1 基坑围护硬咬合桩工艺在虹桥天地项目中的应用 — 222
- 38.2 基坑施工过程中的地铁保护措施在上海虹桥新地中心项目中的应用 — 223

39 主体结构工程 — 234
- 39.1 地下室装配式双面叠合墙板、叠合楼板在上海宝业中心项目中的应用 — 234
- 39.2 盘扣式钢管支架在上海国际新华联中心项目中的应用 — 240

40 幕墙工程 249
40.1 GRC+PC 外围护体系在上海宝业中心项目中的应用 249

41 机电工程 254
41.1 BIM 技术在虹桥丽宝广场项目机电工程施工中的应用 254
41.2 一种用于风管内吊装可调式夹具在虹桥天地项目中的应用 266

42 项目管理 268
42.1 EPC 模式简介 268
42.2 EPC 模式在虹桥阿里中心项目中的应用 269

附录 虹桥商务区开发建设大事记 284
2011 年 284
2012 年 284
2013 年 285
2014 年 285
2015 年 286
2016 年 287
2017 年 287

第 1 篇 区域概况

1 总体规划

1.1 规划范围

虹桥商务区东起外环高速公路S20,西至沈阳—海口高速公路G15,北起北京—上海高速公路G2,南至上海—重庆高速公路G50,它位于上海中心城区西侧,紧邻江浙两省,地处长三角地区交通网络的中心,是上海—南京发展轴线和上海—杭州发展轴线的交汇点,总占地面积86km², 涵盖闵行、长宁、青浦、嘉定四个区。虹桥商务区主功能区东起外环高速公路S20, 西至现状铁路外环线, 北起北翟路, 南至上海—重庆高速公路(G50), 面积约27km², 其中核心区面积约4.7km²。图1.1-1为虹桥商务区功能区块示意图。图1.1-2为虹桥商务区区位图。

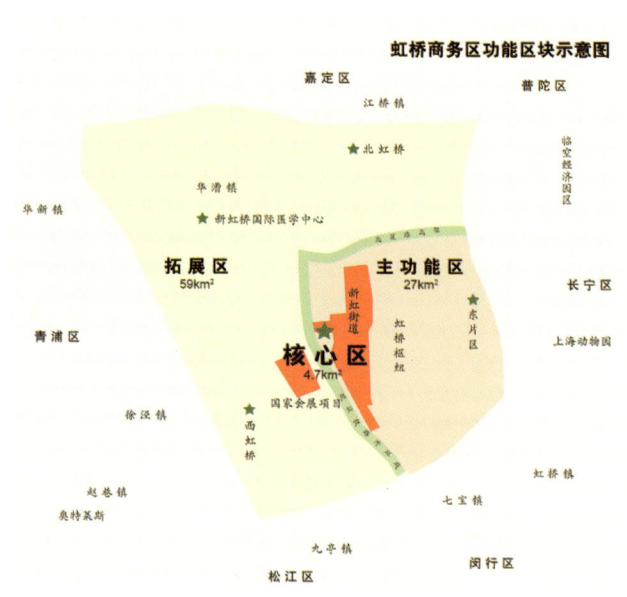

图1.1-1 虹桥商务区功能区块示意图

1.2 目标定位

虹桥商务区是上海"十二五"期间重点发展区域,其开发建设是上海市委、市政府立足全局、着眼长远的重大战略决策。根据国家和上海市国民经济和社会发展规划、上海市城市总体规划的要求,虹桥商务区依托虹桥综合交通枢纽(以下简称"虹桥枢纽"),建成上海现代服务业的集聚区,上海国际贸易中心建设的新平台,面向国内外企业总部和贸易机构的汇集地,服务长三角地区、服务长江流域、服务全国的高端商务中心。

根据区位条件、交通优势,以及"十二五"期间已经形成的发展基础,虹桥商务区"十三五"期间的发展定位为聚焦"3大功能",强化"4个服务",突出"5个特色"(图1.2-1),带动上海经济发展方式转型、促进城市空间布局调整、助推上海国际贸易中心建设,更好地服务国家长三角一体化发展战略。

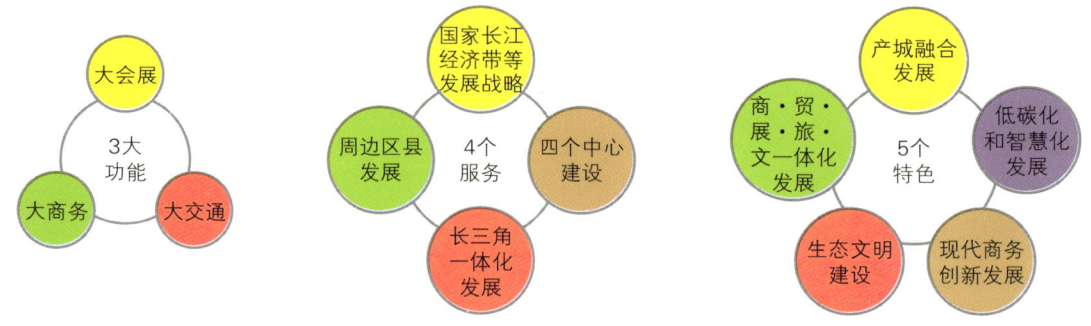

图1.2-1 虹桥商务区"十三五"期间目标定位

1.3 功能定位

虹桥商务区的功能定位为依托虹桥综合交通枢纽,建成上海现代服务业的集聚区、上海国际贸易中心建设的新平台和面向国内外企业总部和贸易机构的汇集地,成为服务长三角地区、服务长江流域和服务全国的高端商务中心。"十三五"期间,商务区核心区发展主要强化功能配套和产业能级,依托优质商务办公载体,做强总部经济和高端商务功能,初步形成具有国内领先、世界一流、生态文明的中央商务区框架,基本建成具有产城融合发展特色的现代化

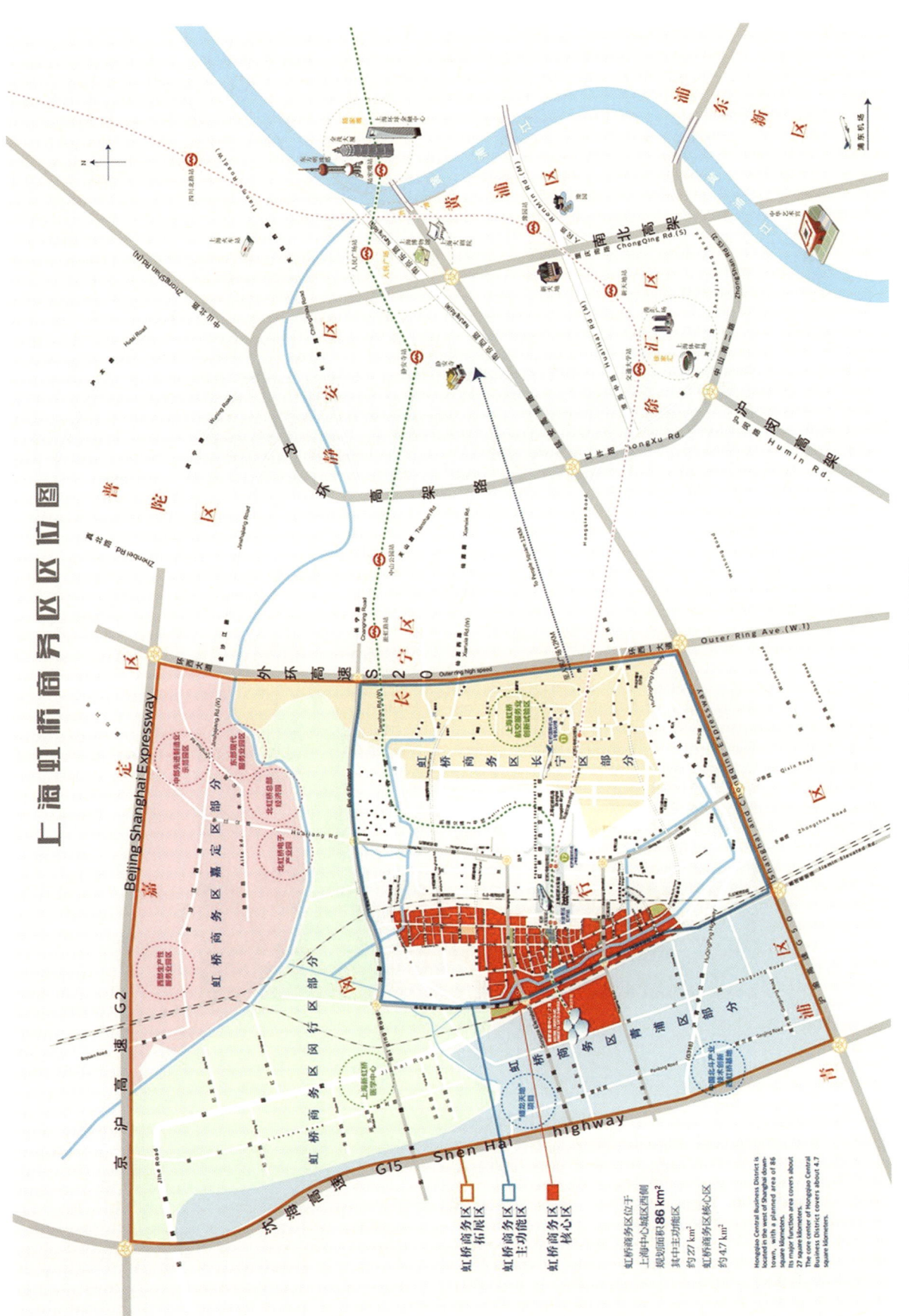

图 1.1-2 上海虹桥商务区区位图

中央商务区。主功能区核心功能是依托综合交通枢纽，发展总部办公、商业贸易、现代商务等，形成面向长三角的商务中心。按照主功能区的整体发展要求和枢纽功能特点，规划形成"一环、五区、两轴、三核"的布局结构。

虹桥商务区包含两大功能性项目，即虹桥综合交通枢纽（图1.3-1）和中国博览会会展综合体（图1.3-2）。

虹桥综合交通枢纽位于上海市中心城区西部，是长三角大都市圈的结构中心。交通枢纽集民用航空、高速铁路、城际铁路、长途客运、地铁、地面公交、出租汽车等多种交通方式于一体，可实现跨区域、大范围人流、物流的快速集散，是目前国内乃至世界上最大的综合交通枢纽之一。

图1.3-1　虹桥综合交通枢纽

中国博览会会展综合体项目是上海市"十二五"时期规划建设的重点项目之一，总建筑量在140万 m^2 左右，地上净展示面积逾50万 m^2，以展览功能为主。该项目建成后，将成为世界一流的会展中心，上海也将成为拥有最多展馆资源的展会中心城市。

图1.3-2　中国博览会会展综合体鸟瞰

1.4　规划建设理念

虹桥商务区有六大规划建设理念，即"最低碳""特智慧""大交通""优贸易""全配套""崇人文"。

1.4.1　最低碳

建立慢行系统，实现低碳交通是虹桥商务区践行低碳绿色理念的一个呈现。虹桥商务区为了提高土地集约利用，以及考虑机场周边建筑限高的要求，在规划之初就对地上、地下空间进行统一的高强度规划。通过这样的规划布局，提高了土地的集约利用，并鼓励人们在商务区核心区内步行，减少机动车出行，实现低碳交通。集中供冷供热项目使得一次能源利用效率可大幅提升，支持绿色建筑、绿色能源、绿色照明、绿色交通等低碳发展，打造能源节约型低碳实践区。虹桥商务区内超50%建筑达二星级以上标准，地标建筑达三星级标准，且采暖、通风、空气调节和照明总能耗普遍降低，不少建筑都获得国家绿色建筑和LEED双重认证。虹桥商务区现已被住房和城乡建设部命名为低碳示范区，目前正在积极申报全国第一个国家绿色三星级生态示范城区。

1.4.2 特智慧

虹桥商务区根据未来智慧城市的发展趋势，将物联网、云计算等最先进的信息技术应用于商务区的规划设计、基础设施、社区管理、企业运营、政府服务、生活配套等领域，努力打造数字化、网络化、智能化的智慧城市示范区，发挥信息技术对转型发展的积极作用，努力探索创建智慧城市的有益经验。

1.4.3 大交通

虹桥商务区拥有世界最大的综合交通枢纽，涵盖高铁、航空、长途汽车、轨道交通、规划磁浮等八种交通方式，设计日客流量110万~140万人次。目前虹桥商务区正按照交通功能最全、换乘方式最多、可达性最高、换乘距离最短、旅客流量最大的目标，建设世界上运营水平和运行标准最高的大型交通枢纽。

1.4.4 优贸易

以发展国际贸易业务为核心，通过汇集高端贸易人才和关键要素资源，促进上海国际贸易中心平台建设，通过吸引国内外企业总部和贸易机构落户，推进投资贸易便利化，打造上海国际贸易中心标志性平台和以国际贸易为主要特色的现代化商务区。

1.4.5 全配套

根据宜人、宜商、宜居的标准，对商务和生活有关的各类业态进行科学配比，努力实现商务功能和社区功能自然融合。重点发展以企业总部、贸易机构、商务办公为代表的主体业态，以会议展览为载体的功能业态和以住宿、商业、文化、娱乐为主的配套业态。

1.4.6 崇人文

商务区强调每一个建筑实体的功能性和标志性，并配置高标准的教育、医疗、居住、文化等公共服务机构；注重公园、绿化、水系等生态环境和建筑、交通、楼宇等物理形态的和谐统一，营造舒适、宜人、赏心悦目的整体环境；有意识地打造商务区的文化地标，在基本公共配套按照相关标准之外，建设标志性的剧院、博物馆、图书馆，使人均公共文化设施面积达0.18m^2。商务区不仅对街区单体地下空间利用有严格标准，而且各街区的地下空间全部联通，配以地下交通和公共设施，加上空中连廊等地面以上交通体系，形成地下、地面、空中三位一体的立体街区网络。

当前，上海虹桥商务区开发建设进入一个新阶段，虹桥商务区将以"高端商务+零距离联通世界"的全新概念，重新定义长三角CBD。

按照虹桥商务区"十三五"规划，未来，虹桥商务区将通过"大交通""大会展""大商务"的核心功能的打造，进一步整合周边产业、要素与经济资源，提高对生产服务、商务服务、知识服务、信息服务的综合供给能力等，建设成为国家现代服务业发展示范区、长三角区域合作的大平台，推动长三角世界级城市群共建，推动长三角一体化向纵深推进。虹桥商务区未来五年的重点就是服务长三角一体化和长三角世界级城市群的发展，打造长三角联动发展新引擎和世界一流水准的高端商务区。

2 社会投资项目

虹桥商务区核心区各地块面向社会投资群体，进行土地出让、规划等一系列程序，是商务区核心区的建筑主体所在

图2-1 核心区各出让地块开发建设项目分布位置示意图

表 2-1 核心区各出让地块开发建设工程概况表

序号	地块编号	开发商	建筑功能	建筑单体栋数/栋	占地面积/m²	总建筑面积/m²	地上建筑面积/m²	地下建筑面积/m²	地上建筑层数	地下建筑层数
1	01	丽宝（上海）	商业、办公	5	45 282	233 241	120 738	112 503	7~8层	3层
2	02	虹源盛世	酒店、商业、办公、展览	13	92 100	540 000	271 100	268 900	5~9层	3层
3	03北	金臣联美	商业、办公	9	32 100	196 000	111 900	84 100	2~3层, 8层	3层
4	03南	万狮置业	商业、办公	7	51 200	355 700	200 200	155 500	6~9层	3层
5	04D09	新地置业	商业、办公	1	15 700	75 706	50 373	25 333	8~9层	3层
6	04D10	万通公司	商业、办公	1	12 193	81 547	52 914	28 633	4、6~9层	3层
7	05	恒骏房产	酒店、商业、办公	16	30 306	428 380	253 130	175 250	6、8~10层	2, 3层
8	06	瑞桥地产	酒店、商业、办公、会展演艺	11	6 300	399 404	245 252	154 152	2~10层	3层
9	07-1	嘉建（上海）	商业、办公	1	8 205	43 245	22 085	21 160	7层	3层
10	07-2	兆德置业	酒店	5	9 222	101 746	60 307	41 439	3、9、10层	3层
11	08D13	众弘置业	酒店、商业、办公	6	46 200	267 200	149 100	118 100	4、8~10层	3层
12	08D23	众合地产	办公、商业	6	43 700	252 134	136 349	115 758	7~9层	3层
13	09	湘虹置业	商业、办公、餐饮	3	15 100	66 900	34 700	32 100	1~8层	1, 3层
14	北01	中骏公司	—	10	—	53 000	—	53 000	—	2, 3层
15	北03	辰环房产	商业、办公	24	21 606	219 650	145 762	73 888	最高9层	1, 2层
16	北02	旭弘置业	商业、住宅、办公	20	35 029	97 925	68 112	29 813	4~8层	1层
17	北04	新华联	酒店、商业、办公	19	38 990	139 135	102 470	36 665	1~11层	1~3层
18	北05	万树置业	办公	4	49 000	229 700	143 100	86 600	8、9层	2层
19	北06	上海极富	商业、办公、住宅	25	48 000	181 800	112 600	69 200	3~11层	1, 2层
20	北07	传富置业	商业、办公	4	25 583	141 499	77 463	64 036	8、9层	1, 3层
21	3号能源站	申虹公司	能源站	—	27 000	53 000	—	53 000	—	2, 3层
22	北08	辰环房产	商业、办公、住宅	17	12 946	135 732	86 363	49 369	6、7、11层	1, 2层
23	北09、北10	新华联	酒店、商业、办公	22	90 500	289 900	144 000	145 900	2、4~9层	1~3层
24	北11	万树置业	商业、办公、住宅	55	112 864	246 101	181 005	65 096	1~10层	1层
25	北12	协信地产	办公、商业	10	45 516	225 622	118 597	107 025	4、5~9层	1, 2层
26	北13	正荣阗品	商业、商业	21	73 695	233 854	140 279	93 575	3、5层	1, 2层
27	南01	经纬地产	办公	1	19 089	80 600	34 400	46 200	4层	3层
28	南03	经纬地产	商业	1	17 008	80 994	37 501	43 493	6层	3层
29	南04	紫宝实业	商业、办公	30	13 148	164 933	66 933	98 000	2、3、6层	2层
30	南02	隆视投资	办公	1	8 129	25 472	14 019	11 453	5层	2层
31	南05	隆视投资	办公	2	15 821	61 002	25 261	35 741	6层	3层

地及主要功能区。核心区面积约4.7km²，包括1km²的国家发展中心项目，共有31个出让地块开发建设工程（图2-1），总建筑面积达585万m²，其中地上建筑面积340万m²，地下建筑面积245万m²，共352栋建筑单体，社会投资总额900多亿元。项目功能涉及商务办公、会议展览、商业、住宅、文化娱乐等多个方面（表2-1）。

3 政府配套项目

虹桥商务区内的政府配套项目包括核心区（一期）区域供能能源中心及区域供能管沟工程，核心区（二期）区域供能管沟工程，地下人行通道工程，核心区（一期）空中廊道公共段人行天桥工程，主功能区滨河及绿地景观迎宾绿地工程，核心区（一期）公共绿地，华翔、天麓、云霞绿地，核心区（一期）与中国博览会会展综合体地下联系通道工程。

3.1 能源中心及供能管沟工程

3.1.1 核心区（一期）区域供能能源中心及区域供能管沟工程

上海虹桥商务区核心区（一期）区域供能项目是建设虹桥低碳经济商务区的重要组成部分，项目全过程坚持贯彻以低碳为基础的生态商务区规划与建设理念，建成后将成为国内规模最大的区域供能系统。该项目被市政府作为低碳经济的示范区，以响应国家节能减排的号召。虹桥商务区打造中国第一个低碳商务区，不但充分展现上海对发展低碳经济的态度和决心，而且对社会公众树立低碳理念起到实际的宣传作用。该项目包括南、北两个能源站及能源站通往各地块用户端的管沟、管路工程（图3.1-1）。

1. 南区能源站

南区能源站设于嘉闵高架路以东，建虹路以北的匝道环形绕道区间内，为地下2层、地上1层结构。南站占地面积约11 220m²，建筑面积11 353m²。

2. 北区能源站

北区能源站设于嘉闵高架路以东，崧泽高架扬虹路以南的匝道环形绕道区间内，为地下1层、地上2层结构。北站占地面积约7 922m²，建筑面积9 864m²。

南北区域集中供冷、供热采用四管制输送方式，供能管网总长约18 100m。

图3.1-1 核心区（一期）区域供能能源中心及区域供能管沟工程

3. 核心区（一期）区域供能管沟工程

核心区（一期）区域供能管沟工程地理位置规划范围东至虹桥综合交通枢纽西交通中心毗邻，西邻新角浦河，至嘉闵高架，南至建虹路，北至扬虹路（图3.1-2）。管沟从南北能源站接出穿越新角浦河，区域内申滨路、申长路以及申虹路为已建道路。工程主要内容包括电气工程、给排水工程、消防系统工程、管道工程、通风空调系统及弱电工程。

核心区（一期）区域供能管沟工程服务于供能管网，为地下箱涵结构，总长度约3 279m，其中，南区主管沟长1 244m，北区主管沟长1 735m，用户三级管沟长约300m。

该工程明挖段管沟结构断面尺寸为（3.0~5.2m）×（2.3~3.4m），挖深为6.8~17.0m，覆土深度为2.6~12.0m。穿越已建申滨路、申长路、申虹路段及过新角浦河段采用顶管工艺，顶管分为钢顶管、混凝土顶管。钢顶管内径4.2m，共5条，总长约412m；混凝土顶管直径4m，共7条，总长约700m。顶管通过工作井连接，南北区各有工作井10个。

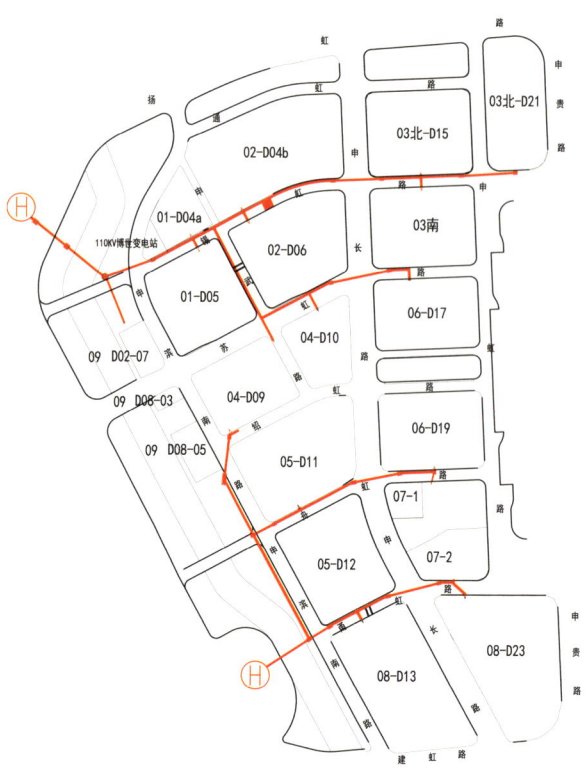

图 3.1-2 管沟工程（一期）路由走向图

3.1.2 核心区（二期）区域供能管沟工程

虹桥商务区核心区（二期）区域集中供能项目管沟工程包括北片、南片及与一期区域供能管沟工程的联通段（图 3.1-3），管沟总长为 5 257m。

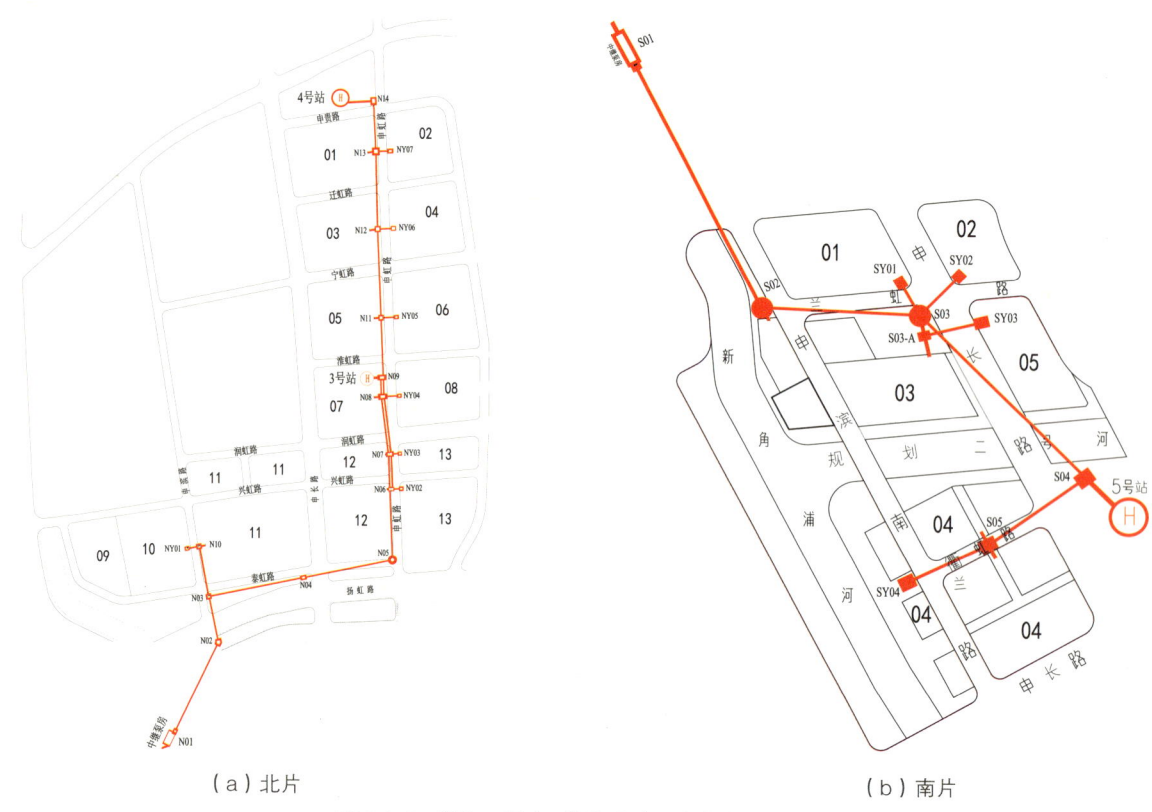

（a）北片　　　　　　　　　　（b）南片

图 3.1-3 管沟工程（二期）北片、南片路由走向图

北片内设 3 号、4 号能源站，北片设计范围为杨虹路以北的商务区及与供能管沟工程（一期）供能系统 2 号能源站的联通段（含中继泵房）。

南片内设 5 号能源站，南片设计范围为建虹路（徐泾中路）以南的商务区及与供能管沟工程（一期）供能系统 1 号能源站的联通段（含中继泵房）。

管沟工程（二期）采用全通行与半通行相结合的管沟形式，采用深埋方案，主线管沟采用全顶管方案。非过路段的接用户段管沟采用明挖法施工，过路段的接用户段管沟采用顶管法进行施工。

管沟工程（二期）主线管沟长 4 352m，接用户段管沟长 870m，其中顶管段长 4 590m，明挖段长 632m，并另设中继泵站 2 座。管沟工程设顶管工作井共 31 座，其中主线顶管工作井 20 座，接用户顶管井 11 座。

3.2 地下人行通道工程

3.2.1 核心区地下人行通道工程

1. 核心区（一期）

核心区（一期）地下人行通道共有 15 条，分别连接商务区各个地块的地下空间。其中，结构内径尺寸为 8m×4m 的通道 4 条，结构内径尺寸为 10m×4m 的通道 11 条，15 条通道合计总长约 654.9m，总建筑面积为 7 320.44m²，总投资约 3 亿元。

2. 核心区南片区

核心区南片区地下人行通道工程包括 3 条地下通道：润虹路 1 条、申虹路 1 条以及建虹路 1 条。

图 3.2-1 地下人行通道效果图

地下人行通道工程对解决核心区（一期）和南北片区的人行联系将发挥重要作用，更加方便快捷地满足周边商业地块人流的出行需求，完善交通功能。通过地下通道的导向功能，可有效引导客流经过各商业聚集区，提升通行品质，创造消费需求，平衡各地块地下车库停车需求，有效推动核心区及整个商务区的经济发展。图 3.2-1 为地下人行通道效果图。

3.2.2 核心区（一期）与中国博览会会展综合体地下联系通道工程

核心区（一期）与中国博览会会展综合体地下联系通道工程实施范围自会展中心开始至 9 号地块下沉式广场结束，全长 470m。该工程位于苏虹路南侧，向东穿越现状外环铁路、嘉闵高架、新角浦河等，东至申滨南路西侧红线。作为虹桥商务核心区与会展区之间功能联动的核心动力之一，会展通道增加了会展中心至华翔路、嘉闵高架的客流疏散能力，配合核心区的地下通道，实现了虹桥商务区大联通。

3.3 空中廊道公共段人行天桥工程

空中廊道公共段人行天桥工程（图 3.3-1）是商务区核心区（一期）步行交通系统的重要组成部分，可以有效缓解地下及地面步行空间的交通压力，改善区域环境，提高商务区内路网的通行能力，确保行人过街安全方便。空中廊道将与各地块的地下商业、办公、文化、娱乐等功能有序组合，促进商业氛围和项目核心的形成。

图 3.3-1 核心区（一期）空中廊道公共段人行天桥工程

3.4 绿地工程

3.4.1 主功能区滨河及绿地景观迎宾绿地工程

迎宾绿地工程东至高铁用地，西南至新角浦、申长路和申贵路，北至义虹路，由5个地块组成，总用地面积为112 697m²，项目建设内容包含51 837m² 公共绿地用地范围内的景观绿化、配套建筑、小品以及60 860m² 防护绿地用地（图3.4-1），总投资约3.1亿元。迎宾绿地以都市生态绿地为主题，重点体现生态效益，根据区域特征，通过植物、铺装、小品、设施等景观元素，突出不同功能的城市公共空间的景观特色，利用合理的植物群落形成天然生态屏障，改善交通枢纽对城市环境的不利影响，塑造商务区别具特色的生态景观，满足周边人群休闲休憩需求，极大地提高商务区的绿化水平和环境品质。

图3.4-1　主功能区滨河及绿地景观迎宾绿地工程

3.4.2 核心区（一期）公共绿地

核心区（一期）公共绿地工程规划范围北至扬虹路，南至建虹路，西至北横泾，东至申虹路，总规划用地面积96 865m²，工程内容主要包括以上区域范围内所涉及的绿化、养护道路、慢行步道及广场铺装等。该工程的建设具有改善环境质量、消除粉尘废气、阻隔噪声等防护作用。通过虹桥商务区核心区（一期）公共绿地的建设，还可以缓解商务区热岛效应。运用块状混交、多品种搭配和地形塑造的手法，还可营造出春花夏荫秋色冬景，为核心区的商务人士提供一系列开敞、自然的生态氧吧。

3.4.3 华翔、天麓、云霞绿地

绿地公园的建设是虹桥商务区建设的一部分，属于重大基础设施和公益性项目。绿地的建成将大大提升整个虹桥区域的对外形象，也为虹桥商务区公共开放空间的建设打下基础，由此必将产生显著的社会效益、环境效益和经济效益，其中尤以社会效益为主。图3.4-2—图3.4-4分别为华翔、天麓、云霞绿地。

绿地和建筑模仿了典型的江南水城的尺度和肌理，以水系为纽带，将大小组合的绿色空间、建筑和广场联系在同一个系统中，构建集景观观赏、休闲健身、文化娱乐、公共服务等多功能为一体的综合型城市公共绿地。根据基地河道围合的岛状肌理，将基地内的绿色空间与建筑形成有机整体，二者协调共生，商务建筑不仅建在绿地边，而且和绿色空间融合，在本区特色的运河体系里，形成具有江南水乡特色的现代化城市滨水空间。

三座绿地公园的建设将改善虹桥商务区的环境质量、完善系统结构、平衡绿地布局、增加绿地面积、改善环境质量和提高居民生活质量。绿地公园的生态效应，对污染物具有净化作用，使城市环境质量达到洁净、舒适、优美、安全的要求。此外，通过绿地体系的布局组织，将各功能片区有机分隔又密切联系，形成绿化景观整体系统，可强化地面建筑、地下空间、外部设施及生态环境之间的联系，将其联结成绿色的整体优质空间。

图 3.4-2　华翔绿地效果图

图 3.4-3　天麓绿地效果图

图 3.4-4　云霞绿地效果图

第 2 篇　前期报批

4 项目报建

4.1 概述

根据《上海市虹桥商务区管理办法》和上海市城乡建设和交通委员会《关于委托上海虹桥商务区管理委员会对虹桥商务区主功能区内部分工程建设管理事项实施监管的函》（沪建交函〔2010〕528号），以及上海市城乡建设和管理委员会《关于调整委托虹桥商务区管委会对虹桥商务区主功能区建设管理事项的函》（沪建管函〔2014〕842号）的规定，上海虹桥商务区管理委员会受市建设行政管理部门委托，负责虹桥商务区主功能区范围内的建设工程报建审批工作。在管委会内部，具体负责建设工程报建审批工作的部门为开发建设处（以下简称"建设处"）。

4.2 受理范围

上海虹桥商务区管理委员会项目报建受理范围为上海市虹桥商务区主功能区范围内总投资额100万元及以上的建设工程，包括：①新建、扩建、改建工程；②装修或修缮工程；③城市基础设施维修工程。

4.3 受理依据

（1）《上海市建筑市场管理条例》（上海市人民代表大会常务委员会公告第16号）。
（2）《上海市建设工程报建管理办法》（沪建交〔2011〕1034号）。
（3）《上海市建设工程承发包管理办法》（上海市人民政府37号令）。
（4）《关于印发〈上海市建设工程承发包管理办法〉若干问题的解释的通知》（沪建建〔2004〕564号）。
（5）《文物保护工程管理办法》（中华人民共和国文化部令〔2003〕第26号）。
（6）《上海市文物保护条例》（上海市人民代表大会常务委员会公告第12号）。
（7）《上海市历史文化风貌区和优秀历史建筑保护条例》（2010年修正本）（上海市人民代表大会常务委员会公告第24号）。
（8）相关的法律、行政法规及规范性文件。

4.4 项目报建流程

建设单位使用上海市"法人一证通"数字证书，登陆"上海市住房和城乡建设管理委员会"（http://www.shjjw.gov.cn）→网上政务大厅"建设管理"→建设管理类"项目"→行政审批"对建设工程项目报建的许可"→网上申请，网上填报相关信息，上传相关文件扫描件，打印"上海市建设工程报建表"一式二份，加盖公章，法定代表人签章后，携带申请材料到虹桥商务区管委会开发建设处办理。

申请"保密工程"报建，建设单位使用上海市"法人一证通"数字证书，登陆"上海市住房和城乡建设管理委员会"（http://www.shjjw.gov.cn）→网上政务大厅"建设管理"→建设管理类"项目"→行政审批"对建设工程项目报建的许可"→表格下载，下载"上海市建设工程报建表"一式二份，并填写相关信息，加盖公章，法定代表人签章后，携带申请材料到上海市城乡建设和管理委员会行政服务中心办理。

4.5 工作实施过程

上海虹桥商务区管理委员会开发建设处于2010年11月17日受理了虹桥商务区核心区（一期）区域供能管沟工程的报建工作，这是虹桥商务区的第一个报建项目，从此拉开了虹桥商务区大开发的序幕。

为确保虹桥商务区核心区（一期）第一个"地块"项目暨虹桥商务区核心区（一期）06号地块D17街坊商办楼项目在2010年内顺利完成报建工作，管委会建设处带着香港的开发商上海瑞桥房地产发展有限公司走访了上海市发展和改革委员会、原市城乡建设和交通委员会、闵行区建设和管理委员会等部门沟通协调，并协助其完成了报建网上申报工作。最终该项目于2010年12月31日24时前完成报建办理，并取得报建编号与项目IC卡（现已取消）。

经过多年的蓄力，虹桥商务区的发展像一列行驶的列车越走越快，核心区的项目也随之越来越多，但项目的增多使得原有的审批制度显得僵化低效。如何有效地规范审批制度、合理缩短行政审批时限，从而进一步加快虹桥商务区的建设成为建设处亟待解决的问题。根据虹桥商务区的实际情况编制一本简明高效的行政审批受理服务指南是解决上述问题有效方法。2012年，建设处着手启动了《虹桥商务区受理服务指南》（下文简称《指南》）的编制工作，随着该《指南》的广泛使用，原本繁复的项目报建过程变得简单明确了，也给开发企业节省了人力、物力成本。

2013年下半年，核心区（一期）06号、08号等地块的部分楼宇陆续竣工验收并投入使用，虹桥商务区"小而杂"的二次装修项目接踵而至。这给建设处的管理提出了新的挑战，项目特性的改变让做惯了"大项目"的建设处一时难以适应。为应对这一新挑战，建设处走访了市建设委员会受理服务中心、市场管理总站、安质监站、黄浦区建筑业管理署、静安区受理服务中心、新虹街道办事处等各级兄弟单位进行参观和学习。在不断的学习与摸索后，在2016年5月发布了适用于虹桥商务区的二次装修管理规定——《关于进一步优化虹桥商务区二次装修建设工程受理服务工作的通知》，并在后续过程中得到了很好的实施。

综观7年的建设成果，虹桥商务区管理委员会已完成了198个项目的报建办理工作。其中2010年3个，2011年13个，2012年24个，2013年31个，2014年29个，2015年44个，2016年40个，2017年14个。

4.6 经验总结

报建工作对于整个建设工程而言是必不可少的，就像一个人不能没有身份证一样，一个建设工程同样也不能没有自己的"身份证"，而这个身份证就是"报建编号"。

为确保完成市委市政府下达的开工目标任务，经管委会领导同意，建设处采用了在获取"预立项"批文后，先行开展建设工程"预报建"手续办理工作的办法，并在取得正式立项批文后再行"正式报建"。其优点是先行取得报建编号开展项目设计、勘察招标投标，可以缩短项目前期大量的宝贵时间。

报建的受理过程相对而言是枯燥的，所需的条件也是一成不变的，建设处能做的就是在受理资料齐全的情况下，尽可能地加快审批速度，为后续的建设程序节省时间。

为了体现虹桥商务区管委会的优质服务，建设处还特例允许开发企业携带资料至建设处办公室当场申报报建手续，经办同志手把手教导开发商办事人员填写报建信息。这样的服务质量和效率在国内屈指可数。

5 设计文件审查

5.1 概述

围绕加快推进商务区核心区31个地块开发项目全面开工建设的工作目标，商务区管委会进一步强化服务、提升效率，积极做好建设工程设计文件审查的各项牵头、组织、协调、指导和管理工作，确保了建设工程设计文件审查工作有序开展，得到了上海市委、市政府领导的充分肯定和区域内开发企业的好评。

5.2 受理范围

虹桥商务区管委会受理设计文件审查的项目范围为虹桥商务区主功能区范围内的报建项目。

5.3 设计文件审查流程

设计文件审查流程如图5.3-1所示。

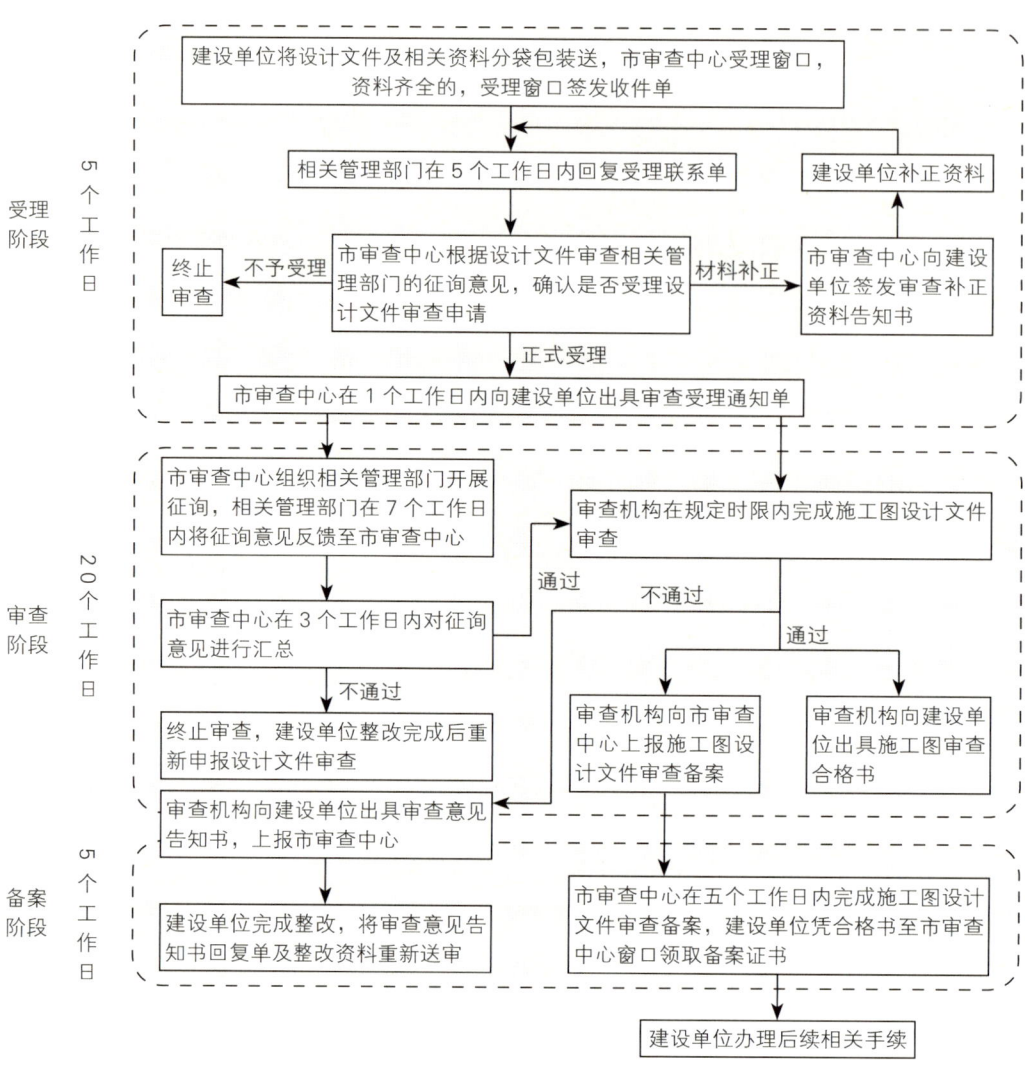

图 5.3-1　设计文件审查流程

5.4　工作实施过程

（1）深刻学习、领会本市建设工程行政审批改革精神，结合商务区开发建设实际情况，努力强化公共服务，开创性地采取了"预受理""建设单位承诺，桩基先行审图"等操作模式，有效地解决了商务区地块开发项目开工进程与设计进度的矛盾，较好地实现了在主体结构安全的前提下，尽早开工的目标。

（2）日常工作中，主动对各建设单位有关经办人员给予工作指导，协助各建设单位加强与各参审单位的联系和沟通，积极协调上海市住房和城乡建设管理委员会科学技术委员会对商务区各地块建设项目及时开展有关评估、审查，确保商务区建设工程设计文件审查工作顺利推进。

（3）积极协调解决各建设工程设计文件审查过程中出现的矛盾问题。一是协调市交警、交通、规划等部门研究、解决商务区核心区（一期）配套公交车站选址调整事宜。二是协调解决个别地块停车位不足的矛盾。三是针对核心区（二期）南02号地块，建设单位提出的地下车库使用"预装配式钢筋混凝土叠合板结构体系"新工艺的申请，积极协调上海市建筑建材业市场管理总站、抗震办公室研究、明确工作程序，组织上海市住房和城乡建设管理委员会科学技术委员会召开技术评审会，协调审图公司组织抗震设防专家论证会，在确保南02号地块开工目标的前提下，推动该新工艺的使用。四是协调解决核心区（二期）北07号地块涉及轨道交通规划控制区技术审查安排等具体事宜，为各开发地块及早开工、合法开工创造了有利的条件。

（4）根据地块开发企业提请，建立健全的由市交通委、市交警总队、管委会规划处等部门组成的地块开发项目交通影响评估会审机制，积极组织各项目交通影响评价会审，促进了各地块交通出入口、交通组织及停车配建设计方案等内容的尽早确定，有效促进了各项目设计文件审查的顺利通过，提高建设工程行政审批效率。

6 招标投标管理

6.1 概述

根据《上海市虹桥商务区管理办法》和上海市城乡建设和交通委员会《关于委托上海虹桥商务区管理委员会对虹桥商务区主功能区内部分工程建设管理事项实施监管的函》（沪建交函〔2010〕528号），以及上海市城乡建设和管理委员会《关于调整委托虹桥商务区管委会对虹桥商务区主功能区建设管理事项的函》（沪建管函〔2014〕842号）的规定，上海虹桥商务区管理委员会受市建设行政管理部门委托，负责虹桥商务区主功能区范围内的建设工程招标投标管理工作。在管委会内部，具体负责建设工程招标投标管理工作的部门是开发建设处，工作内容涵盖工程勘察、施工、监理和设计招标投标管理。

6.2 受理范围

虹桥商务区管理委员会负责建设工程招标投标管理的项目范围为虹桥商务区主功能区范围内的报建项目。具体项目分类如表6.2-1所示。

表6.2-1 建设工程招标投标管理项目分类

序号	项目分类	具体类型
1	关系社会公共利益、公众安全的基础设施项目	①煤炭、石油、天然气、电力、新能源等能源项目 ②铁路、公路、管道、水运、航空以及其他交通运输业等交通运输项目 ③邮政、电信枢纽、通信、信息网络等邮电通信项目 ④防洪、灌溉、排涝、引（供）水、滩涂治理、水土保持、水利枢纽等水利项目 ⑤道路、桥梁、地铁和轻轨交通、污水排放及处理、垃圾处理、地下管道、公共停车场等城市设施项目 ⑥生态环境保护项目 ⑦其他基础设施项目
2	关系社会公共利益、公众安全的公用事业项目	①供水、供电、供气、供热等市政工程项目 ②科技、教育、文化等项目 ③体育、旅游等项目 ④卫生、社会福利等项目 ⑤商品住宅，包括经济适用住房 ⑥其他公用事业项目
3	使用国有资金的项目	①使用各级财政预算资金的项目 ②使用纳入财政管理的各种政府性专项建设基金的项目 ③使用国有企业事业单位自有资金，并且国有资产投资者实际拥有控制权的项目

上述规定范围内的各类建设工程，项目总投资额在3 000万元人民币以上或者勘察单项合同估算价在50万元人民币以上的，二者符合其一的应当进行勘察招标。

政府投资的建设工程，以及国有企业事业单位使用自有资金且国有资产投资者实际拥有控制权的建设工程，达到法定招标规模标准的，应当在市或者区统一的建设工程招标投标交易场所进行全过程勘察公开招标投标活动（以下简称"进场交易"）。其他建设工程，达到法定招标规模标准的，可以由招标人自行决定是否进入招标投标交易场所进行勘察招标投标活动。

6.3 受理依据

虹桥商务区管理委员会负责建设工程招标投标管理的受理依据如表6.3-1所示。

表 6.3-1 建设工程招标投标管理受理依据

法律法规	勘察	施工	监理	设计
《中华人民共和国招标投标法》（主席令第 21 号）	●	●	●	●
《中华人民共和国建筑法》（主席令第 46 号）	●	●	●	●
《中华人民共和国招标投标法实施条例》（国务院令第 613 号）	●	●	●	●
《上海市建筑市场管理条例》（上海市人民代表大会常务委员会公告第 16 号）	●	●	●	●
《评标委员会和评标方法暂行规定》（七部委 12 号令，2013 年 23 号令修正）	●	●	●	●
《工程建设项目招标投标活动投诉处理办法》（七部委 11 号令）	●	●	●	●
《工程建设项目勘察设计招标投标办法》（八部委 2 号令，2013 年 23 号令修正）	●			●
《上海市建设工程招标投标管理办法》（上海市人民政府令第 50 号）	●	●	●	●
《上海市建设工程招标投标管理办法实施细则》（沪建建管〔2017〕316 号）	●	●	●	●
《工程建设项目施工招标投标办法》（七部委 30 号令，2013 年 9 部委 23 号令修正）		●		
《上海市房屋建筑和市政工程施工招标评标办法》（沪建管〔2015〕321 号）		●		
《关于进一步规范本市房屋建筑工程施工招标标段划分的通知》（沪建建管〔2016〕279 号）		●		
《上海市建设工程监理管理办法》（上海市人民政府令第 72 号）			●	
《建筑工程设计招标投标管理办法》（住房和城乡建设部 33 号令）				●

6.4 招标投标备案流程

6.4.1 建设工程勘察

建设工程勘察招标投标备案流程如图 6.4-1 所示。

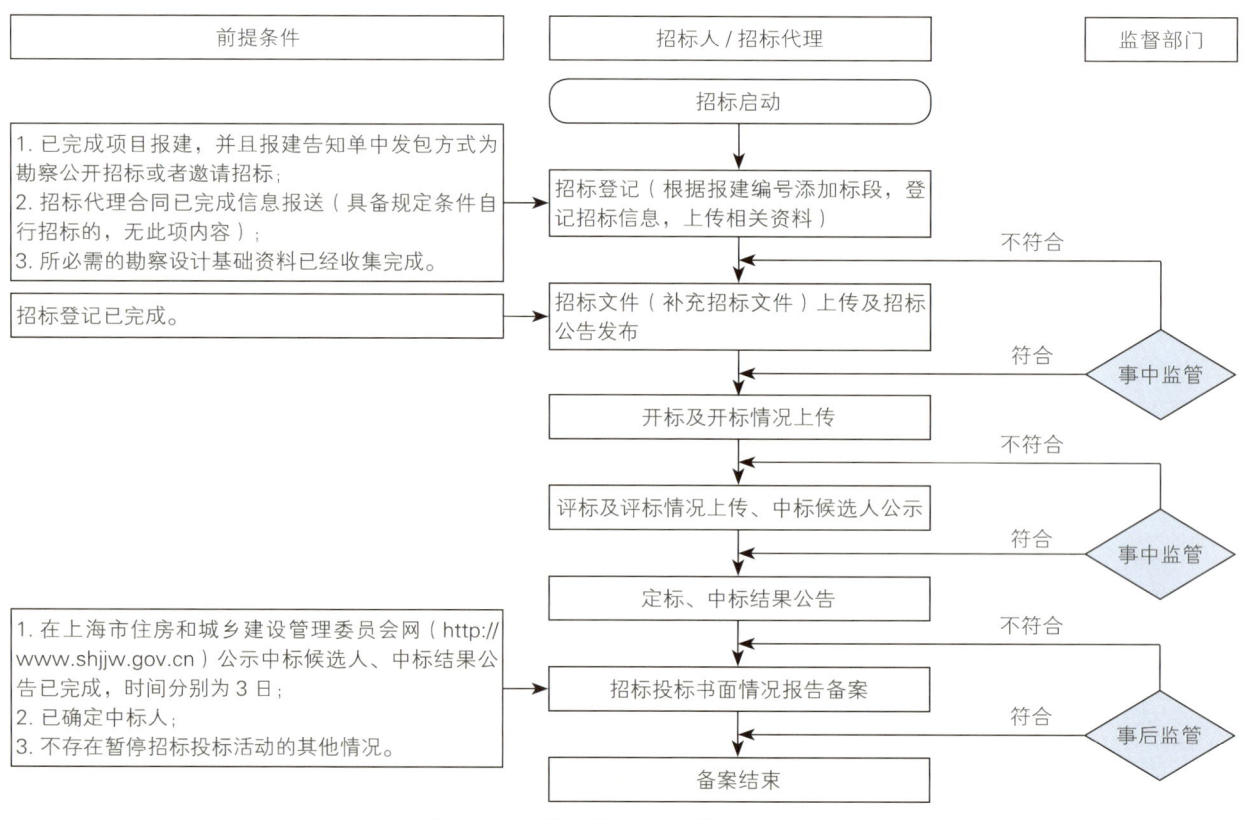

图 6.4-1 建设工程勘察招标投标备案流程

6.4.2 建设工程设计

建设工程设计招标投标备案流程如图 6.4-2 所示。

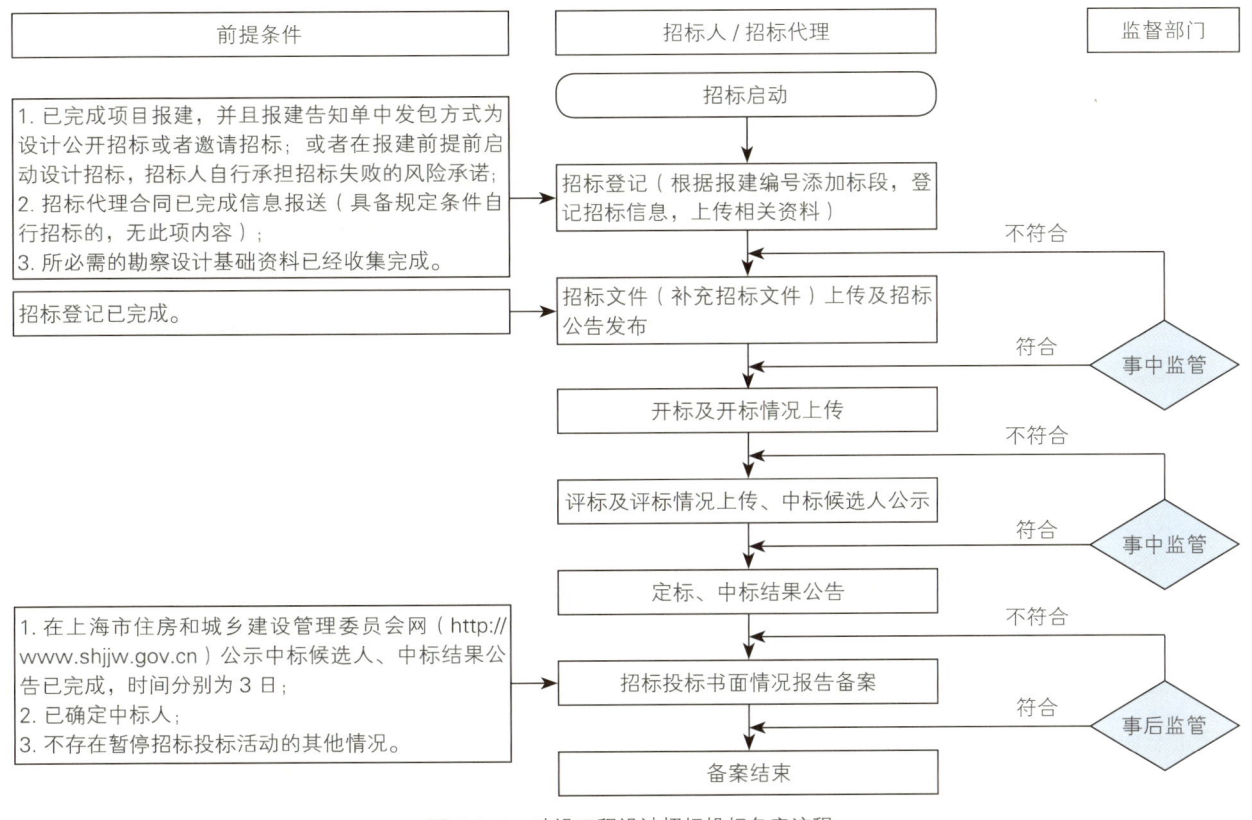

图 6.4-2　建设工程设计招标投标备案流程

6.4.3 建设工程施工

建设工程施工招标投标备案流程如图 6.4-3 所示。

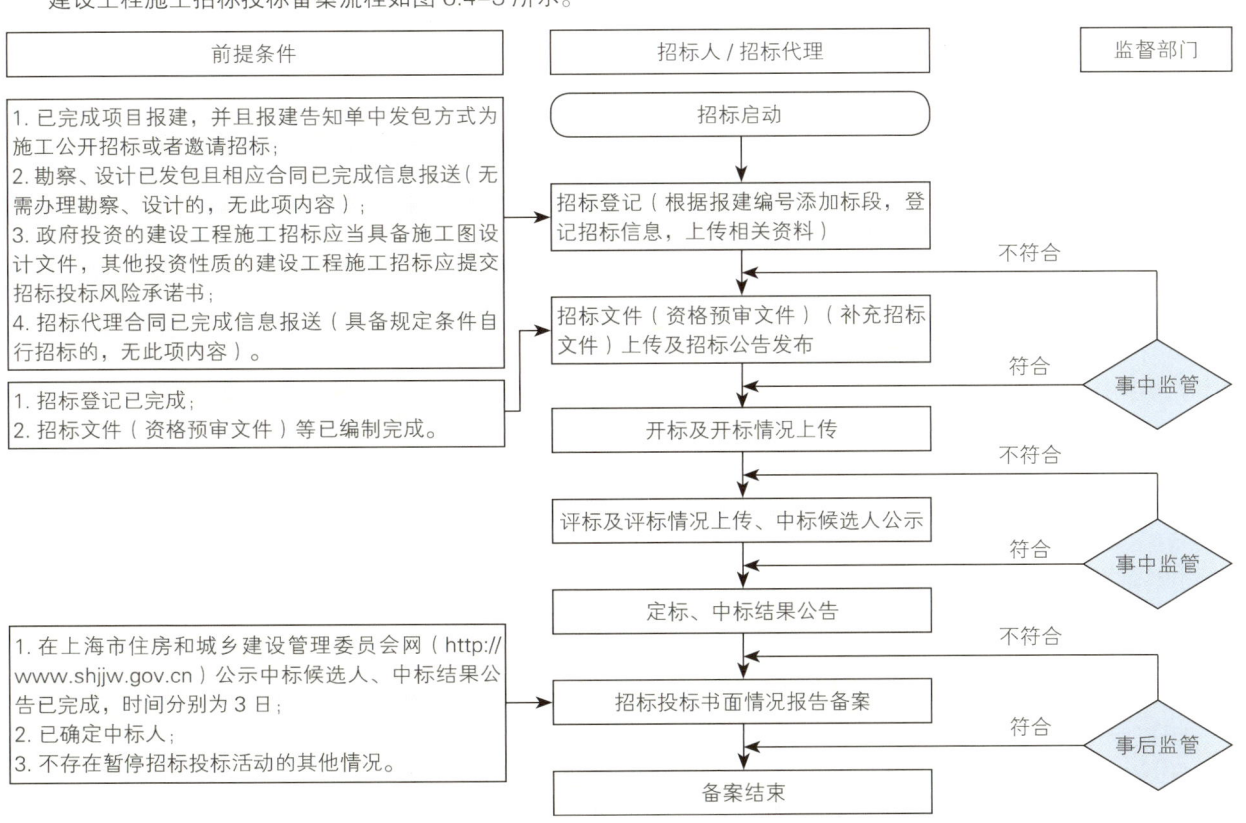

图 6.4-3　建设工程施工招标投标备案流程

6.4.4 建设工程监理

建设工程监理招标投标备案流程如图6.4-4所示。

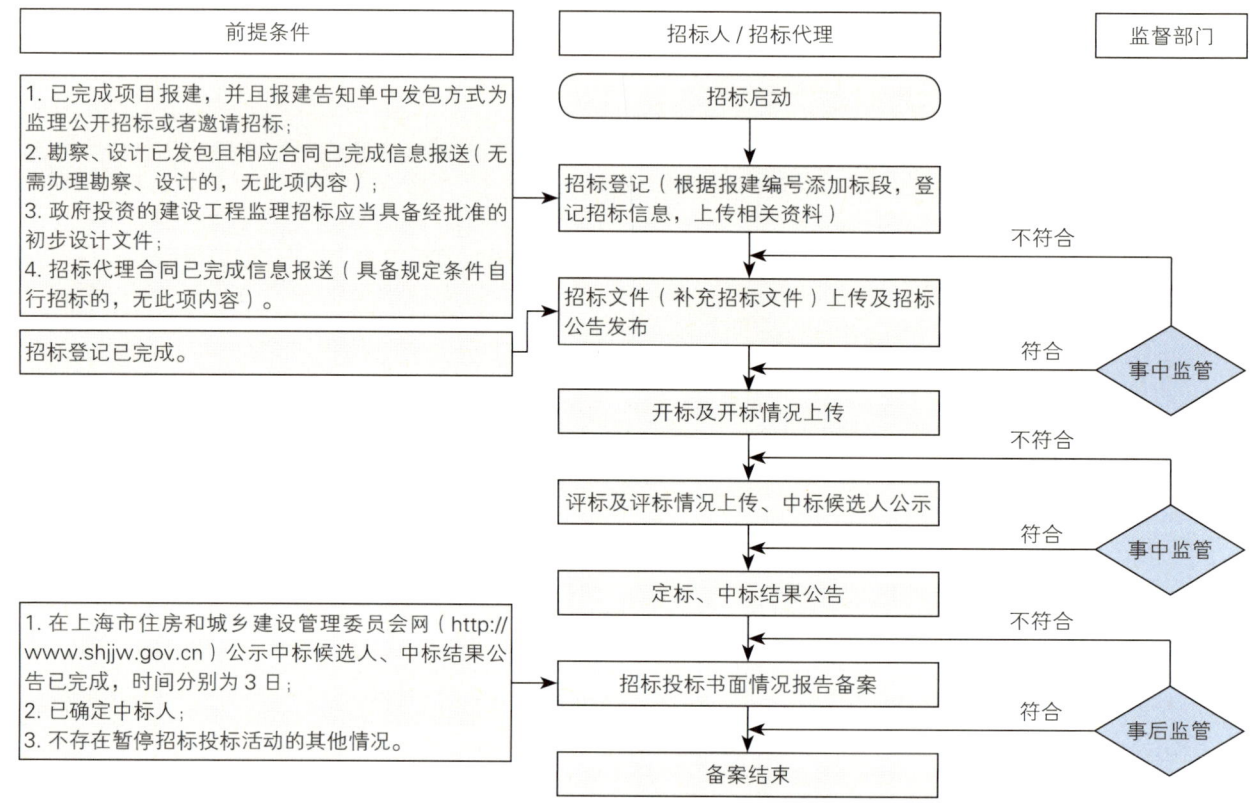

图6.4-4　建设工程监理招标投标备案流程

虹桥商务区的项目主要分为政府投资项目与社会投资项目。政府投资项目均采用公开招标，社会投资项目的招标方式分为公开招标和邀请招标。其中，国有资金投资的项目采用公开招标，如核心区（一期）08号地块D23项目等，非国有资金投资的项目采用邀请招标，如核心区（一期）06号地块D19街坊项目等。

6.5　工作实施过程与经验

建设工程招标投标工作在整个建设过程中最为关键，同时也是最易出现问题的环节，会面临各种各样的不确定性。在这7年时间里，建设处领导及下属工作人员始终在进行招标投标知识的学习、积累与研究。每当有新的政策法规下达，无论是国家部委令、市委市政府令，或是市委办局发文、建设行业主管部门制定的管理办法等，开发建设处都会认真学习，并通过处务会等平台研究讨论。

招标投标工作涉及市建设委员会两个职能部门，即受理服务中心的招标登记与市场管理总站的招标投标监管。为加快虹桥商务区建设，建设处于2012年着手开展了招标投标审批流程梳理工作，将各项审批环节进行分割，深度剖析并进行整合，最终形成招标登记与投标登记合并审批。此举避免了重复收取资料，并减少开发企业及招标代理前来办事的次数，从而有效地提高了招标投标前期工作的效率。

对开发建设处而言，招标投标工作不仅仅是备案监管，更多的是服务承诺的兑现。虹桥商务区的社会投资项目多为邀请招标，为此建设处提供了设施齐全的招标投标交易场所，同时还包含抽取专家，招标投标资料寄存，项目经理、建造师等查询等一系列服务。为确保每个招标投标交易的公开、公平、公正，建设处还为招标投标交易场所添置了录音、录像设备，为每个在管委会进行的招标投标交易进行全过程监控。而对于监管要求更严格的公开招标的项目，需要大量专业软件提供支持，为提高服务质量和办事效率，管委会建设处与市建设委员会市场管理总站进行沟通并达成共识，由建设处派员全过程参与监管，在招标投标交易场所进行一系列相关的交易服务。

2017年1月9日，《上海市建设工程招标投标管理办法》（上海市人民政府令第50号）公布，自2017年3月1日起实施。该招标投标管理办法是招标投标改革的成果，它改变了政府监管部门自身的定位，从原先的事前事中监管转变为事中事后备案。建设处全处分批参加了市建设委员会组织的学习培训，我们深感此次招标投标改革与建设处一贯的服务理念不谋而合。自3月1日起，虹桥商务区已有数十个项目进行了招标投标备案，虽然目前还处于摸索期，但建设处坚信市场化运行、简化招标投标流程、建设服务型政府的理念能让建设处更快地适应此次招标投标改革。

7 合同信息报送

7.1 概述

依据国家法律法规规定，建设工程由建设单位自行组织合同信息报送。根据《上海市虹桥商务区管理办法》和上海市城乡建设和交通委员会《关于委托上海虹桥商务区管理委员会对虹桥商务区主功能区内部分工程建设管理事项实施监管的函》（沪建交函〔2010〕528号），以及上海市城乡建设和管理委员会《关于调整委托虹桥商务区管委会对虹桥商务区主功能区建设管理事项的函》（沪建管函〔2014〕842号）的规定，上海虹桥商务区管理委员会受市建设行政管理部门委托，负责虹桥商务区主功能区范围内的建设工程合同信息备案。在管委会内部，具体负责建设工程合同信息备案的部门为开发建设处。根据《上海市建设工程合同信息报送管理规定》（沪建管〔2015〕355号），自2015年7月1日起，建设工程合同信息备案改为合同信息报送，建设行政管理部门需对建设工程合同信息报送情况进行监督检查，但不作网上备案。

7.2 受理依据

（1）《上海市建筑市场管理条例》（上海市人民代表大会常务委员会公告第16号）。
（2）《上海市建设工程合同信息报送管理规定》（沪建管〔2015〕355号）。

7.3 合同信息报送流程

7.3.1 合同信息报送条件

（1）建设工程已报建。
（2）需要办理发包手续的项目，发包已完成。
（3）合同已签订。
（4）分包合同信息报送须在总包合同信息报送完成后进行。
非进场招标发包或直接发包交易登记和合同信息报送手续合并办理。

7.3.2 合同信息报送程序

（1）由发包单位或承包单位、委托人或被委托人使用本单位"法人一证通"登陆"上海市住房和城乡建设管理委员会"（http://www.shjjw.gov.cn）→网上政务大厅"建设管理"→建设管理类"项目"→行政审批"建设工程合同信息报送"→网上申请；
（2）填写"建设工程合同信息表"，合同双方分别在网上确认合同报送信息并进行数字签名。

7.3.3 合同信息修改或变更

（1）由发包单位或承包单位、委托人或被委托人使用本单位"法人一证通"登陆"上海市住房和城乡建设管理委员会"（http://www.shjjw.gov.cn）→网上政务大厅"建设管理"→建设管理类"项目"→行政审批"建设工程合同信息报送"→网上申请，填报需要修改或变更的信息，打印"合同信息修改或变更申请单"；
（2）持"合同信息修改或变更申请单"、合同和补充协议副本及其他相关证明材料，到相关监管部门办理修改或变更手续。
已报送合同信息中项目负责人变更，不作为合同信息变更的内容，按照项目负责人登记变更的有关规定执行。

7.3.4 合同终止（废止）信息报送

持建设工程合同终止（废止）情况说明、"建设工程合同终止（废止）协议书"及其他相关证明材料，到相关监管部门办理建设工程合同终止（废止）信息报送手续。

7.3.5 合同发承包单位变更

（1）发承包单位名称变更，由变更方使用本单位"法人一证通"登陆"上海市住房和城乡建设管理委员会"（http://www.shjjw.gov.cn）→网上政务大厅"建设管理"→建设管理类"项目"→行政审批"建设工程合同信息报送"→网上申请，填写变更信息，并由另一方进行数字签名确认后生效。

（2）因其他原因发生发承包单位变更，持情况说明和相关证明材料，到相关监管部门办理建设工程合同发承包单位变更手续。

7.4 工作实施过程及工作经验

建设工程合同种类很多，有设计合同、勘察合同、施工总包合同、施工劳务分包合同、施工专业分包合同、监理合同、招标代理合同等，每个建设工程都有几十个甚至上百个合同需要签订。在合同备案期，建设处每年都要进行上千个合同信息备案（包括合同信息变更及合同核销），工作量非常大。

合同信息备案耗费了建设处一半的审批精力，除了认真核对每一份合同的工期、金额、项目负责人及企业资质等信息，在工程完工后还要重新对每个合同信息进行网上核销。建设处凭借着对业务知识的熟悉，及时发现合同信息申报过程中的问题所在，并对申报企业作出专业的解释。

2015年7月1日，建设工程合同信息由备案改为报送，建设处第一时间贯彻文件精神，主动下放权利，并组织开发企业进行合同信息报送培训。这使得建设处从忙碌的审批中抽身出来，将更多的精力投入市场行为监管中去。

8 施工许可办理

8.1 概述

根据《上海市虹桥商务区管理办法》和上海市城乡建设和交通委员会《关于委托上海虹桥商务区管理委员会对虹桥商务区主功能区内部分工程建设管理事项实施监管的函》（沪建交函〔2010〕528号），以及上海市城乡建设和管理委员会《关于调整委托虹桥商务区管委会对虹桥商务区主功能区建设管理事项的函》（沪建管函〔2014〕842号）的规定，上海虹桥商务区管理委员会受市建设行政管理部门委托，负责虹桥商务区主功能区范围内的建设工程施工许可审批工作。在管委会内部，具体负责建设工程施工许可证审批工作的部门为开发建设处。

8.2 受理依据

（1）《中华人民共和国建筑法》（主席令第46号）。
（2）《建筑工程施工许可管理办法》（中华人民共和国住房和城乡建设部令第18号）。
（3）《上海市建筑市场管理条例》（上海市人民代表大会常务委员会公告第16号）。
（4）《上海市建筑工程施工许可管理实施细则》（沪建管〔2015〕377号）。

8.3 施工许可证办理流程

8.3.1 办理施工许可证需具备的条件

（1）依法应当办理用地批准手续的已办理，并取得用地批准文件。
（2）依法应当办理建设工程规划许可手续的已办理，并取得建设工程规划许可证。
（3）施工场地已经基本具备施工条件，需要征收房屋的，其进度符合施工要求，有保证工程质量和安全的具体措施，施工质量安全措施经质量安全监督机构现场审核合格。
（4）依法已确定施工企业，按照规定应当招标的建筑工程没有招标，应当公开招标的工程没有公开招标，或者肢解发包工程，以及将建筑工程发包给不具备相应资质条件的企业的，所确定的施工企业无效。按照规定应当委托监理的建筑工程已委托监理。相应的勘察、设计、施工、监理合同应当完成信息报送。

（5）有满足施工需要的技术资料，依法应当进行施工图设计文件审查的已按规定审查合格，并取得经备案的"施工图设计文件审查合格证书"。

（6）建设资金已经落实，政府投资工程按财政部门支付要求落实资金。

（7）法律、法规、规章规定的其他条件。

8.3.2 办理程序

1. 网上填报

建设单位使用上海市"法人一证通"数字证书，登陆"上海市住房和城乡建设管理委员会"（http://www.shjjw.gov.cn）→网上政务大厅"建设管理"→建设管理类"项目"→行政审批"建筑工程施工许可"→网上申请，按下列程序完成网上申请：

（1）填写申请表。网上填写"上海市建筑工程施工许可证申请表"和"上海市建筑工程质量安全措施现场审核表"，并确认申请表中每项工程明细与建设工程规划许可证相应的内容一致。

（2）申请表和承诺书签章。打印"上海市建筑工程施工许可证申请表""上海市建筑工程质量安全措施现场审核表"和五方责任主体项目负责人终身质量责任承诺书（含法定代表人授权书），按规定完成参建各方签章。

（3）扫描上传材料。扫描上传申请需要的相关证明文件、五方责任主体项目负责人终身质量责任承诺书和法定代表人授权书。其中，"上海市建筑工程质量安全措施现场审核表"在质量安全机构完成质量安全措施现场审核并签署审核意见后扫描上传。

（4）提交申请。注：保密工程书面填写申请表，携带资料到上海市城乡建设和管理委员会行政服务中心窗口申请，无需网上填报。

2. 窗口办理及提交材料

网上填报后，建设单位需携带以下书面材料，到工程报建告知单明确的施工许可证办理部门申请。

（1）"上海市建筑工程施工许可申请表"。

（2）建设用地批准书或房地产权证（或不动产权证）复印件（提供原件复核）。

（3）建设工程规划许可证复印件（提供原件复核）。

（4）建设资金已经落实的证明材料：

①建设单位支付给施工总包企业的不少于建筑工程合同价10%的预付款的银行入账凭证复印件（提供原件复核）。

②"建设资金已落实及无拖欠工程款承诺书"，存在拖欠工程款情形的建设单位，提供银行付款保函或者其他第三方担保。

③政府投资工程按财政部门支付要求落实资金的凭证。

（5）"上海市建筑工程质量安全措施现场审核表"（注：施工许可申请受理后，建设单位在质量安全监督机构完成现场审核并签署审核意见后提交）。

（6）"施工场地已经基本具备施工条件的承诺书"或者相关证明文件。

（7）法定代表人委托书（委托经办人办理施工许可手续）。

（8）经办人身份证原件和复印件。

（9）法律、法规、规章规定的其他文件。

保密工程除携带以上资料外，还应提供（勘察、设计、施工、监理）中标通知书、合同副本、施工图审查合格证书复印件（提供原件复核）。

3. 质量安全措施现场审核

（1）质量安全监督机构自施工许可材料接收之日起，安排现场审核。虹桥商务区核心区社会投资项目的现场审核由闵行区建筑管理委员会实施。

（2）按现场审核的要求，实施现场审核，在现场审核表中签署审核意见并在信息系统中确认审核完成。已开工建筑工程的后续专业工程施工，不再进行现场审核。

4. 核发施工许可证

发证机关自现场审核通过之日起10个工作日内，对符合许可条件的，核发施工许可证。

8.4 工作实施过程

上海虹桥商务区管理委员会（管委会）开发建设处于2011年3月25日发放了虹桥商务区核心区（一期）区域

供能管沟工程的施工许可证,这是虹桥商务区第一个正式开工建设的项目。2011年6月10日,虹桥商务区核心区(一期)08号地块D23街坊城市综合体项目桩基工程正式取得施工许可证,这是虹桥商务区第一个取得施工许可证的地块项目。同年12月,核心区(一期)06号地块D19街坊正式取得施工许可证。

为加快推进商务区建设,开发建设处根据实际情况,在不改变行政审批收件资料的前提下,简化行政审批流程,从四级审批缩减至三级审批,审批时限也从15个工作日缩减至2个工作日。建设处不断与市行政主管部门(市建设委员会行政服务中心)交流,第一时间掌握有关施工许可办理动态,出现变化及时调整,做到与市里审批同步。

2015年7月1日,新的施工许可管理规定实施,取消了建设工程安全质量监督申报环节,将其纳入施工许可证办理过程中。新的规定一实行,建设处立即着手根据该办法制定新的办事流程,但由于审批环节中穿插着其他审批部门(如安全质量监督站、社保中心、新型墙体办等),导致施工许可证的发放周期有所延长。为确保建设工程按期开工,建设处首先召集各建设单位负责前期手续报批的人员参加施工许可证办理培训,对可能存在的问题进行梳理与解析,避免建设单位在申报施工许可证过程中重复劳动。随后建设处又与审批主管部门达成加快商务区建设的共识,并取得了这些部门的支持。

截至2017年8月,建设处已发放了352张施工许可证,确保了虹桥商务区的开发建设进度。

9 竣工验收备案

9.1 概述

依据国家法律法规规定,建设工程由建设单位自行组织竣工验收。根据《上海市虹桥商务区管理办法》和上海市城乡建设和交通委员会《关于委托上海虹桥商务区管理委员会对虹桥商务区主功能区内部分工程建设管理事项实施监管的函》(沪建交函〔2010〕528号),以及上海市城乡建设和管理委员会《关于调整委托虹桥商务区管委会对虹桥商务区主功能区建设管理事项的函》(沪建管函〔2014〕842号)的规定,上海虹桥商务区管理委员会受市建设行政管理部门委托,负责虹桥商务区主功能区范围内的建设工程竣工验收备案工作。在管委会内部,具体负责建设工程竣工验收备案工作的部门为开发建设处。

9.2 受理依据

(1)《中华人民共和国建筑法》(主席令第46号)。
(2)《建设工程质量管理条例》(国务院令第279号)。
(3)《房屋建筑工程和市政基础设施工程竣工验收备案管理暂行办法》(建设部令第78号,2009年住房和城乡建设部令第2号修正)。
(4)《关于进一步规范本市建筑市场加强建设工程质量安全管理的若干意见》(沪府发〔2011〕1号)。

9.3 竣工验收备案流程

9.3.1 办理竣工备案需具备的条件
(1)通过竣工验收合格,自工程竣工验收合格之日起15日内。
(2)通过规划、环保、消防、档案等部门竣工验收。
(3)工程质量监督机构应当在工程竣工验收之日起5日内,向备案机关提交工程质量监督报告。

9.3.2 办理程序
1. 网上填报

建设单位使用上海市"法人一证通"数字证书,登陆"上海市住房和城乡建设管理委员会"(http://www.shjjw.gov.cn)→网上政务大厅"建设管理"→建设管理类"项目"→行政审批"建设工程竣工验收备案"→网上申请,按下列程序完成网上申请:

(1)填写申请表。网上填写"建设工程竣工验收备案申请表"。

(2)提交申请。提交申请后并打印"建设工程竣工验收备案申请表"。

保密工程需携带相应资料直接到上海市城乡建设和管理委员会行政服务中心进行竣工验收备案，无需网上填报。

2. 窗口办理及提交材料

(1)需携带资料

网上填报后，建设单位需携带以下书面材料，到工程报建告知单明确的建设工程竣工验收备案办理部门申请。

①建设工程竣工验收备案申请表原件（一份）（附："上海市建设工程竣工验收备案申请表填表说明"）。

②建设工程竣工验收报告原件（一份）。

③规划部门出具的认可文件或者准许使用文件复印件（原件复核）（浦东新区规划局出具的为结构封顶监督检查意见书，其余为上海市建设工程竣工规划验收合格证）。

④公安消防部门出具消防备案受理凭证或消防验收认可文件复印件（原件复核）。

⑤环保部门出具的认可文件或者准许使用文件（含试生产、试运行）复印件（原件复核）。

⑥城建档案部门出具的认可文件复印件（原件复核）。

⑦工程款支付证明原件。

⑧民防建设工程竣工验收备案认可文件原件（如有）。

⑨法定代表人委托书（委托经办人办理竣工验收备案手续）。

⑩经办人身份证原件和复印件。

(2)窗口办理流程

竣工验收备案窗口办理流程如图 9.3-1 所示。

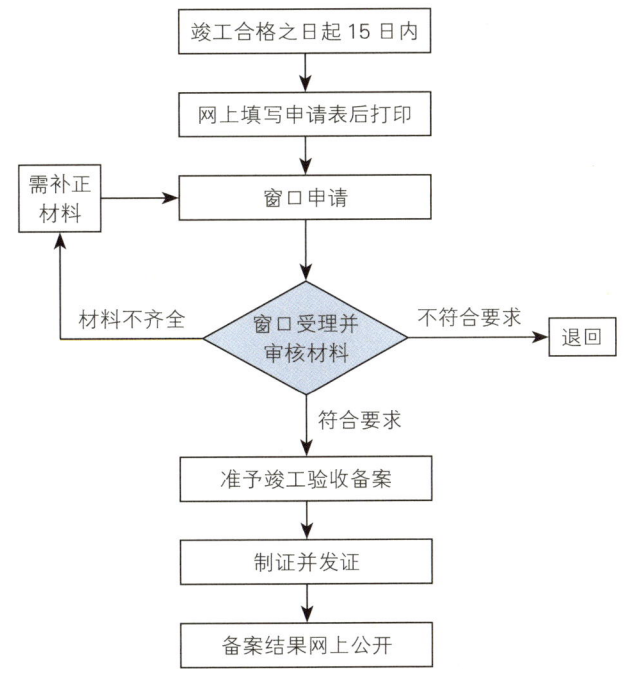

图 9.3-1　竣工验收备案窗口办理流程

9.4　工作实施过程

2011 年 3 月 26 日，虹桥商务区核心区区域集中供能开工暨 06 号、08 号地块建设项目举行奠基仪式，标志着虹桥商务区开发建设工作的正式启动。但直至 2013 年上半年，由于核心区内没有建设工程竣工，竣工验收备案工作未提到工作日程上来。

2013 年下半年，随着核心区（一期）06 号、08 号等地块部分楼宇陆续竣工、投入使用，商务区的竣工验收备案工作开始提到工作日程上来。为此，虹桥商务区管委会开发建设处未雨绸缪，开始着手起草制定符合虹桥商务区实际、适应虹桥商务区特色的竣工验收备案操作规定。

根据建设部《房屋建筑和市政基础设施工程竣工验收备案管理办法》《上海市建设工程行政审批程序改革方案》

以及《上海市建设工程竣工验收备案办事指南（征求意见稿）》，参照市、相关区的做法，结合虹桥商务区实际，管委会起草了虹桥商务区建设工程竣工验收备案操作规程。2013年8月上旬，管委会书面征询了上海市城乡建设和交通委员会政策法规处、受理服务中心、市建设工程安质监总站、闵行区建设管理委员会等相关部门的意见，并与虹桥商务区相关地块开发商多次沟通交流，经管委会主任办公会审议通过后，于2013年10月18日印发了《上海虹桥商务区主功能区建设工程竣工验收备案操作规程》。2013年底，该操作规程在市政府法制办备案。

依据《上海虹桥商务区主功能区建设工程竣工验收备案操作规程》，管委会于2013年12月31日完成了虹桥商务区核心区（一期）06号地块D17街坊2号、3号办公楼上盖工程的竣工验收备案，这是虹桥商务区核心区第一个通过管委会竣工验收备案的建设项目。2013年至2017年，虹桥商务区建设工程（包含装修工程）的竣工验收备案数量情况如表9.4-1所示。

表9.4-1 虹桥商务区建设工程（包含装修工程）竣工验收备案数量

年份	2013	2014	2015	2016	2017
竣工验收备案数量（单位：个）	1	11	18	43	28

2016年8月，虹桥商务区北06号地块富力住宅项目小业主因房屋质量问题，向黄浦区人民法院起诉上海市住房和城乡建设管理委员会，诉请撤销该项目竣工验收备案证书。上海市住房和城乡建设管理委员会书面委托虹桥商务区管委会具体应诉，管委会开发建设处依法沉着冷静应对，经提交证据、开庭审理后，黄浦区人民法院于2017年1月驳回原告诉讼请求，判决管委会竣工验收备案行为合法有效。2017年3月，该小业主向上海市第三中级人民法院提起上诉。在法院审理过程中，上海虹桥商务区管委会与上海市第三中级人民法院作了充分、细致的沟通。5月，上诉人以无诉讼必要为由申请撤回上诉，5月26日上海市第三中级人民法院终审裁定准许上诉人撤回上诉。至此，富力小业主竣工验收备案诉讼案结束。

9.5 相关工作经验

管委会自2013年下半年开展竣工验收备案工作以来，截至2017年9月，虹桥商务区核心区已有344栋楼宇完成竣工验收备案，占核心区建筑楼宇总数的98%，竣备面积为350万 m^2，占核心区总建设面积的60%。此外，物流片区02号地块项南区3栋楼宇已完成竣工验收备案，竣备面积为5万多平方米。总体来看，管委会的竣工验收备案工作贴近虹桥商务区实际，有法可依、合法合规，程序简化、工作效率高，管委会开发建设处从推动招商引资的高度出发，积极作为，主动协调解决竣工验收中的问题，敢于突破常规，敢于特事特办，为虹桥商务区的建设项目及早投入运营，为商务区的招商引资、企业入驻提供了有力保障，得到了企业的一致好评。

（1）有法有据可依。尽管2009年国家住房和城乡建设部发布了《房屋建筑和市政基础设施工程竣工验收备案管理办法》（2号令），但与各省市地方政府的竣工验收备案工作实际并不完全相同，有些规定在实践中难以操作。2013年，上海市也出台了《建设工程行政审批程序改革方案》，以及《建设工程竣工验收备案业务手册》《建设工程竣工验收备案操作指南》（均为征求意见稿，后未正式发布），但这两个规范性文件的具体内容也并不一致。为此，管委会参照市、相关区的做法，结合虹桥商务区实际，制定出台了《上海虹桥商务区主功能区建设工程竣工验收备案操作规程》，这为虹桥商务区建设工程竣工验收备案工作提供了可操作的法规依据。事实上，虹桥商务区的建设工程竣工验收备案工作自始至终都是依照这个操作规程而开展的，总体上平稳有序、正常推进。

（2）工作效率高。上海市的《建设工程竣工验收备案业务手册》《建设工程行政审批程序改革方案》中规定竣工验收备案为15日，相关区的操作过程一般也在5个工作日左右。管委会为了保障商务区建设项目及早竣工备案并投入运营，简化了内部行政审批流程，由具体从事审批的工作人员直接受理，竣工备案的最终审核人为处室负责人，同时大大提高了工作效率，商务区建设项目的竣工验收备案操作流程一般在2个工作日左右，不少项目甚至当天即办理完毕，得到了开发企业的一致好评。

（3）突破常规，探索对建筑单体或单位工程实施竣工备案。虹桥商务区核心区各个地块的建设体量大、开发周期长，如02号虹源盛世项目建筑体量高达50多万 m^2。由于地块为商办综合项目，开发企业从营销等角度出发分期建设，部分楼宇先行招商、先期投运。如果按常规对整个地块项目一并竣工验收备案，将严重影响项目投入运营。为此，虹桥商务区管委会从实际出发，在征求了市、区相关部门意见后，探索实行对建设项目进行拆分、拆项，分部、分单位备案。在《上海虹桥商务区主功能区建设工程竣工验收备案操作规程》中规定"管委会根据项目立项、施工许可、分期开发建设的实际情况，可以对建设工程单体或单项工程、单位工程实施竣工验收备案"。这一实践操作，有利地推动了虹桥商务区的边建设、边运营，实现了早出形象、早出功能、早出效益。

（4）积极主动地协调解决竣工验收中的问题。竣工验收备案的前置工作涉及消防、规划、环保、安质监、气象、档案等多个部门，每一个环节均会影响到建设项目的竣工备案。为此，管委会开发建设处不是将竣工备案工作当成一个简单的审批工作，而是与管委会规划管理处（具体负责商务区主功能区建设项目规划验收工作）、闵行区建设管理委员会等部门建立了良好畅通的沟通协调机制，及时通气反馈，协同解决企业在竣工验收中遇到的各种问题，共同推动项目依法合规且不走弯路，及早地完成项目竣工验收备案工作。

（5）将能耗分项监测平台建设、绿色建筑实施等纳入了竣工验收备案的前提。为进一步推进"绿色虹桥""低碳虹桥"建设，落实虹桥商务区"国家绿色生态示范城区"和"上海市低碳发展实践区"建设的相关要求，虹桥商务区管委会依据《上海市建筑节能条例》《上海市绿色建筑发展三年行动计划》《上海虹桥商务区低碳监测平台建筑能耗分项监测实施细则》的规定，于2014年9月印发了《关于加强绿色建筑实施以及建筑能耗分项监测平台建设管理的有关通知》（沪虹商管〔2014〕096号），明确商务区建设项目在绿色建筑实施及建筑能耗分项监测平台建设情况通过专项检查评估后，方可申请竣工验收备案。通过这一抓手，实践中有效地推动落实了商务区的绿色、低碳建设工作。

（6）特事特办。根据管委会领导"依法合规、突破常规、绝不违规"的指示精神，管委会开发建设敢于作为，急事急办、特事特办。比如，考虑国家会展中心等市重点项目的需要，以及商务区部分地块楼宇先行招商、先期投运的实际需求，管委会开发建设处及时召开专题协调会，出具相关"路条"，切实解决了部分项目竣工验收中的分段验收、甩项验收等问题，必要时以管委会复函形式明确了部分项目先期投入使用。如为确保国家会展中心项目（上海）车展试展，管委会根据市政府有关专题会议部署，经委领导研究协调后，书面出具了相关竣工验收备案意见，确保了车展如期开展。对瑞桥公司申请06号地块D19街坊地库提早竣工验收事宜，管委会经研究后书面复函瑞桥公司，同意地库基本具备竣工验收备案条件，可先期入驻装修。

9.6　工作中存在的问题

国家住房和城乡建设部发布的《房屋建筑和市政基础设施工程竣工验收备案管理办法》（2号令）在具体工作实践中，个别条款难以操作实施。上海市的《建设工程行政审批程序改革方案》，以及《建设工程竣工验收备案业务手册》《建设工程竣工验收备案操作指南》均为征求意见稿，后来未正式发布。所以，在具体办理竣工验收备案工作中缺乏相应的可操作的上位法依据，这在虹桥商务区核心区富力住宅小业主诉讼案中就体现了出来。建议上海市住房和城乡建设管理委员会牵头，及早制定并出台符合上海实际的建设工程竣工验收备案操作细则。

第 3 篇 项目建设

10 虹桥丽宝广场

10.1 项目概况

1. 项目位置和建设概况

虹桥丽宝广场项目位于上海虹桥商务区核心区（一期）01号地块，地块范围西至申滨南路，东至申武路，南至苏虹路，北至申滨南路，总占地面积45 282.1m²，项目平面位置如图10.1-1所示。该项目既位于虹桥商务区核心区与河滨公共绿带的门户位置，同时也处于虹桥商务区核心区中轴线绿化带的端点，又与地下深10m的西延伸通道相连通，成为虹桥商务区核心区（一期）与河岸绿带串联的界面，及核心区（一期）北向延伸联结国家会展中心的重要门户角色。

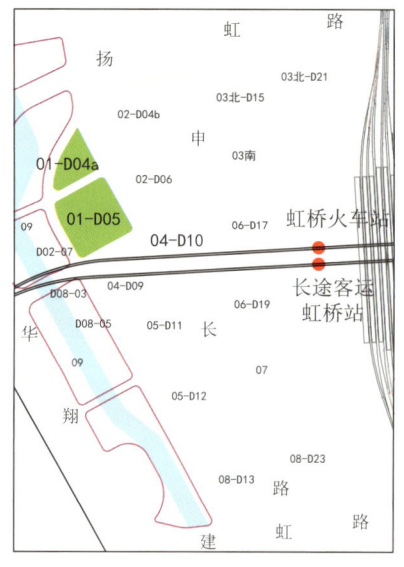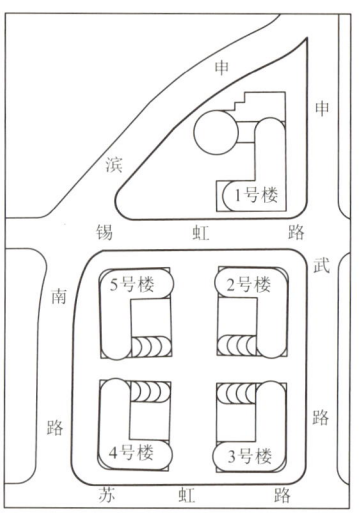

图10.1-1 虹桥丽宝广场项目平面位置示意图

虹桥丽宝广场项目地上建筑面积总计119 098m²，地下建筑面积112 177.55m²，总投资额约为33.6亿元。项目建筑功能包括休闲购物广场、商务办公楼、综合性会议空间等，通过户外开放空间的高度变化串联不同属性空间，创造多元复层绿化景观（图10.1-2）。项目整体包含D04a、D05两个街坊。D04a街坊基地总面积11 116.4m²，地上

图10.1-2 虹桥丽宝广场项目效果图

建筑面积29 185m²,地下建筑面积25 981.7m²,街坊内新建1栋8层复合型商务建筑,高38m。D05街坊基地总面积34 165.7m²,地上建筑面积96 394.29m²,地下建筑面积86 156.27m²;街坊东西侧共新建4栋总楼高38m(8层)及33.7m(7层)的复合型商务建筑,低层以连续裙楼串联。

2. 项目参建单位

虹桥丽宝广场项目由丽宝(上海)房地产开发有限公司开发建设,并负责后期的经营管理。该公司是由台资企业丽宝建设股份有限公司和美资企业EasyGainInternationalL.L.C共同出资成立的项目公司,于2011年7月2日正式设立。丽宝建设股份有限公司创立于1980年,位于中国台湾省新北市,公司业务内容包括建设、休闲、连锁饭店等。

虹桥丽宝广场项目的勘察、设计、施工、监理单位如表10.1-1所示。

表10.1-1 虹桥丽宝广场项目参建单位汇总

参建单位	单位名称
建设单位	丽宝(上海)房地产开发有限公司
主案设计	台北宽泉建筑设计事务所
合作深化设计单位	上海建学建筑与工程设计所
勘察单位	上海申元岩土工程有限公司
桩基施工单位	上海智平基础工程有限公司
施工总承包单位	中国建筑第八工程局有限公司
监理单位	上海天佑咨询有限公司

3. 项目基本建设过程

2011年12月30日,虹桥丽宝广场项目启动动土奠基仪式,2015年10月主体结构全面封顶,2016年12月全部完成竣工验收备案,目前项目已经投入运营。该项目施工进度节点如表10.1-2所示。

表10.1-2 虹桥丽宝广场项目施工进度节点

项目单体	进度节点						
	桩基开始施工	基坑开挖	大底板施工完成	地下结构出±0.00	主体结构封顶	竣工验收	交付
1#办公楼	2012.06	2013.08	2013.10.10	2014.03.21	2014.07.17	2015.08.27	截至2017年9月底,未交付
2#办公楼	2012.10	2013.08	2014.01.04	2014.06.19	2015.10	2016.12.02	
3#办公楼	2012.10	2013.08	2015.01.08	2015.01.25	2015.10	2016.12.02	
4#办公楼	2012.10	2013.08	2014.07.27 2015.01.20	2015.01.25 2015.03.21	2015.10	2016.08.30	
5#办公楼	2012.10	2013.08	2014.01.04	2014.06.19	2015.10	2016.08.30	

10.2 基坑工程

10.2.1 基坑概况

1. 基本情况

虹桥丽宝广场项目基地分为南北两块,北侧为D04a,南侧为D05。北侧D04a基坑面积约为9 118m²,周长405.7m,开挖深度为15.4m;南侧D05基坑面积约为32 463m²,周边延长946m,开挖深度约为15m,南北两侧基坑相距28.5m。

2. 基坑特点

(1)市政管线多

北侧D04a基坑周边环境较复杂,西北申滨南路地下有多条市政管线,距离围护外边线最近约5.7m;东侧规划申武路距离围护外边线约5.25m;南侧有待建的6.2m×3.8m能源管沟,埋深约7m,距离围护外边线仅0.65m;地块内有新建的博世变电站。D05基坑西侧与申滨南路平行,在申滨南路内侧靠D05地块平行的共有7条市政管线,最近的电力排管距离现场红线仅5.65m。

（2）靠近地铁

D05基坑西南角靠近地铁2号线，地铁运行线距离基坑最近约13m，地铁保护要求高。针对项目周边环境情况，考虑到基坑开挖面积大，深度深，施工影响范围大等特点，为减小基坑施工对地铁2号线的影响，D05地块又分为D05-1，D05-2，D05-3，D05-4，D05-5共5个区（图10.2-1）。

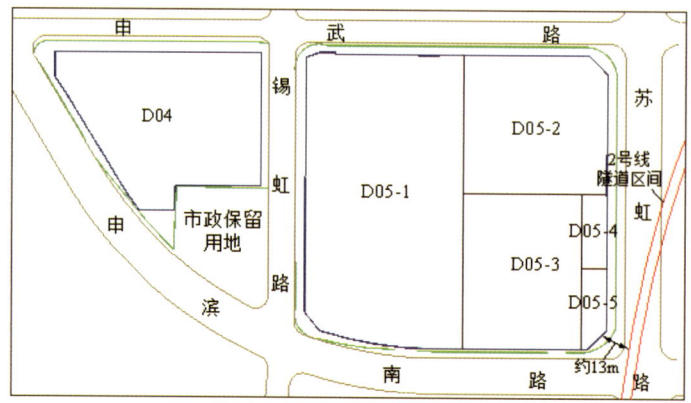

图10.2-1　虹桥丽宝广场项目基坑分区平面图

10.2.2　围护结构

D04a地块基坑围护设计采用"钻孔灌注桩+三道钢筋混凝土内支撑、地下连续墙+三道钢筋混凝土内支撑"的顺作法方案［图10.2-2（a）］。

D05地块距地铁较近，周边市政管线较多，基坑安全等级为一级，环境保护等级定为二级，围护设计中将该地块分为5个分区，土方开挖总量达到71万m^3。D05地块基坑围护设计采用"钻孔灌注桩+三道钢筋混凝土内支撑、地下连续墙+三道钢筋混凝土内支撑、地下连续墙+一道钢筋混凝土内支撑+三道钢管内支撑"等支护形式［图10.2-2（b）］。D05地块中D05-1区，D05-2区，D05-3区有三道混凝土支撑；近地铁区域条形基坑D05-4区、D05-5区有四道支撑，第一道为混凝土支撑，第二至四道为钢管支撑。

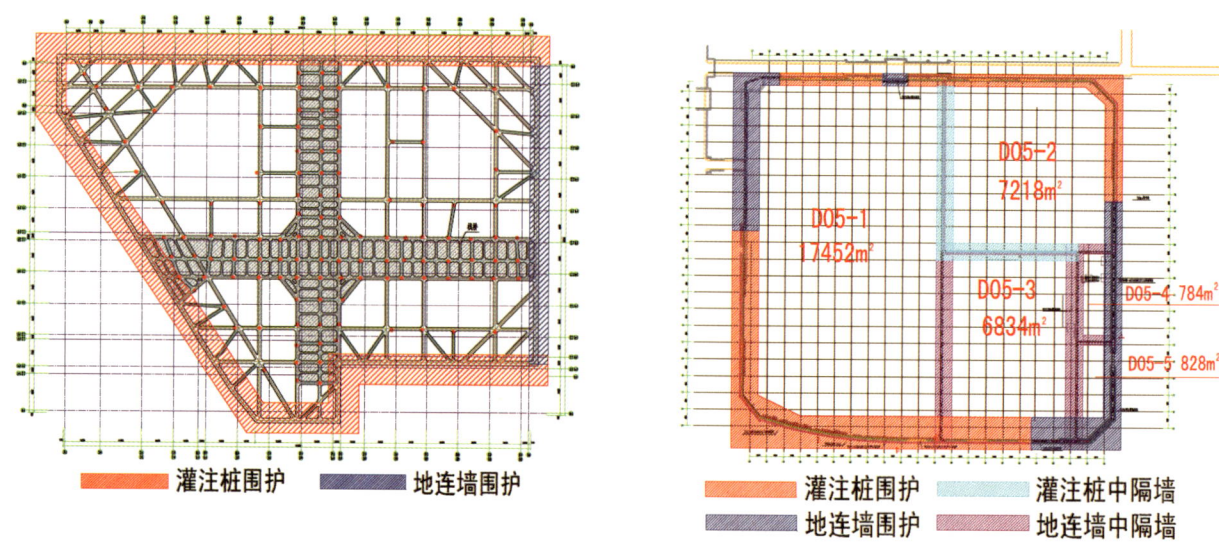

（a）D04基坑围护形式　　　　　　　　（b）D05地块围护形式

图10.2-2　虹桥丽宝广场项目基坑围护形式

10.2.3　降水工程

虹桥丽宝广场项目基坑面积大，开挖深度一般为15.40m，局部为16.40m，电梯井深度为18.60m，开挖范围内主要以粉、黏质土为主。该层土的土质较差，土体含水量较高，渗透性较小，若没有强有力的降水措施，当基坑开挖至该层土时，易发生土体流变、隆起现象，严重的可导致坑壁坍塌，坑底失稳。为了提高基坑的安全性和可靠性，减小围护变形，该工程采用真空负压复合降水方法进行降水。同时，针对工程粉质土土质较差的特点，采用每台真空泵抽3口疏干井的抽真空方法来确保降水效果，并采用多级滤水管来增强疏干井的汇水能力。综合降水效果、施工方便程度、降水工期、降水深度、成本及后继施工搭接等因素，工程单井影响半径确定为9.0m，即单井影响面积为250m²。

针对该工程特点，采用以下措施解决降水工程中的难点：

（1）对于坑内浅层潜水，采用真空管井降水措施，对坑内浅层土体进行真空疏干降水；每台真空泵抽3口疏干井，真空度不小于–0.05MPa。

（2）该区域需减压降水的含水层为⑦承压水含水层，采用坑内管井降水措施。

（3）对坑内开挖深度以下的承压水进行"按需减压"降水，保证基坑安全及施工顺利进行。

（4）开挖过程中，确保减压降水井的不间断工作，根据减压井抽水量及减压观测井的承压水位，确定开启的减压井数量、抽水速率，合理控制承压水水位，将减压降水对环境的影响控制到最低程度。

（5）在正式降水运行前利用部分降水井进行群井生产性抽水试验。

（6）为确保降水井的不间断工作，施工现场总包应有双电源保证措施，应配置备用发电机组。

10.2.4　土方开挖

1. 土方开挖量

虹桥丽宝广场项目基坑分为6个区，每个区分若干个段分别进行开挖。场地标高为–0.35m，D04、D05-1—D05-3区挖土底标高分别为–1.55m、–6.85m、–11.85m、–15.55m，D05-4—D05-5区挖土底标高分别为–1.55m、–5.05m、–8.55m、–12.05m、–15.55m，总土方量达到71.2万 m³，具体如表10.2-1所列。

表10.2-1　虹桥丽宝广场项目基坑各分区土方量一览表

分区	支撑道数	基坑深度/m	第一层土/m³	第二层土/m³	第三层土/m³	第四层土/m³	第五层土/m³	整个基坑土方/m³
D04	3	15.55~17.55	13 120.5	53 576.5	50 543.9	37 402.5	—	138 426.4
D05-1	3	15.55~17.55	23 246.1	102 670.1	96 858.6	71 675.4	—	265 270.4
D05-2	3	15.55~17.55	9 614.4	42 463.5	40 059.9	71 675.4	—	109 713.6
D05-3	3	15.55~17.55	9 102.9	40 204.4	37 928.7	28 067.2	—	103 876.8
D05-4	4	15.55~17.55	1 044.3	3 045.8	3 045.8	3 045.8	3 045.8	11 916.8
D05-5	4	15.55~17.55	1 102.9	3 216.8	3 216.8	3 216.8	3 216.8	12 585.6
合计	—	—	—	—	—	—	—	712 386.6

2. 土方开挖顺序

基坑周边采用Φ850@600三轴搅拌桩加固土体。基坑D05-4区和D05-5区紧贴地铁，另外基坑四周有大量的高压电线槽、电信沟、给排水管等重要管线。因此在开挖过程中基坑的变形、周边环境的保护等要求都比较严格。

由于基坑工程离地铁比较近，根据围护设计图纸的要求及现场实际情况，按照图10.2-3所示流程逐区进行土方开挖并及时进行支撑施工。

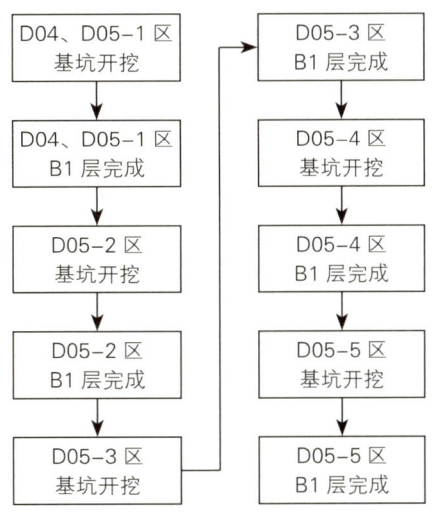

图10.2-3　虹桥丽宝广场项目基坑土方开挖施工顺序

D04区、D05-1区、D05-2区、D05-3区每层分为若干块采用盆式开挖，先开挖中部土方，形成中部支撑，再限时对称开挖邻近围护结构的土方，其他区每层分为若干块，采用分层分段开挖，每层开挖深度不大于2.5m，要求做到随挖随撑。每层土方开挖严格遵守以上开挖顺序，且遵循"分块、留土护壁、对称、限时开挖支撑"的总原则，利用时空原理，减少基坑无支撑的暴露时间，严格控制基坑变形。

10.3 主体结构工程

10.3.1 主体结构概况

该项目工程地上8层，各单体建筑编号及位置如图3.1-1所示，建筑物高度为37.05m，室内设计地坪标高±0.000，相当于绝对标高+5.15m（吴淞高程系统）。场地的设计标高5.00m，建筑室内外高差为0.15m。建筑设计概况如表10.3-1所示。

表10.3-1 虹桥丽宝广场项目建筑设计概况

序号	项目	内容					
1	建筑功能	商业综合楼					
2	建筑面积	总建筑面积		239 984.45m²			
		1#楼地上	31 748.51m²	2#楼地上	23 629.17m²	3#楼地上	23 510.63m²
		4#楼地上	21 141.61m²	5#楼地上	21 023.07m²	室外	243.39m²
		绿地面积		10 935.72m²		绿化率	24.15%
3	建筑层数及高度	1#楼		2#楼、3#楼		4#楼、5#楼	
		8层		8层		7层	
		42.6m		42.6m		38.3m	
4	建筑防火	一级防火					
5	设计使用年限	50年					
6	抗震设防烈度	7度					

各区功能概况如表10.3-2所示。

表10.3-2 虹桥丽宝广场项目各区功能概况

序号	建筑部位	建筑功能
1	1#楼、2#楼、3#楼、4#楼、5#楼	1F：商铺、强电间、配电间、机房等； 2F~8F：办公区、新风机房、卫生间、茶水间、配电间、机房等； RF：消防水泵房、排烟风机房、电梯机房等
2	地下室	B1夹层：卸货区、空调机房、强电间、热交换机房、商业服务配套、坡道、广场、机房等； B1：商业服务配套、热计量室、后勤服务用房、空调机房、下沉庭院、卫生间等； B2：车库、配电间、蓄水池、排风排烟机房等

丽宝广场工程结构形式复杂，基础结构为筏板结构，地下室、1#楼、2#楼、3#楼、4#楼、5#楼均为钢筋混凝土框架结构。结构设计概况如表10.3-3所示。

表10.3-3 虹桥丽宝广场项目结构设计概况

序号	项目	内容
1	结构体系	1#楼、2#楼、3#楼、4#楼、5#楼：钢筋混凝土框架结构 地下室：钢筋混凝土框架结构
2	安全等级	二级
3	抗震等级	地下1层~地上8层部分为框架二级，地下2~3层为框架三级（塔楼周边与裙房紧临的框架柱在地上1~4层特别加强为框架一级）

10.3.2 主体结构特点

1. 建筑特点

丽宝广场建筑整体通过连续波浪状浅色水平线条，创造都市沿街立面连续性印象，呈现流动、轻盈的现代化商办意象。同时将地块西侧的河流转化为弧形的错层露台，外饰闪光釉面砖，表现出河面波光闪烁的视觉效果。于建筑整体架构中填入隔栅，形成了有效的遮阳系统，更加强了造型的美观（图10.3-1）。

图 10.3-1　虹桥丽宝广场项目外墙效果图

2. 结构特点

丽宝广场项目定位为大型公共建筑，主要使用功能包括商业、办公、会展娱乐。由于主体结构工程超过国家相关规范对砌体结构、轻钢体系、木结构体系的限制条件，其结构体系以上海市工程建设规范《绿色建筑评价标准》为依据，优选现浇钢筋混凝土框架结构。其中包括选用高性能混凝土（四层以下框架柱混凝土强度等级为C45，其他层采用C30）、高强钢筋（所有受力构件均为高强度HPB400钢筋，高强度钢筋用量占比大于70%）、可再生材料（非承重墙体填充选用轻质粉煤灰加气混凝土砌块或砂加气混凝土砌块），秉承虹桥商务区管委会的方针，提倡土建装修一体化设计施工的理念。

10.4　机电安装工程

10.4.1　机电系统组成

虹桥丽宝广场项目机电工程包括电气专业、给排水系统、暖通系统等。

（1）电气专业主要包括电力配电系统、正常照明及防雷接地系统、等电位联结系统等。

（2）给排水系统包括室内给水系统、室内热水系统、雨水系统、室内排水系统、室外排水系统。

（3）暖通系统包括冷热源、空调系统、空调水系统和通风系统。

①冷热源：该项目空调系统冷热源由虹桥商务区北区能源站提供，区域供能系统采用间接供能方式。冷热媒由位于地下二层的管沟入口进入热计量室，经冷热量计量装置后进入换热站，经冷冻水（热水）板式换热器换热后供应空调冷冻水（热水）。

②空调系统：大空间商业区域采用一次回风定风量全空气空调系统，空调箱采用初、中效两级过滤，并采用空气净化装置；办公室空调系统采用风机盘管加新风空调形式，采用吊顶式全热回收空调机组。

③空调水系统：空调水系统采用一次泵变流量两管制，水系统水平采用同程式，冷热水循环泵分别设置，干管回水管路设置静态平衡阀，各楼层水平主支管设置电动两通阀，商业回水管路上设置静态平衡阀加电动两通阀。

④通风系统：通风系统范围涉及地下车库、各设备用房、公共卫生间等，风机均设置在专用机房内，换热站、水泵房及变配电室设置独立的机械排风系统，商业全空气空调系统均设置集中排风系统，公共卫生间由排风扇经竖向管

井由屋顶排风机排出。

10.4.2 机电安装过程中 BIM 技术的应用

虹桥丽宝广场项目施工总承包单位为中建八局总承包公司,综合机电专业分包亦为该公司。在此情况下,中建八局在机电工程施工过程中采用了 BIM 技术,对项目进行优化,达到了节约劳动力和施工成本、改善施工质量、缩短工期等效果。详细内容见本书 41.1 节"BIM 技术在虹桥丽宝广场项目机电工程施工中的应用"。

11 虹源盛世国际文化城

11.1 项目概况

1. 项目位置及建设概况

虹源盛世国际文化城项目基地北至通虹路、南至苏虹路、西至申武路、东至申长路,场地北宽南窄。地块中以锡虹路为界分为北部的 A 区(Ⅲ-D04b 街坊)和南部的 B 区(Ⅲ-D06 街坊)两个街坊地块,项目平面位置如图 11.1-1 所示。

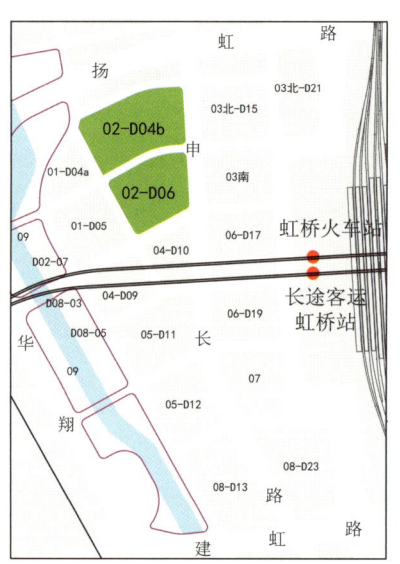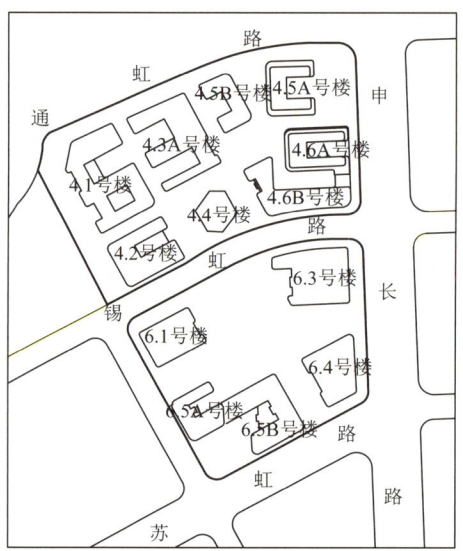

图 11.1-1 虹源盛世国际文化城项目平面位置示意图

图 11.1-2 虹源盛世国际文化城效果图

该项目是集甲级写字楼、酒店、文化会展、商业、休闲娱乐为一体的城市综合体项目，建成后将与整个核心区其他地块的综合体互相依托，充分发挥交通枢纽和商务功能的集聚整合作用，着眼长远，面向未来，突出低碳设计和商务社区的规划理念，将整个虹桥商务区建设成为功能多元、交通便捷、空间宜人、生态高效、具有较强发展活力和吸引力的商务社区（图11.1-2）。

2. 参建单位

虹源盛世国际文化城由上海虹源盛世投资发展有限公司负责开发、建设，该公司成立于2011年12月28日，由上海红星美凯龙、深圳盛世万象投资管理有限公司、沈阳首源投资管理有限公司共同出资设立。

项目勘察、设计、施工、监理等其他参建单位如表11.1-1所示。

表11.1-1 虹源盛世国际文化城参建单位汇总

参建单位	单位名称
建设单位	上海虹源盛世投资发展有限公司
设计单位	上海现代华盖建筑设计研究院有限公司 GMP国际建筑设计有限公司
勘察单位	上海申元岩土工程有限公司
幕墙顾问	新围东外墙顾问
监理单位	上海建设监理工程有限公司
总承包单位	上海城建市政工程（集团）有限公司
幕墙施工单位	金刚幕墙集团有限公司

3. 基本建设过程

2012年7月30日，虹源盛世国际文化城举行奠基仪式，时任指挥部常务副总指挥、管委会党组书记、常务副主任薛全荣，指挥部成员、管委会副主任陈伟利，时任指挥部副总指挥、管委会副主任江小龙出席奠基仪式。该项目于2015年1月完成全部大底板浇筑，2015年7月完成全部地下结构施工，2015年10月完成全部主体结构封顶。详细时间节点如表11.1-2所示。

表11.1-2 虹源盛世国际文化城施工进度节点

项目单体	进度节点						
	桩基开始施工	基坑开挖	大底板施工完成	地下结构出±0.00	主体结构封顶	竣工验收	交付
4.1# 办公楼	2012.11.05	2013.11.24	2014.07.06	2015.01.06	2015.06.13	未完成	未完成
4.2# 酒店	2012.11.05	2013.11.24	2014.07.06	2015.01.06	2015.06.19		
4.3# 办公楼	2012.12.10	2014.04.21	2015.01.27	2015.07.30	2015.10.19		
4.4# 办公楼	2012.12.10	2014.04.21	2015.01.27	2015.07.30	2015.09.11		
4.5A# 办公楼	2012.09.28	2013.07.23	2014.01.21	2014.10.29	2015.05.24		
4.5B# 办公楼	2012.09.28	2013.07.23	2014.01.21	2014.10.29	2015.02.06		
4.6A# 办公楼	2012.09.28	2013.07.23	2014.01.21	2014.10.29	2015.05.06		
4.6B# 办公楼	2012.09.28	2013.07.23	2014.01.21	2014.10.29	2014.12.29		
6.1# 酒店	2013.07.15	2014.10.15	2015.02.02	2015.06.14	2015.10.22		
6.3# 酒店	2013.07.15	2013.12.20	2014.10.07	2015.02.09	2015.09.20		
6.4# 酒店	2013.07.15	2013.12.20	2014.10.07	2015.09.05	2015.12.13		
6.5A# 酒店	2013.03.25	2013.08.05	2014.01.16	2014.07.25	2014.11.01		
6.5B# 办公楼	2013.03.25	2013.08.05	2014.01.16	2014.07.25	2014.11.25		

11.2 基坑工程

11.2.1 基坑概况

虹源盛世国际文化城项目基坑工程分为 A 区和 B 区两部分，其基本信息和场地布置如图 11.2-1 所示。

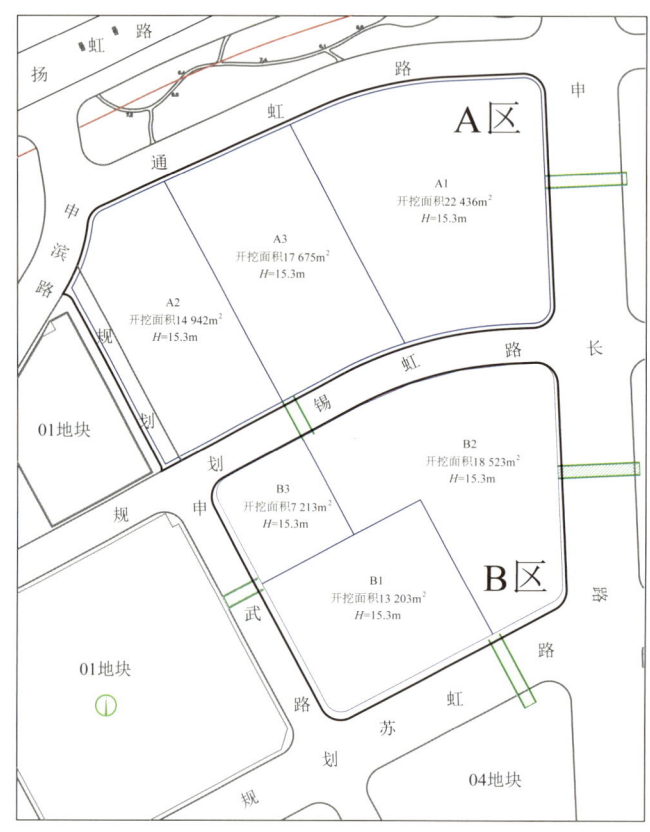

图 11.2-1　虹源盛世项目基坑位置平面图

A 区基坑开挖深度为 -15.3m，面积为 55 053m²，周长约 964m，安全等级为一级，整个基坑被中间分隔围护桩分隔分为 A1，A2 和 A3。基坑北侧为已建通虹路，东侧为已建申长路，西侧为已建申滨路及规划申武路，上述三侧道路下方均分布有众多管线，距基坑围护结构最近仅为 4.1m。基坑南侧为规划锡虹路，靠近明挖段供能管沟，管沟外壁距离地下室边线一般为 3.4~3.7m，东侧始发井距离地下室边线 3.0m，西侧连通道接口已进入红线约 1.8m。基坑南侧功能管沟环境保护等级为一级，其余侧及基坑内隔墙环节保护等级为二级。

B 区基坑开挖深度为 -15.3m，面积为 38 938m²，周长约 764m，安全等级为一级，采用中间分隔围护桩将整个地块分为 B1，B2 和 B3。基坑北侧为规划锡虹路，对面为该项目 A 区基坑，东侧为已建申长路，其下方有多条管线，距基坑围护结构最近仅为 7.5m，申长路下设连通道与 03 号（南）地块连接，通道深约 10m，先于该工程施工。西侧为规划申武路，下设有供能管沟，管沟深度为 7.4~14m，管沟明挖，目前管沟结构大部分已施工完成。管沟外壁距离地下室边线一般约 20.7m。南侧为规划苏虹路，下方设有供能管沟，管沟深度为 7.4~15.5m，结构距离基坑最近为 3.7m。

由于南侧靠近供能管沟，基坑南侧功能管沟环境保护等级为一级，其余侧及基坑内隔墙环境保护等级为二级。

11.2.2 围护结构

1. A 区基坑

A 区基坑围护结构除南侧外均采用"钻孔灌注桩 + 止水帷幕"，混凝土设计强度等级为水下 C30；南侧采用地下连续墙，混凝土强度等级为水下 C35，围护结构详细参数如表 11.2-1 所示。

基坑止水帷幕采用 Φ850@1200 三轴搅拌桩，桩长 22.3m（部分 23.5m），搅拌桩与灌注桩间净距为 100~150mm，水泥掺量 20%，搅拌桩与灌注桩间设压密注浆。管沟处地下连续墙与灌注桩间采用 Φ800@500 高压旋喷桩止水，水泥掺量 25%，确保使整个止水体系封闭。基坑竖向设置三道水平混凝土支撑，第一道支撑分布范围内布置施工栈桥，该支撑平面布置如见图11.2-2所示。

表11.2-1　A地块各区域灌注桩设计参数

区域位置		开挖深度/m	灌注桩	入土深度/m	插入比	止水帷幕	止水桩长/m
A区	一般区域	15.3	Φ1000@1200	31.5	1：1.06	3Φ850@1200	22.3
	靠管沟区域		地下连续墙	30.5	1：0.99	—	—
	靠1#地块区域		Φ800@1000	29.5	1：0.93	3Φ850@1200	22.3
	分隔墙	15.5	Φ950@1150	31.5	1：1.03	3Φ850@1200	22.3
	分隔墙深坑	16.5	Φ1000@1200	32.5	1：0.97	3Φ850@1200	23.5

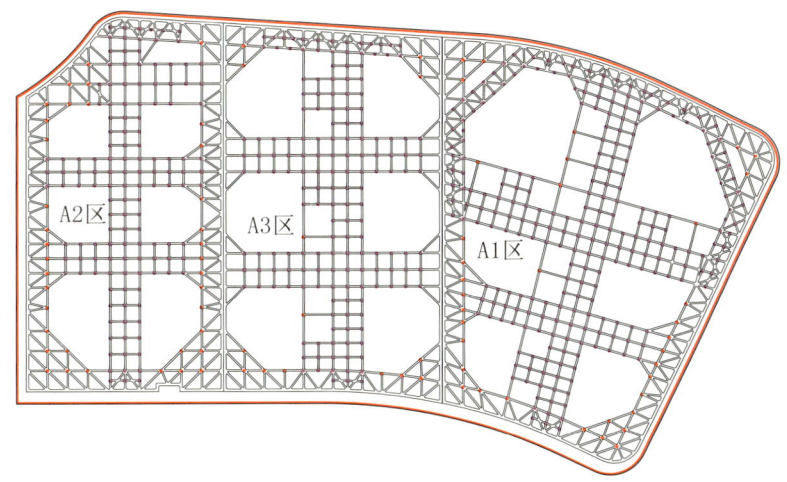

图11.2-2　A区基坑支撑平面布置示意图

A基坑南侧距离路下供能管沟较近，管沟对围护结构的位移控制要求很高。为了控制该侧围护墙体的变形，靠管沟侧基坑内采用3Φ850@1800三轴水泥土搅拌桩进行裙边地基加固。沿围护裙边设计加固暗墩，加固土体宽度为8.0m，加固深度范围为第一道支撑底至坑底开挖面下4.0m。

2. B区基坑

基坑围护结构除南侧外均采用"钻孔灌注桩＋止水帷幕"，混凝土设计强度等级为水下C30；南侧采用地下连续墙，混凝土强度等级水下C35，围护结构详细参数如表11.2-2所示。

表11.2-2　B地块各区域灌注桩设计参数

区域位置		开挖深度/m	灌注桩	入土深度/m	插入比	止水帷幕	止水桩长/m
B区	一般区域	15.3	Φ1000@1200	31.5	1：1.06	3Φ850@1200	22.3
	一般区域落深处	16.5	Φ1000@1200	33.5	1：1.03	3Φ850@1200	23.5
	靠管沟区域	15.3	1000mm地下连续墙	32.5	1：1.12	—	—
	分隔墙	15.3	Φ1000@1150	31.5	1：1.06	3Φ850@1200	22.3
	分隔墙落深处	16.5	Φ1000@1200	32.5	1：0.97	3Φ850@1200	23.5

基坑止水帷幕采用3Φ850@1200三轴搅拌桩，桩长22.3m（部分23.5m），搅拌桩与灌注桩间净距为150mm，水泥掺量20%，搅拌桩与灌注桩间设压密注浆。管沟处地下墙与灌注桩间采用Φ800@500高压旋喷桩止水，水泥掺量25%，确保使整个止水体系封闭。暗浜区域水泥掺量提高5%。基坑竖向设置三道水平混凝土支撑，第一道支撑分布范围内布置施工栈桥，支撑平面布置如图11.2-3所示。

B区基坑南侧距离路下供能管沟较近，管沟对围护结构的位移控制要求很高。为了控制该侧围护墙体的变形，靠管沟侧基坑内采用3Φ850@1800三轴水泥土搅拌桩进行裙边地基加固。沿围护裙边设计加固暗墩，加固土体宽度为8.0m，加固深度范围为第一道支撑底至坑底开挖面下4.0m。暗墩与地下连续墙内侧槽壁加固之间的400mm间距采用Φ650@450高压旋喷桩进行处理。

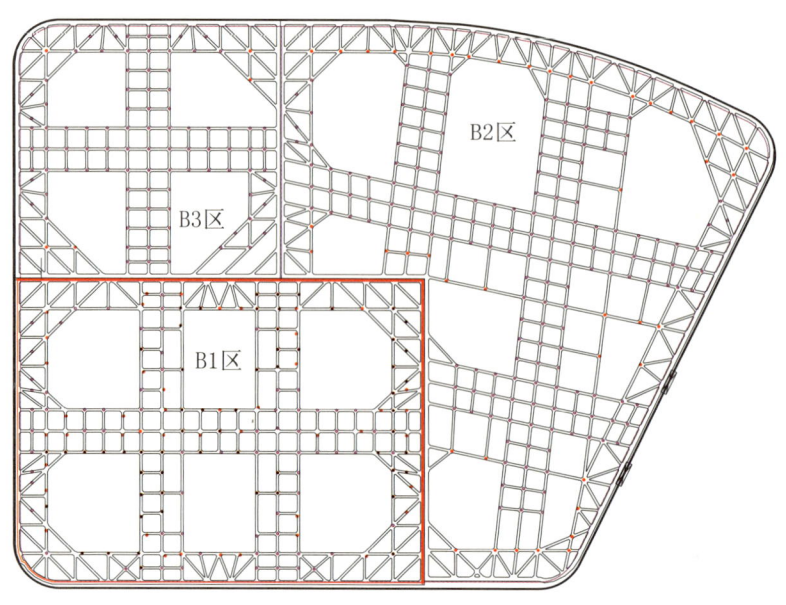

图 11.2-3　B 区基坑支撑平面布置示意图

11.3　主体结构工程

11.3.1　主体结构概况

1. A 区

A 区为地下 3 层，地上共有 8 个单体，各单体建筑位置如图 11.3-1 所示，建筑信息如表 11.3-1 所示。±0.000 相当于绝对标高 5.200m，室内外高差为 0.200m。A 区 D04b 街坊总建筑面积为 312 969.6m²，其中地上建筑面积为 154 126.20m²，地下建筑面积为 158 843.40m²。该工程主体为结构钢筋混凝土框架剪力墙结构，结构混凝土标号为 C30~C50。

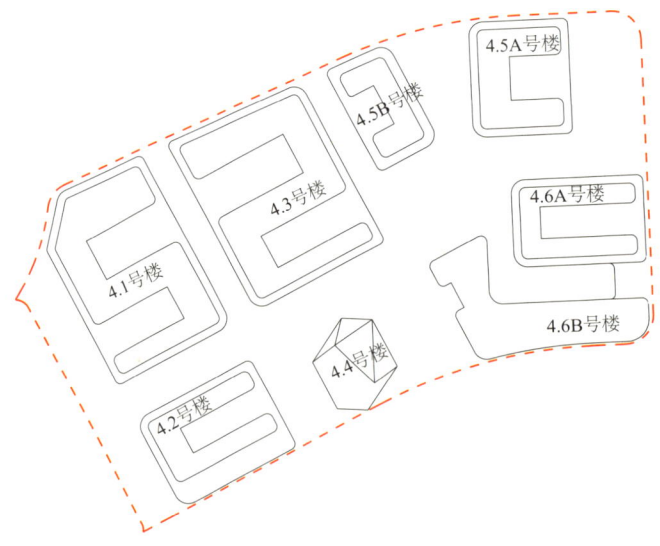

图 11.3-1　A 区单体建筑分布示意图

2. B 区

B 区共有 5 个单体，总建筑面积为 219 762m²，其中地上建筑面积为 113 565m²，地下建筑面积为 106 197m²。各单体建筑位置如图 11.3-2 所示，建筑信息如表 11.3-2 所示。

表 11.3-1　A 区各单体建筑信息

栋号	建筑功能 1~2 层	建筑功能 3 层以上	楼层	建筑面积 /m²	建筑高度 /m	建筑分类	耐火等级	结构形式
4.1#	商业	办公	地上 7 层	32 911.92	34.75	一类高层	一级	框架剪力墙
4.2#	商业	3 层为技术层，4 层以上为酒店	地上 7 层	18 527.50	34.15	一类高层	一级	框架剪力墙
4.3#	商业	办公	地上 6 层	29 946.70	30.55	一类高层	一级	框架剪力墙
4.4#	文化广场		地下 2 层 地上 3 层	5 282.00	20.10	多层建筑	一级	框架，局部钢结构
4.5A#	办公楼		地上 9 层	20 652.00	42.90	二类高层	二级	框架剪力墙
4.5B#	商业	办公	地上 7 层	10 618.00	34.75	一类高层	一级	框架剪力墙
4.6A#	办公楼		地上 8 层	18 666.30	38.95	一类高层	一级	框架剪力墙
4.6B#	商业	办公	地上 5 层	15 060.00	24.20	多层建筑	二级	框架剪力墙
地下室	商业、停车库及设备站		地下 3 层	158 843.40	−15.50	地下建筑	一级	框架剪力墙

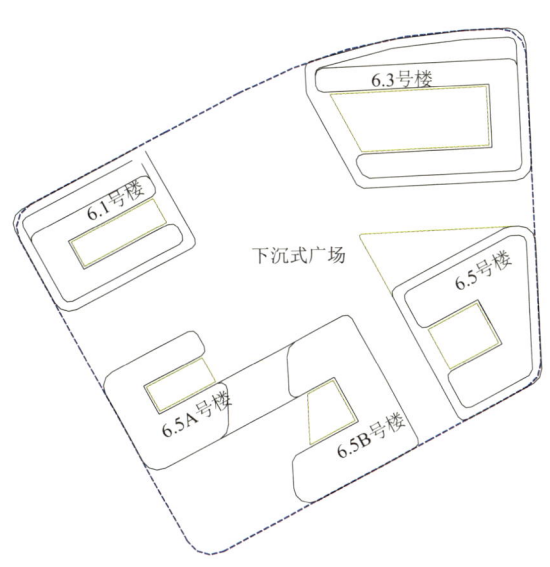

图 11.3-2　B 区单体建筑分布示意图

表 11.3-2　B 区各单体建筑信息

栋号	建筑功能	楼层	建筑面积 /m²	建筑高度 /m	建筑分类	耐火等级	结构形式
6.1#	酒店	地上 7 层	17 598.40	34.15	一类高层	一级	框架剪力墙
6.3#	酒店	地上 9 层	39 156.35	40.45	一类高层	一级	框架剪力墙
6.4#	商业休闲娱乐综合楼	地上 8 层	25 149.01	39.15	一类高层	一级	框架剪力墙
6.5A#	商业综合楼	地上 7 层	12 595.00	36.85	一类高层	一级	框架剪力墙
6.5B#	商业综合楼	地上 7 层	18 927.00	36.85	一类高层	一级	框架剪力墙
地下室	商业、停车库及设备站	地下 3 层	106 197.00	−14.40	地下建筑	一级	框架剪力墙

11.3.2　主体结构特点

1. 建筑特点

新建建筑沿街而立，将主交通干道围合，街道与周边建筑共同塑造出一种均质统一的整体面貌，建筑物拥有数层高的中庭开放空间，上部覆有玻璃屋面，建筑入口处呈现出一种气势非凡的姿态和气魄。环绕公园景观而建的建筑群确定了其结构框架，并在其间生成丰富多样的外部空间，这里与外界的机动车交通相隔绝，是住户、行人以及工作人员逗留休憩的理想场所。地块与虹桥展览中心——交通枢纽轴线之间的联系将通过城市规划设计予以重点突出。一座具有城门意象的建筑以及前广场在南面确定了地块的入口，通过对建筑形体的塑造，使其具有较高辨识度，从而起到地标作用。

2. 结构特点

该项目地上13栋建筑均为钢筋混凝土框架（高/多层）结构体系，设计使用年限为50年，建筑结构安全等级为二级，地上建筑物（非商业）抗震设防类别属丙类，地下一、二层商业抗震设防类别属乙类（重点设防），按上海地区7度抗震烈度设防。

结构梁板墙柱：框架柱以直径为700mm的圆柱为主，混凝土标号为C40~C30，以适应框架柱的受力要求。底层剪力墙厚300~450mm，2层以上墙厚约300mm，混凝土标号为C40~C30。底层层高较高，墙厚较厚。

楼层采用钢筋混凝土现浇梁板体系。标准层框架梁为300mm×650mm，次梁为250mm×550mm。梁板均采用C30混凝土。楼板采用现浇楼盖，板厚120mm。转角处楼板厚加大140mm，并加强配筋。屋面考虑绿化，覆土1m厚，框架梁为500mm×800mm，次梁为300mm×700mm，板厚140mm。

11.4 幕墙工程

11.4.1 幕墙概况

虹源盛世国际文化城共有13栋建筑单体进行幕墙工程施工，该项目幕墙系统主要为：单元式明框铝合金玻璃幕墙系统、构件式明框钢型材玻璃幕墙系统、构件式明框铝合金玻璃幕墙系统、点式单层索网玻璃幕墙系统、半明钢铝组合玻璃采光顶系统等。幕墙系统的建筑单体分布效果如图11.4-1所示，4.5A#楼、4.6A#楼幕墙整体效果如图11.4-2所示，6.5A#楼、6.5B#楼幕墙整体效果如图11.4-3所示，4.4#楼钻石体效果如图11.4-4所示。

图11.4-1 虹源盛世国际文化城具有幕墙系统的建筑单体分布效果图

11.4.2 幕墙特点

立面幕墙设计简洁精致，追求高质量的细节而非花哨的形式。大量建筑均采用玻璃幕墙与横向金属板相结合的组合式幕墙实现功能与外形的完美平衡。同时体现对细节与选材的关注，打造疏朗多变的光影效果，表达建筑整体力量与细节的和谐统一。

横向金属线条的使用不仅有利于打造建筑外形，同时巧妙控制理想的窗墙比，满足节能环保要求，并且最小化全玻璃幕墙可能带来的反射与眩光问题，自身也成为外遮阳构件。

单元玻璃幕墙部分暗藏电动外遮阳卷帘盒，在不影响美观的条件下可在夏季有效地降低室内热负荷。玻璃选用高性能低辐射的镀膜玻璃，进一步降低反射与眩光。

图11.4-2 虹源盛世国际文化城4.5A#楼、4.6A#楼幕墙整体效果图

图11.4-3 虹源盛世国际文化城6.5A#楼、6.5B#楼幕墙整体效果图

图11.4-4 虹源盛世国际文化城4.4#楼钻石体效果图

11.5 机电安装工程

11.5.1 机电系统组成

虹源盛世国际文化城机电安装工程主要包括强电、暖通、消防、电梯、燃气动力管道、设备、弱电等几个专业的施工。

强电工程主要包括供电电源、配电系统、设备、灯光照明系统、防雷接地系统等；

暖通工程主要包括制冷、热源、空调水系统、空调通风系统、分体空调系统及多联空调机(热泵)系统、防排烟系统等；

消防工程主要包括消防栓系统、自动喷水系统及建筑气体灭火系统；

燃气动力管道主要包括天燃气、热源蒸气动力管道；

该工程安装的主要设备(除电梯外)包括冷热水机组、空调机组、各类泵、不锈钢水箱、集水器分水器、水处理设备、气压罐、不锈钢烟囱等；

弱电工程施工主要包括桥架安装及管线敷设、线缆敷设、设备安装、系统调试和系统试运行。

11.5.2 机电安装过程中新技术的应用

虹源盛世国际文化城项目为确保设计、施工质量,减少施工、运营成本,加强过程管理,以及提高物业运营管理能力,机电工程采用了下述几项新技术。

1. BIM技术

BIM技术是应用于工程设计建造管理的数据化工具,通过参数模型整合各专业的相关信息,包括建筑、结构、机电、幕墙、室外管线、景观等,在项目策划、运行和维护的全生命周期过程中进行共享和传递,使工程技术人员对各种信息作出正确理解和高效应对,为设计团队、建造单位以及包括建筑运营单位在内的各方建设主体提供协同工作的基础,在提高生产效率、节约成本和缩短工期方面发挥了重要作用。图11.5-1为虹源盛世国际文化城项目机电工程的BIM模型。

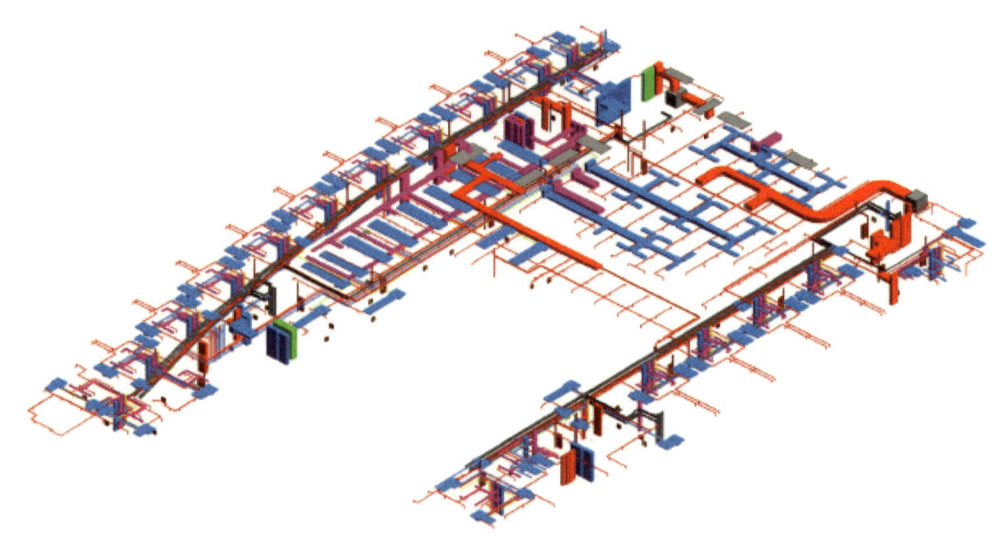

图11.5-1 虹源盛世国际文化城项目机电工程BIM模型

2. 中水雨水回用系统

收集雨水、室内废水,经处理达标后用于绿化、冲洗地面,既节约大量的用水,又可减少城市雨洪灾害和缓解城市水资源短缺的局面,具有良好的经济效益、社会效益和环境效益。

3. 能耗监测系统

通过对项目内办公、酒店、商业等建筑形态中的电、水、燃气、集中供冷、集中供热各系统安装分类和分项能耗计量装置,采用远程传输等手段及时采集能耗数据,实现能耗的在线监测和动态分析功能,并将数据传至虹桥管委会低碳监测平台,满足平台对各项目数据的采集要求,既提高了公共建筑物业管理水平,又降低了建筑运行能耗。

4. IBMS系统

以标准化网络为基础、楼宇设备管理系统为核心的形式实现系统集成。系统集成了BA(楼宇自动化)、FA(消防自动化)、SA(安保自动化)等子系统的信息,实现了BA、FA、SA三者的一元化监测和控制,提高了建筑物的安全性,这是智能化建筑和智能小区必要的配置，综合了 OA(办公自动化)、CA(通信自动化)系统的信息，是大楼智能化系统起核心作用的管理性平台，实现了对大楼内被集成的各子系统进行监视、控制和综合管理，并实现了整个大楼信息资源的共享。

5. 风光互补太阳能路灯系统

利用风力发电机、太阳能面板为项目内道路灯具提供电能，夜间和阴雨天无阳光时由风能发电，晴天由太阳能发电，在既有风又有太阳的情况下，两者同时发挥作用，实现了全天候的发电功能，比单用风机或太阳能更经济、科学、实用。该系统为项目提供了清洁能源，并节约了运营费用。

12 虹桥万科中心

12.1 项目概况

1. 项目位置及建设概况

虹桥万科中心项目位于上海虹桥商务区核心区（一期）03 号地块南块，西至申长路，东至申虹路，南至苏虹路，北至锡虹路，占地面积为 32 000m²。该项目为商业办公文娱综合用途，建筑总面积为 195 961.5m²，地上建筑面积为 111 961.50m²，地下建筑面积商业面积为 84 100m²，容积率 3.43。项目平面位置示意图和效果图分别如图 12.1-1、图 12.1-2 所示。

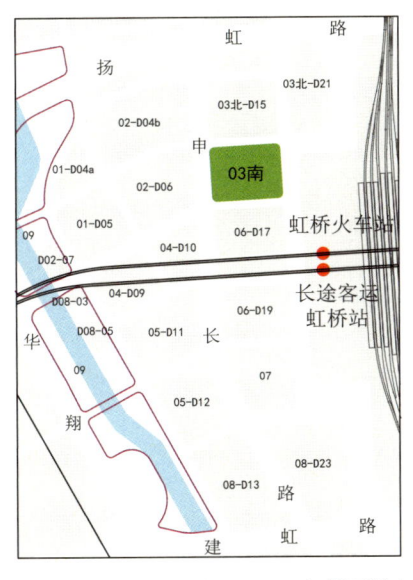
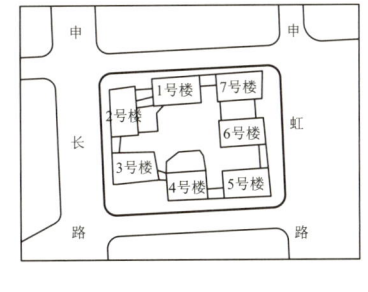

图 12.1-1　虹桥万科中心项目平面位置示意图

2. 参建单位

虹桥万科中心项目由上海万狮置业有限公司负责开发建设，该公司是由万科企业股份有限公司 100% 出资成立的项目公司，于 2011 年 12 月 12 日正式设立。万科企业股份有限公司成立于 1984 年，经过二十多年的发展，成为国内最大的住宅开发企业，目前业务覆盖珠三角、长三角、环渤海三大城市经济圈以及中西部地区。

项目设计、顾问、施工、监理等其他参建单位如表 12.1-1 所示。

3. 基本建设过程

虹桥万科中心项目于 2012 年 10 月开始桩基施工，2014 年 8 月完成结构封顶，2015 年 6 月完成竣工验收。项目详细施工进度节点如表 12.1-2 所示。

图 12.1-2　虹桥万科中心项目效果图

表 12.1-1　虹桥天地项目参建单位汇总

参建单位	单位名称
建设单位	上海万狮置业有限公司
设计单位	上海中森建筑与工程设计顾问有限公司
机电顾问	奥雅纳工程咨询（上海）有限公司
室内设计	缔博室内设计有限公司
施工总承包单位	上海建工五建集团有限公司
监理单位	上海建浩工程顾问有限公司

表 12.1-2　虹桥万科中心项目施工进度节点

项目单体	进度节点						
	桩基开始施工	基坑开挖	大底板施工完成	基坑出 ±0.00	主体结构封顶	竣工验收	交付
1#~4# 楼	2012.10.28	2013.03.15	2013.08.10	2013.10.31	2014.01.28	2015.01.31	2015.08.31
5#~7# 楼	2012.10.28	2013.11.01	2014.01.28	2014.06.15	2014.08.31	2015.06.30	2016.04.30

12.2　基坑工程

12.2.1　基坑概况

虹桥万科中心工程基坑面积为 29 585m²，西区基坑面积为 18 702m²，东区基坑面积为 10 883m²，大底板底标高 −16.05m，大范围挖深 15.76m。

12.2.2　围护结构

考虑项目基坑面积和开挖深度（15.76m），从安全、经济性角度出发并结合周边地块类似项目经验，基坑围护结构选用"三轴搅拌桩 + 钻孔灌注桩"形式。该工程基坑面积超过 20 000m²，属于超大面积深基坑，根据 2012 年

6月14日上海市城乡建设和交通委员会发布《关于进一步加强本市基坑和桩基工程质量安全管理的通知》（沪建交〔2012〕645号）第十三条规定，该基坑采用分区围护和施工，以降低工程风险和环境风险。

该基坑止水帷幕采用 $\Phi 850@1\,200$ 三轴搅拌桩，水泥掺量20%，桩长24m。坑内加固 $\Phi 850@1\,800$ 三轴搅拌桩，裙边加固水泥掺量有10%和20%两种，桩顶以上部分施工保证8%的水泥回掺，围护桩为灌注桩，桩径分别为 $\Phi 1\,150$，$\Phi 1\,000$，$\Phi 1\,250$，桩长分别为28m，9m，22m，桩身混凝土强度等级为水下C30。围护桩布置平面如图12.2-1所示。

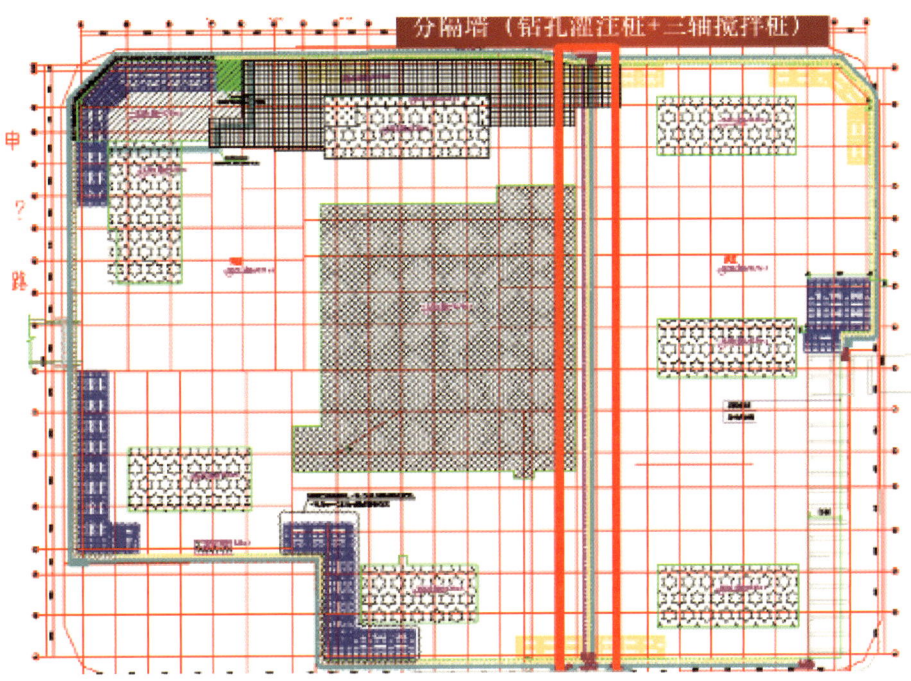

图 12.2-1 虹桥万科中心围护桩平面布置

该基坑共设置三道钢筋混凝土支撑，支撑中心标高分别为 −3m，−7.95m，−12.25m，支撑布置平面图和剖面图如图12.2-2所示。

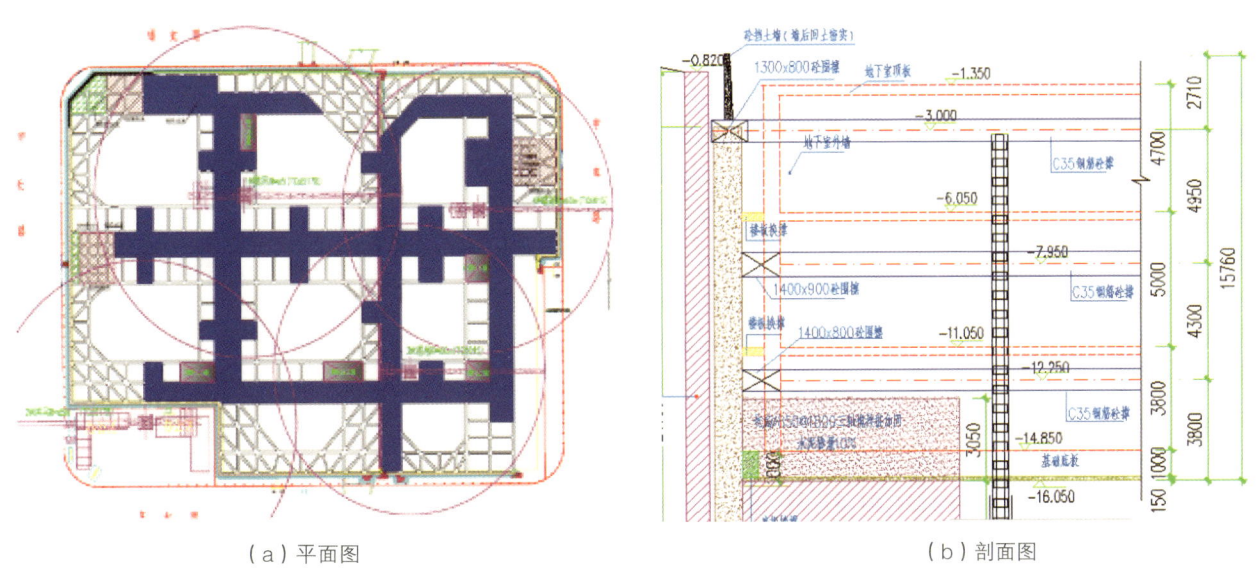

（a）平面图　　　　　　　　　　（b）剖面图

图 12.2-2 虹桥万科中心支撑布置平面与剖面图

12.3 主体结构工程

虹桥万科中心项目为办公楼建筑，采用资源消耗和环境影响小的建筑结构体系，结合此建筑功能空间要求，在结构体系的选型方面,采用最常规、最适合此类建筑的框架剪力墙结构体系。在核心筒位置结合建筑墙体的位置设置剪力墙,增加结构整体刚度。同时,在建筑要求大空间处布置框架柱,减小对建筑空间的影响。此种结构体系具有兼顾建筑空间使用、结构抗震最优、结构经济性强的特点。

主体结构采用了大量HRB400高强度钢筋。主塔楼从基础至5层(或4层)柱墙混凝土强度等级为C50及以上,其竖向承重构件总混凝土量为16 936.2m³,共节约混凝土用量10 161.7m³。

各主塔楼地下一层到三层两侧剪力墙端柱,3#楼斜柱,1#楼转换柱均采用劲性柱(型钢混凝土柱)。其优点是在满足一定轴压比的条件下,劲性柱的截面积相对较小;劲性柱中的型钢包裹在混凝土里面,提高了构件的耐火性能。

主体之间连廊采用实腹式型钢梁密肋布置。1号楼、2号楼之间,6号楼、7号楼之间的大堂屋面跨度较大(23.8m),又因采用玻璃采光屋顶,从节材和表现效果上考虑,屋顶采用钢结构,每个连廊可以节省约3根Φ700灌注桩,节水、节材、节能效果显著。

12.4 幕墙工程

虹桥万科中心项目幕墙面积达6万m²,采用框架式体系,分为13个系统。幕墙具有系统多、立面折线造型多等特点,并涉及钢连廊、钢悬挑、大跨采光顶幕墙等,幕墙整体十分复杂,施工难度很大。

虹桥万科中心项目沿街外立面采用了FS1系统,庭院内立面采用FS2系统,出屋面钢结构采用FS3系统,塔楼间连廊位置采用FS5系统,各系统设计及效果图分别如图3.3-5—图3.3-8所示。

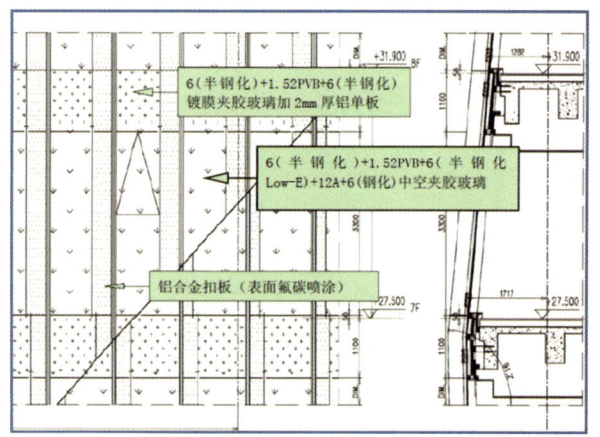

图12.4-1 FS1系统幕墙设计与效果图

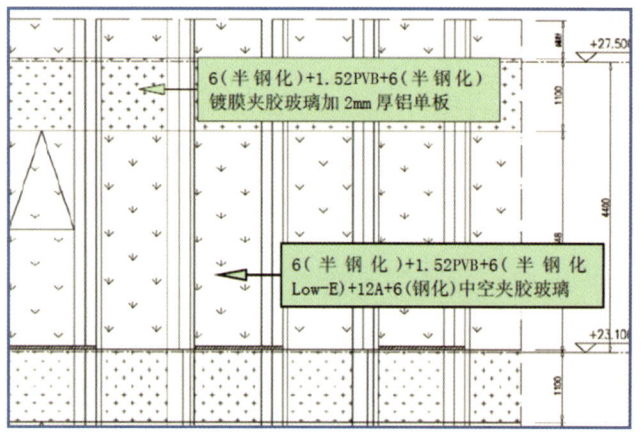

图12.4-2 FS2系统幕墙设计与效果图

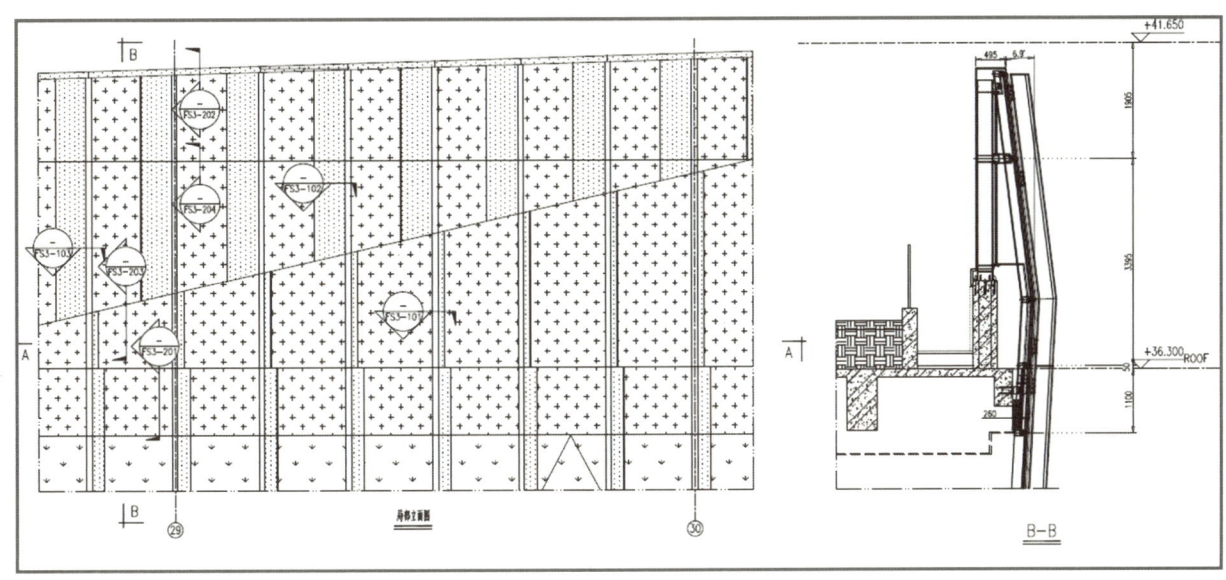

图 12.4-3 FS3 系统幕墙设计图

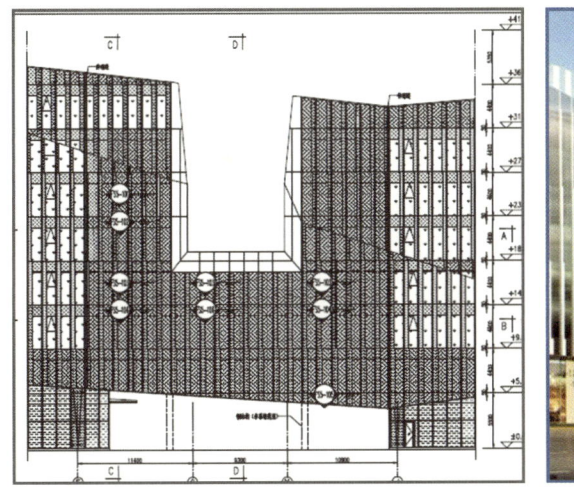

图 12.4-4 FS5 系统幕墙设计与效果图

13 虹桥汇项目

13.1 项目概况

1. 项目位置及建设概况

虹桥汇项目位于上海虹桥商务区 03 号北地块,东至申贵路,南至锡虹路,北至扬虹路,西至申长路,占地面积为 5.13 万 m^2,项目平面位置如图 13.1-1 所示。该项目商业面积约为 8.8 万 m^2,办公面积为 17.7 万 m^2,包括甲级商务建筑 9 座,综合商场 1 座,部分裙房连接地下 2 层大型商场,是集高品质甲级办公、企业总部办公、大型综合购物、休闲娱乐等于一体的现代城市综合体。项目建成后的效果如图 13.1-2 所示。

2. 参建单位

虹桥汇项目由上海金臣联美置业有限公司负责开发建设,该公司由上海金臣投资有限公司和联美(中国)投资有限公司两家联合投资成立。上海金臣投资有限公司是一家以房地产投资、股权投资及资产经营管理为主的现代化企业集团,开发物业种类涵盖房地产高端住宅项目开发、高端城市综合体项目开发、商业运营管理、酒店管理及物业管理等多个行业领域;联美(中国)投资有限公司由(香港)联美集团有限公司出资,业务涉及房地产、环保新能源、矿业、传媒、生物制药等现代国民经济中的多个领域。

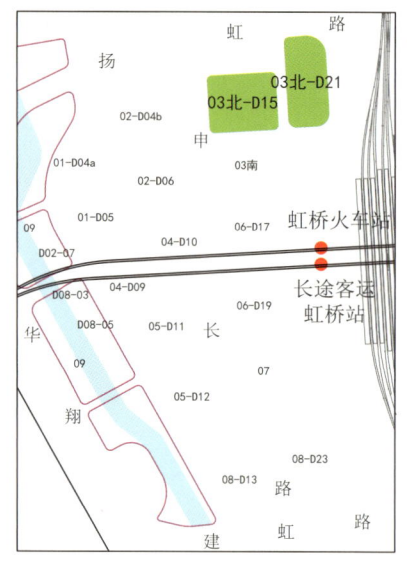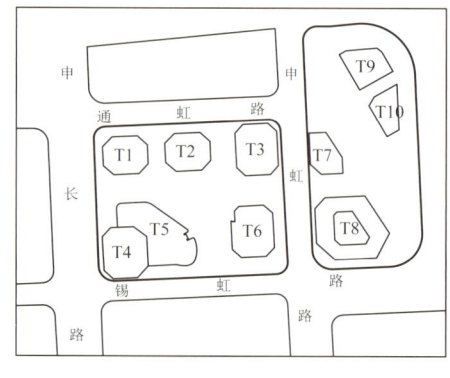

图 13.1-1 虹桥汇项目平面位置示意图

图 13.1-2 虹桥汇项目效果图

该项目勘察、设计、施工、监理等其他参建单位如表 13.1-1 所示。

表 13.1-1 虹桥汇项目参建单位汇总

参建单位	单位名称
建设单位	上海金臣联美置业有限公司
设计单位	中船第九设计研究院工程有限公司
勘察单位	上海市岩土地质研究院有限公司
工程总承包	中建三局集团有限公司 上海建工一建集团有限公司
监理单位	上海现代工程咨询有限公司

3. 基本建设过程

虹桥汇项目于 2013 年 9 月开始桩基施工，2016 年 3 月完成结构封顶，截至 2017 年 9 月，项目尚未完成竣工验收。项目详细施工进度节点如表 13.1-2 所示。

表 13.1-2　虹桥汇项目施工进度节点

项目分区	进度节点						
	桩基开始施工	基坑开挖	大底板施工完成	基坑出 ±0.00	主体结构封顶	竣工验收	交付
项目 1 （T1~T6）	2013.11.21	2014.01.01	2015.10.10	2015.02.10(1A) 2015.10.10(1B)	2015.09.02(1A) 2016.03.16(1B)	—	—
项目 2 （T7、T8）	2013.11.09	2014.01.05	2014.09.13	2015.02.01(T7) 2015.04.15(T8)	2015.05.17(T7) 2015.09.05(T8)	—	—
项目 3 （T9、T10）	2013.09.01	2013.10.21	2014.01.19	2014.06.24(T10) 2014.07.09(T9)	2014.10.03(T10) 2014.10.22(T9)	—	—

13.2　基坑工程

13.2.1　基坑概况

该项目地上建筑物较多，根据其所在位置，基坑工程共分为三个部分，分别为 1# 基坑、2# 基坑和 3# 基坑，如图 13.2-1 所示。

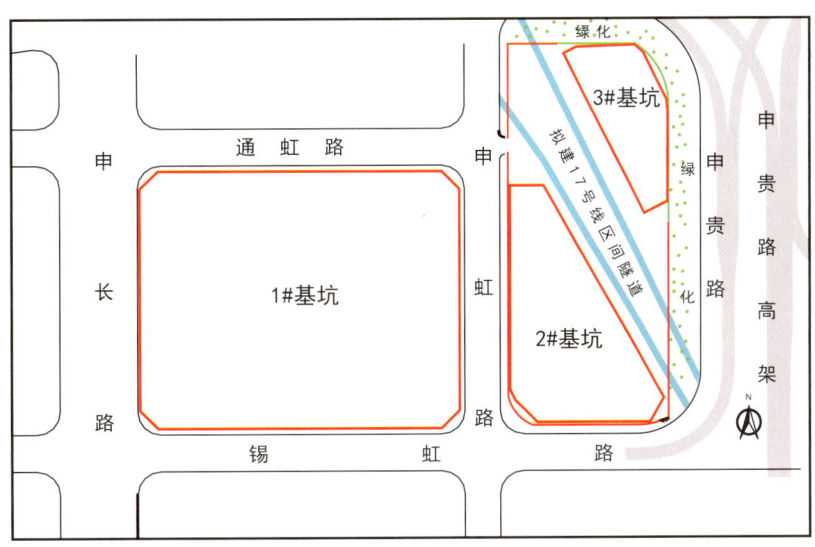

图 13.2-1　虹桥汇项目基坑总平面

1# 基坑呈矩形，总面积约 37 000m²，周长约 740m，东西长 210m，南北宽 170m，安全等级为一级。基坑挖深为 17.5~18.0m，主楼范围内电梯井局部深坑深约 3m。整个基坑分东西两个基坑分块实施，中间设置钻孔灌注桩分隔墙。基坑南侧为锡虹路，道路下方为能源管廊，底部埋深 8~12m，距离基坑约 3.6m。北侧通虹路为城市支路，道路宽约 24m，路上方车辆稀疏，主要为区域内地块开发的施工车辆。通虹路北侧为绿化区域，宽约 70m，绿化区有较高填土，高出地面约 2.6m，绿化区北侧为扬虹路高架，距离本地块约 105m。西侧申长路为城市次干道，道路宽约 24m。

2# 基坑面积约 10 000m²，呈三角形，东西向长 100m，南北向长 156m，基坑开挖深度为 17.5~18m，主楼范围局部深坑落深约 3m。2# 基坑安全等级为一级，南侧能源管廊和高架在基坑 1 倍开挖深度内，环境保护等级为一级，其余范围内环境保护等级为二级。基坑周边采用 800mm 厚地下连续墙（两墙合一），坑内沿竖向设 4 道钢筋混凝土支撑。2# 基坑南侧有能源管沟，距基坑约 3.6m，结构尺寸为 5.6m×4.0m（宽×高）。结构采用柔性接头，每隔约 15m 设变形缝，埋深为 8~10m。

3# 基坑面积约 4 200m²，呈三角形，东西向长 45m，南北向长 116m，裙房区基坑开挖深度为 14.5m，塔楼及周边承台处为 15m，电梯井及局部深坑部位为 16~17.7m。基坑安全等级为一级，环境保护等级为二级。基坑周边采用厚 800mm 的地下连续墙（两墙合一），坑内沿竖向设 3 道钢筋混凝土支撑。3# 基坑北侧为扬虹路高架，距基坑约 30m，东侧为申贵路高架，距基坑 26m，属于高架匝道 70m 保护区域范围内，影响高架范围约 86m。

13.2.2　围护结构

（1）1# 基坑

1# 基坑采用"地下连续墙+止水帷幕+内撑"的围护结构体系，围护结构平面如图 13.2-2 所示。地下连续墙厚800mm，深36m，南侧地下连续墙设三轴搅拌桩槽壁加固，坑外侧采用套打方式，坑内侧搭接250mm，加固深度为地面至坑底下4~5m，同时对该侧进行 Φ850@600 三轴搅拌桩裙边加固，加固范围为第二道支撑底至坑底下5m，加固宽度近7m。基坑内部共设置4道混凝土支撑，混凝土标号为C30。

基坑中部的分隔墙采用 Φ1000@1200 钻孔灌注桩，设置内外两排 Φ850@600 三轴搅拌桩止水帷幕（套打），止水帷幕深入坑底下约11m。在支撑刚度较薄弱处进行旋喷桩墩式加固，加固范围为地下6m至坑底下4m，加固宽度为7.4m，平均距离约30m。

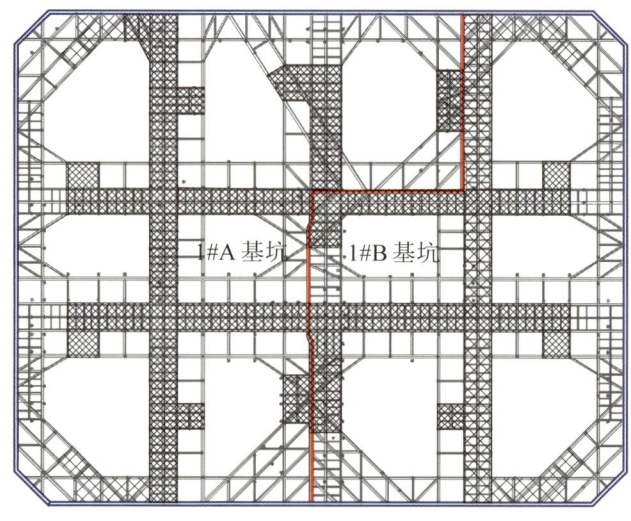

图 13.2-2　1# 基坑围护结构平面

（2）2# 基坑

2# 基坑采用"地下连续墙 + 止水帷幕 + 内撑"的围护结构体系。地下连续墙厚800mm，深36m，止水帷幕采用 Φ850@600 三轴搅拌桩，止水帷幕深入坑底下约11m。支撑立柱桩为 Φ700 钻孔灌注桩，钢立柱规格采用 4∟200×20（栈桥）和 4∟180×18（支撑）两种角钢格构柱。

南侧地下连续墙设三轴搅拌桩槽壁加固，坑外侧采用套打方式，坑内侧搭接250mm，加固深度为地面至坑底下4m，同时对该侧进行三轴搅拌桩裙边加固，加固范围为第二道混凝土支撑底至坑底以下4m，加固宽度为6.85m。另外三侧在支撑刚度较薄弱处进行旋喷桩墩式加固，加固范围为坑底至坑底下4m，加固宽度为7.4m，平面距离约30m。局部深坑区域设有高压旋喷桩加固。基坑内部设有4道钢筋混凝土支撑，混凝土等级为C30。

（3）3# 基坑

3# 基坑采用"地下连续墙 + 止水帷幕 + 内撑"的围护结构体系。地下连续墙厚800mm，深31m，混凝土设计标号为水下C35。地墙接缝处于地墙外侧，并设有 3 根 Φ800 旋喷桩止水加固，深度同地墙。西侧设有两处 Φ1000@800 高压旋喷桩裙边加固，加固深度为15.10~20.10m。深坑区域设有"旋喷桩加固"的围护体系，加固深度为基坑深度的1.5倍。支撑立柱桩为 Φ850 钻孔灌注桩，钢立柱规格采用 4∟160×16 两种角钢格构柱。基坑内部设有三道钢筋混凝土支撑，混凝土等级为C30。

图 13.2-3 为 2#、3# 基坑围护结构平面。

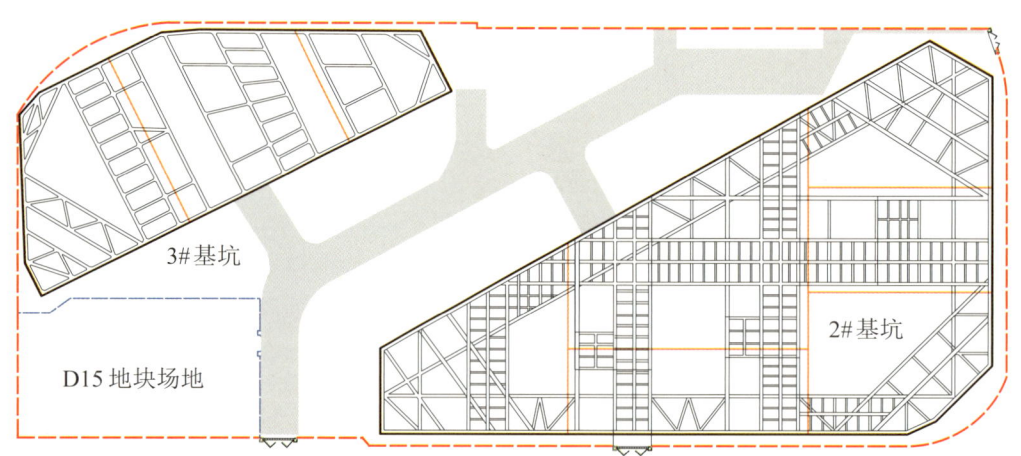

图 13.2-3　2#、3# 基坑围护结构平面

13.3　主体结构工程

1. 项目1

虹桥汇项目项目1由T1~T6六个塔楼组成，采用框架剪力墙结构，层高为3~9层，地上建筑面积为 122 647.5m²。

2. 项目2

虹桥汇项目项目2由T7、T8两个塔楼组成，采用钢筋混凝土框架结构体系，T7为地上7层，高32.825m，面积为9 845.9m^2；T8为地上9层，高41.725m，面积为34 320.4m^2。

3. 项目3

虹桥汇项目项目3由地上T9、T10两栋小高层组成，采用钢筋混凝土框架结构体系，总建筑面积为31 226m^2，地下3层，地上9层，地上总高度为40.8m。

13.4 幕墙工程

13.4.1 T4~T5

T4楼建筑外形比较规整，无外凸部位，T5楼建筑外形呈圆弧形，总幕墙面积约26 000m^2。该工程幕墙造型为：首层至2层基本为玻璃肋点式幕墙及框架幕墙，2层至屋顶层均为单元式幕墙。该部分工程外墙装饰系统主要有9种类型：T4办公楼局部V形单元幕墙系统（含百叶、开启窗）、T5办公楼W形单元幕墙系统（含百叶、开启窗）、玻璃肋点式玻璃幕墙系统、构件式玻璃幕墙系统、入口雨篷系统、天幕系统、连桥系统、电梯房玻璃及格栅系统、屋面隔热系统。总体工程量如表13.4-1所示。

表13.4-1 T4~T5幕墙工程量

幕墙类型	工程量/m^2
单元式幕墙	11 069
框架式幕墙	9 490
金属幕墙	2 864
其他幕墙	2 577

13.4.2 T7~T8

T7~T8建筑外形比较规整，无外凸部位，幕墙面积约28 000m^2。该部分工程幕墙造型：首层至2层基本为玻璃肋点式幕墙及框架幕墙，2层有一部分为单元式幕墙，3层至屋顶层均为单元式幕墙。该部分外墙装饰系统主要采用如下6种类型：竖明横隐单元式玻璃幕墙系统（含百叶、开启窗）、竖明横隐构件式玻璃幕墙系统、玻璃肋点式玻璃幕墙系统、首层地弹门系统、入口雨篷系统、采光顶系统。总体工程量如表13.4-2所示。

表13.4-2 T7~T8幕墙工程量

幕墙类型	工程量/m^2
竖明横隐单元式玻璃幕墙系统（含百叶、开启窗）	20 000
竖明横隐构件式玻璃幕墙系统	3 000
玻璃肋点式玻璃幕墙系统	1 900
首层地弹门系统	100
雨篷系统	700
采光顶	2 200

13.4.3 T9~T10

T9~T10建筑外形比较规整，无外凸部位，幕墙面积约20 000m^2。该工程幕墙造型：首层至2层基本为玻璃肋点式幕墙及框架幕墙，2层有一部分为单元式幕墙，3层至屋顶层均为单元式幕墙。该部分外墙装饰系统主要采用如下5种类型：竖明横隐单元式玻璃幕墙系统（含百叶、开启窗）、竖明横隐构件式玻璃幕墙系统、玻璃肋点式玻璃幕墙系统、首层地弹门系统、入口雨篷系统。总体工程量如表13.4-3所示。

13.5 机电安装工程

该项目机电安装主要分为三大部分，分别为通风与空调、电气和给排水。

表 13.4-3 T9~T10 幕墙工程体量表

幕墙类型	工程量	单位
竖明横隐单元式玻璃幕墙系统（含百叶、开启窗）	17 000	m²
竖明横隐构件式玻璃幕墙系统	2 000	m²
玻璃肋点式玻璃幕墙系统	1 300	m²
首层地弹门系统	50	樘
雨篷系统	400	m²

13.5.1 通风与空调工程

1. 热水系统

该系统的热源为区域热水，供/回水温度为95℃/60℃，从地块南侧锡虹路引入一路DN250区域热水管至D15地块的热计量室，经计量后接至本层的换热站。换热站内设3台热水板式换热器，与区域热水换热后提供供/回水温度为60℃/45℃的采暖水。

2. 空调水系统

空调水系统采用闭式定压系统，闭式膨胀水箱设置于换热机房内。空调水系统一般区域采用四管制系统，办公区内区空调机组常年制冷，采用两管制变风量空调处理机组。

3. 冷冻水系统

该系统冷源为区域冷冻水，供/回水温度为6℃/12℃。从地块南侧锡虹路引入一路DN600区域冷冻水管至D15地块地下二层的热计量室，经计量后接至换热站。冷冻水系统采用二级泵系统。

4. 空气处理系统

空气处理在办公楼采用变风量空调系统，即每层设置两台变风量空调机组（变频），机组常年制冷。空气处理在办公区域将新风先由新风处理机组的水盘管处理到设定温度后，通过每层空调机房内的定风量末端送至每层的空调机组。

5. 空调自动控制系统

板式换热器、冷热水泵、空调机组及新风机组除设就地控制开关外，全部进入楼宇自动控制系统进行控制、管理和监控。自动控制系统采用自动化组件量度，通过对采集到的冷冻水及采暖水的供/回水温度及总干管末端的压力等信息进行分析从而达到控制的效果。

6. 机械通风系统

机械通风系统应包含风机、风管、送风口、排风口、进风百叶及排风百叶，给以下区域如卫生间、机电设备房、地下车库和其他非空调区域或非自然通风房间机械通风。

7. 防排烟设计

标准层办公区设置两个机械排烟立管，发生火灾时烟气由排烟风管排至排烟竖井，再由设置在屋顶的排烟风机排至室外。办公室采用风管排烟方式。

13.5.2 电气工程

1. 10/0.4kV 变配电系统

10/0.4kV 变配电系统为单母线分段运行，联络开关设手动转换开关。该工程在地下一层设两处变配电室，均采用SCB10型变压器，接线为D-Yn11。本程从D15地块开关站引出两路独立10kV电源至各变电所，两路电源同时工作时，互为备用。

2. 电力配电系统

低压配电系统采用220/380V放射式与树干式相结合的方式。污水泵采用液位传感器就地控制。循环泵、加压泵（换热机房）、空调处理机组、新风机、排风机、送风机等采用DDC及手动控制。消火栓、喷淋泵、消防稳压泵、排烟风机、加压送风机等消防专用设备进BA，只监不控。排风兼排烟风机，进风兼补风风机，平时由DDC系统控制。

3. 照明系统

照明、插座分别由不同的支路供电，均为单相三线。应急照明：该工程内消防控制室、消防水泵房、变配电所以及发生火灾时仍需坚持工作的其他房间的应急照明，仍应保证正常照明的照度。在走廊、主要出入口等场所设置疏散照明。应急照明平时采用就地控制或由BA统一管理。照明控制：机房、办公室等处的照明采用就地设置照明开关控制；

楼梯间及电梯厅安装人员感应装置实现就地控制。

4. 建筑物防雷、接地系统及安全措施

建筑物防雷、接地系统：该工程防雷等级为二类，设置总等电位联结，避雷引下线利用结构柱内的主钢筋。为满足建筑的防侧击雷，每层利用建筑物圈梁中钢筋连成闭合回路作为均压环。

接地及安全：该工程防雷接地、电气设备的保护接地、消控中心等的接地共用统一接地极，接地电阻要求不大于1Ω，如达不到要求，需增大地极。从变配电室至强电竖井内的桥架上敷设一条40mm×4mm热镀锌扁钢，将变配电室接地与强电竖井内接地相连。每个办公租户预留一个等电位联结箱。

5. 漏电火灾报警系统及能源监测系统

漏电火灾报警系统：该工程采用电气火灾监控系统，系统控制器安装在消防控制室内。剩余电流检测点设置在楼层配电箱（配电系统第二级开关）进线处。

能源监测系统：通过安装分类和分项能耗计量装置，采用总线制传输方式实时采集能耗数据，具有建筑能耗在线监测与动态分析的软件和硬件系统功能。系统应预留485通信接口（TCP/IP协议），以便将数据信息上传至上海市能源管理中心及虹桥商务区能源管理中心。

13.5.3 给排水工程

1. 给水系统

给水系统由市政水压直接供水。办公层给水系统一层由市政供水，二层及以上楼层变频供水，由供水立管分支供卫生间。

2. 热水系统

D15地块除T4塔楼设有太阳能系统，卫生间设集中生活热水系统外，其余均设分散式电热水器。太阳能热水系统设置在T4塔楼楼顶，仅为T4塔楼核心筒内卫生间供热水，其他办公区域卫生间生活热水均采用分散式电热水器提供热水。

3. 排水系统

小区内室外采用雨、污分流制。生活污、废水排放共三处，经格栅检查井由DN300排放，分别排至申长路、申虹路、扬虹路的市政污水管网。雨水排放共三处，由DN600排放，分别排至申长路、申虹路、扬虹路的市政雨水管网。

4. 雨水系统

屋面雨水经雨水斗收集，通过悬吊管、立管重力流排至雨水回收处理房。汽车坡道雨水经二道排水沟收集后，由排水泵压力排至室外雨水检查井。下沉广场经雨水沟收集至地下室雨水集水井，由排水泵加压力排至室外雨水检查井。室外道路适当位置设置雨水口，收集道路、人行道及屋面雨水。

5. 非传统水源回用系统

该工程非传统水源回用系统包括：雨水回用、冷凝水回用系统。

非传统水处理流程如下：雨水回用系统的原水由本地块申虹路雨水排出口所管辖区域的雨水经弃流后，经格栅流入雨水蓄水池以进行流量调节及均匀水质。冷凝水由水泵传送至过滤砂缸处理。过滤砂缸处理后的水经次氯酸钠消毒后储存于清水池内，经水泵加压后供各用水点。

14 上海虹桥万通中心

14.1 项目概况

1. 项目位置和建设概况

上海虹桥万通中心项目位于上海虹桥商务区核心区（一期）04-D10号地块，地块范围东至申长路，南至绍虹路，西至申武路，北至苏虹路，紧邻地铁2号线，项目平面位置如图14.1-1所示。总用地面积为12 190m²，总建筑面积为81 779m²，地上建筑面积为53 108m²，地下建筑面积为28 671m²。建筑功能主要为商业、休闲餐饮、办公、地下车库等。地上由3栋建筑连成整体（图14.1-2），分别为7层、8层、9层，建筑高度为43m；地下共3层，为商业、车库及人防，其中地下一层高5.2m、地下二层高4.6m、地下三层高4.8m，人防面积为7 324m²。

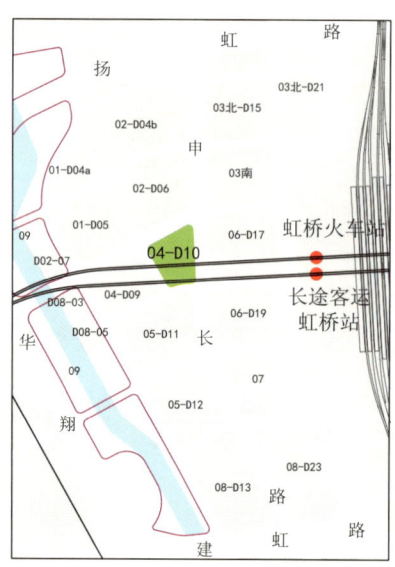 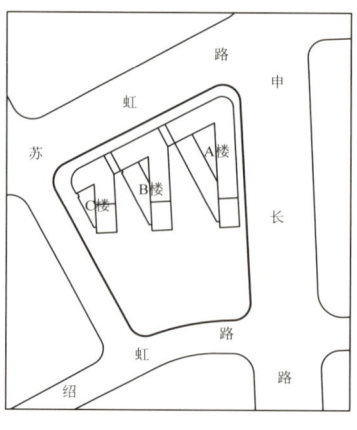

图 14.1-1　上海虹桥万通中心项目平面位置示意图

图 14.1-2　上海虹桥万通中心项目整体效果图

2. 项目参建单位

上海虹桥万通中心项目由上海万通新地置业有限公司开发建设，该公司为北京万通地产股份有限公司的子公司。北京万通地产股份有限公司下设 12 家控股子公司和 3 家参股子公司，均为房地产开发公司，发展以住宅开发和商用物业为核心的业务体系，近年来主要开发运营以"万通中心"为核心品牌的城市核心区综合体，以高端写字楼为主体。该项目其他参建单位如表 14.1-1 所示。

表 14.1-1　上海虹桥万通中心项目参建单位汇总

参建单位	单位名称
建筑单位	上海万通新地置业有限公司
总承包单位	中建三局集团有限公司
设计单位	上海建筑设计研究院有限公司
围护设计单位	同济大学建筑设计研究院有限公司
勘察设计单位	上海申元岩土工程有限公司
监理单位	上海浦惠建设管理有限公司

3. 项目基本建设过程

上海虹桥万通中心2013年2月开始桩基施工，2014年9月完成结构封顶，2016年年底完成竣工验收。项目详细施工进度节点如表14.1-1所示。

表14.1-1 上海虹桥万通中心项目施工进度节点

项目单体	进度节点					
	桩基开始施工	基坑开挖	大底板施工完成	地下结构出±0.00	主体结构封顶	竣工验收	交付
主塔楼	2013.02	2013.4.28	2013.8.27	2013.12.30	2014.9.20	2016.12.30	—

14.2 基坑工程

14.2.1 基坑概况

上海虹桥万通中心基坑呈长边为140m，短边为51m，其余边长约110m的不规则矩形基坑，基坑总面积约10 000m²，其中主坑面积约7 780m²，小坑为500~700m²不等，基坑及其分区如图3.5-3所示。B区基坑开挖深度为16.5m，为一级基坑，D区基坑开挖深度为8.65m，为二级基坑，两个基坑均采用"地下连续墙+钢筋混凝土内支撑/钢支撑"体系。基坑东侧外边线至申长路边线距离为7.1m，基坑南侧距离地铁外边线为8.0m。东面申长路地下有5条管线，主要有配水管、雨水管、污水管、燃气管、信息管等市政管线，管线距离基坑最近5.9m。图14.2-1为基坑周围环境示意图。

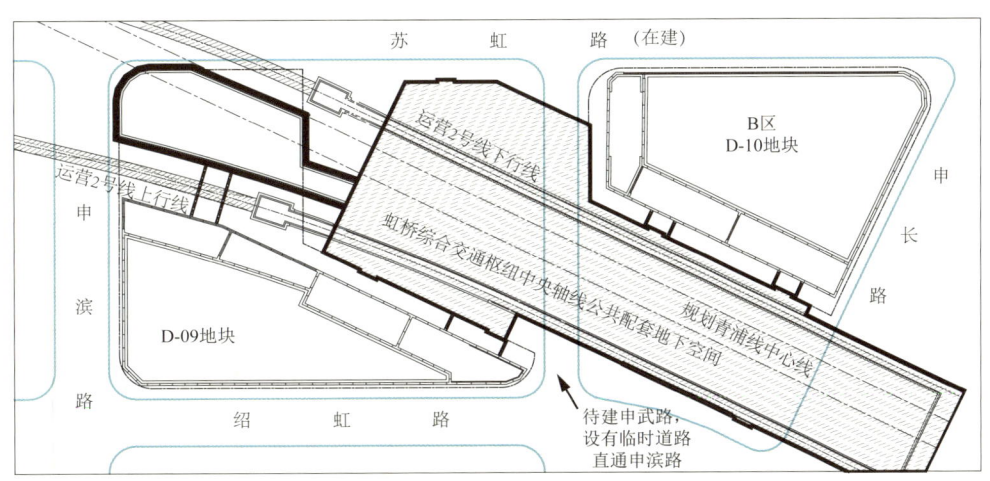

图14.2-1 基坑周围环境示意图

14.2.2 围护结构

该项目基坑均采用"地下连续墙+三道钢筋混凝土内支撑/钢支撑"系统（局部4道），其中主坑采用深35m厚1.0m的地下连续墙+三道钢筋混凝土支撑，副坑采用深33m厚0.8m地下连续墙+一道钢筋混凝土支撑+三道钢管支撑，围护结构平面布置如图14.2-2所示。被动区土体采用Φ850@600三轴水泥搅拌桩槽壁加固，水泥掺量>20%；深坑采用Φ1 000@700三重管高压旋喷桩加固，水泥掺量>25%。B区基坑安全等级为一级，D区为二级。内支撑参数情况如表14.2-1所示。

表14.2-1 上海万通中心项目内支撑参数

内支撑		第一道	第二道	第三道	第四道
	支撑中心标高/m	−1.2	−7.2，−5.7	−12，−9.3	−13.10
	构件尺寸	支撑/mm	1 400×1 000，1 350×1 000，1 000×1 000，800×800，800×600，1 000×1 000，1 200×1 000		
		立柱桩	桩径850mm，桩长40m，36m		
		混凝土强度	C35		

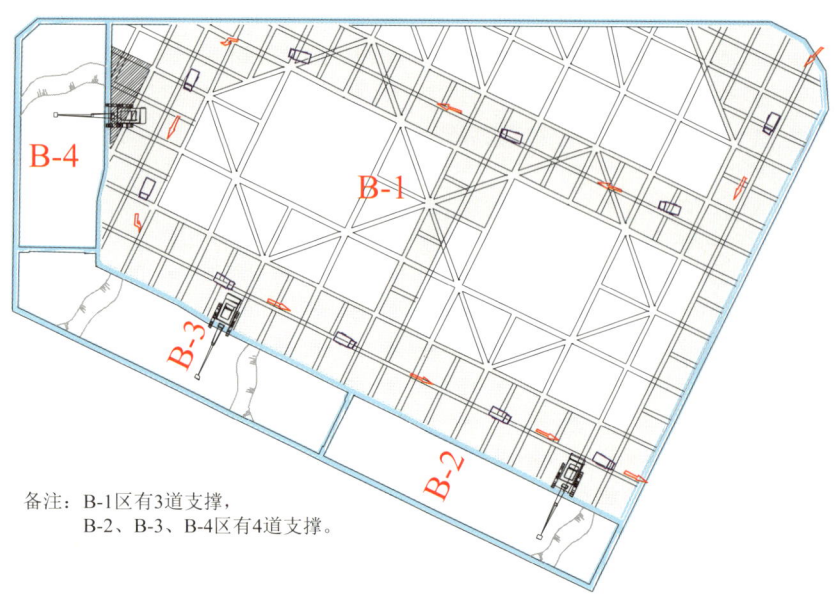

备注：B-1区有3道支撑，
B-2、B-3、B-4区有4道支撑。

图 14.2-2　上海万通中心项目基坑围护栈桥平面布置图

14.2.3　降水工程

1. 地下水概况

本基坑工程场地地下水主要为潜水和承压水，其中潜水稳定水位埋深为 -1.68~-2.27m，承压含水层主要存在于埋深约 30.0m 以下的⑦层砂质粉土夹粉质黏土层，承压水初始水位埋深 -6.7~-7.1m。本基坑除东北角局部存在第⑧层外，其余大范围内下伏第一及第二承压含水层垂向直接相连通，承压含水层顶板埋深稳定，大致在 -30~-32m 之间，已揭示的复合含水层厚度已达 60m 左右，复合含水层间的水力联系密切，水量极为丰富。

2. 降水方式

该工程采用了疏干降水和承压降水两种降水方式。基坑坑内布置 29 口疏干降水井，第一层土方开挖前提前降水至少三周以上，开挖过程中持续降水，保证潜水位低于开挖面以下 1m。根据周边类似工程监测资料显示，承压水常年最低埋深地下 -7m 左右，基坑 16.4m 范围内不需要降第⑦层承压水（主要以疏干井工作为主）；当基坑开挖至 16.4m 以下时，工程根据监测情况，按需进行承压降水。

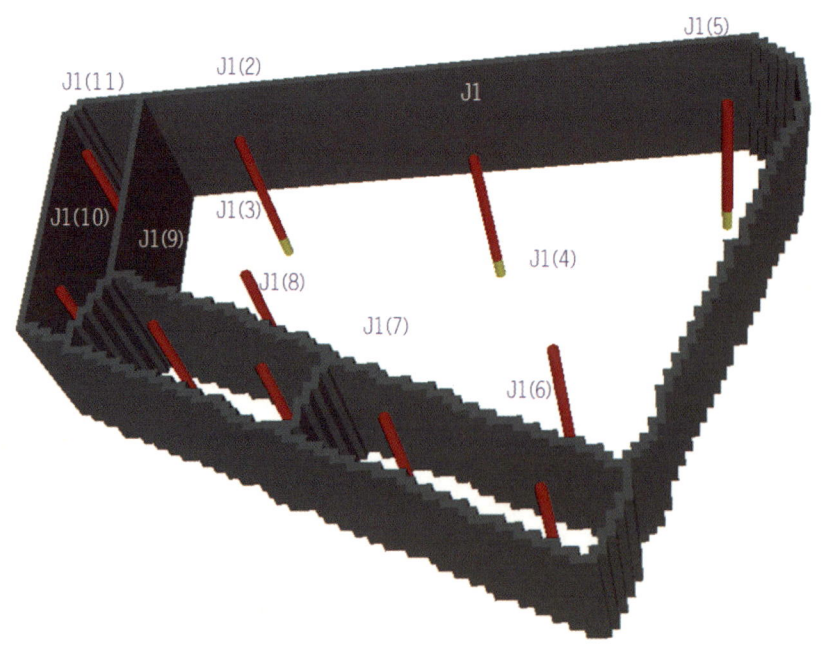

GC—坑外水位观测兼应急回灌井，J—坑内减压井，水位监测兼备用井，S—疏干井

图 14.2-3　基坑降水井分布图

此外，由于该工程基坑开挖深度为 16.5m，局部 18.4m，且靠近地铁地下空间，在降水时采用 33m 地下连续墙 + 搅拌桩止水帷幕的地下水封闭措施，以减少基坑内由于降水而存在的基坑风险。降水井分布如图 14.2-3 所示。

由于采用了封闭降水技术，在基坑施工过程中，地下连续墙变形未达到报警值。在地下室施工过程中，基坑变形也正常，基坑侧壁未出现任何渗水现象，这说明基坑周围止水帷幕止水效果良好。

14.2.4 底板无缝施工

万通中心项目为多层建筑，由不均匀沉降导致底板拉裂的可能性不大，因此后浇带大部分为温度后浇带。由于后浇带为延时浇筑，因此会产生如下影响：①后浇带易沉积杂物、积水，造成腐败、锈蚀等；②后浇带区域容易渗水，存在后期隐患，在承压水区域尤为明显；③后浇带会将结构外墙变成若干个独立单元，在地下连续墙受力变形的影响下，结构外墙也容易发生变形，给后期施工带来困难。

为了避免出现上述问题，该项目工程采用了一次成型的无缝底板施工方案，根据《补偿收缩混凝土应用技术规程》（JGJ/T 178—2009）的要求，该工程底板与顶板膨胀加强带选用连续式或后浇式的浇筑方法，墙体采用后浇式的膨胀加强带，7~14d 回填。该方案将原地下室后浇带全部取消，并通过设置一定数量的膨胀加强带，达到节约工期及裂缝控制的目的。膨胀加强带采用 SY-T 高效特种膨胀抗裂剂（双膨胀源）作为膨胀剂，能有效地补偿单一膨胀源的膨胀不均匀性，使得膨胀效果更为明显。由于该类膨胀源采用的不是单一的水化硫铝酸钙，其消耗的水分也相应减少。膨胀带分布如图 14.2-4 所示。

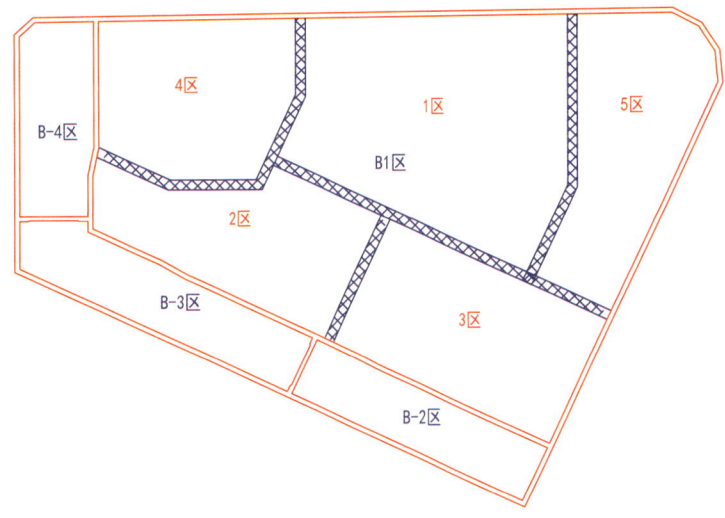

图 14.2-4　虹桥万通中心地下室底板无缝施工方案

14.3　主体结构工程

该项目地上主体结构采用钢混框架—钢筋混凝土剪力墙结构，地下室大面积开挖深度约为 16.4m，总开挖面积约为 10 576m²。建筑设计概况如表 14.3-1 所示。

表 14.3-1　上海虹桥万通中心项目建筑设计概况

总用地面积	12 190m²	总建筑面积	81 779m²
地下建筑面积	28 671m²	地上建筑面积	53 108m²
标高		该工程相对标高 ±0.000，相当于绝对标高 +5.000m	
建筑功能		商业、休闲餐饮、办公、地下车库	
建筑高度		总高度 43m，地上 4~9 层	
地下室层数及高度		地下 3 层，地下一层高 5.2m、地下二层高 4.6m、地下三层高 4.8m	

各栋楼高度及层高	楼号	高度	层数	层高
	A	41.26m	9	一楼、二楼层高 6m 其他楼层层高 4.18m
	B	37.08m	8	
	C	32.9m	7	

建筑安全等级	二级	设计使用年限	50 年
耐火等级	一级	抗震设防烈度	7 度
人防		防核武器抗力级别 6 级、防常规武器抗力级别 6 级，平时功能为地下车库。人防建筑面积为 7 324m²	

14.4 机电安装工程

14.4.1 机电系统组成

1. 给排水工程

给排水工程包括室内生活给水系统、热水系统、排水系统、雨水系统、雨水回收利用系统。

（1）生活给水系统

从苏虹路及申长路的市政给水管网上各引入一路 DN300 给水管并加装防污染隔断阀后，供基地生活及消防使用。地下室及地上一层由市政给水管网直接供水；二层以上生活用水由智能化箱式泵站（地下二层生活水泵房）供水。

（2）热水系统

办公楼卫生间洗手盘热水采用太阳能热水系统辅助电加热器供应热水，每层设置一只容积为 150L 的立式壁挂储水罐（内设置 2.5kW 的辅助加热热源）。餐饮厨房热水由业主自理。

（3）排水系统

采用污、废水分流室内排水系统，均设置通气系统。厨房废水经二级隔油（污水先经用水器具自带的隔油器处理后再排至油水分离器处理）处理后再排入室外污水管网。雨、污水分别排至申长路的市政雨水管网和市政污水管网。

（4）雨水系统

屋面雨水设计重现期为 10 年，地下车库入口坡道、下沉式广场设计重现期为 50 年，室内雨水系统采用虹吸雨水系统，部分小屋面采用重力流排水系统。

（5）雨水回收利用系统

雨水收集处理系统的回用水供地下车库冲洗、绿化灌溉及道路浇洒系统使用，屋面雨水通过虹吸式雨水斗及压力流管道收集后排入地下雨水收集池。在地下雨水收集机房设置 2 台雨水回用给水泵供地下车库、绿化灌溉及道路浇洒。

2. 电气工程

电气工程包括低压配电系统、动力配电系统、照明系统、漏电火灾报警系统、防雷接地系统。

（1）低压配电系统电压为 220/380V，采用放射式与树干式相结合的方式供电。

（2）动力配电系统包括各楼层配电小间、动力控制箱（柜）至动力设备的供电电缆、控制电缆的安装敷设，桥架、管线的安装敷设及末端的灯具、开关、插座安装。

（3）照明系统包括光源、应急照明和永久照明，光源采用光效高的 T5 三基色荧光灯、高效节能灯，诱导标志灯采用高效 LED 光源。应急照明布置于楼梯间、消防楼梯间、前室、疏散走道、大厅及餐厅等人员密集场所，供电时间不小于 90min。在安全出口的顶部、疏散走道及其转角处距地面 1m 以下的墙面上设置 LED 疏散指示标志灯。疏散用应急照明地面最低照度不低于 1lx，供电时间不小于 90min。电梯井道设永久性照明，每层设一个防潮灯具，选择有防直接触电措施的灯具，并在电梯机房和井道坑处设双控开关，照度不小于 50lx。

（4）漏电火灾监控系统在各区域根据配电系统的性质和用途设置安装监控模块，负责监视和控制相应区域配电系统的剩余电流等参数。若发生漏电，该系统不切断负载，只能报警。监控模块之间采用 RS485 专用通信网络连接，通信线敷设在专用线槽内。

（5）防雷接地系统包括接地装置的安装、防雷引下线的敷设、局部等电位端子箱的制作安装、屋面避雷带的敷设等。

3. 通风与空调工程

通风与空调工程包括空调水系统、空调风系统、通风系统、防排烟系统。

（1）空调水系统

空调水系统采用四管制闭式异程循环系统，二次侧水循环系统为变流量运行。根据系统总管压差调节水泵转速。空调冷热水系统分商业和办公两个区域，分别独立计量。

（2）空调风系统

办公区域采用风机盘管加新风系统。大堂采用定风量全空气处理。发热量较大的区域如变电房、通信机房等采用直接蒸发式分体空调。餐饮区在竖井处预留空调冷冻水及热水管连接口。商业区新风及排风采用热回收系统。

（3）通风系统

过渡季节房间进行自然通风。办公房间均设有排风系统，以保证新风送入。排风与新风进行全热交换后部分至屋面排放，部分排入地下车库，作为车库平时补风。卫生间、清洁间均设置独立的集中机械排风。地下机房与车库设有机械排风及机械补风系统。天然气调压站、厨房、表房及管道经过处设置事故排风。地下、地上商业用房由商店前立面百叶引入新风。由吊顶内安装的全热回收机组处理后送入室内空调房间。排风经全热回收后，地下部分通过立管排至屋面，地上部分通过建筑外立面上的排风百叶排至室外。地下餐饮部分每个房间设置新风机组，新风作为厨房的补风。

（4）防排烟系统

车库机械排烟和机械补风系统利用平时机械送、排风系统。地下二层高差小于 10m 的楼梯间，首层有直接开向室外的门时，楼梯间不设置机械加压送风系统。不具备自然排烟条件的防烟楼梯间、消防电梯前室或合用前室采用机械加压送风系统。面积超过 100m² 且经常有人停留或可燃物较多的无窗房间采用机械排烟。长度在 20~60m 之间的内走道两侧设有可开启的电动排烟窗时采用自然排烟。两侧无自然通风且房门至安全出口的距离大于 20m 的内走道或虽有直接自然通风但长度超过 60m 的内走道采用机械排烟方式。面积超过 100m² 且经常有人停留或可燃物较多的地上有固定外窗房间设置电动排烟窗。

14.4.2 机电施工技术

虹桥万通中心采用了管线综合布置技术，能较快完善节点设计和施工详图设计，增加工程的观感效果，在保证功能的情况下，解决管线设备的标高和位置问题，避免交叉时产生冲突，同时还可以优化线路，减少成本。管线综合设计的方法为采用电脑制图软件，将各专业管道管线机支架按原走向进行综合布置，利用立体图像生成功能，预览工程效果图，从而确定冲突的管线，然后通过调整标高或者更改管路管线的走向，以达到最终完整的综合布置图。该技术不仅可以控制各专业和分包工程的施工工序，减少返工，还可以控制工程的施工质量与成本。管线现场施工与电子图纸的对比如图 14.4-1 所示。

图 14.4-1 管线现场实施与图纸对比

15 上海虹桥新地中心

15.1 项目概况

1. 项目位置及建设概况

上海虹桥新地中心项目位于上海虹桥商务区核心区（一期）04—D09 地块，地块范围东至申武路，南至绍虹路，西至申滨南路，北至苏虹路，紧邻地铁 2 号线，项目平面位置如图 15.1-1 所示。该项目出让用地面积为 15 700m²，楼高 43m，主要为商业、会展、办公等建筑功能。总建筑面积约 75 650m²，地下建筑面积为 25 274m²，地上建筑面积为 50 376m²。地下 3 层，地上 9 层。项目整体效果如图 15.1-2 所示。

上海虹桥新地中心项目在地上层以办公和会展相混合为主，而零售区则在地面和地下层。线性公园为公众提供开放性的休憩之地，重建的运河将会增加整体公共设施配套。该项目被机动车路线围绕：北部的苏虹路，西部繁忙的申滨南路和南面作为小通道的绍虹路。另一个小通道申武路将 04 号地块一分为二，形成地块 D09 和 D10，使得每个地块由机动车交通环绕。D09 号地块同时靠近运河，加强了公园在总体规划范围内的部分范畴。

2. 项目参建单位

上海虹桥新地中心由上海青庭新地置业有限公司开发建设。青庭新地置业有限公司隶属于新地集团，其前身是新世界（青岛）置地有限公司。自成立17年以来，公司业务遍及青岛、南昌、南京、苏州等城市。其他参建单位如表15.1-1所示。

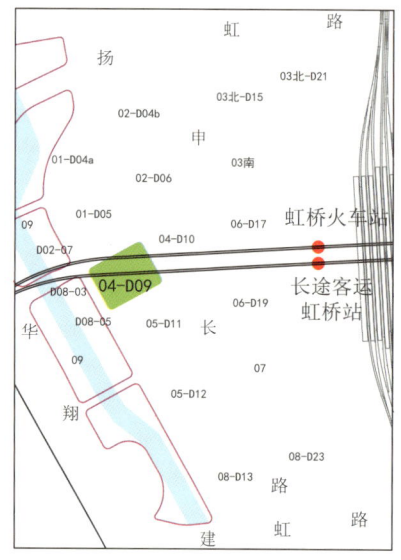
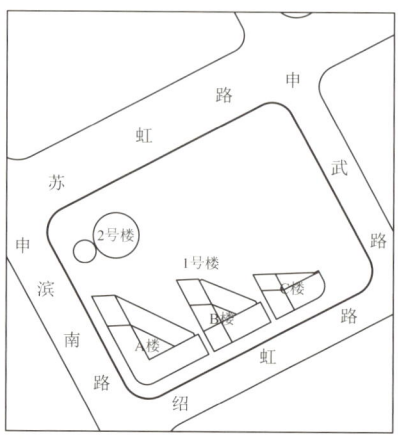

图15.1-1 上海虹桥新地中心项目平面位置图

图15.1-2 上海虹桥新地中心项目整体效果图

表15.1-1 上海虹桥新地中心项目参建单位汇总

参建单位	单位名称
建筑单位	上海青庭新地置业有限公司
设计单位	上海建筑设计研究院有限公司
监理单位	上海同济工程项目管理咨询有限公司
勘察单位	上海申元岩土工程有限公司
施工单位	中国建筑第八工程局有限公司

3. 项目基本建设过程

该项目 2013 年 3 月开始桩基施工,2014 年 12 月主体结构封顶,2016 年 10 月完成竣工验收备案。项目详细施工进度节点如表 15.1-2 所示。

表 15.1-2 上海虹桥新地中心项目施工进度节点

项目单体	进度节点						
	桩基开始施工	基坑开挖	大底板施工完成	地下结构出 ±0.00	主体结构封顶	竣工验收	交付
1# 楼	2013.01.01	2013.10.18	2014.01.08	2014.06.15	2014.12.15	2016.10.26	2017.01.10
2# 楼	2013.01.01	2013.08.10	2013.10.20	2013.11.22	2014.01.14	2016.10.26	2017.01.10

15.2 基坑工程

15.2.1 基坑概况

如图 15.2-1 所示,新地中心项目基坑被建成的地铁 2 号线上行线和下行线分割成 A 区与 C-1 区两部分,同时,规划中的 17 号线(青浦线)从项目 C-1 区的建筑下穿过。

C-1 区基坑两侧分别为 2 号线上、下行线,开挖深度为 6.9m,与 2 号线最小净距约为 11m,工程桩与拟建 17 号线最小净距为 3m;A 区基坑一侧靠 2 号线上行线,开挖深度为 11.8~16.5m,与 2 号线最小净距约为 11m。

15.2.2 围护结构

该项目 A 区基坑采用厚 1m 的地下连续墙,深度为 33~42m,靠近地铁的区域额外施作 $\phi 850@600$ 三轴搅拌桩槽壁加固,加固深度为 0~28m。C 区采用 $\phi 850@1000$ 钻孔灌注桩,桩深 16m,外侧施作 $\phi 850@1000$ 三轴搅拌桩止水帷幕,深度为 16m。其中,C 区靠近地铁一侧采用 $\phi 850@1000$ 三轴搅拌桩双排止水帷幕,外排桩深 12m,内排桩深 16m。基坑围护结构如图 15.2-2 所示

15.2.3 基坑加固

为保护附近的地铁线路,该工程基坑开挖前对土体进行了提前加固,靠地铁侧坑区域采用坑底满堂加固 + 坑底以上抽条加固;靠地铁侧大坑区域采用坑底裙边加固。坑底土体加固采用三轴水泥土搅拌桩,直径 850mm,间距 600mm,水泥掺量大于 20%。基坑加固区域如图 15.2-3 所示。

15.2.4 土方开挖

为保护正在运营的地铁 2 号线,新地中心项目基坑工程采用分坑设计及开挖方案,基坑分区如图 15.2-2 所示,基坑开挖顺序、深度及开挖面积如表 15.2-1 所示。

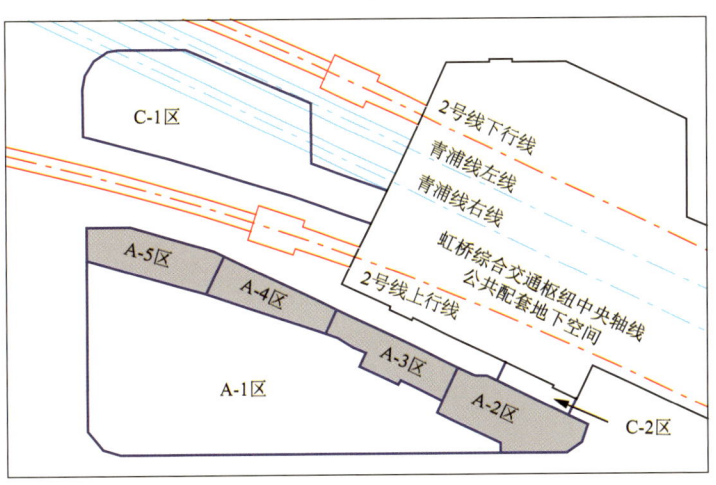

图 15.2-1 新地中心项目基坑示意图

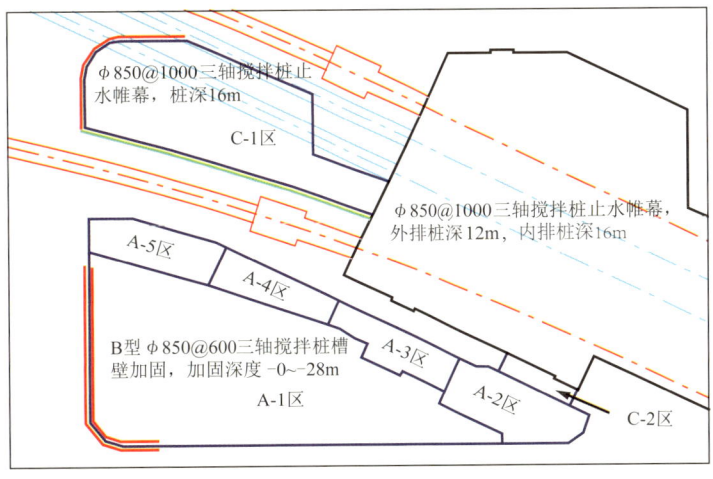

图 15.2-2 基坑围护结构分布

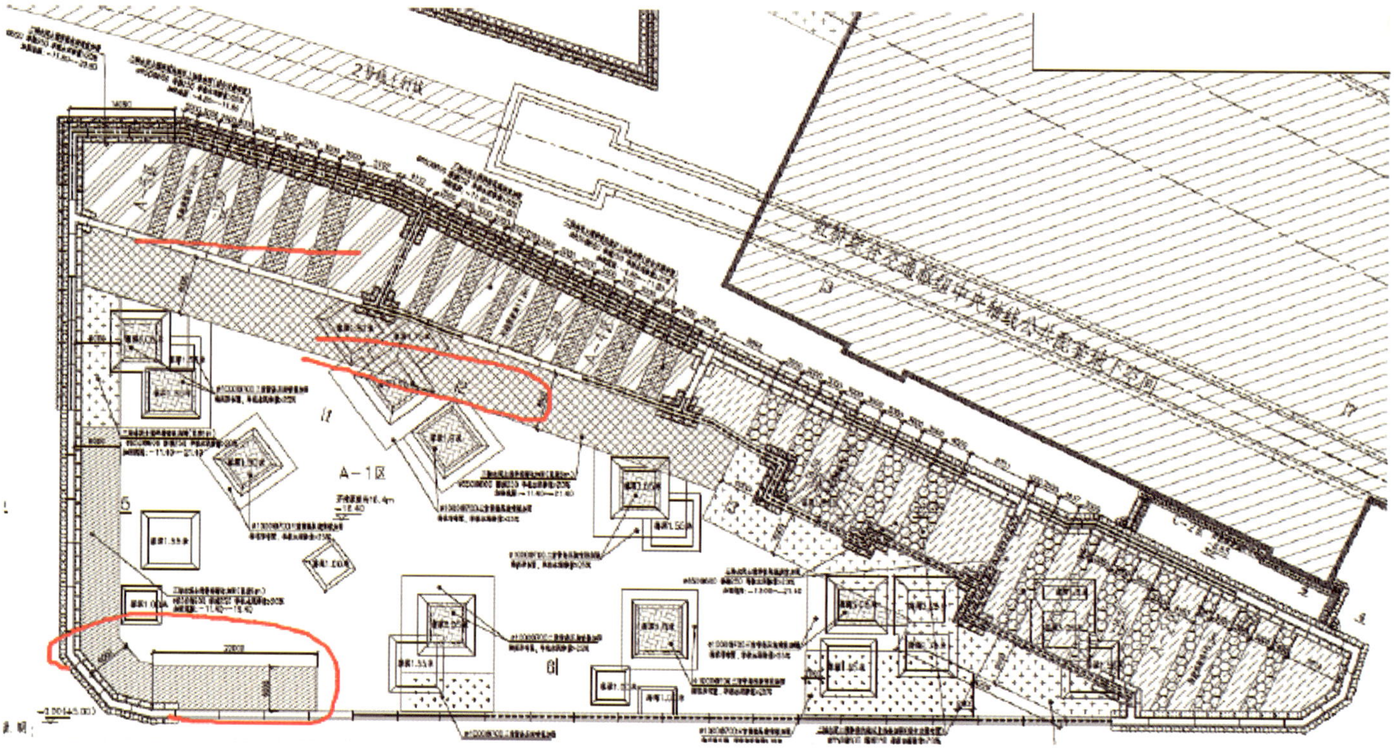

图 15.2-3　基坑加固区域示意图

表 15.2-1　基坑分区开挖表

分坑区域	开挖深度 /m	开挖面积 /m²	开挖顺序
A-1	-16.4	5 604	1
A-2	-16.5	790	3
A-3	-16.5	501	2
A-4	-11.8	455	3
A-5	-11.8	606	2

15.3　主体结构工程

虹桥新地中心项目包括新地中心建筑和标志建筑，如图 15.3-1 所示。

1. 主体建筑

如图 15.3-2 所示，新地中心建筑平面布局由三个直角三角形单体组成（即 A，B，C 单体），每两个三角形单体之间用防震缝分开。三角形单体由两个长肢和一个短肢组成，每肢宽度 15.4m。6 个长肢中，最长一肢是 86.3m。三个三角形单体在立面上呈阶梯形变化，每组中最长的三角形单体同时也是最高，接近 43m 的控制高度。两个较短的三角形单体高度逐一降低一层。

图 15.3-1　新地中心项目建筑组成

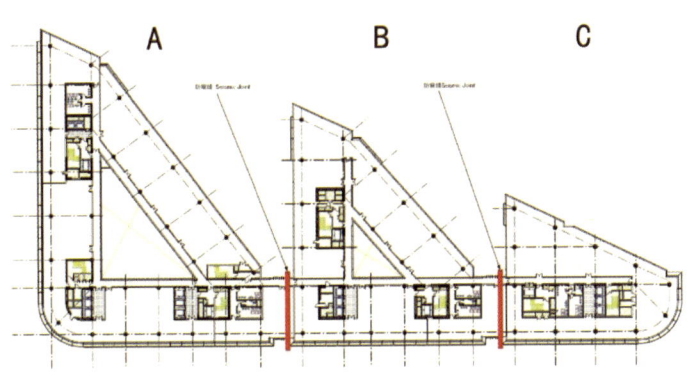

图 15.3-2 新地中心主体建筑平面形状

三个单体建筑均有 9 层，首层和第二层为商业零售，层高 6m，其它各层层高都是 4.18m，典型柱网尺寸为 12m×11m。地下 3 层，各单体与地下车库连成一体。其中，A、B 单体上部结构采用混合框架钢筋混凝土剪力墙体系，C 单体采用混合框架结构体系，地下车库采用钢筋混凝土框架剪力墙结构体系。

新地中心主体建筑概况如表 15.3-1 所示。

表 15.3-1 新地中心主体建筑概况

占地面积		15 700m²	首层建筑面积		6 000m²	总建筑面积	66 228m²
层数	地上	9 层	层高	首层	6.00m	地上面积	43 271m²
				标准层	4.18m	地下面积	22 957m²
	地下	3 层		地下	B1层：5.15m B2层：5.20m B3层：4.30m	防火等级	一级

2. 标志建筑

如图 15.3-3 所示，标志建筑有两个建筑单体：主体建筑和附属建筑。主体建筑为一圆柱体形建筑，圆形平面直径 32m，屋顶高 41m。主体建筑旁边附带一个小型圆柱体形建筑，高 39m，圆形平面直径 15.5m，内设电梯间、楼梯间、服务管井和厕所洗手间。两个圆柱体建筑通过一个短连廊连接。在连廊与主体建筑的连接部位设一道防震缝，将标志性建筑分割为两个独立单体结构。标志性建筑上部结构主体建筑采用混合框架－钢筋混凝土剪力墙体系，附属建筑采用混合框架结构体系。

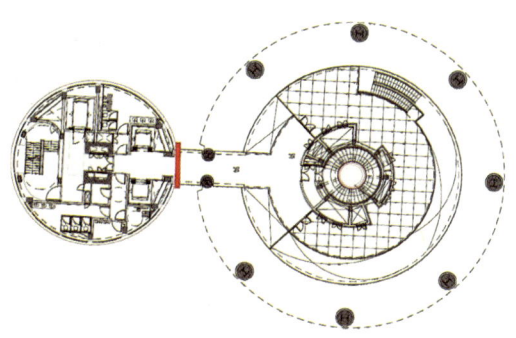

图 15.3-3 新地中心标志建筑平面形状

新地中心标志建筑概况如表 15.3-2 所示。

表 15.3-2 新地中心标志建筑概况

占地面积		15 700m²	首层建筑面积		927m²	总建筑面积	9 478m²
层数	地上	8 层	层高	首层	5.85m	地上面积	7 102m²
				标准层	4.5m	地下面积	2 376m²
	地下	1 层		地下	5.5m	防火等级	地上二级 地下一级

15.4 幕墙工程

上海虹桥新地中心项目工程玻璃幕墙为构件式隐框及半隐框玻璃幕墙，采用外包铝型材钢立柱和外包铝型材钢横梁，横向安装铝合金装饰条或悬挑360mm和954mm铝合金遮阳板，玻璃采用6（半钢化）+1.52PVB+6（半钢化）+12A+8（钢化）中空夹胶Low-E玻璃+8（半钢化）+1.52PVB+8（半钢化）+12A+8（钢化）+1.52PVB+8（半钢化）双夹胶层中空Low-E玻璃，玻璃幕墙层间防火封修采用厚100mm防火岩棉和厚1.5mm镀锌钢板密封。幕墙外立面效果如图15.4-1示，现场实景如图15.4-2所示。

图 15.4-1 虹桥新地中心幕墙外立面效果图

图 15.4-2 虹桥新地中心幕墙外立面实景图

15.5 机电安装工程

上海虹桥新地中心项目机电安装工程中创新地采用了地板送风系统，该系统具有提升空气品质、改善热舒适性、节约能源、便于调整室内空间、降低能耗和成本等优势。

15.5.1 地板送风系统

地板送风是利用结构楼板与架空地板之间的空间作为静压箱（地板静压箱），经过处理的空气被送入地板静压箱后通过地板散流器（地板风口）送到室内空调使用区域内（约 1.8m 高），与室内空气发生热交换并形成空气分层后从吊顶（不需要回风管）或直接从房间上部的回风口排出（图 15.5-1）。

该项目采取的底板送风具体方案：室外新风经过组合式空调箱处理，通过主风管，经各楼层送风 VAV 风阀，送入室内办公区域，再经回风 VAV 风阀回到组合式空调箱，处理后排出室外，如此循环。

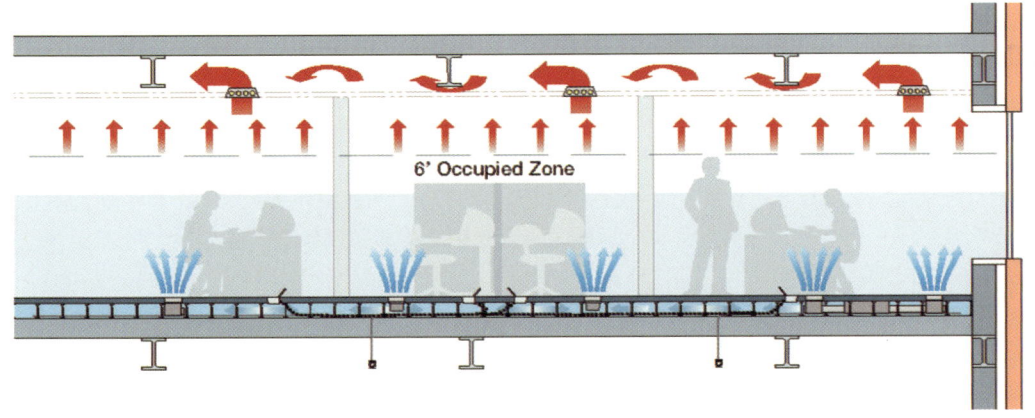

图 15.5-1 地板送风工作示意图

进入办公区的空气经支风管、保温软管接入每个地送旋流风口。办公内区通过主风管送回风 VAV 风阀调节室内舒适度。同时，外区地盘管独立遥控控制，抵消外围护结构负荷，保证室内舒适度相对稳定。

15.5.2 地板送风系统应用优势

地板送风系统在实际应用中具有以下优势：

1. 提升空气品质

地板送风由于采用地送顶回，空气中的大多数游离物均集中在高于呼吸区的顶部回风的位置；地板送风的地板风口布置靠近大多数使用人员（基本上一个人或几个人一个），因此几乎每个人呼吸到的均是新鲜空气，实验显示，地板送风的空气游离物为顶送风的 1/6 左右。图 15.5-2 是地板送风系统与传统空调系统提升空气品质对比图。

（a）地板送风系统　　　　　　　　　　　　（b）传统空调系统

图 15.5-2　提升空气品质对比图

2. 改善热舒适性

地板送风的风口布置靠近使用人员，几乎每个人均可以根据自己的感受而对属于他或他所在组的风口进行风量和送风方向等的调节，使得每个人的空调小环境均可被调整和控制，个人环境的热舒适性大大改善（图 15.5-3）。

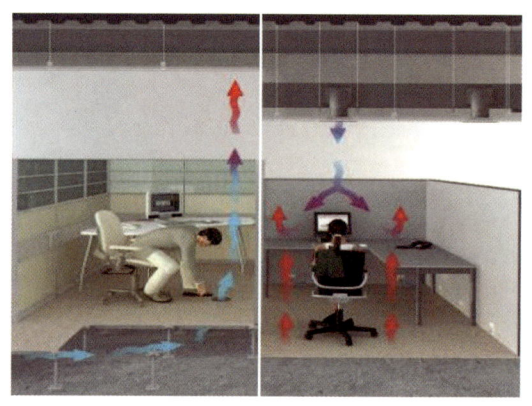

图 15.5-3　地板送风系统（左）与传统空调系统（右）改善热舒适性对比图

3. 节约能源

由于地板送风采用较低的静压和较高的送风温度（17℃~18℃），风机能耗大大降低，制冷效率较大提升。此外，过渡季节可以利用的免费制冷时段也大大提高。地板送风系统相比顶部送风系统能够节省大约 20% 的空调耗能，相当于整个建筑耗能的 10%。

4. 室内空间分隔调整便捷

地板风口直接安装于可以随时移动的架空地板块上（图 15.5-4），因此在空间布局和房间间隔需要调整时可以随时变动风口的位置，调整相对简便。

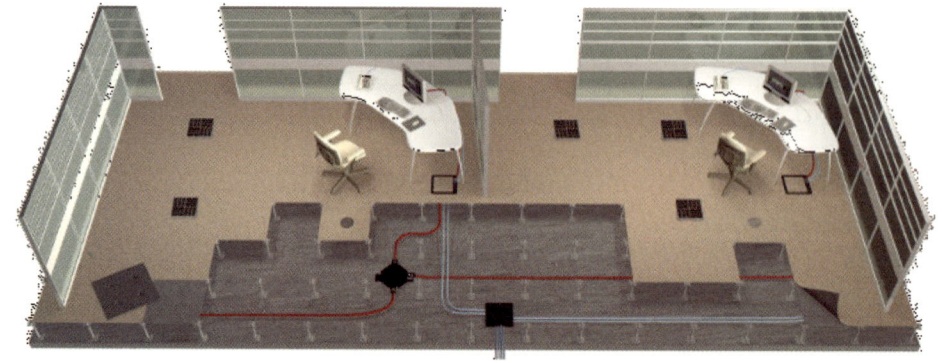

图 15.5-4　地板送风系统地板风口安装示意图

5. 降低建筑生命周期费用

采用地板送风系统大大减少建筑耗能；空调和电器系统清洁维护保养成本降低；房间布置调整改造成本低，因此建筑的整个生命周期费用大大降低。

6. 符合绿色建筑要求，提升物业价值

采用地板送风符合绿色建筑要求，在美国的 LEED 认证方面可获得更多积分（图 15.5-5），市场调查显示，具有 LEED 认证或其他绿色认证的建筑其出租率、租金和售价均高出一般建筑很多，远大于获得绿色认证投资（图 15.5-6）。

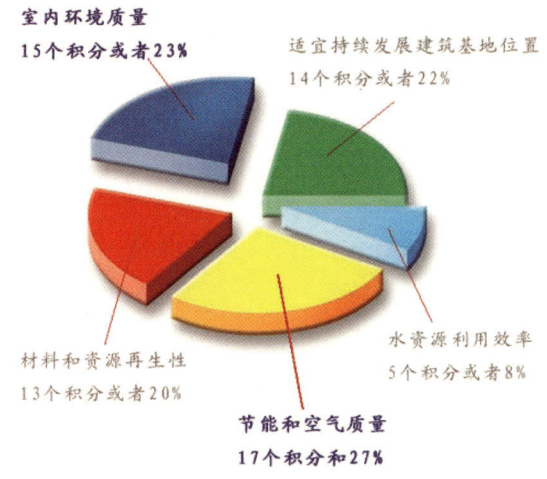

图 15.5-5　美国 LEED 认证积分规则

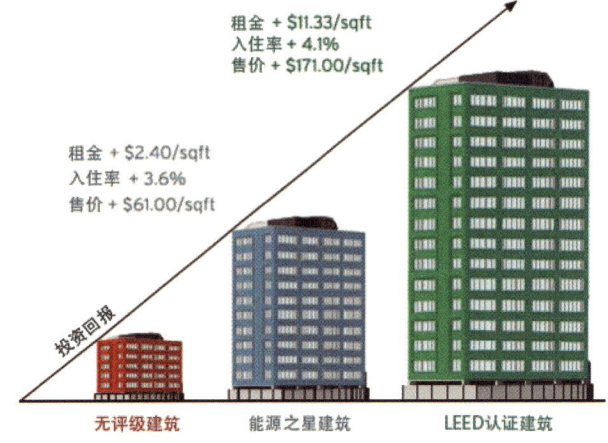

图 15.5-6　绿色认证建筑投资回报示意图

16　龙湖虹桥天街

16.1　项目概况

1. 项目位置和建设概况

龙湖虹桥天街项目位于上海虹桥商务区核心区（一期）05 号地块，地块范围西至申滨南路，东至申长路，南至甬虹路，北至绍虹路，项目占地 7.8 万 m^2，分南北两个地块（图 16.1-1），总建筑面积近 43 万 m^2，是由大型购物中心、商业街、办公及精品酒店组成的大型商业综合体。

龙湖虹桥天街项目是虹桥枢纽西侧门户。虹桥商务区作为向世界展示上海及中国的窗口，区域建设不仅要具有高端商务区形象，更要具有鲜明的特色，符合时代、社会发展的趋势。虹桥商务核心区 5 号地块为虹桥商务核心区（一期）着力打造的地标性商业建筑，肩负大虹桥地块门户商业的重任（图 16.1-2）。

项目北地块地上总建筑面积为 26.1 万 m^2，地下总建筑面积为 11.3 万 m^2，主要建筑单体为 3 栋办公楼，商业街与购物中心；南地块地上总建筑面积为 16.8 万 m^2，地下总建筑面积为 6.2 万 m^2，主要建筑单体为 4 栋办公楼，商业街、酒店及酒店辅楼。

在基地总体规划伊始，一个现代商务社区的概念就一直成为整个设计的核心价值体现。借鉴社区的空间和人文组织形式，在一定区域内的高端商务共同体成为最终的营造目标。通过衔接虹桥枢纽的大体量商业、酒店，逐渐由空中天桥以及基地内部层层拓展的连廊过渡至体量分散、空间灵活多变、功能多样的办公、商业、SOHO 建筑单体，整个 5 号地块的商务社区通过城市空间功能包括结构布局的悉心设计，促进和激活了地块内部以及相邻地块与功能业态间的紧密联系，也同时强化了人与人之间相互合作依赖的关系，大大加强了人的归属感。

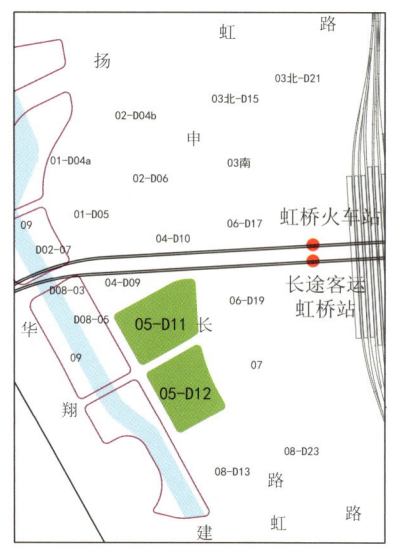 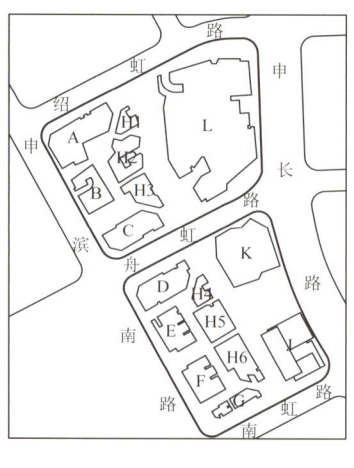

图16.1-1 龙湖虹桥天街项目平面位置示意图

图16.1-2 龙湖虹桥天街项目效果图

2. 项目参建单位

虹桥龙湖天街项目由上海恒骏房地产有限公司开发建设,并负责后期的经营管理。该公司是由重庆龙湖地产发展有限公司出资成立的项目公司。龙湖集团1993年创建于重庆,发展遍及全国,涉及地产开发、商业运营、物业服务、长租公寓等领域,业务遍布中国长三角、西部、环渤海、华南和华中32个城市,累计已开发项目超过200个,已开发面积7 482万 m^2,待开发土地储备约5 002万 m^2。

该项目勘察、设计、施工、监理等参建单位如表16.1-1所示。

表16.1-1 龙湖虹桥天街项目参建单位汇总

参建单位	单位名称
建设单位	上海恒骏房地产有限公司
建筑设计顾问	凯达环球有限公司
机电设计顾问	莫特麦克唐纳咨询(北京)有限公司上海分公司
深化设计单位	上海建筑设计研究院有限公司

表 16.1-1（续）

参建单位	单位名称
勘察设计单位	上海地矿工程勘察有限公司
基坑围护工程设计	上海广联环境岩土工程股份有限公司
施工总承包单位	中建八局第一建设有限公司（D11街坊）
	中建三局第一建设工程有限责任公司（D12街坊）
监理单位	重庆联盛建设项目管理有限公司

3. 项目基本建设过程

2013年1月，龙湖虹桥天街开始桩基施工，2016年7月地下结构全部出±0.00，2016年11月主体结构全面封顶。截至2017年9月，除酒店项目外，其他项目均已交付。该项目施工进度节点如表16.1-2所示。

表 16.1-2　龙湖虹桥天街项目施工进度节点

项目单体	进度节点						
	桩基开始施工	基坑开挖	大底板施工完成	地下结构出±0.00	主体结构封顶	竣工验收	交付
D、E、F、G、H4~H6	2013.01	2013.07	2013.10	2014.01	2014.05	2015.11	2015.12
K	2013.07	2013.09	2013.12	2014.05	2014.09	2016.10	2016.12
L	2013.10	2013.11	2014.08	2015.01	2015.10	2016.09	2016.12
A、B、H1~H3	2013.09	2014.03	2014.10	2015.05	2015.09	2016.12	2017.06
C	2015.03	2015.08	2015.10	2016.01	2016.05	2016.12	2017.06
J（酒店）	2015.10	2016.01	2016.05	2016.07	2016.11	—	—

16.2　基坑工程

16.2.1　基坑概况

龙湖虹桥天街项目基坑工程分为南区和北区两大部分，如图16.2-1所示。

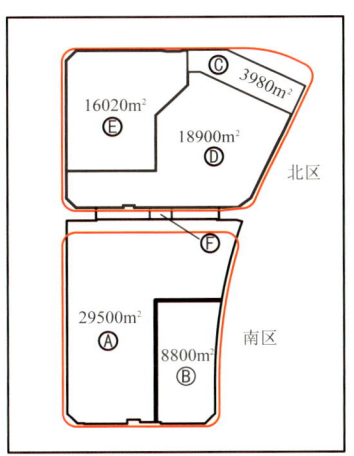

图 16.2-1　龙湖虹桥天街基坑工程分区平面图

南区分为A区和B区两块先后施工，基坑开挖深度均为12.9m，电梯井、集水井等位置局部加深。A区基坑开挖面积约29 500m²，基坑围护周长约816m（A区基坑东西向边长为98.3~192.3m，南北向边长为227.3m），B区基坑开挖面积约8 800m²，基坑围护周长约400m（其中外侧围护周长195m，其余为与A区的衔接部位，围护周长205m，B区基坑东西向边长63.6~71m，南北向边长135.9m）。

北区下设三层地下室，计划分为C区、D区和E区三块先后施工，基坑开挖深度为16.55~16.75m，电梯井、集水井等落深1.20~2.50m，按局部问题加强处理。C区基坑开挖面积约3 980m²，基坑围护周长约315m（C区基坑宽度约32m，考虑尽可能减小对地铁2号线的影响，划分出32m宽的基坑先行施工），D区基坑开挖面积约18 900m²，基坑围护周长约700m（其中外侧围护周长577m，其余为与C区的衔接部位，围护周长123m），E区基坑开挖面积约16 020m²，基坑围护周长约532m（其中外侧围护周长267m，其余为与C区、D区的衔接部位，围护周长265m）。

F区为南区和北区之间的连接通道，位于规划舟虹路下。

16.2.2 围护结构

1. 南区

南区基坑围护结构采用"钻孔灌注桩挡土 + 三轴搅拌桩止水"的形式。一般区域均采用 Φ1000@1200 钻孔灌注桩作为挡土结构，桩底进入坑底 18.1~19.1m，插入比为 1∶1.40~1∶1.48（⑦层正常分布区域桩底进入坑底 1.81m，进入⑥层不小于 0.5m，古河道切割区域考虑到减小与正常土层区域的差异沉降，桩长拟再增加 1m）；止水桩采用单排 Φ850@1 200 三轴搅拌桩，桩底进入坑底 7.1m，桩间设置压密注浆，以增加止水可靠性；对于东南、西南、西北、东北四角处，因邻近管沟工作井与顶管段接缝处，将围护桩径增加至 Φ1 200@1 400，并在止水三轴桩中插入 H700×300×13×24 型钢（型钢间距 600mm，密插，型钢长 18m，视位移情况决定后期是否拔除）以进一步控制该区域的位移，同时在坑内设置三轴搅拌桩加固，加固宽度 5.65m，有效加固深度为坑底至坑底以下 4m，坑底以上为低水泥掺量的弱加固。

南区基坑采用三道钢筋混凝土支撑系统，如图 16.2-2 所示。支撑系统中心标高分别为 -1.00m，-5.30m，-9.50m（自然地面算起），其中第一道、第二道支撑均设于地下二层顶板之上。开挖至坑底后，拆换撑施工顺序为：①底板及传力带完成并养护后，可拆除第三道支撑；②地下一层楼板及传力带完成并养护后，可依次拆除第二道、第一道支撑。

支撑立柱桩基础采用钻孔灌注桩，桩径 Φ850，立柱采用 510mm×510mm 格构钢立柱，主受力构件为 4∟160×16 等边角钢，立柱插入钻孔桩基础约 3.0m，立柱在穿越底板的范围内需设置止水片。

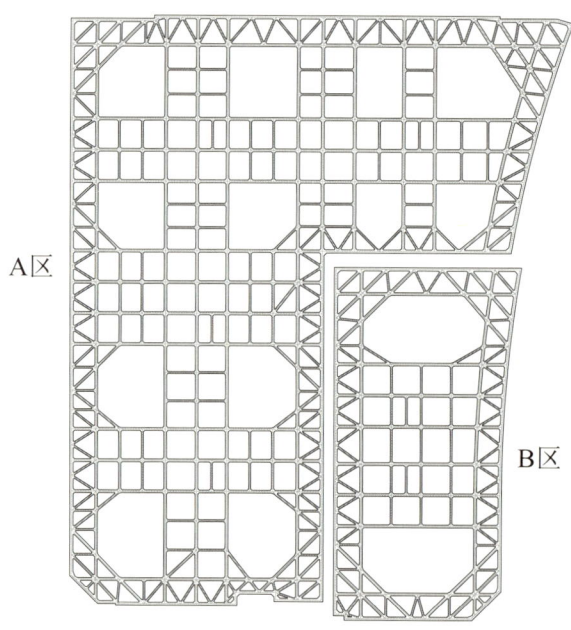

图 16.2-2 南区基坑内撑平面图

2. 北区

北区外圈围护结构主要采用厚 1000mm 的地下连续墙（非两墙合一），各分区之间临时分隔墙部分采用厚 800mm 的地下连续墙，墙底进入坑底 16.3~19.3m，插入比 1∶0.98~1∶1.16（⑦层正常分布区域桩底进入坑底 16.3m，古河道切割区域桩长增加 3m，桩底进入坑底 19.3m）；由于基坑北侧⑦层正常分布区存在承压水问题，为控制减压降水对周边环境的影响，考虑在基坑外圈、分布有⑦层承压含水层的范围内利用地下连续墙（素混凝土加长）将⑦层承压含水层隔断处理，墙底进入⑧₁粉质黏土夹粉砂层不小于 2m，以减小减压降水对周边环境的影响。

北区基坑支撑系统平面布置采用"角撑 + 对撑 + 边桁架"的形式，如图 16.2-3 所示。支撑系统中心标高分别为 -0.85m，-5.00m，-9.10m，-13.05m（自然地面算起），其中第一道、第二道支撑均设于地下二层顶板之上。开挖至坑底后，拆换撑施工顺序为：①底板及传力带完成并养护后，可拆除第四道支撑；②地下二层楼板及传力带完成并养护后,可拆除第三道支撑;③地下一层楼板及传力带完成并养护后,可依次拆除第二道、第一道支撑。

支撑立柱桩基础采用钻孔灌注桩,桩径Φ800mm(桩顶扩径至900mm),立柱采用510mm×510mm格构钢立柱,主受力构件为4∟160×16等边角钢(Q345B),立柱插入钻孔桩基础约3.0m,立柱在穿越底板的范围内需设置止水片。

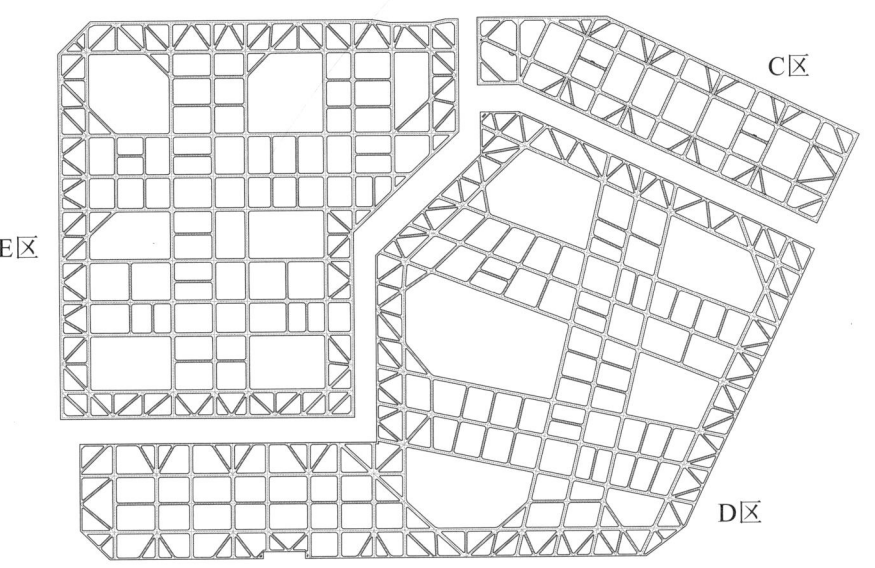

图16.2-3 北区基坑内撑平面图

16.2.3 降水工程

坑内降水可以改善挖土条件和改良坑内土的物理、力学指标,提高基坑整体稳定的安全储备,进一步减小产生管涌的可能性。该工程采用真空深井进行坑内疏干降水。

16.2.4 土方开挖

南区与北区基坑开挖面最小距离为13.7m,其中A区最先施工,而A区与C区基坑开挖面的最小距离大于100m,远大于3倍基坑开挖深度范围,因此C区施工计划可不受A区限制;但A区与D区基坑开挖面最小距离约13.7m,因此需待A区地下一层楼板完成后,方可开挖D区,E区则需C区、D区地下一层楼板完成后开挖;B区与北区基坑开挖面最小距离约100m,因此施工计划相互之间不受限制,待A区地下一层楼板完成后B区可开挖。

该工程基坑面积较大,应充分利用"时空效应"的原理,实行"分段分层、对称开挖"的总原则,即土方开挖时应先形成中部对撑,减小基坑"长边效应",要求临近保护对象区域分块开挖长度不大于40m,并及时浇筑该区域支撑,每分块土方开挖完成后,支撑的形成必须控制在4d内,上一分块支撑形成后方可开挖下一分块,以减小围护结构暴露长度及无支撑暴露时间,尽可能控制基坑变形。

南区A区和B区基坑分块开挖示意图如图16.2-4所示。北区D区和E区基坑分块开挖示意图如图16.2-5所示。

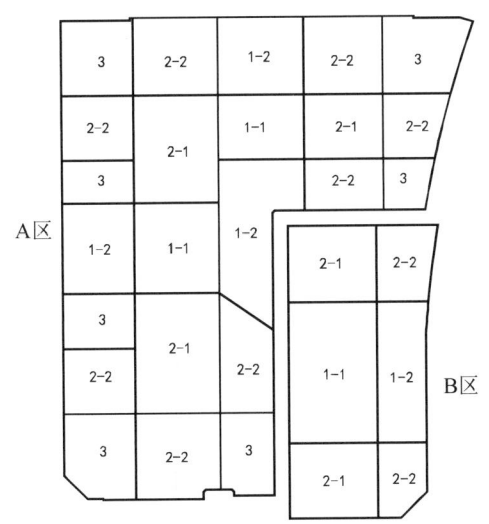

图16.2-4 A区和B区基坑分块开挖示意图

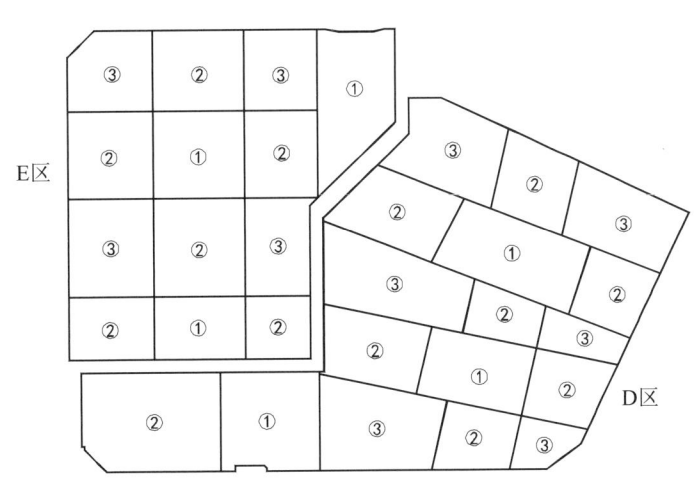

图16.2-5 D区和E区基坑分块开挖示意图

16.3 主体结构工程

16.3.1 北区

该项目北区建筑物均采用现浇钢筋混凝土结构，建筑物结构形式及抗震等级如表 16.3-1 所示。

表 16.3-1　北区建筑物结构形式及抗震等级

名称	地下层数	地上层数	结构高度 /m	结构体系	抗震等级
综合办公楼 A#	3	9	37.300	框剪	框架：三级；抗震墙：二级
综合办公楼 B#	3	9	37.300	框剪	框架：三级；抗震墙：二级
综合办公楼 C#	3	9	37.300	框剪	框架：三级；抗震墙：二级
综合办公楼 H1#、H2#、H3#	3	3	15.500	框架	三级
精品商业 L#	3	6	34.000	框架	一级
地下车库（主楼外部分）	3	—	—	框架	三级

注：①结构高度指设计室外地坪至大屋面的高度，不包含突出屋面的水箱间及电梯机房主楼范围内。
　　②地下一层的抗震等级同地上结构，地下二层按降低一级考虑。

16.3.2 南区

该项目南区除酒店之外的建筑物均采用现浇钢筋混凝土结构，建筑物结构形式及抗震等级如表 16.3-2 所示。

表 16.3-2　南区建筑物结构形式及抗震等级

名称	地下层数	地上层数	结构高度 /m	结构体系	抗震等级
综合办公楼 D#	2	8	33.200	框剪	框架：三级；抗震墙：二级
综合办公楼 E#	2	8	33.200	框筒	框架：三级；筒体：二级
综合办公楼 F#	2	8	33.200	框筒	框架：三级；筒体：二级
综合办公楼 G#	2	8	33.200	框剪	框架：三级；抗震墙：二级
综合办公楼 H4#、H5#、H6#	2	3	14.500	框架	三级
酒店辅楼 K#	2	6	35.000	框架	一级
地下车库（主楼外部分）	2	—	—	框架	三级

注：①结构高度指设计室外地坪至大屋面的高度，不包含突出屋面的水箱间及电梯机房主楼范围内。
　　②地下一层的抗震等级同地上结构，地下二层按降低一级考虑。

该工程南区酒店均采用现浇钢筋混凝土结构，建筑物结构形式及抗震等级如表 16.3-3 所示。

表 16.3-3　南区酒店建筑物结构形式及抗震等级

建筑物名称	建筑层数		建筑高度 /m	结构形式	抗震等级	
	地下	地上			框架	剪力墙
酒店 J# 主楼	2	9	37.15	框剪	三级	二级
酒店 J# 裙楼	2	1	7.1	框架	三级	—
地下车库	2	—	—	框架	三级	

注：①结构高度指设计室外地坪至大屋面的高度，不包含突出屋面的水箱间及电梯机房主楼范围内。
　　②地下一层的抗震等级同地上结构，地下二层框架及剪力墙按抗震等级递减一级考虑。

酒店主楼属于高层建筑，框架剪力墙结构体系；酒店裙楼属于多层建筑，框架结构体系。酒店主楼与裙楼地面以上部分通过设置抗震缝将其分为两个相对独立的建筑，使结构体系更为清晰。

酒店主楼平面呈 L 形，为抗震不利平面，忽略其它因素，单从结构概念设计出发可通过设置抗震缝将其分为两个简单且独立的结构单元，但是从实际出发，结合结构平面本身抗侧结构分布以及需要满足建筑平面的使用功能、立面的建筑效果，抗震缝的设置变得难以实施，没有较为合适的位置，抗侧结构的刚度难以平衡。鉴于上述情况，结构设计通过采取相应的措施，提高和改善结构的抗震性能。

16.4 幕墙工程

该项目外立面整体采用了玻璃、石材、铝板、格栅的组合式幕墙。在建筑设计上考虑了可视玻璃及窗槛墙之间的比例，达到合适的窗墙比，满足建筑节能的要求。图 16.4-1—图 16.4-3 为龙湖虹桥天街幕墙外立面效果图。

图 16.4-1　龙湖虹桥天街南区幕墙外立面效果图

图 16.4-2　龙湖虹桥天街沿街办公楼幕墙外立面效果图

图 16.4-3 龙湖虹桥天街商业 Mall 幕墙外立面效果图

16.4.1 酒店

1. 竖明横隐框架玻璃幕墙（裙房）

幕墙类型为竖明横隐框架式玻璃幕墙。横向装饰线条宽 85mm，出挑玻璃完成面 40mm；铝合金龙骨表面喷涂氟碳，采用断桥隔热的形式；透明部分玻璃采用低辐射镀膜中空夹胶玻璃；梁的下端采用厚 1.5mm 的镀锌钢板承托 100mm 防火岩棉，上端采用厚 1.5mm 的镀锌钢板。

2. 竖明横隐框架玻璃幕墙（裙房带竖向装饰条）

幕墙类型为竖明横隐框架式玻璃幕墙，带竖向装饰条。装饰线条横向宽 85mm，出挑玻璃完成面 200mm；铝合金龙骨表面喷涂氟碳，采用断桥隔热的形式；透明部分玻璃采用低辐射镀膜中空夹胶玻璃；梁的下端采用厚 1.5mm 的镀锌钢板承托 100mm 防火岩棉，上端采用厚 1.5mm 的镀锌钢板。

3. 竖明横隐框架玻璃幕墙（电梯厅）

幕墙类型为竖明横隐框架玻璃幕墙，位于电梯厅外。采用铝合金竖向龙骨，表面喷涂氟碳；横向为钢龙骨受力；透明部分玻璃采用低辐射镀膜中空夹胶玻璃；梁的下端采用厚 1.5mm 的镀锌钢板承托 100mm 防火岩棉，上端采用厚 1.5mm 的镀锌钢板。

4. 竖明横隐框架玻璃幕墙（塔楼）

幕墙类型为竖明横隐框架式玻璃幕墙。横向装饰线条宽 85mm，出挑玻璃完成面 40mm；铝合金龙骨表面喷涂氟碳，采用断桥隔热的形式；铝合金内衬钢套芯，透明部分玻璃采用低辐射镀膜中空夹胶玻璃；梁的下端采用厚 1.5mm 的镀锌钢板承托 100mm 防火岩棉，上端采用厚 1.5mm 的镀锌钢板。

5. 主次入口雨篷

幕墙类型为对边支撑框架式玻璃幕墙。装饰线条宽 150mm；幕墙钢龙骨热浸镀锌。铝板雨篷面板为厚 3mm 的铝单板。其排水形式为有组织排水。排水沟采用 2mm 不锈钢并用 316 氩弧焊连接。

6. 玻璃栏杆

幕墙类型为屋顶处玻璃栏杆。

7. 特色石材幕墙系统（裙房）

幕墙类型为特色石材幕墙系统。面材为厚 30mm 的花岗岩，六面防腐处理；龙骨为热浸镀锌角钢和方钢管。石材系统为开放式系统，面板后用厚 1.5mm 的氧化铝单板连续密封；内衬为厚 80mm 的保温岩棉，容重 80kg/m³，带单面锡箔纸（该项目中，岩棉均为这一种规格），用岩棉钉固定到墙体上。

8. 特色铝板幕墙系统（裙房）

幕墙类型为特色铝板幕墙系统。面材为厚 4mm 的幻彩铝复合板（防火）；龙骨为热浸镀锌角钢和方钢管；内衬为厚 80mm 的保温岩棉，容重 80kg/m³。特色铝板带竖向装饰线条（喷涂氟碳），装饰线条上下均带厚 3mm 的封堵铝板（喷涂氟碳）。

9. 屋面格栅系统（塔楼）

幕墙类型为格栅系统。系统组成为铝合金型材（喷涂氟碳）和钢龙骨（喷涂氟碳）。

10. 屋面铝板系统（塔楼）

幕墙类型为铝板系统。面材为厚 3mm 的氟碳粉末喷涂铝单板；龙骨为热浸镀锌角钢和方钢管；内衬厚 80mm 的保温岩棉，容重 80kg/m³。

11. 电梯外铝板系统（塔楼）

幕墙类型为铝板系统。面材为厚 3mm 的氟碳粉末喷涂铝单板；龙骨为热浸镀锌角钢和方钢管；内衬厚 80mm 的保温岩棉，容重 80kg/m³。

12. EWS12 – 窗墙系统（塔楼）

幕墙类型为窗墙系统。面材为 8Low-E+12A+8mm 中空钢化玻璃、厚 3mm 的氟碳粉末喷涂铝单板；龙骨为热浸镀锌角钢和方钢管；内衬厚 80mm 的保温岩棉，容重 80kg/m³。

16.4.2 办公

1. 玻璃幕墙系统（A~C 楼 3~8 层）

系统为横明竖隐框架式玻璃幕墙（3~8 层），位于 A#、B#、C# 各楼立面标准层，其中南立面采用内置磁性百叶。横向装饰线条宽 80mm，出挑玻璃完成面 25mm；铝合金龙骨表面喷涂氟碳，均采用断桥隔热的形式；透明部分玻璃采用低辐射镀膜中空夹胶玻璃；梁的下端采用厚 1.5mm 的镀锌钢板承托 100mm 防火岩棉，上端采用厚 1.5mm 的镀锌钢板，满足防火封堵要求；整个系统满足节能的要求。

2. 玻璃幕墙系统（A~C 楼标准层）

系统为横隐竖明框架式特色玻璃幕墙，位于 A#、B#、C# 各楼标准层。竖向装饰线条宽 80mm，出挑玻璃完成面 40mm；在阳台悬挑部分，采用钢插芯受力；铝合金龙骨表面喷涂氟碳，均采用断桥隔热的形式；透明部分玻璃采用低辐射镀膜中空夹胶玻璃；梁的下端采用厚 1.5mm 的镀锌钢板承托 100mm 防火岩棉，上端采用厚 1.5mm 的镀锌钢板，满足防火封堵要求；整个系统满足节能的要求。

3. 玻璃幕墙系统（A~C 楼 1~2 层）

系统为横隐竖明框架式玻璃幕墙（1~2 层）；位于 A#、B#、C# 各楼 1~2 层。竖向装饰线条宽 80mm，出挑玻璃完成面 30mm；幕墙横、竖框采用钢框受力，外包氟碳喷涂铝合金装饰板；透明部分玻璃采用低辐射镀膜中空夹胶玻璃；梁的下端采用厚 1.5mm 的镀锌钢板承托 100mm 防火岩棉，上端采用厚 1.5mm 的镀锌钢板，满足防火封堵要求；整个系统满足节能的要求。

4. 玻璃幕墙系统（2~4 层）

系统为带竖向铝合金格栅横隐竖明框架式玻璃幕墙，位于 A#、B#、C# 各楼 2~4 层。竖向装饰线条尺寸为 300mm×50mm，出挑玻璃完成面 375mm；幕墙横、竖框采用钢框受力，外包氟碳喷涂铝合金装饰板；透明部分玻璃采用低辐射镀膜中空夹胶玻璃；梁的下端采用厚 1.5mm 的镀锌钢板承托 100mm 防火岩棉，上端采用厚 1.5mm 的镀锌钢板，满足防火封堵要求；整个系统满足节能的要求。

5. 铝合金格栅幕墙系统（A~C 楼标准层）

系统为竖向铝合金格栅幕墙，非玻璃幕墙系统，位于 A#、B#、C# 各楼标准层设备平台处。竖向装饰线条尺寸为 300mm×50mm，采用钢转接件与主体结构连接，层间外包氟碳喷涂铝合金装饰板；阳台内设置安全栏杆（幕墙范围），栏杆高度应满足规范要求。

6. 玻璃幕墙系统（H 楼 2~3 层）

系统为横隐竖明框架式玻璃幕墙，位于 H#2~3 层。竖向装饰线条宽 100mm，出挑玻璃完成面 40mm；幕墙竖框采用钢框，外包氟碳喷涂铝合金装饰板；外挑 250mm 装饰框，采用厚 12mm 的钢连接板与竖向钢龙骨连接；透明部分玻璃采用低辐射镀膜双夹胶中空玻璃；梁的下端采用厚 1.5mm 的镀锌钢板承托 100mm 防火岩棉，上端采用厚 1.5mm 的镀锌钢板，非采光处玻璃，后衬 2mm 喷涂铝板、100mm 防火岩棉、1.5mm 镀锌钢板，满足防火封堵要求；整个系统满足节能的要求。

7. 玻璃幕墙系统（H 楼 1~2 层）

系统为全明框框架式玻璃幕墙，位于 H#1~2 层。横、竖向装饰线条宽 80mm，出挑玻璃完成面 35mm；夹胶玻璃外侧用结构胶黏接斜向 80mm×25mm 装饰条，装饰条两端采用螺钉与幕墙横竖框连接。透明部分玻璃采用低辐射镀膜夹胶中空玻璃；梁的下端采用厚 1.5mm 的镀锌钢板承托 100mm 防火岩棉，上端采用厚 1.5mm 的镀锌钢板，满足防火封堵要求；整个系统满足节能的要求。

8. 屋面铝板幕墙系统

系统为屋面铝板幕墙，龙骨为矩形钢，热浸镀锌处理。铝板表面处理银色光面和银白色磨砂两种，横向间隔设计。

16.4.3 商业广场

1. 肋支撑点式玻璃幕墙系统

幕墙类型为肋支撑全玻璃幕墙，为L#楼（BigMall）1~2层处玻璃幕墙系统，标准玻璃板块尺寸为2 120mm×3 500mm。整个系统采用玻璃肋主受力，玻璃肋为夹胶玻璃，采用上部悬挂体系，上部采用驳接爪系统，承担竖向重力；面板的水平风荷载通过结构胶，由玻璃肋承担。竖向有铝合金装饰线条，宽86mm，出挑玻璃完成面25mm，横向为20mm宽铝合金装饰条，出挑玻璃完成面25mm，表面均喷涂氟碳，采用断桥隔热形式；整个系统满足节能、防火的要求。

2. 玻璃栏板系统

幕墙类型为不锈钢玻璃栏板，为L#楼（BigMall）2~6层处玻璃幕墙系统，标准玻璃板块尺寸为2 120mm×1 500mm。竖向铝合金装饰线条宽86mm，出挑玻璃完成面25mm，横向为20mm宽铝合金装饰条，出挑玻璃完成面25mm，表面均喷涂氟碳；幕墙竖框采用不锈钢立柱受力；透明部分面板采用夹胶玻璃，部分有墙位置面板为夹胶玻璃，后衬2mm铝单板。

3. 框架玻璃幕墙系统

幕墙类型为全明框框架式玻璃幕墙。为L#楼（BigMall）1~6层处玻璃幕墙系统，标准玻璃板块尺寸为2120mm×4100mm。横、竖向装饰线条宽80mm，出挑玻璃完成面35mm；幕墙竖框采用钢框受力，外包氟碳喷涂铝合金装饰板；透明部分玻璃采用低辐射镀膜中空夹胶玻璃，窗槛墙部分面板为夹胶玻璃，后衬2mm铝单板，表面喷涂氟碳；梁的下端采用厚1.5mm的镀锌钢板承托100mm防火岩棉，上端采用厚1.5mm的镀锌钢板，部分位置与室内防火分区交界处需做1h防火幕墙，满足防火封堵要求；整个系统满足节能的要求。

4. 连廊玻璃幕墙系统

幕墙类型为全明框框架式玻璃幕墙，为L#（BigMall）2~5层处玻璃幕墙系统，最大玻璃板块尺寸为2 100mm×4 100mm。竖龙骨和横龙骨均为铝框，横、竖向装饰线条宽80mm，出挑玻璃完成面35mm；夹胶玻璃外侧用结构胶黏接斜向80mm×25mm装饰条，装饰条两端采用螺钉与幕墙横竖框连接。透明部分玻璃采用低辐射镀膜夹胶中空玻璃；梁的下端采用厚1.5mm的镀锌钢板承托100mm防火岩棉，上端采用厚1.5mm的镀锌钢板，满足防火封堵要求；整个系统满足节能的要求。

5. 西南立面玻璃盒子幕墙系统

幕墙类型为全明框框架式玻璃幕墙。为L#（BigMall）3~5层西南立面处玻璃幕墙系统，为外倾幕墙，最大玻璃板块尺寸为1 558mm×4 240mm。竖、横龙骨均为钢龙骨，表面喷涂氟碳，横、竖向装饰线条宽80mm，出挑玻璃完成面35mm；透明部分玻璃采用低辐射镀膜夹胶中空玻璃；梁的下端采用厚1.5mm的镀锌钢板承托100mm防火岩棉，上端采用厚1.5mm的镀锌钢板，满足防火封堵要求；整个系统满足节能的要求。

6. 广告位幕墙系统

幕墙类型为广告位幕墙系统。广告位幕墙系统具体位置详见建筑平立面。广告灯箱由其他单位负责，灯箱内侧设2mm镀锌钢板，表面喷涂氟碳，周圈为3mm铝板，表面喷涂氟碳。具体构造措施需与广告分包商协调确定。

7. 单层特色铝板幕墙系统

幕墙类型为特色铝板幕墙系统。该系统竖龙骨为矩形钢，热浸镀锌处理。其中部分采用双层铝板，用于放置灯光系统，单层铝板处采用自然排水，双层铝板处，内外两层铝板间的间隙是连通的，便于水逐层下流，至最底处通过边内排水系统排走，内外层的周圈要与单层铝板隔开，保证整个系统的水密性。整个系统满足节能的要求。

8. 特色石材幕墙系统

幕墙类型为石材幕墙。采用矩形钢作为竖龙骨，横梁为50mm×5mm角钢，热浸镀锌处理，背栓干挂密封式。该系统位于L#（BigMall）3~4层处。立面分格竖向采用大小缝形式形成2100mm宽大分格效果。层间梁的下端采用厚1.5mm的镀锌钢板承托100mm防火岩棉，满足防火封堵要求，整个系统满足节能的要求。

9. 玻璃采光、雨篷系统

幕墙类型为玻璃采光顶、雨篷系统。为L#（BigMall）西南角玻璃采光顶系统。采光顶横、竖框采用钢框受力，钢框上有铝合金型材，表面喷涂氟碳，此处还需设置钢结构，且钢结构的钢龙骨均需涂薄型防火涂料，防火时间为1.5h，龙骨内侧有冷凝水导水槽；玻璃夹胶中空玻璃，整个系统满足节能的要求。

10. 铝合金百叶系统

幕墙类型为铝合金百叶窗系统，具体位置按建筑平立面布置。型材表面喷涂氟碳；通风率需与通风暖通专业协调确定。所有铝合金百叶应为防雨系统。

16.5 机电安装工程

16.5.1 北区

北区建筑机电工程主要包括通风空调系统、给排水系统和电气系统。

1. 通风空调系统

北区通风与空调工程包括空调风系统、送排风系统、防排烟系统的深化设计、安装、调试等，各系统概况见表16.5-1、表16.5-2和表16.5-3。

表16.5-1 空调风系统

区域	系统概况
超市、健身、大型娱乐设施等	集中式低速风道空调系统，独立处理新回风，各集中式全空调系统的气流组织，采用顶部均匀送风，上部集中回风的方式。同时，新回风设置电动调节阀门，在过渡季节可调节新风量至送风量的50%以上，节能运行
室内步行街回廊、商铺、餐饮、办公等功能用房	采用半集中式空气水系统，房间内设置风机盘管或吊装空调器，分区域设集中新风系统。保证各功能场所的使用独立性和控制调节的便利性。其中，办公楼可根据室内CO_2浓度调节新风量，新排风在屋顶设转轮热回收装置
商铺等公共场所	集中式全空调系统，并配置空气净化装置

表16.5-2 送排风系统

区域	系统概况
各空调场所（如商铺、餐饮、办公）等	设置排风系统，实现空气量的平衡，加强通风换气；对于较小的一般空调房间，采用正压渗透排风；其余部分非空调场所及设备用房（如变配电间、换热机房、水泵房）等，按需要设置通风系统
汽车库	设置排风系统，排除废气，控制CO_2浓度，有车道的采用自然补风，无车道的设置补风系统
厨房	预留油烟净化器、排油烟风机及管道竖井至屋顶排放，另预留补风系统，其中无窗厨房等，预留相应的事故通风系统
卫生间、垃圾房、隔油池间、污水井等	设置机械排放系统，部分采用接力方式，确保通风换气

表16.5-3 防排烟系统

区域	系统概况
疏散楼梯间（地上及地下）	均设置正压送风系统，保持与走廊间40~50Pa的压差
各疏散楼梯及与消防电梯的合用前室	均设置正压送风系统，保持与走廊间25~30Pa的压差
走廊	不符合自然排烟条件的走廊设置机械排烟，按规程要求划分排烟分区，设置挡烟垂壁或挡烟卷帘限制防火分区长度不大于60m
办公区、商业区	具备自然排烟条件的功能性场所，采用自然排烟方式，按规程要求设置可开启下旋排烟窗；不具备自然排烟条件的，采用机械排烟方式；防烟分区大于500m²的，个别利用外门自然补风；其他设消防补风系统
停车库	利用平时通风系统兼作机械排烟及补风，或利用车道自然补风
餐饮	面积大于60m²的餐饮、无外窗的厨房顶预留设置事故通风系统，并采用防爆电机

2. 给排水系统

该工程给排水系统概况如表16.5-4所示。

表 16.5-4　北区建筑给排水系统概况

序号	系统名称	系统概况
1	生活给水系统	办公A楼、B楼、C楼、H楼二层及以下由市政给水管直供，市政供水压力0.15MPa，三层及以上由变频供水设备加压后直接供给；商业L楼一层及以下由市政给水管直供，二层及以上由变频供水设备加压后直接供给，地库及室外道路洒水由市政给水管直供，办公生活水箱及供水设备设于北区地下一层生活泵房内，商业L楼变频供水由设置于北区商业地下室的生活水箱及供水设备供给
2	太阳能热水系统	采用直接加热太阳能集中热水系统，辅助热源采用市政三联供系统，太阳能集热器设于屋顶，热水水箱及热水供水设备设于C楼屋顶水箱间内。为保证热水供水水温，热水系统设置热水循环水泵（二台，一用一备），供C楼3~9层卫生间洗手盆（使用温度35℃）使用
3	中水系统	收集办公A~C楼全楼、H1~H3楼1~3层、办公地下室洗手盆废水，集中处理后用于项目区域内的绿化浇灌、道路冲洗、地库冲洗和办公楼、厕所冲洗；自来水作为备用水源
4	污废水排水系统	办公楼室内污废分流、室外污废合流、雨污分流。其中办公A~C楼2~9层废水经排水管网收集后进入中水处理系统。L商业楼室内污废合流，室外雨污分流。餐饮废水首先经分散设置的器具隔油，然后通过含油废水管收集后，经集中隔油装置处理后提升排至污水系统；厨房地漏采用网框式地漏
5	雨水系统	办公楼屋面雨水采用重力流排水方式，由室外雨水管网收集排放，雨水管采用U-PVC管，商业L楼屋面雨水采用虹吸雨水排水系统。地下室消防排水集水坑、空调机房集水坑及消防泵房集水坑由潜水排污泵提升排至室外雨水井

3. 电气系统

本项目电气系统包括低压配电系统、供电干线系统、电气动力系统、照明系统、疏散照明系统、防雷及接地系统和应急照明系统。

本项目的消防用电、公共走道照明、值班照明、障碍照明、生活水泵、排污泵、客梯电力、人防用电、弱电设备用电等为一级负荷，其中大型商场用于经营管理的计算机系统用电为一级负荷中特别重要负荷；扶梯电力、能源站计量电力、中水泵房、车库照明、集中换热站用电、热交换机房用电等为二级负荷；其余均为三级负荷。

16.5.2　南区酒店

龙湖虹桥天街酒店建筑部分机电工程包括电气工程、给排水系统、暖通系统等。

（1）电气专业主要包括低压配电系统、备用电源柴油发电机应急系统、照明及应急照明系统、应急照明疏散系统、防雷接地系统、等电位联结系统等。

（2）给排水系统包括生活给水系统、热水系统、排水系统、雨水系统。

（3）暖通系统包括冷热源系统、空调系统、空调水系统、通风系统和防排烟系统。

①冷热源系统：该项目空调系统冷热源由虹桥商务区新能源投资有限公司建设的冷、热、电分布式供能系统与制冷系统、燃气（油）锅炉系统组成的区域集中冷热水供能系统提供，区域供能系统采用间接供能方式。冷热媒由位于地下二层的管沟入口进入热计量室，经冷热量计量装置后进入板换机房，经冷冻水（热水）板式换热器换热后供应空调冷冻水（热水）。

②空调系统：大堂、餐厅休息区等大空间功能场所按功能分区采用集中式低速风道空调系统，由空气处理机组独立处理新、回风，以便于分区控制，其中部分风机设变频器，可做变风量运行；多功能厅采用全空气空调系统，设置转轮热回收机组，回收排风能量，达到节能的目的。部分集中空调系统设新回风调节，在过渡季节调节加大新风量节能运行（最大新风量可至总风量的70%）；客房采用空气水系统加新风系统，新风不承担室内负荷。

③空调水系统：空调水系统采用一次泵变流量系统，酒店客房和一层公共区域采用四管制同程布置方式，地下室为后勤区，采用两管制水系统，冷热水在换热机房内进行切换，水平干管采用同程布置方式。各空调器和新风空调器回水管中均设电动两通阀和动态平衡一体阀进行调节和平衡，对于部分风机盘管环路，在环路的供回水管中设置静态平衡阀平衡水量。

④通风系统：通风系统范围涉及地下车库、各设备用房、公共卫生间等，风机均设置在专用机房内，换热站、水泵房及变配电室设置独立的机械排风系统，各空调场所均设置集中排风系统，实现空气量的平衡，加强通风换气。对于较小的一般空调房间，采用正压渗透排风。

⑤防排烟系统：疏散楼梯间均设置正压送风系统，停车库利用平时通风系统兼作机械排烟及补风，或利用车道自然补风。

该工程充分发挥在深化设计及BIM技术上的优势，把机电管线深化设计作为创建完善的机电BIM模型的基础，同时把对BIM模型的应用和相应的信息管理作为BIM的核心工作，指导施工并辅助后期物业维护管理，提高工程质量和进度，为业主方、施工方及后期运营维护方服务，并最终达到了节约劳动力和施工成本、改善施工质量、缩短工期等效果。

17 虹桥天地

17.1 项目概况

1. 项目位置

虹桥天地项目位于上海虹桥商务区核心区（一期）06号地块，分为D17和D19两个街坊。地块范围北至苏虹路，东至申虹路，南至舟虹路，西至申长路，项目平面位置如图17.1-1所示。D17和D19街坊中央为虹桥商务区中轴线绿化。东侧紧邻已运营的西交通广场，且部分建筑物地下结构侵入原虹桥西交通广场停车通道，项目地下结构与西交通广场停车通道连通。

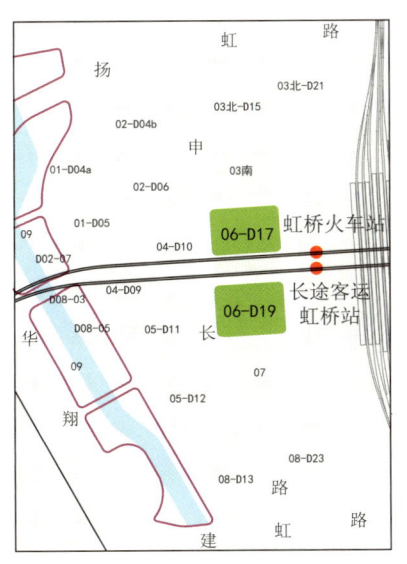
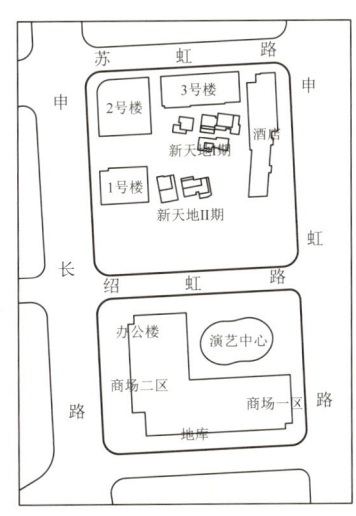

图17.1-1 虹桥天地项目平面位置示意图

2. 项目规模及定位

该项目为商业办公建筑，包括1栋酒店（高11层）、4栋商务办公楼（高10层）、1栋商场（高6层）、1座场馆（会展及演艺中心）及4栋单体框架结构的新天地休闲娱乐区（高1~4层）。项目总建筑面积约为39万m^2，其中上部结构建筑面积约为24万m^2，地下室建筑面积约为15万m^2。D17和D19街坊地下共设三层地下车库，其中地下一层层高为4.6m，地下二层层高为5.4m，地下一层至±0.00间存在一层地下室夹层板，±0.00板（相对标高+5.50m）部分缺失；地下二层局部为6级人防区域，占地面积约为6万m^2；地下建筑区域包括下沉式广场、商业及办公区间、地下车库、设备用房等建筑功能。项目定位是集展示办公、购物、餐饮、娱乐、演艺为一体的综合商业（图17.1-2）。

3. 项目参建单位

虹桥天地项目由上海瑞桥房地产发展有限公司开发建设，公司总部设于上海，是瑞安集团在中国内地的房地产旗舰公司。瑞安房地产在上海、重庆、武汉、大连和佛山有8个处于不同开发阶段的项目，其打造的上海新天地、武汉天地、重庆天地等项目均已成为当地的地标建筑。项目其他参建单位如表17.1-1所示。

4. 项目建设过程

虹桥天地项目于2010年9月30日获得土地中标通知书，2011年6月27日分别以商住楼、商办楼项目完成报建工作。2011年3月26日，虹桥天地和虹桥绿谷广场项目同时举行建设项目奠基仪式。这是虹桥商务区核心区最早启动的项目，时任上海市副市长沈骏等领导参加。两个项目奠基仪式标志着上海国际贸易中心新平台和服务长三角的高端商务中心建设的正式启动。经过两年多的开发建设，2013年12月30日D17街坊2#、3#办公楼通过管委会竣

工验收备案，成为虹桥商务区核心区首个竣工验收备案的社会投资项目。2014年7月，2#、3#办公楼最先投入运营，

图 17.1-2　虹桥天地项目效果图

表 17.1-1　虹桥天地项目参建单位汇总

参建单位	单位名称
建设单位	上海瑞桥房地产开发有限公司
建筑设计顾问	巴马丹拿设计咨询有限公司
结构、机电设计顾问	奥雅纳建筑咨询有限公司
深化设计单位	上海现代建筑设计集团建设工程有限公司
勘察设计单位	上海申元岩土工程有限公司
基坑围护工程设计	上海市政设计院
施工总承包单位	上海建工七建集团有限公司（D19街坊） 上海建工二建集团有限公司（D17街坊）
监理单位	上海一测建设咨询有限公司

罗氏、壳牌、长江商学院等知名企业机构陆续入驻。2015年9月25日，D19街坊会展及演艺中心项目顺利通过竣工验收备案。至此，虹桥天地项目所有建设工程均通过竣工验收备案并投入营运。

虹桥天地项目是虹桥商务区核心区最早启动建设的项目之一，也是第一个完成主体结构封顶、第一个办理竣工验收备案、第一个投入商业运营的项目。D17和D19街坊施工进度节点分别如表17.1-2和表17.1-3所示。

表 17.1-2　D17街坊项目施工进度节点

项目单体	进度节点						
	桩基开始施工	基坑开挖	大底板施工完成	基坑出±0.00	主体结构封顶	竣工验收	交付
新天地Ⅰ期	2011.07.15	2012.01.01	2012.06.13	2013.01.05	2013.05.24	2014.09.28	2014.10.27
新天地Ⅱ期	2011.07.15	2012.09.05	2012.10.17	2013.05.11	2013.06.09	2014.09.28	2014.10.27
酒店	2011.07.15	2012.01.01	2012.10.13	2013.02.01	2013.07.15	2015.04.28	2015.05.29
1#办公楼	2011.07.15	2012.10.05	2012.11.30	2013.06.30	2013.09.13	2014.08.26	2014.10.27
2#办公楼	2011.07.15	2012.01.01	2012.10.16	2012.12.23	2013.05.03	2013.12.30	2014.07.15
3#办公楼	2011.07.15	2012.01.01	2012.06.13	2012.09.21	2012.12.16	2013.12.30	2014.07.15
D17地下室	2011.07.15	2012.01.01	2015.03.31（地下室竣工）	—	—		2015.03.31

表 17.1-3 D19 街坊项目施工进度节点

项目单体	进度节点						
	桩基开始施工	基坑开挖	大底板施工完成	基坑出 ±0.00	主体结构封顶	竣工验收	交付
商场一区	2011.09.28	2012.02.02	2012.06.24	2012.09.28	2012.12.30	2014.10.28	2015.01.30
商场二区	2012.02.09	2012.02.02	2013.01.25	2013.06.02	2013.09.10	2014.10.28	2015.01.30
办公楼	2012.02.09	2012.02.02	2013.07.15	2013.10.09	2013.12.25	2014.12.08	2014.12.29
演艺中心	2012.07.11	2012.02.02	2013.07.15	2013.12.01	2014.01.25	2015.09.22	2015.11.30
D19 地库	2011.09.28	2012.02.02	2013.07.15	2013.12.01	—	2015.05.14	2015.05.14

17.2 基坑工程

17.2.1 基坑概况

虹桥天地06号地块中央为D18街坊（中央公共绿地），D17和D19街坊分别位于D18街坊的北侧和南侧，其中，D17地块，面积约为29 570m^2，地下三层，基坑深约15.0m，D19地块，面积约为32 630m^2，地下三层，基坑深约15.0m。

两地块之间为虹桥综合交通枢纽中心轴线D18地块，该地块为地下两层结构，其地下一层为申虹物业，地下二层为地铁区间，有轨道交通10号线、2号线、20号线等线路通过，D17和D19地块的地下二层将与交通枢纽中心轴线D18地块的地下一层形成面接，其中，D17靠近地铁2号线，基坑距地铁2号线最近处仅6m；D19靠近地铁10号线。

D17和D19地块基坑东侧为运营中的虹桥交通枢纽西交通广场，西交通广场为地下两层结构，其四周为挡土墙和斜撑结构，中间为两层地下停车库；D17和D19地块的开发需要凿除西交通广场的部分挡土墙，并与其地下停车库连通。加上基坑西侧为申长路，为正在运营中的地面道路，路面下布有诸多市政管线，给基坑工程的实施带来了更大的挑战。地铁与虹桥天地项目位置关系如图17.2-1所示。

图 17.2-1 地铁与虹桥天地项目位置关系图

17.2.2 围护结构

D17和D19两地块基坑分别采取划大为小的方法，将基坑沿地铁方向分为三个大基坑及三个小基坑。基坑外圈围护拟采用地下连续墙，小基坑中的分隔墙采用地下连续墙。三个大基坑设三道钢筋混凝土支撑对撑（南北向），并辅以角撑；三个小基坑设一道钢筋混凝土支撑+三道钢支撑。各期基坑均按明挖顺作法施工，采用盆式开挖方法。

其中，D17地块为保护已建成的地铁2号线，基坑沿地铁侧保护范围（即距地铁30m范围内），打设厚800mm的地下连续墙作为坑内隔断，将每个大基坑划分为I期A1，A2，A3（距地铁较远一侧）及II期B1，B2，B3共六个（距地铁较近一侧）小基坑，并根据地铁公司的相关要求将I期及II期基坑采用厚800mm的地下连续墙划分为多个更小的基坑。

D19地块根据地块情况，将基坑北块沿地铁方向分为三个小基坑D1，D2，D3，基坑南块沿申长路方向分为两个大基坑C1，C2。基坑外圈围护及分隔墙均采用地下连续墙。两个大基坑拟设三道钢筋混凝土支撑对撑（南北向），并辅以角撑；三个小基坑拟设一道钢筋混凝土支撑＋三道钢支撑。各期基坑均按明挖顺作法施工，采用盆式开挖方法。

D17和D19地块基坑分区图和围护布置图如图17.2-2所示。

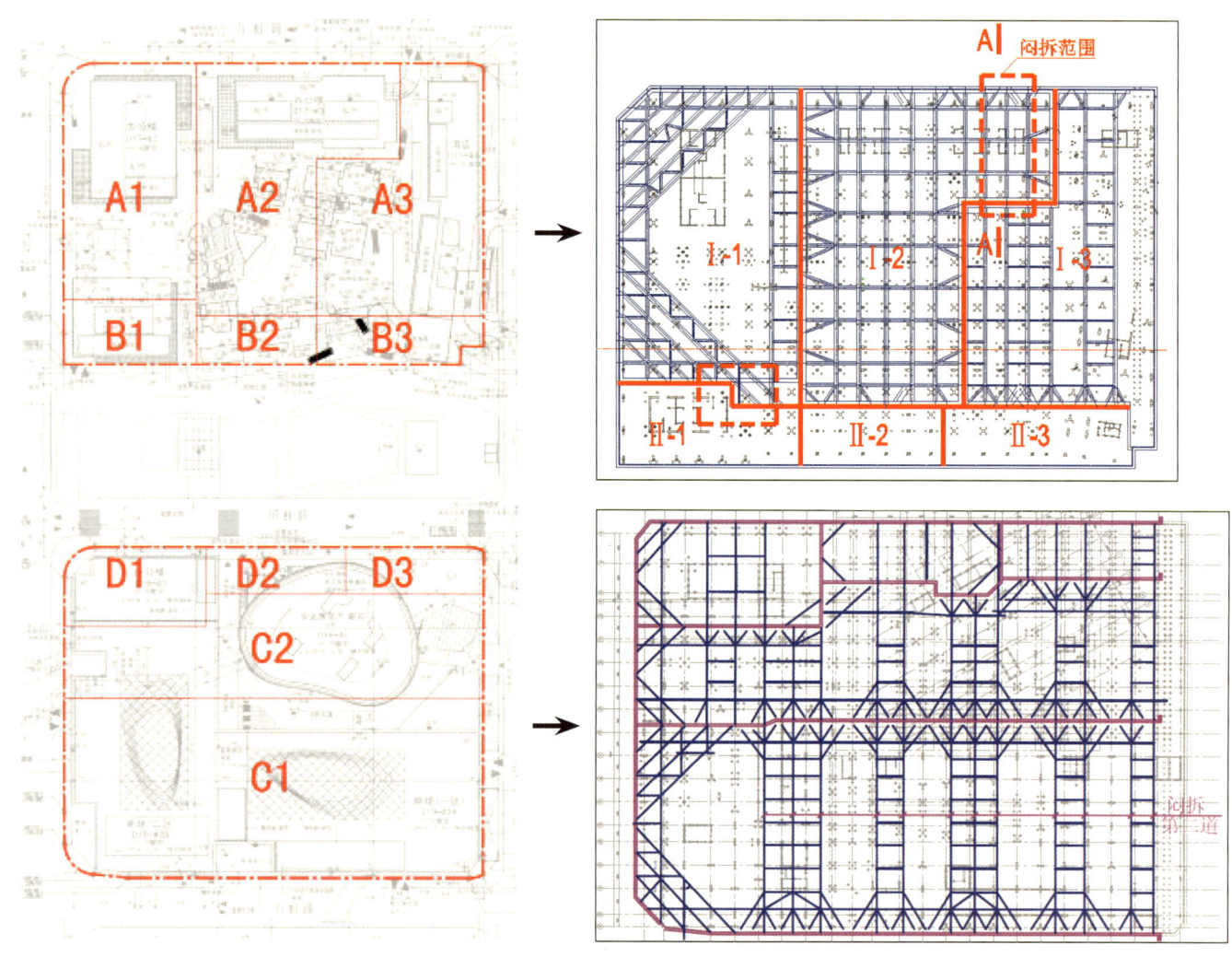

图17.2-2　虹桥天地项目基坑分区图和围护布置图

17.3　主体结构工程

虹桥天地项目的办公楼、商场及酒店等建筑基本为框架核心筒结构，其中部分办公楼在三层、四层以连廊相互连接。各栋单体基本为地下3层，地上10层，主楼屋面屋顶层1层。主体上部结构层高：1层层高为4.1m，2层至9层为标准层，层高为4.05m，10层层高为4.85m，屋顶层层高0.95m，办公楼建筑最高点标高为42.30m。

各栋建筑上部结构构件规格如下：主楼范围内柱截面尺寸为950mm×950mm；框架梁及钢梁截面尺寸为500mm×600mm，700mm×900mm，700mm×1100mm等；结构板厚一般为200mm，芯筒及连廊板厚150mm，局部挑板厚250mm，300mm；芯筒剪力墙厚度为200mm，400mm，600mm。具体如表17.3-1和表17.3-2所示。

上部结构梁、板、楼梯混凝土采用C35，1层至2层范围内墙、柱、连梁采用C50，3层至屋面屋顶范围内采用C40。

上部结构外墙采用玻璃幕墙，内墙采用厚200mm的砂加气混凝土砌块（涉及防水要求的房间采用厚200mm的实心混凝土砌块）。

结构板厚一般为110mm，芯筒内板厚150mm、局部挑板厚250mm；芯筒剪力墙厚度为200mm，400mm，600mm。

表 17.3-1 梁截面尺寸

截面尺寸/mm	沿梁间距/mm	梁下承重立杆	单双扣件	梁两侧立杆间距/m
600×500	600	1	单	1.2
600×1 000	600	2	单	1.2

表 17.3-2 柱截面尺寸

截面尺寸/mm	竖向方木围檩间距/mm	横向钢管围檩间距/mm	对拉螺栓数量		对拉螺栓间距/mm
700×900	162，212	500	B	1	500
			H	1	
1 100×1 100	262	500	B	1	500
			H	1	

17.4 幕墙工程

虹桥天地项目外立面整体采用了玻璃、铝板及石材的组合式幕墙，主要使用了框架式和单元式两种玻璃幕墙体系，局部楼栋采用双层玻璃幕墙，结构形式上采用半隐框形式。幕墙铝型材、铝板均采用氟碳喷涂哑光材料。幕墙外立面效果如图 17.4-1 所示。

图 17.4-1 虹桥天地幕墙外立面效果图

D19 街坊星舟演艺中心幕墙采用双层幕墙设计，外幕墙采用扭转板生产工艺，扭转板为不锈钢压花板，在工厂内制作一次成型，现场吊装。内外幕墙之间设置消防马道。图 17.4-2 为星舟演艺中心幕墙外立面。

（a）扭转板场外样板　　　　　　　　（b）施工时星舟演艺中心外立面

图 17.4-2 星舟演艺中心幕墙外立面图

17.5 机电安装工程

虹桥天地项目机电安装施工过程中，为了保证工程的成本、进度、质量和安全，使项目取得良好的效果并减少资源浪费，采取了一系列的创新工艺和做法。

1. BIM 技术

（1）设备及管线布置采用 BIM 技术进行专业及综合制图（图 17.5-1），管道固定采用综合支架，布局合理、美观，给后续施工带来极大便利。

图 17.5-1　机电工程 BIM 模型

（2）采用 BIM 云＋现场管理技术，进行现场质量、进度检查（图 17.5-2）。通过云平台碰撞检查和云平台信息沟通，发现设计问题并进行记录。根据问题情况可定向发给项目组成员进行处理和监督，也可发给云平台所有成员，并限时修改。

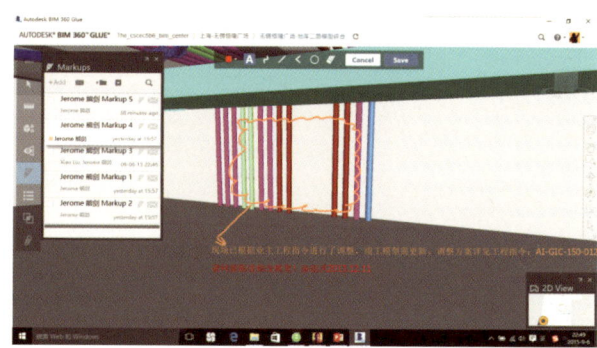

图 17.5-2　利用 BIM 云技术进行现场检查

2. 激光标线仪技术

根据总承包或精装修单位的 1m 基准线（或 50cm 基准线）作为水平标高控制线，利用总承包单位的柱网轴线，用激光标线仪将管线安装位置线投射到顶板、墙面上（图 17.5-3）。

图 17.5-3　用激光标线仪放线定位

3.VAV 空调系统

该工程办公采用 VAV 空调系统，VAV 调试及风平衡调试是整个工程的难点，其对 VAV 的自动控制要求严格，因此在调试中配备了 VAV 调试及控制专家，对主机变频控制 VAV 变风量控制末端风平衡调试进行全程督导。整个大厦空调系统调试结果满足设计要求，现全部正常运行。

4. 太阳能预热系统

办公楼热水系统设置了太阳能预热系统，为生活热水提供预热，太阳能集热器设置在办公楼顶层（图 17.5-4），热水机房设置于地下一层（图 17.5-5），机房内设置两组半容积式热交换器及太阳能预热热交换器。

图 17.5-4　屋面太阳能集热板　　　　　　　图 17.5-5　热水机房

5. 雨水回用系统

该项目采用雨水回用系统收集雨水，雨水经处理后用于绿化、冲厕等。图 17.5-6 为雨水回用处理机房。

图 17.5-6　雨水回用处理机房

6. 可调式夹具

该项目有部分风管井空间小，按普通方式难以进行安装，针对现场情况，设计一种可调式夹具能够较好地解决风管吊装问题，并已取得国家专利。该专利详细内容可见技术创新篇 41.2 节内容。

18　上海冠捷科技总部大厦

18.1　项目概况

1. 位置和建设概况

上海冠捷科技总部大厦位于虹桥商务区核心区（一期）07-1 号地块，闵行区申长路 668 号，舟虹路 57 号，紧靠上海虹桥商务区管理委员会大楼西方，项目平面位置如图 18.1-1 所示。该商办楼总建筑面积为 43 244.82m²，地上建筑面积为 22 085m²，地下建筑面积为 21 159.82m²；建筑高度为 33.5m，地上 7 层，地下 3 层，工程总投资 6.18 亿元，项目效果如图 18.1-2 所示。

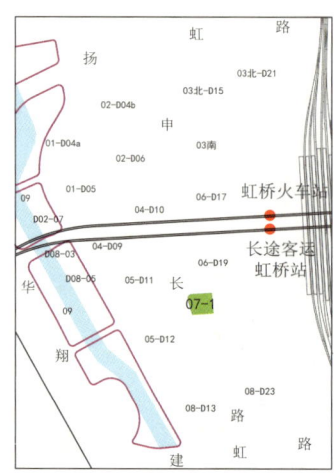
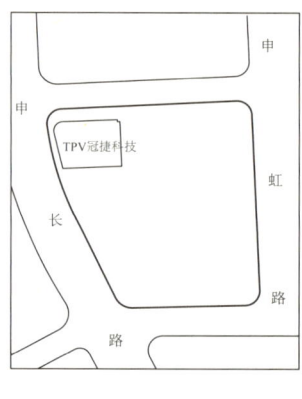

图 18.1-1　上海冠捷科技总部大厦项目平面位置示意图

图 18.1-2　上海冠捷科技总部大厦项目效果图

2. 参建单位

冠捷科技集团是全球最大的个人计算机监视器及第四大液晶电视制造商，于 1999 年在香港及新加坡交易所上市。2011 年 8 月 5 日，冠捷科技集团成功取得虹桥商务核心区（一期）07-1 号地块，随后于 2011 年 10 月 12 日成立嘉捷（上海）房地产开发有限公司，负责冠捷科技总部大厦的开发建设。项目其他参建单位见表 18.1-1。

表 18.1-1　上海冠捷科技总部大厦项目参建单位汇总

参建单位	单位名称
建设单位	嘉捷（上海）房地产开发有限公司
勘察单位	江苏南京地质工程勘察院
总体设计单位	上海中森建筑与工程设计顾问有限公司
围护设计单位	上海申元岩土工程有限公司
围护施工单位	上海建工集团股份有限公司
施工总承包单位	上海建工七建集团有限公司
监理单位	上海协同工程咨询有限公司

上海冠捷科技总部大厦项目于 2012 年 11 月开工建设，2014 年 12 月完成所有工程施工并通过质检验收，2015 年 9 月底完成竣工验收备案。工程施工进度节点如表 18.1-2 所示。

表18.1-2　上海冠捷科技总部大厦项目施工进度节点

项目单体	进度节点						
	桩基开始施工	基坑开挖	大底板施工完成	基坑出±0.00	主体结构封顶	竣工验收	交付
上海冠捷科技总部大厦	2012.11.15	2013.07.26	2013.12.11	2014.09.29	2014.06.06	2015.09	2015.09

18.2　基坑工程

18.2.1　基坑概况

上海冠捷科技总部大厦基坑工程总占地面积约为8 205m², 基坑面积7 126m², 周长354.68m, 普遍开挖深度为16.25m, 局部落深17.75m。

基坑施工时,东侧为已建设管理委员会会大楼,西侧申长路面临多条管线,北侧为在建06号地块,南侧为07-2号地块(当时为空地)。基坑北侧围护结构内边线距离建筑红线3m,距离在建06号地块建筑边线约15.40m;东侧围护结构内边线距离建筑红线最小距离3m,距离管委会大楼外边线3.76~8.45m;东侧为07-2号地块空地;西侧围护结构内边线距离建筑红线最小距离3m,距离申长路道路边线最小距离约为3m。该基坑工程周边道路下的市政管线众多,基坑施工对管线安全带来较大影响。

18.2.2　围护结构

基坑围护设计采用"地下连续墙+三道钢筋混凝土水平内支撑"的围护形式(图18.2-1)。基坑围护墙体采用厚800~1 000mm的地下连续墙,墙深31~33m。根据基坑的形状及开挖深度,采用三道钢筋混凝土支撑,支撑布置方案采用对撑结合角撑的布置形式(图18.2-2),各构件断面尺寸如表18.2-1所示,混凝土强度等级均为C30。

表18.2-1　上海冠捷科技总部大厦基坑工程支撑构件断面尺寸(mm)

支撑	围檩	主撑	连杆	栈桥主梁	栈桥次梁
第一道支撑	1 200×800	1 000×800	700×700	1 000×1 100	800×1 100
第二道支撑	1 400×800	1 100×800	800×700	—	—
第三道支撑	1 400×800	1 100×800	800×700	—	—

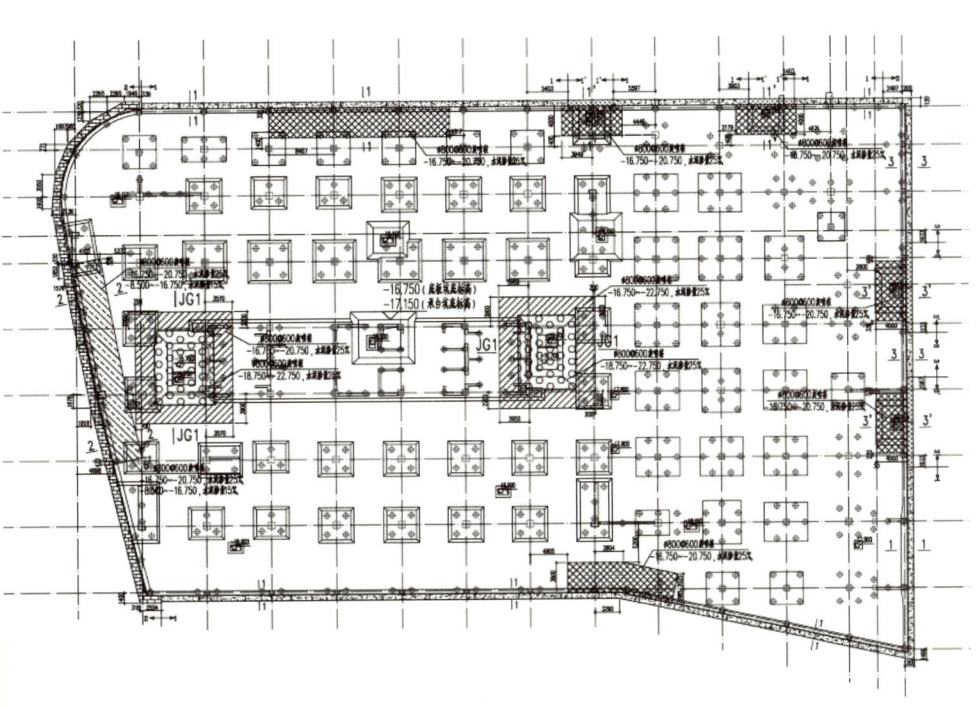

图18.2-1　上海冠捷科技总部大厦基坑围护平面图

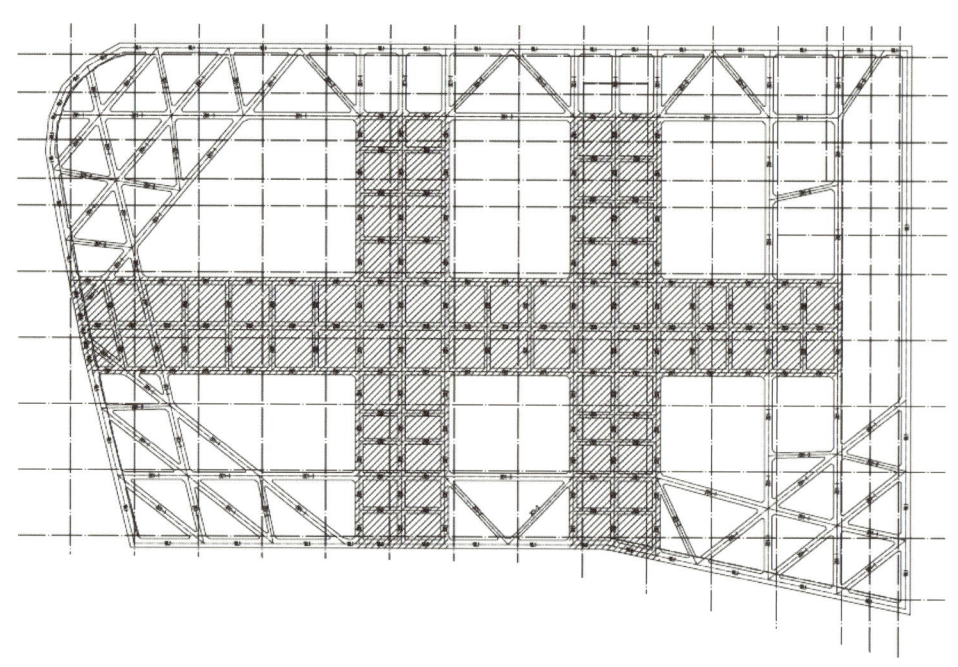

图18.2-2　上海冠捷科技总部大厦基坑第一道支撑和栈桥平面布置图

18.2.3　降水工程

1. 水文地质条件

该项目场地地下水主要为孔隙潜水和承压水。潜水水位埋深一般在 −0.30~−1.50m 之间，勘察期间实测取土孔中显示的地下水稳定水位埋深在 −0.60~−1.00m 之间。场地分布有第⑦层承压含水层，其埋深最浅处离地面约 −28.8m，系上更新世河口－滨海相沉积层，是上海地区承压含水层，据上海地区经验，其承压水头埋深一般为 −3.0~−11.0m。

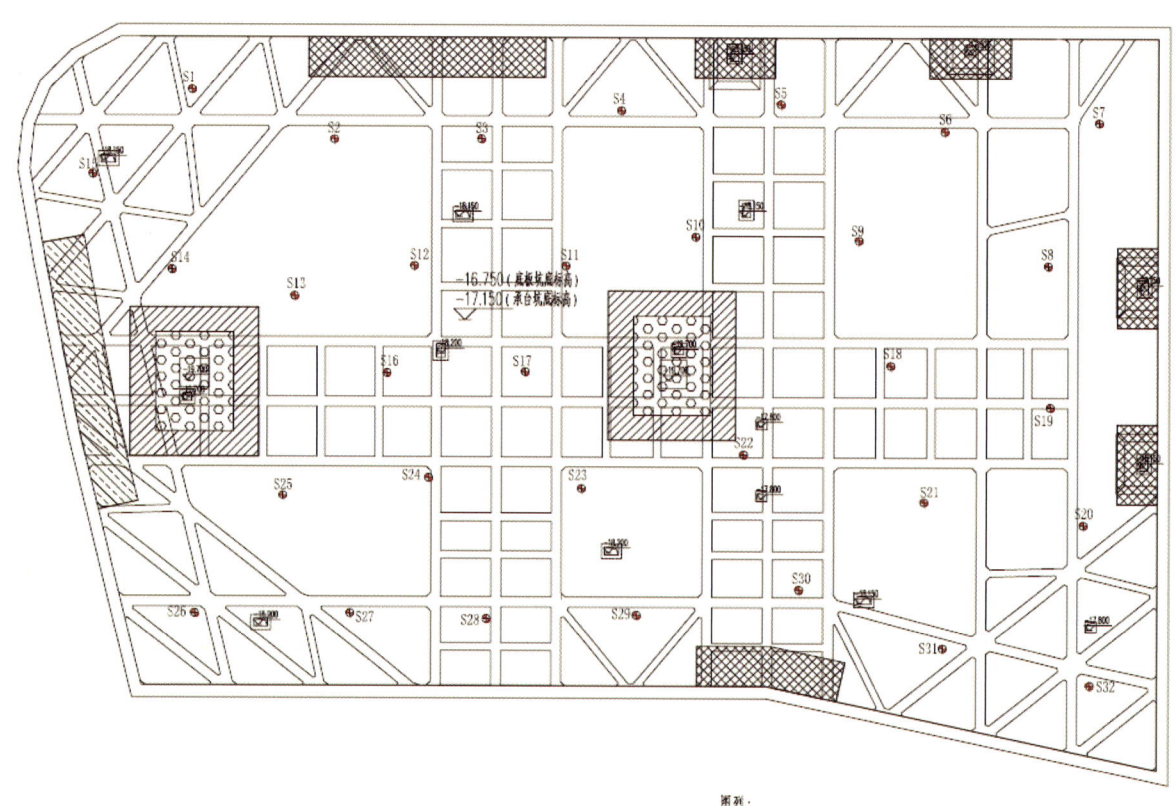

图注：
1. "⊕"S1~S32，表示坑内疏干井，井深24m，共32口。
2. 基坑开挖前15~20d开启疏干井，确保坑内水位降至开挖面以下1m。

图18.2-3　疏干井平面布置图

2. 降水施工井点布置总体思路

根据地质资料，该工程采用多滤头真空深井降水，共布置 2~3 级滤头，深层和浅层水一并降除，井点打设安排在围护封闭后进行。每层土开挖前，坑内降水必须降至该层土底标高 1m 以下。

疏干井和降压井平面布置见图 18.2-3 和图 18.2-4。

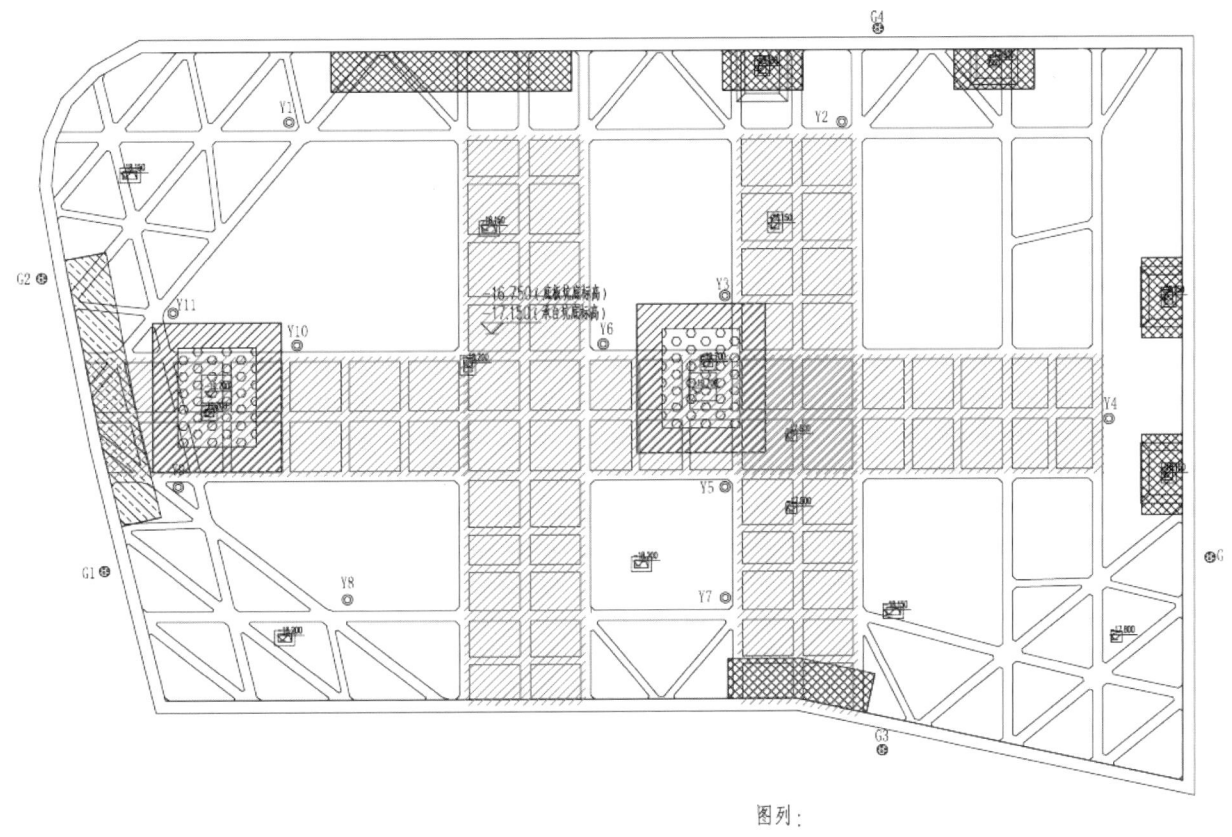

图列：
1. "◎"Y1~Y11，表示坑内降压井，井深45m，共11口。
2. "◎"G1~G5，表示坑外观测备用井，井深43m，共5口。

图 18.2-4　降压井平面布置图

18.2.4　土方开挖

1. 第一层土方开挖

（1）挖土深度：从自然地坪（-0.50m）挖到第一道支撑底（-2.50m），挖深 2m，土方量约 1.5 万 m^3，日出土方量约为 4 500m^3。

（2）挖土流向：第一层土方开挖流向由中间向四周盆式开挖，优先形成双向支撑及栈桥，最后进行角部施工，形成角撑。第一皮土挖深 2m，故设置一级放坡，放坡坡度为 1∶2。

2. 第二层土方开挖

（1）挖土深度：从第一道支撑底（-2.50m）挖到第二道支撑底（-8.50m），挖深 6m，土方量约 4.27 万 m^3，计划工期 13d，日出土方量为 4 500m^3。

（2）挖土条件：待第一道混凝土支撑达到 C30 的 80%，并且基坑降水达到开挖面以下1m，开始第二层土方开挖。

（3）挖土流向：第二层土方采用盆式开挖，根据支撑布置形式分为 12 块，由中间的第一块开始向四周依次展开，中部盆式挖土由东向西推进。挖土总原则就是尽快形成东西向、南北向主要对撑，降低基坑开挖对东侧管委会、西侧管线及北侧管沟的不利影响。

（4）挖土顺序：利用栈桥先开挖基坑中间区域的土方，然后形成基坑中部的双向支撑，再对称开挖周边的坑边留土。在施工过程中，优先接通双向主支撑。由于挖土深度达 6m，故需进行二级放坡，放坡比例为 1∶2。

3. 第三层土方开挖

（1）挖土深度：从第一道支撑底（-8.50m）挖到第二道支撑底（-13.50m），挖深 5m，土方量约 3.56 万 m^3，日出土方量为 4 000m^3。

（2）挖土条件：待第二道混凝土支撑达到C30的80%，并且基坑降水达到开挖面以下1m，开始第三层土方开挖。

（3）挖土流向：采用盆式开挖，具体施工流向与第二层土相同。该层土厚5m，也进行二级放坡开挖。

（4）挖土顺序：挖土顺序与第二层土相同。

4. 第四层土方开挖

（1）挖土深度：从第三道支撑底（-13.50m）挖到基坑底（-16.75m），挖深3.25m，土方量约2.7万m^3，日出土方量为3 500m^3。

（2）挖土条件：待第三道混凝土支撑达到C30的80%，并且基坑降水达到坑底以下1m，开始第四层土方的开挖。

（3）挖土流向：基本原则是自东向西顺序开挖，垫层随挖随浇，见底覆混凝土，施工时严格控制垫层的平整度、厚度和强度。该层土厚度3.15m，进行一级放坡开挖，放坡坡度1∶2。

18.3　主体结构工程

上海冠捷科技总部大厦采用钻孔灌注桩基础，主体为框架剪力墙结构。大厦地下3层为车库，设有附建式防常规武器抗力级别6级、防核武器抗力级别6级二等人员掩蔽部，地下2~地下1层为商业；地上共7层，是一栋集商业、办公、公寓式酒店为一体的高层综合楼。该建筑一、二楼层高为5.4m，三~七楼层高4.5m，建筑总高度为33.5m；抗震设防烈度为7度，建筑耐火等级为一级，设计使用年限为50年。

大厦上部结构主要为现浇钢筋混凝土框剪结构和剪力墙核心筒体结构，楼板厚130mm；框架梁截面主要有250mm×550mm，500mm×950mm，350mm×750mm，350mm×800mm，600mm×950mm；矩形柱截面主要有800mm×800mm，700mm×700mm，900mm×900mm。梁、板、矩形柱模板采用厚18的九夹板。

上部结构中1~3层墙柱混凝土强度等级为C45，4，5层墙柱混凝土等级为C35，6，7层墙柱混凝土强度等级为C30。平台、梁混凝土构件的强度等级均为C30，钢筋全部采用HRB400，焊条采用E55型焊条。

上部结构中的砌体均为填充墙结构，砌体施工质量控制等级为B级。采用200mm或100mm厚的A5.0级砂加气混凝土砌块，砌筑砂浆采用Mb5.0混合砂浆。砌体墙内的混凝土构造柱和圈梁等，其混凝土强度等级除注明外均为C20。

18.4　幕墙工程

上海冠捷科技总部大厦建筑外立面主要以玻璃幕墙为主，也有封闭式石材幕墙、铝板幕墙、铝合金格栅、玻璃栏杆等，外立面效果较为简洁通透。在外墙设计上采用了一系列技术成熟、经久耐用、功能优良的高性价比幕墙系统。

大厦大楼西北两侧展现出灵动生机的动态弧形设计，着重突出商业大楼的气氛（图18.4-1）；东南角采用明锐角度设计，勾画出清晰的线条和轮廓，着重突出大楼的办公性（图18.4-2）；商业与办公分界明确，动静相宜，却又相辅相成，体现大楼商办结合性。外墙灯光采用渐变色体现出流光溢彩。大楼与地面周边环境的软交接过渡，与整个街区融为一个有机整体。大厦的外立面采用全玻璃装饰，设计更趋严谨和优雅，并注重形体创造的独特性、震撼性

图18.4-1　上海冠捷科技总部大厦西北向（商业）玻璃幕墙效果图

图18.4-2　上海冠捷科技总部大厦东南向（办公）玻璃幕墙效果图

及现代美感。玻璃幕墙由有色全透明玻璃和铝板组成，低辐射单元式双层玻璃幕墙外观意在突出外立面层次感和现代感，优美弧型的玻璃幕墙延伸而上，创造出挺拔向上的建筑形象。

上海冠捷科技总部大厦玻璃幕墙主要为半隐框玻璃幕墙。半隐框玻璃幕墙板块采用浮动式连接结构，吸收变位能力强；定距压紧式压块，保证使每一玻璃板块压紧力均匀，玻璃平面变形小，镀膜玻璃的外视效果良好；硬性接触处采用弹性连接，幕墙的隔音效果好；拆卸方便，易于更换，便于维护。

该项目玻璃幕墙形式为竖明横隐框支承玻璃幕墙，玻璃面板为钢化夹胶中空玻璃，采用隔热措施铝合金龙骨，玻璃板块安装在横框槽口内，安全性高现场施工速度快，易于控制安装质量。

19 金臣汇

19.1 项目概况

1. 项目位置及建设概况

金臣汇项目地处上海虹桥商务区核心区（一期）07-2 号地块，位于申虹路、甬虹路路口，与申长路相邻，南邻虹桥枢纽各高速和快速干道的上匝口，距离虹桥枢纽航站楼仅 200m 左右，紧邻虹桥商务区管委会大楼，项目平面位置如图 19.1-1 所示。

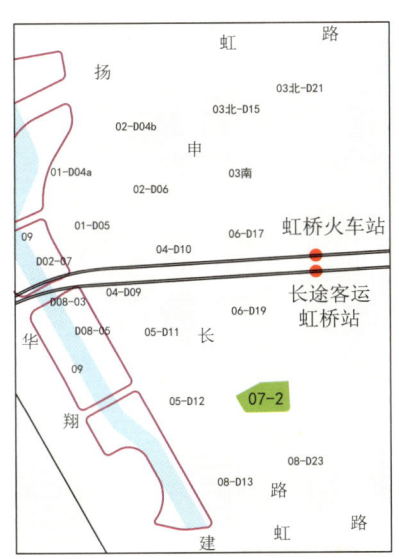
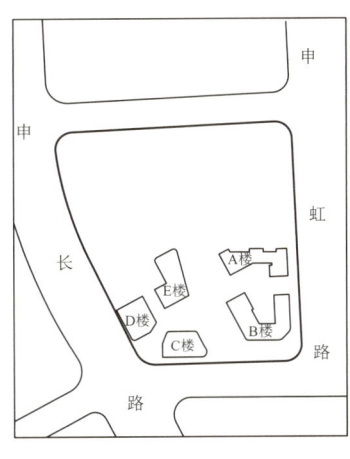

图 19.1-1 金臣汇项目平面位置示意图

图 19.1-2 金臣汇项目效果图

该项目占地面积约 1.54 万 m^2，总建筑面积约 10.42 万 m^2，地下总建筑面积约 4.39 万 m^2，地上总建筑面积约 6.03 万 m^2；地下为 3 层，地上为 9 层或 10 层，建筑高度最高 39.9m，由 5 栋建筑单体组成；地下三层为汽车库（部分为人防区）及设备用房，地下一、二层为商业、餐饮、超市、酒店、后勤用房及设备用房，地上 A，B 栋为酒店，C，D，E 栋为办公楼。如图 19.1-2 所示。

2. 参建单位

金臣汇项目由上海兆德置业有限公司开发建设，该公司是由金臣集团与香港侨德于 2012 年合资成立的以房地产开发、资产经营、资本投资为主的现代化企业，其母公司业务范围涉及城市综合体、高端住宅、商业及酒店等多业态的开发、管理、运营等诸多领域。

金臣汇项目勘察、设计、施工、监理等参建单位如表 19.1-1 所示。

表 19.1-1　金臣汇项目参建单位汇总

参建单位	单位名称
建筑单位	上海兆德置业有限公司
设计单位	WIMBERLY ALLISON TONG & GOO NA, INC. 华东建筑设计研究院有限公司
监理单位	上海现代建筑设计集团工程建设咨询有限公司
勘察单位	上海市岩土地质研究院有限公司
施工总承包单位	中国建筑第八工程局有限公司

3. 基本建设过程

金臣汇项目于 2013 年 7 月 11 日取得建设用地规划许可；2013 年 9 月 1 日举行建设项目奠基仪式；2013 年 9 月 6 日项目开始进行桩基施工。详细时间节点如表 19.1-2 所示。

表 19.1-2　金臣汇项目施工进度节点

项目单体	进度节点						
	桩基开始施工	基坑开挖	大底板施工完成	地下结构出 ±0.00	主体结构封顶	竣工验收	交付
金臣汇项目	2013.09.06	2014.04.25	2014.09.22	2014.12.27	2015.02.13	2017.07.30	—

19.2　基坑工程

19.2.1　工程概况

金臣汇项目基坑工程位于闵行区虹桥商务区，占地面积为 14 800m^2，开挖深度为 16.3m，周长为 544 延长米，周边为正在施工的甬虹路、东侧申虹路、西侧申长路，交通较为便利。基坑工程施工阶段主要的场外道路为申长路。场地三面环路，周围管线较多，基坑北侧为正在施工的虹桥 07-1 号地块上海冠捷科技总部大厦地下室，距基坑近 1.2m，已建成的虹桥综合事务中心距基坑 25m，基坑南侧为正在施工的甬虹路地下通道围护，基坑西侧为申长路沿街在建建筑及工程（图 19.2-1）。

19.2.2　围护结构

金臣汇项目基坑工程"两墙合一"，采用地下连续墙作为基坑围护体系，基坑南、东、西三侧地下连续墙厚 1 000mm，北侧地下连续墙厚 800mm。基坑被动区土体加固采用 Φ850@600 三轴水泥土搅拌桩。基坑地下连续墙与被动区土体加固之间采用 Φ800@600 高压旋喷桩进行填充加固；基坑内集水井及电梯井等深坑采用 Φ800@600 高压旋喷桩对周围土体进行加固；坑外地下连续墙接缝位置处设置 2Φ800@500 高压旋喷桩。

该工程地下室共设置三道钢筋混凝土支撑，在第一道支撑位置上布置施工栈桥，其支撑中心标高为 −2.450m（相对标高），第二道支撑中心标高为 −8.650m（相对标高），第三道支撑中心标高为 −13.550m（相对标高），内支撑平面图如图 19.2-2 所示。混凝土内撑下设支撑立柱，基础采用钻孔灌注桩，桩径 Φ800；立柱采用 460mm×460mm 格构钢立柱，主受力构件为 4∟160×16 等边角钢。

图 19.2-1　金臣汇项目基坑平面图

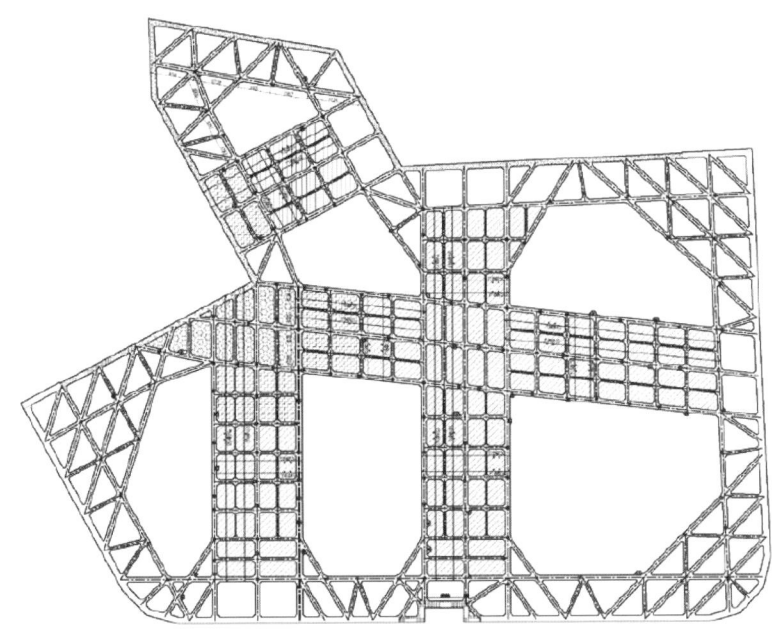

图 19.2-2　基坑内撑平面图

19.2.3　降水工程

金臣汇项目基坑面积大，开挖深度为 16.3m（电梯井深度为 19.8m），开挖范围内主要以粉、黏质土为主。该层土的土质较差，土体含水量较高，渗透性较小，易发生土体流变、隆起现象，严重的可以导致坑壁坍塌，坑底失稳。为了提高基坑的安全、可靠性，提高被动土的强度和刚度，减小围护的变形，采用真空负压复合降水的方法。针对粉质土土质较差的特点，采用每台真空泵抽三口疏干井的抽真空方法来确保降水效果，并采用多级滤水管来增强疏干井的汇水能力。单井影响半径在 8.0m，即单井影响面积为 200m²。该基坑降水的关键是如何控制承压水的顶托力对基坑造成的危害，防止基坑土体突涌的发生，确保周围环境和建筑的安全稳定。

具体采用以下措施解决降水工程中的难点：

（1）对于坑内浅层潜水，采用真空管井降水措施，对坑内浅层土体进行真空疏干降水；每台真空泵带 3 口疏干井，真空度不小于 –0.05MPa。

（2）该区需减压降水的含水层为⑦承压水含水层，采用坑内管井降水措施。

（3）对坑内开挖深度以下的承压水进行"按需减压"降水，保证基坑安全及施工顺利进行。

（4）开挖过程中，确保减压降水井的不间断工作。根据减压井抽水量及减压观测井的承压水位，确定开启的减压井数量、抽水速率，合理控制承压水水位，将减压降水对环境的影响控制到最低程度。

（5）在正式降水运行前利用部分降水井进行群井生产性抽水试验。

（6）为确保降水井的不间断工作，施工现场总包应有双电源保证措施，应配置备用发电机组。

19.2.4 土方开挖

1. 土方开挖量

金臣汇项目基坑土方开挖工作量如表19.2-1所示。

2. 挖土与围檩支撑施工顺序

第一次挖土→第一道混凝土围檩、栈桥及支撑部位施工及养护→第二次分区挖土→第二道混凝土围檩、支撑施工及养护→第三次分区挖土→第三道混凝土围檩、支撑施工及养护→第四次分区挖土→分块素混凝土垫层施工及底板施工。

表19.2-1 金臣汇项目土方开挖量

序号	开挖土层	开挖深度/m	土方量/m³
1	第一次土方开挖	2.45	36 750
2	第二次土方开挖	6.2	93 000
3	第三次土方开挖	4.9	73 500
4	第四次土方开挖	3.55	53 250

3. 开挖方式

鉴于该基坑占地面积大，开挖深度深，土方开挖遵循"分层、分区、分块、盆式"的原则，每层开挖坡度大于1：2。第一层土方结合桩基工程施工顺序，由南向北依次进行土方开挖，施工第一道混凝土围檩、栈桥及支撑。第二至四层土方首先开挖对撑，然后开挖角撑，开挖方法为"盆式开挖"。

19.3 主体结构工程

金臣汇项目地上共包括5栋单位工程，塔楼A为酒店，地上9层，总高度为39.2m；塔楼B为酒店，地上10层，总高度为42.9m；塔楼C，D，E为办公楼，地上9层，总高度为39.2m。该项目建筑结构类别为丙类，塔楼A，B，C采用框架结构，塔楼D，E采用框架剪力墙结构，其竖向楼电梯核心筒为剪力墙筒体，结构安全等级为二级。

金臣汇项目各栋楼一层均为大堂，其中含有部分商业用房，酒店区二层以上均为客房，办公区二层以上均为公共办公场所，地下一层、二层均为商业、零售、餐饮、超市，地下三层为人防区兼作停车库。项目建筑和结构设计概况分别如，19.3-1和表19.3-2所示。

表19.3-1 金臣汇项目工程建筑设计概况

序号	建筑指标	内容		备注
1	建筑面积	总面积	104 302m²	无
		其中地下部分	43 995m²	无
		其中地上部分	60 307m²	无
2	建筑高度	塔楼A	37.1m	无
		塔楼B，C，D，E	39.9m	无
3	建筑层数	塔楼A，C，D，E	9层	无
		塔楼B	10层	无
序号	功能指标	功能指标内容		
1	建筑分类	一类高层公建	耐火等级	一级
2	防水等级	屋面：采用Ⅰ级防水		
3	抗震设防烈度	7度		
4	建筑功能	酒店、商业、办公、餐饮		

表 19.3-2　金臣汇项目工程结构设计概况

序号	项目	内容	
1	建筑结构类别	丙类	
2	结构体系	塔楼 A，B，D	框架结构
		塔楼 C，E	框架剪力墙结构
3	建筑结构安全等级	二级	
4	抗震等级	框架柱、框架梁、抗震墙二级，楼板、普通梁非抗震	

19.4　幕墙工程

金臣汇项目外立面整体采用了玻璃、石材及铝板的混合幕墙，主要使用了单元式玻璃幕墙体系，背栓干挂石材幕墙及框架铝板幕墙。幕墙铝型材、铝板均采用氟碳喷涂哑光材料。施工完成后的外立面效果图如图 19.4-1 所示。

图 19.4-1　金臣汇项目幕墙外立面效果图

金臣汇项目采用的幕墙系统及其分布如表 19.4-1 所示。

表 19.4-1　金臣汇项目采用的幕墙系统及其分布

序号	幕墙系统	分布范围
1	FS1 单元式幕墙系统	酒店塔楼外立面
2	FS2 单元式幕墙系统	办公塔楼外立面
3	FS3 构件式幕墙系统	酒店裙房外立面
4	FS4 构件式幕墙系统	办公裙房外立面
5	FS5 构件式幕墙系统	裙房大堂外立面
6	FS6 雨篷系统	办公主入口
7	FS7 雨篷系统	酒店主入口
8	FS8 雨篷系统	办公楼 E 楼
9	FS9 采光顶系统	广场
10	FS10 雨篷系统	办公商业入口
11	FS11 采光顶系统	西南商业主入口
12	FS12 采光顶系统	酒店主入口
13	FS13 栏杆系统	屋顶
14	FS14 石材幕墙系统	裙房外立面
15	FS15 构件式幕墙系统	西南商业入口

19.5 机电安装工程

金臣汇项目机电工程包括给排水、暖通、电气等专业方面的内容。

19.5.1 给排水

金臣汇项目建筑工程生活及消防用水均来自市政水源，低区由市政直接供水，高区采用变频供水系统；室内污废水地上部分采用重力流排放，地下部分经全密闭干式提升泵站提升排放，地下车库排水经隔油沉砂处理后用潜水排污泵提升排放。

19.5.2 暖通

金臣汇项目由能源中心集中提供空调及生活热水用能，大堂、餐厅等大空间采用定风量全空气系统，过渡季节可采用不小于50%的变新风比运行；客房、小会议室、后勤办公室等采用风机盘管加新风系统。图19.5-1和图19.5-2所示分别为金臣汇项目空调水系统和空调风系统。

图19.5-1　金臣汇项目空调水系统

图19.5-2　金臣汇项目空调风系统

19.5.3 电气

1. 变配电系统

变电所内两台变压器组成一组，正常时同时供电，故障时，切除部分非重要用电负荷后，手动合闸低压母联开关，待故障清除后，手动回复两路电源同时供电。变电所内设置一套电能管理监控系统，该系统由微机保护单元、微机后台监控系统、网络仪表等组成。微机后台监控系统具备数据采集、控制、显示、运行记录、显示电网运行状态，并设模拟显示屏一套，将整个配电系统图作图形显示，以便直观、有效地管理。该工程采用10kV侧计量，计量柜设于变电所内，并于变电所低压柜出线回路、各楼层配电箱内设置带计量功能的数字式综合表计，对冷、热源、电梯及照明、空调等各部分用电进行独立分项计量（图19.5-3）。各计量表配置通信接口，通过通信线构成网络，形成能耗监测系统，

图 19.5-3　金臣汇项目配电及照明

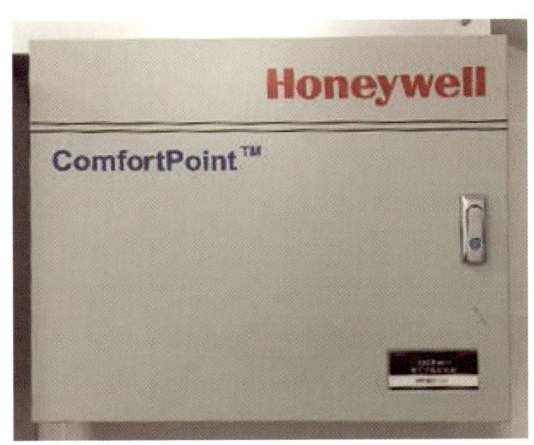

图 19.5-4　金臣汇项目楼宇控制系统

作为节能考核及内部计量之用。

2. 弱电系统

楼宇自控系统采用 Honeywell 8000 系列控制系统，弱电智能化系统的现场控制器都安装在监控机电设备的现场附近，如弱电竖井内、冷冻机房、高低压配电机房等处，现场控制器可以采用挂壁式安装或支撑式安装。现场控制器是处于系统结构的中间层，向上与 PC 机连接，向下与各种监控点探测器、传感器、执行机构连接（图 19.5-4）。

安全防范系统（图 19.5-5）设备具有体积小、数量多、与现场配合（如装修等）紧密的特点，因此，在项目实施过程中，保证设备不丢失、与现场环境协调是整个工作的重点。

消防广播系统与消防火灾系统（图 19.5-6）联动，分布于各楼层公共区域与客房内，产品采用进口品牌 AEX。

图 19.5-5　金臣汇项目安全防范系统

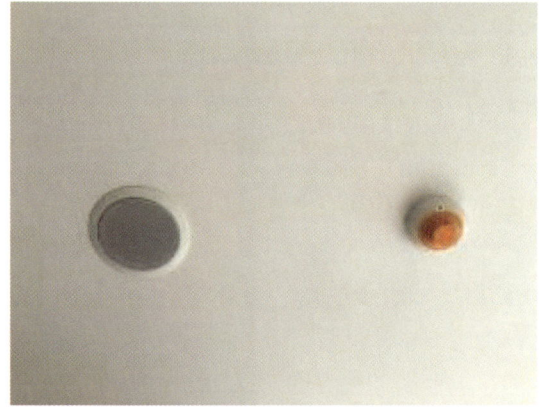

图 19.5-6　金臣汇项目广播及消防报警系统

20　虹桥绿谷广场

20.1　项目概况

1. 项目位置及基本情况

虹桥绿谷广场项目位于上海虹桥商务区核心区（一期）08号地块D23街坊，坐落于虹桥商务核心区（一期）区域最南侧。项目北至甬虹路，东至申贵路，西至申长路，南至建虹路，整体呈梯形，项目平面位置如图20.1-1所示。

虹桥绿谷广场包括6栋建筑，地下3层，地上7~9层，总用地面积为43 720m²，总建筑面积为253 456m²，其中地下建筑面积为 115 827m²，地上建筑面积为 137 629m²，容积率为 3.1，总投资额约 32.9 亿，主要为商业、娱乐、办公、会展综合用地等功能。图 20.1-2 所示为虹桥绿谷广场项目效果图。图 20.1-3 所示为虹桥绿谷广场项目实景图。

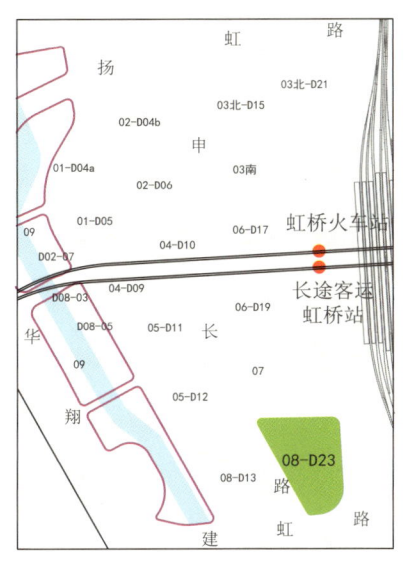
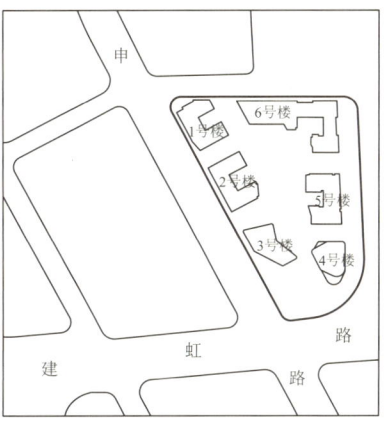

图 20.1-1　虹桥绿谷广场项目平面位置示意图

图 20.1-2　虹桥绿谷广场项目效果图

图 20.1-3　虹桥绿谷广场项目实景图

2. 项目参建单位

虹桥绿谷广场由上海众合地产开发有限公司开发建设。该公司于2010年12月由上海虹桥商务区投资置业有限公司、上海地产（集团）有限公司、上海现代建筑设计（集团）有限公司三家公司共同出资成立。相关参建单位如表20.1-1所示。

表20.1-1 虹桥绿谷广场项目参建单位汇总

参建单位	单位名称
建设单位	上海众合地产开发有限公司
设计单位	华东建筑设计研究院有限公司
施工单位	上海建工集团股份有限公司
监理单位	上海天佑工程咨询有限公司
监测单位	上海市政工程勘察设计有限公司

3. 项目基本建设过程

虹桥绿谷广场和虹桥天地项目于2011年3月26日同时举行建设项目奠基仪式，时任上海市副市长沈骏等领导参加。两个项目奠基仪式标志着上海国际贸易中心新平台和服务长三角的高端商务中心建设的正式启动，时任上海市副市长沈骏宣布虹桥商务区建设项目开工。2011年6月15日开始桩基工程施工，2013年4月结构封顶，2014年10月完成竣工验收备案工作，成为虹桥商务区内第一个整体开工、第一个整体竣工验收的项目，并成为全国首个"绿色三星办公街坊"。项目施工进度节点如表20.1-2所示。

表20.1-2 虹桥绿谷广场项目施工进度节点

项目单体	进度节点						
	桩基开始施工	基坑开挖	大底板施工完成	基坑出±0.00	主体结构封顶	竣工验收	交付
虹桥绿谷	2011.06.15	2011.10.10	2012.04.15	2012.11.15	2013.04.15	2014.10.15	2014.10.15

20.2 基坑工程

20.2.1 基坑概况

虹桥绿谷广场基坑总面积约41 000m²，基坑总延长米约896m，开挖深度约为17.0m，为一级基坑。该项目南侧为建虹路（原义虹路）及高架，高架道路边与地下室外墙最小距离约28m。基地东侧为申贵路及高架，高架道路边与地下室外墙最小距离约30m。基坑周边有较多的市政管线。

20.2.2 围护结构

虹桥绿谷广场基坑若按常规的围护作法，围护体会超出建筑红线，因此，该工程采用了"桩墙合一"技术，即围护桩同时作为正常使用阶段地下室侧壁挡土结构的一部分，而非仅考虑作为基坑围护结构的挡土结构。

该项目围护体采用灌注桩排桩围护墙结合外侧三轴水泥土搅拌桩止水帷幕，基坑内竖向设置三道混凝土支撑体系。围护灌注桩桩径为1 250mm，桩距1 450mm，桩长29.75m，插入深度为17m；混凝土设计强度等级为C35，施工时水下混凝土提高一级；立柱桩271根，桩长30m。围护墙兼作正常使用阶段地下室侧墙的一部分。灌注桩排桩围护墙外侧设置单排Φ1 000@750三轴搅拌桩止水帷幕，围护排桩与坑内加固采用压密注浆填充。

20.2.3 降水工程

虹桥绿谷广场项目场地浅部土层结构松散，透水性差；基坑开挖层以下有微承压水头的承压含水层，对基坑底板的稳定性产生不利影响。该场地四侧紧邻道路，周边地下管线与建筑物密布，所以周边环境保护对基坑开挖及降水运行提出了很高的要求。

该工程采用真空疏干深井完成浅部潜水降水工作，采用微承压水降压井完成微承压水降水工作。井位布置在具体施工时避开了支撑、工程桩和坑底的抽条加固区，同时尽量靠近支撑以便井口固定。降水工作还与土方开挖施工密切配合，根据开挖的顺序、开挖的进度等情况及时调整疏干井的运行数量。

20.2.4 土方开挖

1. 开挖方式

鉴于该基坑占地面积大，开挖深度深，土方开挖遵循"分层、分区、分块、盆式"的原则，每层开挖坡度大于1∶2。

第一层土方结合桩基工程施工顺序,由南向北依次进行土方开挖,施工第一道混凝土围檩、栈桥及支撑。第二至四层土方首先开挖中心区域土方(①区),施工混凝土支撑的同时进行②区的土方开挖,并在最短时间内形成对撑。施工混凝土支撑期间进行③区的土方开挖,最后同步开挖四个边角区域的土方④区,形成角撑(图 20.2-1)。

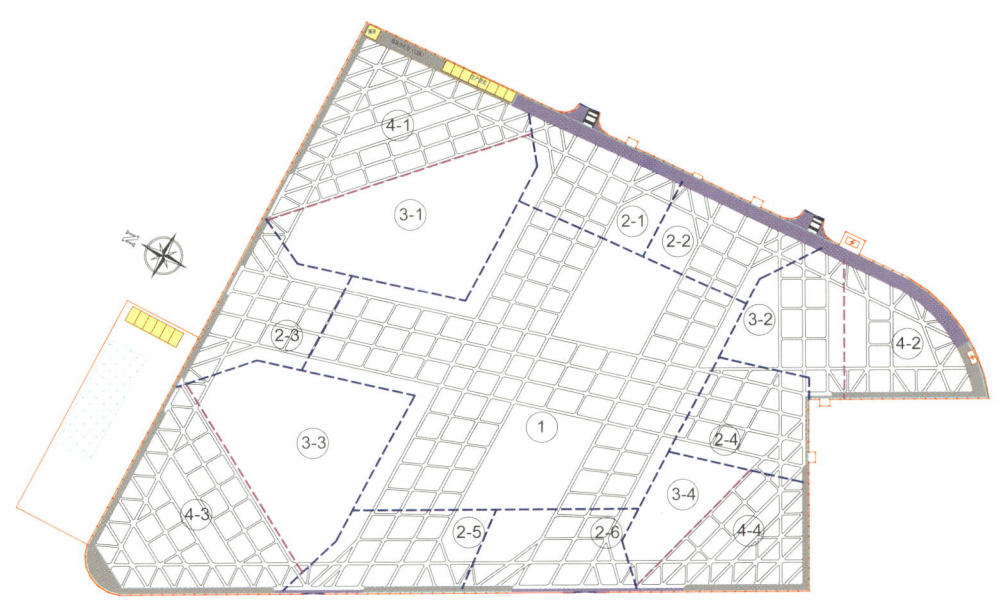

图 20.2-1　虹桥绿谷广场项目基坑开挖分区图

2. 挖土与围檩支撑施工顺序

第一次挖土→第一道混凝土围檩、栈桥及支撑部位施工及养护→第二次分区挖土→第二道混凝土围檩、支撑施工及养护→第三次分区挖土→第三道混凝土围檩、支撑施工及养护→第四次分区挖土→分块素混凝土垫层施工及底板施工。

3. 土方开挖量

虹桥绿谷广场项目基坑土方开挖工作量如表 20.2-1 所示。

表 20.2-1　虹桥绿谷广场项目土方开挖量

序号	开挖土层	开挖深度 /m	土方量 /m³
1	第一次土方开挖	2.4	98 400
2	第二次土方开挖	6	246 000
3	第三次土方开挖	5.4	221 400
4	第四次土方开挖	3.2	131 200

20.2.5　基坑施工的特点、难点及针对性措施

虹桥绿谷广场项目距离高架基础近,周围有较多的市政管线,因此施工难度大。具体施工特点、难点及相对应的措施如表 20.2-2 所示。

表 20.2-2　虹桥绿谷基坑施工特点、难点及针对性措施

分类	特点、难点	针对性措施
土质条件较复杂	工程场地内表层杂填土较厚,最厚处达 4.1m 左右,容易造成钻孔灌注桩上部塌孔	针对杂填土较厚,在排桩施工前,预先进行试成孔施工,根据成孔情况来调整泥浆比重;在排桩施工前,挖护筒过程中必须保证挖至原状土为止,必要时配备加长护筒,以确保孔壁稳定
围护排桩质量控制要求高	工程围护桩采用 Φ1 250 程围护桩的大直径钻孔灌注桩,且垂直度要求不超过 1/200,同时由于采取"桩墙合一"工艺,且根据试成孔情况需在成孔后 5h 内进行混凝土的浇筑,对围护桩质量控制及工序搭接要求高	为保证围护桩成桩质量,拟采用 220 型旋挖钻机进行施工,以确保成桩垂直度满足设计要求;在围护桩施工前进行试成孔施工,根据试成孔情况调整成孔速率、泥浆比重等施工参数,确保围护桩施工质量达到设计要求;为保证能在 5h 内进行混凝土的浇筑,钢筋笼拟在钢筋加工平台进行预拼装,整体分 2 节进行吊装,减少焊接时间从而加快工序搭接

表 20.2-2（续）

分类	特点、难点	针对性措施
超深三轴水泥土搅拌桩止水帷幕施工难度高	工程三轴水泥土搅拌桩止水帷幕有效桩长38m，深入⑦层，属超深搅拌桩工艺，且垂直度要求不大于1/200，由于桩深较深，且垂直度要求高，排桩围护采取"桩墙合一"工艺，因此对三轴水泥土搅拌桩止水要求高	三轴搅拌桩常规可做到28m，该工程属超深超长工法，针对超深三轴水泥土搅拌桩施工，拟采用JB-160A型桩架配DKZ1000-3型动力头进行施工，在开钻前控制好桩架垂直度，钻进时控制好提升下降速度及喷浆量，确保成桩质量达到设计要求
对周边环境的保护	工程基坑东侧及南侧为嘉闵高架，最近距离约为27m；周边管线较多，申长路侧水管距离基坑围护6m，天然气管距离基坑围护8m，在围护施工时都需重点注意保护	在围护施工尤其是三轴水泥土搅拌桩施工过程中，采用跳打桩施工以释放土体挤压力，控制施工速率，并随时关注监测结果，做好信息化施工，确保管线安全
施工设备多、协调任务重	工程基坑面积大，达41 000m²，故整个桩基及围护施工阶段配备的机械设备较多，并且为保证工期，桩基与围护施工需同步进行，围护桩、工程桩、加固等各工序间相互搭接施工，施工设备多、协调任务重	采取划小区域、分区管理、责任到人的管理措施，合理安排好各条线的施工流程以及施工中的场地协调配合事宜，保证现场施工的连续性

20.3 主体结构工程

虹桥绿谷广场项目1~6号楼为7~9层，标志性建筑3号楼高度为43m，其余单体建筑均为39m，各楼首层层高均为6.0m，二层及以上楼层层高均为4.5m。该项目每栋办公楼均在首层和地下一层设置跨层大堂，分别作为地面和地下主入口；各楼均在首层、二层设置一定比例的会议、展示功能，作为商务办公的配套设施；三层以上为办公功能，设计中考虑小开间办公和大空间办公等不同的使用模式；各楼屋顶均设置屋顶花园。2号楼沿申长路在首层两侧设置商业入口，作为地下商业区的主入口。6号楼首层、二层设置餐饮、咖啡、健身休闲配套功能，首层设置邮政局。图20.3-1为虹桥绿谷广场建筑平面布置图。表20.3-1为虹桥绿谷广场项目建筑概况表。

图 20.3-1 虹桥绿谷广场建筑平面布置图

表 20.3-1 虹桥绿谷广场项目建筑概况表

单体编号	1号楼	2号楼	3号楼	4号楼	5号楼	6号楼
建筑面积	19 403m²	20 292.1m²	15 630.5m²	13 896.47m²	20 556.7m²	47 850.4m²
总建筑面积	137 629m²					
建筑层数	8层	8层	9层	8层	7层	8层
建筑高度	标志性建筑3号楼高度为43m，其余单体建筑均为39m					
层高	首层层高均为6.0m，二层及以上楼层层高均为4.5m					
防水等级	屋面	I级，防水层耐用年限为25年以上				
	地下室	一级				

表 20.3-1（续）

设计使用年限	50 年
抗震设防烈度	7 度
建筑耐火等级	一级
防火设计分类	1~5 号楼为二类，6 号楼为一类
建筑高程	设计标高 ±0.000m，相当于吴淞高程 5.400m，室内外高差 0.30m

该项目各单体建筑均为钢筋混凝土框架剪力墙结构，其竖向楼电梯核心筒为剪力墙筒体，建筑抗震设防类别为丙类。

20.4 幕墙工程

虹桥绿谷广场项目外立面综合采用组合式幕墙（图 20.4-1），包括框架式明框凹凸玻璃幕墙、框架式明框平板玻璃幕墙、平板框架式明框玻璃幕墙 + 外挑固定竖向铝合金百叶、玻璃栏板、框架式明框平板玻璃幕墙 + 外挑横向水平绿化带、石材柱廊 + 框架式明框玻璃幕墙、带型窗 + 石材幕墙 + 水平铝板遮阳板、双层玻璃幕墙（外层点式玻璃幕墙，内层框架式明框玻璃幕墙）、框架式明框平板玻璃幕墙、底层大跨度框架式竖明横隐/全明框玻璃幕墙、石材幕墙等，幕墙总面积约为 137 500m²。幕墙设计时在综合考虑了防火隔热、防雷、抗震、隔音降噪、耐腐蚀及减少自爆等因素的基础上进行设计。

图 20.4-1 虹桥绿谷广场玻璃幕墙实景图

1. 防火隔热设计

虹桥绿谷广场项目幕墙设计具有优越的防火性能。

（1）该工程玻璃选用钢化玻璃或半钢化夹胶玻璃，钢化玻璃和普通浮法玻璃相比除具有强度高（高强度玻璃）、破碎后呈颗粒状散落（安全玻璃）外还具有较好的热稳定性，有较好的防火性能。

（2）幕墙立面分格方面注重防火分区的划分，幕墙分格线和楼层标高相重合，避免一块玻璃跨两个楼层。

（3）幕墙和混凝土结构间设有防火隔层，可避免烟囱效应，阻止火势蔓延，同时，也提高了幕墙的保温、隔声性能。

2. 防雷设计

该工程在女儿墙顶部设置均压环，并将雨篷、悬挑金属构件与均压环可靠连接。女儿墙铝面板厚 3mm，与主体防雷体系引出点处的 40mm×4mm 镀锌扁铁连接，使其与主体防雷体系导通，接地电阻不大于 1Ω。

3. 减少自爆设计

玻璃的自爆主要包括三方面原因：一是玻璃自身材质本身不稳定，即出厂自爆率，该数值在万分之五左右；二是玻璃与金属构件硬接触造成自爆；三是玻璃在长期使用中造成的变形，应力不集中，使之自爆。

在该工程中，玻璃与构件未直接接触，玻璃四周与构件凹槽底应保持一定空隙。玻璃在生产裁割后，四周进行磨边、倒角、倒棱，避免引起玻璃边缘应力分布不均产生玻璃自爆。玻璃分格设计合理，工人现场严格按工序操作安装。

玻璃与钢材及铝材之间采用导热系数低的垫衬材料，严格控制硫化镍在中空玻璃中的含量。玻璃周边采用柔性结构设计。

4. 抗震设计

该工程幕墙的设计坚持（小震不坏，中震可修，大震不倒）的设计原则，即：

（1）当遇到低于基本设防烈度的多遇地震影响时，幕墙（含玻璃）不损坏，不需要修理或加密封胶修补后仍可恢复设计性能和要求；

（2）当遇到基本设防烈度的地震影响时，幕墙框格体系允许有轻微损坏，镶嵌物可有少量损坏，经修理后可继续使用；

（3）当遇到高于基本设防烈度的预计罕遇地震影响时，幕墙及框格体系可有中等以上的损坏，玻璃破碎，但骨架不得掉或倒塌。

5. 隔音降噪设计

通过结构设计，使幕墙采用双道密封，既提高密封性，又提高隔音性。采取合理措施减低因金属构件热胀冷缩及因结构件挠曲而产生的爆裂和磨擦等噪声。建筑幕墙隔音采用夹胶玻璃，断桥铝材隔音量大于等于 30dB；隔音性能为 II 级。

6. 耐腐蚀设计

所用的连接件除具有一定强度外，所有钢制零部件均进行了与其功能和位置相宜的防护处理，也具有足够的耐气候性。如螺钉、自攻钉等附件选用不锈钢件，所有连接钢角码均采取表面热浸镀锌防腐处理，所有的密封件为耐腐蚀的金属材料。不同金属材料之间加设绝垫片，以防止电化腐蚀。

7. 强度设计

该工程幕墙依据《建筑幕墙工程技术规范》DGJ 08-56—2012 中的要求，考虑了幕墙自重效应、风荷载作用、地震效应、温差效应等多项荷载组合。

20.5 机电安装工程

虹桥绿谷广场机电安装系统包括强电系统、弱电系统、给排水系统、消防系统、动力系统、暖通系统等，各系统包含的内容如图 20.5-1 所示。

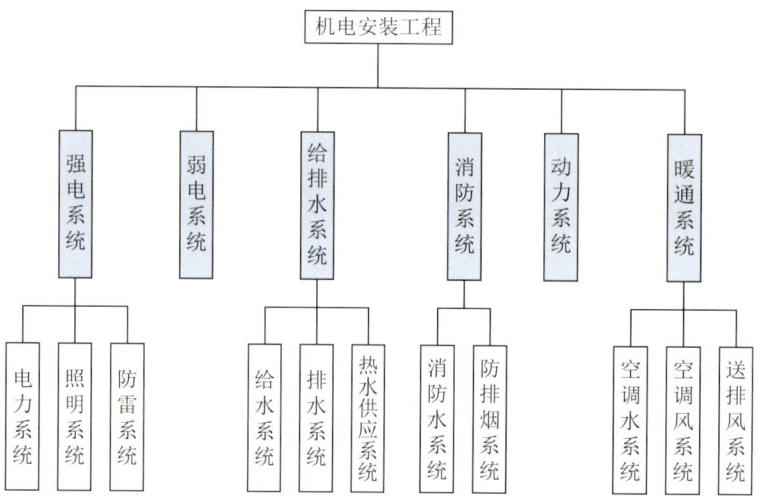

图 20.5-1 虹桥绿谷广场项目机电安装工程简介

20.5.1 强电系统

该项目强电系统又分为电力系统、照明系统和防雷系统。

1. 电力系统

项目中的变配电系统包括南、北柴油发电机房，1#~5#，6-1#，6-2#，7#，8-1#，8-2#，9-1#，9-2# 变电站，柴油发电机房和变电所分配及各变电所服务的建筑单体如图 20.5-2 所示。

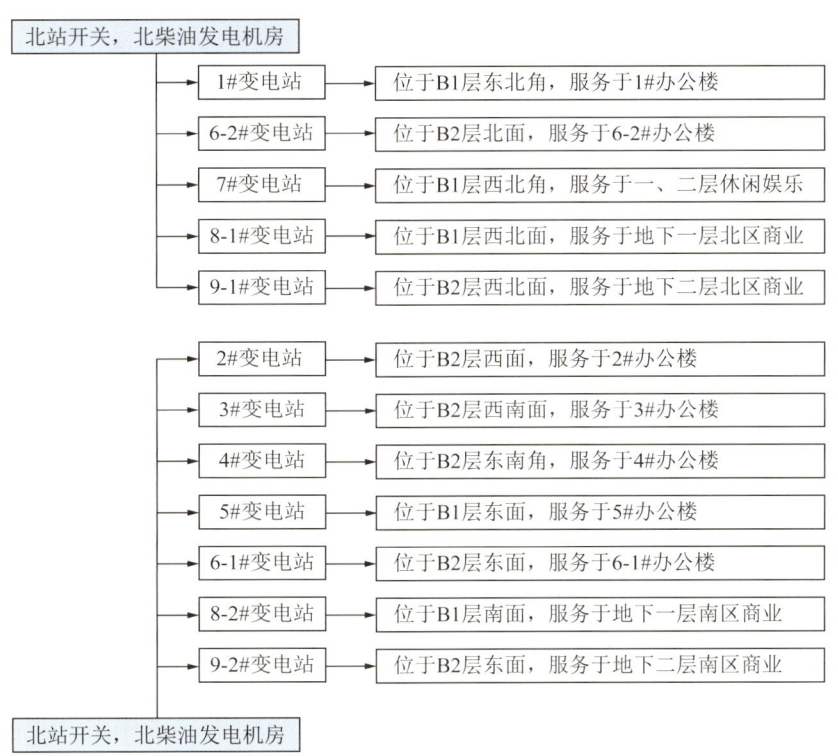

图 20.5-2　虹桥绿谷广场项目变电所配置

2. 照明系统

项目中的照明系统包括一般照明、应急照明和疏散照明，各系统所在区域如图 20.5-3 所示。

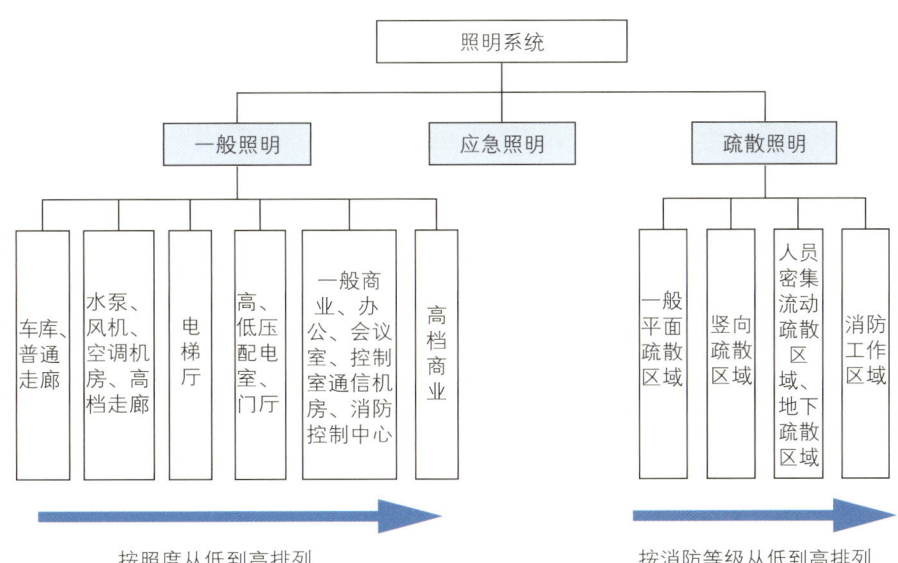

图 20.5-3　虹桥绿谷广场项目照明系统分布

3. 防雷系统

（1）该工程采用共用接地方式，利用 40mm×4mm 热镀锌扁钢将桩基承台钢筋网和桩基钢筋连接起来构成等电位接地网络。

（2）引入引出本楼的金属管道，在入户处应与接地装置可靠相连。

（3）在办公楼屋顶分别装设避雷针，避雷针引下线和屋顶避雷带可靠焊接。采用 25mm×4mm 热镀锌扁钢作为避雷带，沿屋顶女儿墙外侧四周敷设。

（4）从首层起每层建筑物外墙连续梁内钢筋与楼层钢筋焊接成一体形成均压环，并与引下线可靠连接。每层建筑外墙的金属门窗、金属结构、外墙栏杆与均压环焊接以防侧雷击。

（5）强、弱电间、卫生间内的接地干线应与每层楼板钢筋做等电位联结。

20.5.2 弱电系统

该项目弱电系统包括智能化系统集成管理、建筑设备管理系统、安防系统、智能化机房工程、信息设施系统等，各系统包含的内容如图20.5-4所示。

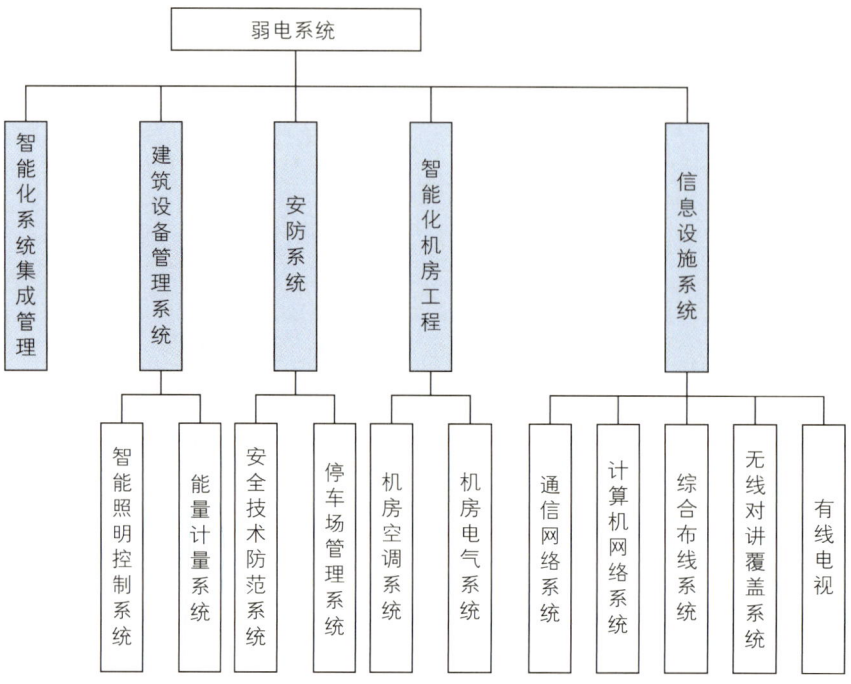

图 20.5-4　虹桥绿谷广场项目弱电系统组成

20.5.3 给排水系统

1. 给水系统

该项目给水系统采用市政两路供水，室外生活用水和室内地下室至二层（低区）用水由市政压力直接供水，三层及三层以上（高区）采用生活水池—变频供水水泵—用水点的供水。

各生活水泵房（7个）均设于地下二层。在消防给水进水管、车库冲洗用水、餐饮用水、空调加湿补水等处分别设远传水表计量，非饮用水的供水均设置防回流污染装置。绿化（地面及以下）和道路浇洒用水采用雨水回用供水，绿化用水喷头采用地上式，雨水回用设专用的水处理装置和雨水蓄水池。

2. 排水系统

排水系统包括污水排水和雨水排水，污水排水、雨水排水和雨水收集过程分别如图20.5-5、图20.5-6和图20.5-7所示。

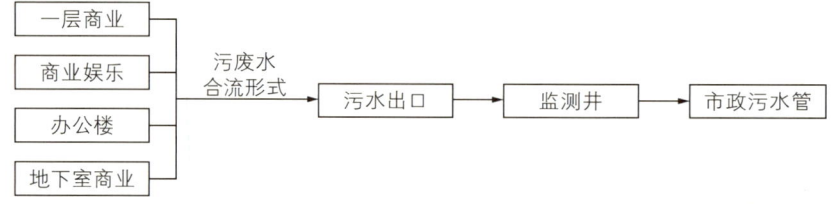

图 20.5-5　虹桥绿谷广场项目污水排水过程

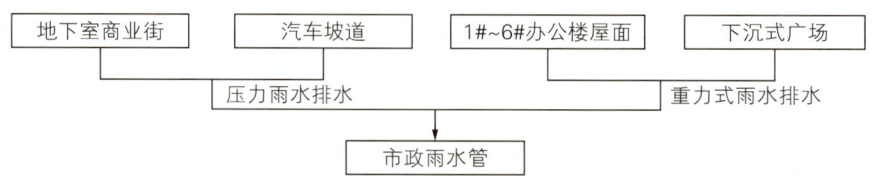

图 20.5-6　虹桥绿谷广场项目雨水排水过程

图 20.5-7　虹桥绿谷广场项目雨水收集过程

3. 热水供应系统

该工程集中热水供应采用闭式机械循环系统，在每个系统的加热器前都设置热水膨胀罐、泄压阀，热水管道的布置采用同程回水的形式。地下室商业对应的两个厨房区域、6# 楼的健身房采用集中热水供应系统。在 4 号楼和 6 号楼屋面设有太阳能集热器，太阳能热水系统采用间接强制循环间接加热双罐水箱系统。辅助热源采用新能源公司提供的区域集中供热的高温热水，采暖期热水进水温度为 95℃ ~110℃，热水回水温度为 60℃。

20.5.4　消防系统

1. 消防水系统

该工程的消防水采用市政给水的两路水源供水，管道呈环状布置。室外消火栓采用低压消防给水系统。室内消火栓采用临时高压消防给水系统。系统设有水泵接合器（14 组）。消防泵房设于地下二层。在 3 号楼屋顶层设有 $10m^3$ 的高位消防水箱。自动喷水灭火系统采用稳高压系统，柴油发电机房的储油间采用喷淋泡沫系统。系统设有水泵接合器（25 组）。人防战时移动式柴油发电机房采用自动喷水灭火系统，人防变配电室采用气体灭火系统。

2. 防排烟系统

（1）防烟

该项目所有防烟楼梯间、合用前室及防火隔间均配置机械加压送风系统。

部分主体建筑的防烟楼梯间和所有主体建筑的地下部分防烟楼梯间通过建筑竖井向楼梯送风；部分地面以上的防烟楼梯间采用直灌式加压送风。

地下商业采用直灌式加压送风方式；地下商业区东、西两个防火隔间的地下一、二层之间采用竖风道相连，两层合并使用一个加压系统。

（2）排烟

主体建筑的办公室全部采用开窗自然排烟。系统中任何一个排烟口被打开时，将有一个排烟口的开启信号（即火灾排烟信号）被送到消防控制中心，并联锁启动其排烟风机使排烟系统立即进入排烟状态。

主体建筑的地下部分通过常闭式多叶排烟口，1h 的防火风管与主体建筑和排烟竖井相连排烟。

自行车库采用排风兼排烟系统；B1/B2 商业空间及公共走道设置 6 台专用排烟风机；B3 地下车库设置机械排烟。

20.5.5　动力系统

该项目冷、热源由虹桥商务区区域能源中心提供。冷冻水供、回水温度为（5.5℃ ~6℃）/13℃，温差按 7℃计算。热媒水供、回水温度为（95℃ ~110℃）/60℃，供暖季温差按 45℃计算，过渡季温差按 35℃计算。该项目总冷负荷约 18 350kW，冷冻水循环水量 2 254t/h，冷冻水引入管管径 DN600，热负荷 11 450kW，热媒水循环水量约 219t/h，热媒引入管管径 DN250。能源管道总热力入口室设于地下二层北侧，各热交换站计量间内设置独立的用户热力入口室，实现能量计量、关闭及检修、调节流量等功能，各热力入口室监控信号均上传至能源中心。

20.5.6　暖通系统

1. 空调水系统

该项目空调冷、热水全部由虹桥地块能源中心（南区）提供，分别设置办公和商业建筑的热交换站，共 12 个。空调水系统采用分区两管制水系统。外区水系统夏季供冷，冬季供热，内区水系统可全年供冷。内区全年供冷的水管通过电动阀分别与冷/热水供回水管相连，BAS（或管理人员）可根据当天的具体情况进行供冷与供热模式的切换。消防控制中心及地下车库值班室采用热泵型分体式空调机供冷与供热。

2. 空调风系统

（1）地上楼宇

该工程采用常规变风量空调系统（变风量空调机组 +FPB），3 号楼部分楼层除外（独立新风入口变风量系统）。

3 号楼四、五、六层办公楼和二、三层会议室采用新风热回收机组及新风输配系统。

办公厅、展示厅和休息厅的正对门厅位置设置球形送风口，门厅上空设置暖风机组；展示厅和休息厅周边靠幕墙的地板上设置地板管槽散热器。

6 号楼酒吧和多功能厅采用定风量全空气空调系统；书吧采用全热回收新分换气机；其余功能房间采用风机盘管加新风（空气—水）系统。

（2）地下室及商业公共空间

地下部分门厅和公共空间采用10组定风量全空气空调系统；地下商铺与餐厅全部采用风机盘管加新风（空气—水）空调系统。为与能源中心供冷温差参数相符，地下商区全部选用冷水的供水温度等于7℃且冷水供回水温差△t等于7℃的大温差风机盘管。

3. 送排风系统

该项目机械停车库、变配电所、应急发电机房、水泵房、热交换机房、电梯机房、通风空调机房、卫生间、厨房及隔油机房、污水泵房等设置机械通风系统。

厨房另设事故通风系统，系统排风风机选用防爆风机，事故送、排风机均配应急电源。厨房局部排风和事故排风管做接地保护。

地下车库通风系统按防火分区的范围分别设置机械送、排风系统，局部设置诱导通风系统（B3—15~18）。

过渡季节配合空调要求，排风机变频运行。

21 虹桥三湘广场

21.1 项目概况

1. 项目位置及基本情况

虹桥三湘广场位于虹桥商务区核心区（一期）09号地块，东临申滨南路，西临新角浦河，南北两端紧临河滨公园，苏虹路从地块内穿过，项目平面位置如图21.1-1所示。该地块由Ⅲ-D02-07、Ⅲ-D08-03与Ⅲ-D08-05三个小地块组成，总用地面积为15 050m²，总建筑面积为67 013m²，其中地上34 806m²，地下32 207m²。地上1~5层为整体结构，5层以上分为南北两座塔楼，其中南楼8层，北楼7层，建筑高度为37.95m。工程总造价2.59亿元，项目由两栋5A甲级写字楼和系列商业建筑群组成，具备商务、娱乐混合性综合功能，建成后便成为一个配套齐全、设施先进，具备商务、休闲、办公综合功能的商务新地标（图21.1-2）。

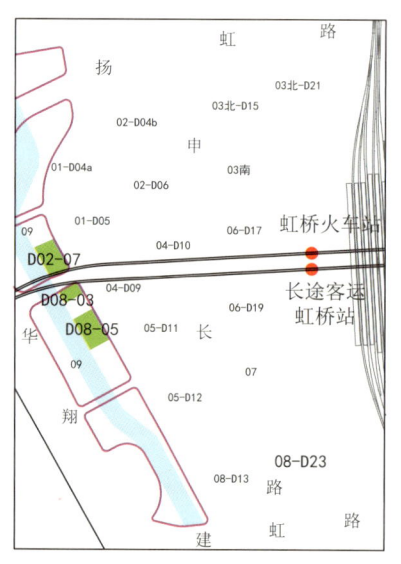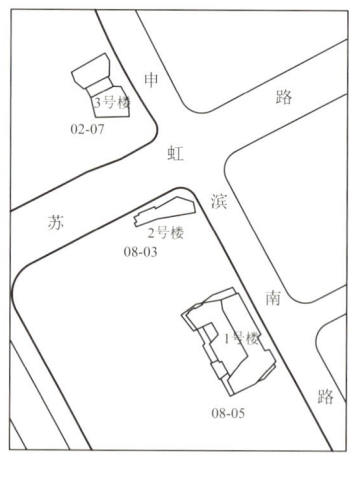

图21.1-1 虹桥三湘广场项目平面位置示意图

Ⅲ-D02-07地块为三湘湘虹广场（图21.1-3），用地面积为6 300m²，总建筑面积为34 119m²。其中地下建筑面积为14 033m²，地上建筑面积为20 086m²，容积率为3.1。

Ⅲ-D08-03地块为三湘湘虹大楼（图21.1-4），用地面积为1 860m²，总建筑面积为3 690m²。其中地下建筑面积为558m²，地上建筑面积为3 132m²，容积率为1.6。

Ⅲ-D08-05地块为虹桥三湘商业广场（图21.1-5），用地面积为6 890m²，总建筑面积为29 204m²。其中地下建筑面积为17 616m²，地上建筑面积为11 588m²，容积率为1.6。

图 21.1-2　虹桥三湘广场全景效果图

图 21.1-3　三湘湘虹广场效果图

图 21.1-4　三湘湘虹大楼效果图

图 21.1-5　三湘商业广场效果图

2. 参建单位

虹桥三湘广场由上海湘虹置业有限公司开发建设，该公司隶属于三湘股份有限公司。三湘股份有限公司是以房地产业为核心，集建筑安装、建材加工、装饰设计、房产经纪、广告传播、物业管理于一体的大型民营企业，为中国房地产百强企业、上海市房地产50强企业。大型房地产项目主要集中在上海，涉及住宅、商业、办公、酒店式公寓等。

项目其他参建单位如表 21.1-1 所示。

表 21.1-1 虹桥三湘广场项目参建单位

参建单位	单位名称
建设单位	上海湘虹置业有限公司
设计单位	海南（上海）建筑设计研究院有限公司
施工总承包单位	上海三湘建筑装饰工程有限公司
监理单位	上海申邑工程咨询有限公司
监测单位	上海海洋地质勘察设计有限公司

3. 项目基本建设过程

虹桥三湘广场于 2012 年 8 月开工，2014 年 12 月全部结构封顶，2015 年 11 月通过安质监现场验收，2016 年 1 月 14 日顺利通过规划验收及竣工验收备案。其项目施工进度节点如表 21.1-2 所示。

表 21.1-2 虹桥三湘广场项目施工进度节点

项目单体	进度节点						
	桩基开始施工	基坑开挖	大底板施工完成	基坑出 ±0.00	主体结构封顶	竣工验收	交付
Ⅲ-D02-07	2012.08.16	2013.01.10	2013.06.06	2013.12.15	2014.07.12	2015.11.18	2016.03.30
Ⅲ-D08-03	2012.08.15	2012.12.18	2012.12.15	2013.01.16	2013.05.25	2015.11.18	2016.06.30
Ⅲ-D08-05	2013.06.12	2013.12.20	2014.05.04	2014.09.25	2014.12.05	2015.11.18	2016.06.30

21.2 基坑工程

21.2.1 基坑概况

1. 三湘湘虹广场

三湘湘虹广场位于 Ⅲ-D02-07 地块，基坑等级为一级，围护周长约 286m，面积约为 4 893m²，开挖深度为 12.8m，采用三道钢筋混凝土支撑（图 21.2-1）。围护采用地下连续墙三轴水泥土搅拌桩槽壁加固和围护钻孔灌注桩止水帷幕形式（图 21.2-2）。

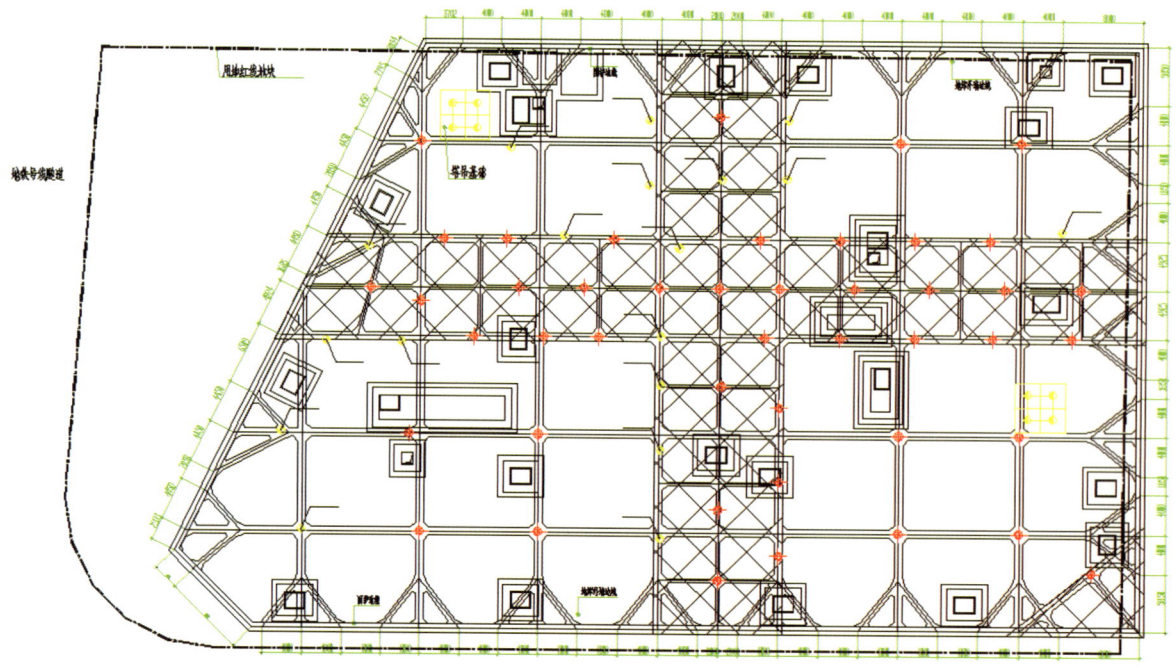

图 21.2-1 Ⅲ-D02-07 基坑支撑平面图

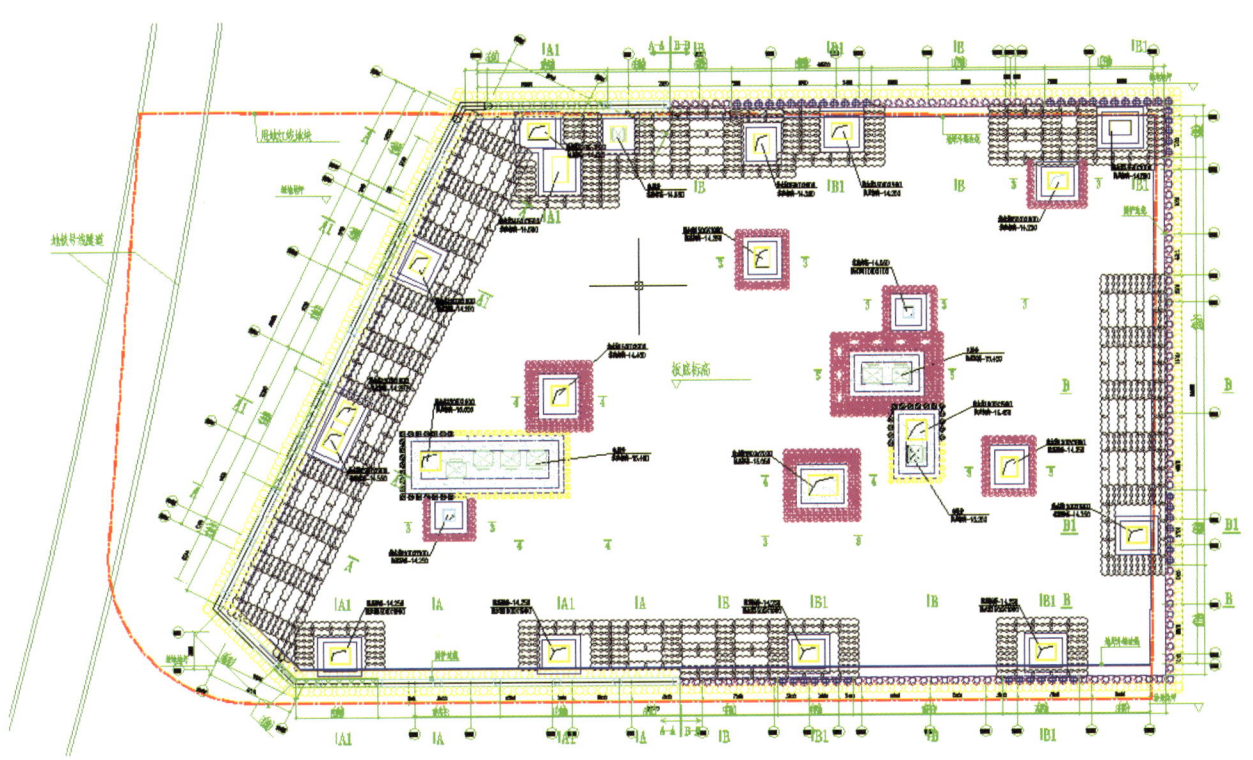

图 21.2-2　III-D02-07 基坑围护平面图

该项目基础形式为钻孔灌注桩＋承台＋筏板基础，平均厚度为 0.8m，基础埋深为 13.2m。地下室防水等级为一级，防水采用 3m 厚聚氨酯防水涂料 +3m 厚改性沥青自黏性防水卷材。

2. 三湘湘虹大楼

三湘湘虹大楼位于 III-D08-03 地块，基坑等级为一级，围护周长约 132m，面积约为 698m²，基础埋深 4.8m，采用钢筋混凝土支撑和钢支撑组合形式（图 21.2-3），围护采用钻孔灌注桩止水帷幕形式（图 21.2-4）。

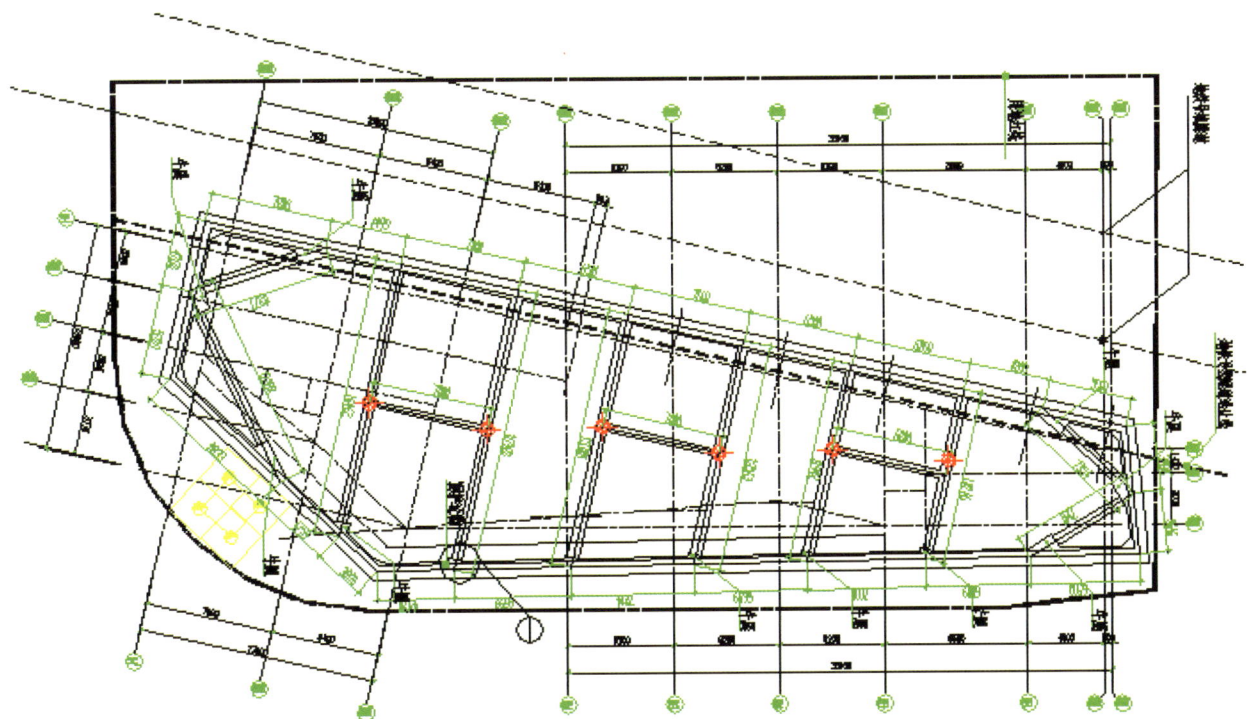

图 21.2-3　III-D08-03 基坑支撑平面图

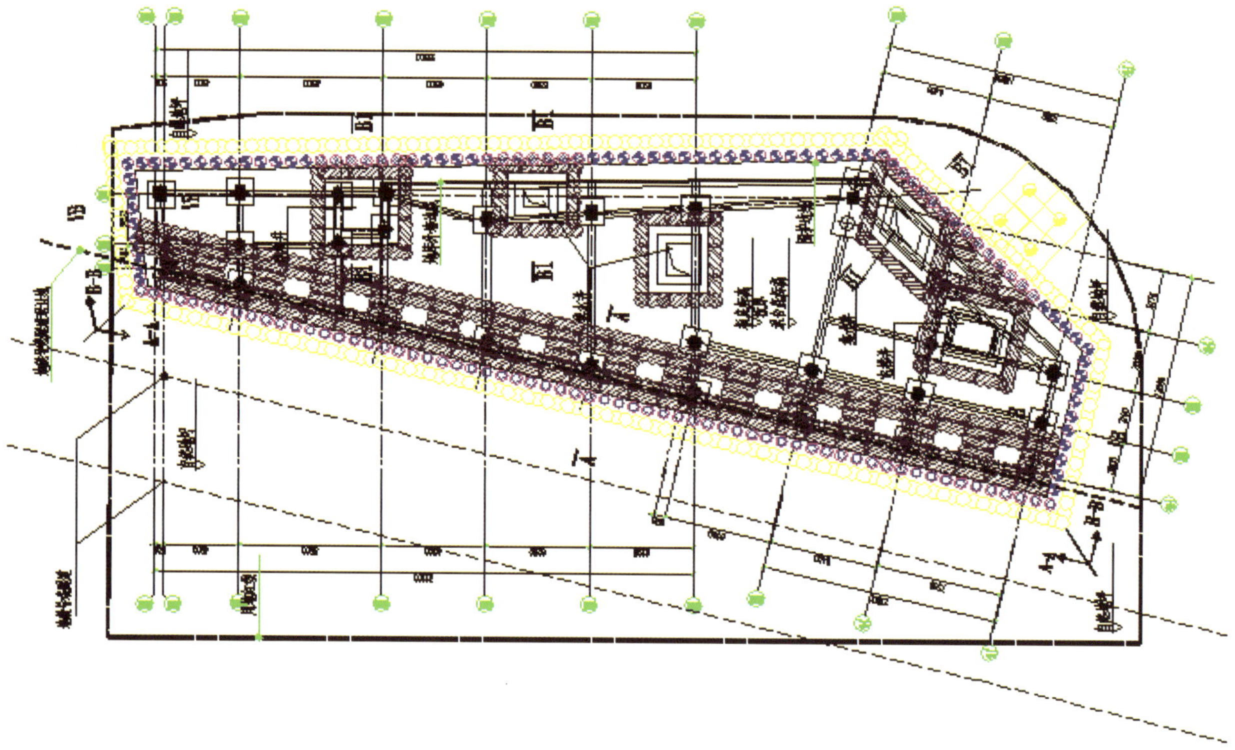

图 21.2-4 Ⅲ-D08-03 基坑围护平面图

3. 三湘商业广场

三湘商业广场位于Ⅲ-D08-05 地块，基坑等级为一级，围护周长约 338.6m，面积约为 6 533m²，开挖深度为 14.2m，采用三道钢筋混凝土支撑（图 21.2-5）。围护采用三轴水泥土搅拌桩槽壁加固和围护钻孔灌注桩止水帷幕形式（图 21.2-6）。

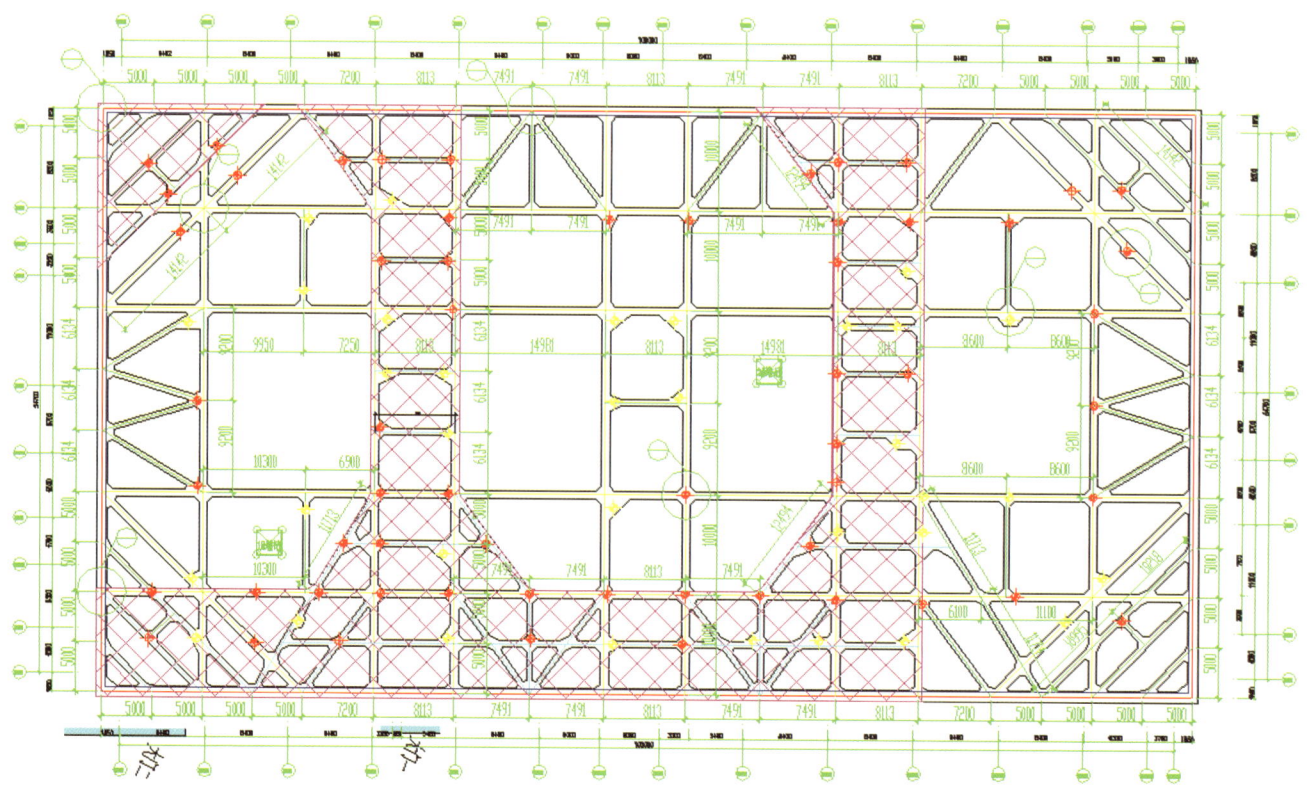

图 21.2-5 Ⅲ-D08-05 基坑支撑平面图

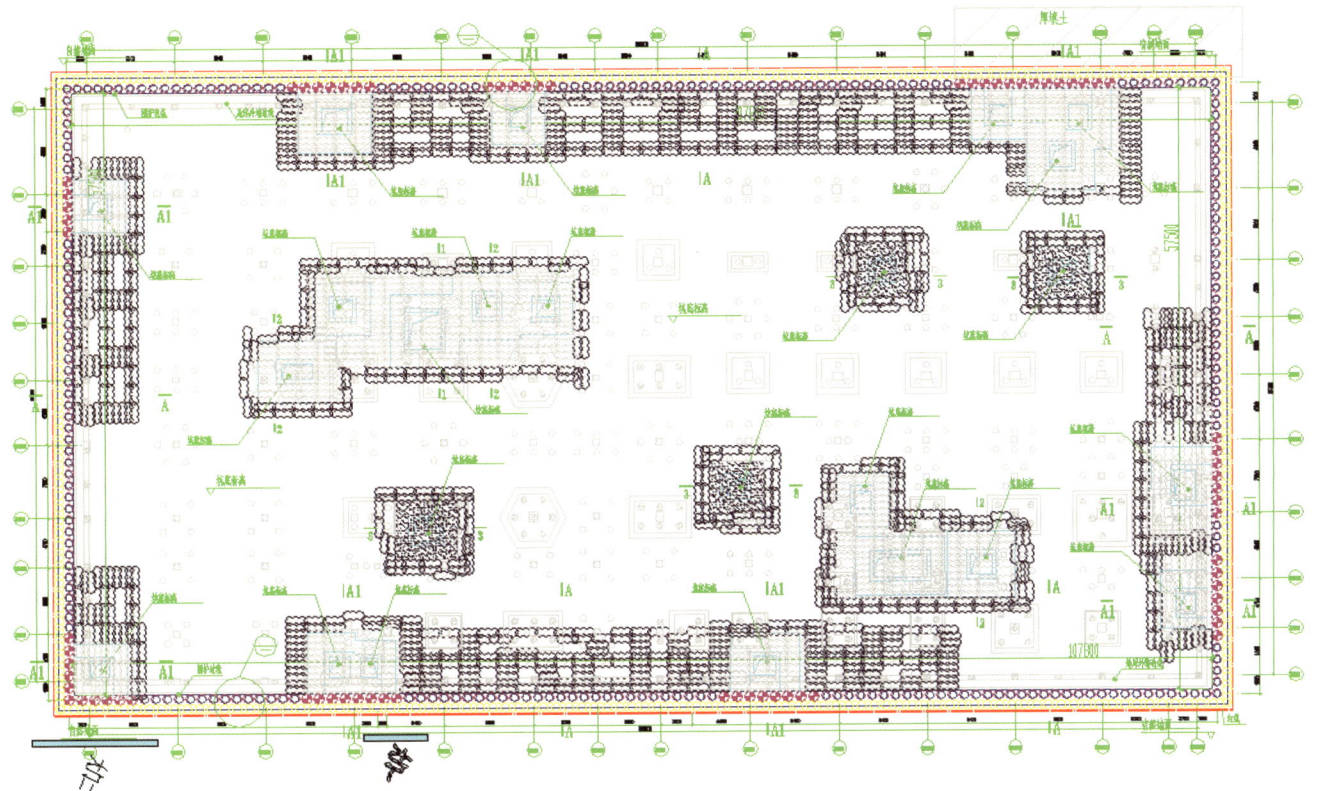

图 21.2-6　Ⅲ-D08-05 基坑围护平面图

21.2.2　地铁保护

虹桥三湘广场 Ⅲ-D02-07 地块基坑处于运营地铁 2 号线隧道和拟建 17 号线隧道的控制范围内（图 21.2-7）。由于基坑与地铁隧道距离较近，地铁运营方对基坑变形提出很高的保护控制要求，禁止基坑工程施工对地铁 2 号线隧道产生有害影响，严格控制从基坑施工到地下室回填过程中的基坑变形。

地铁 2 号线隧道从 Ⅲ-D08-03 地块中部东西向穿过，隧道直径 5.5m，隧道顶埋深约 10m，基坑距离 2 号线地铁隧道最小距离约 5.2m。

Ⅲ-D08-05 地块基坑围护边距离新角浦河河道驳岸边约 8m，河道宽约 50m，申滨南路地下管线较多。

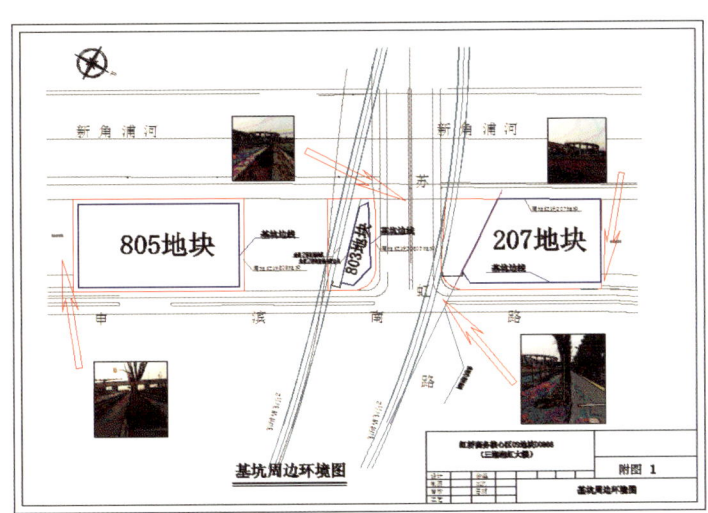

图 21.2-7　虹桥三湘广场项目平面位置与地铁位置关系图

针对上述情况，该项目采用地下连续墙+排桩+三轴止水帷幕综合支护形式，地铁侧及坑中坑土体采用三轴加固。严格按照专家评审方案组织实施施工；设置减压井，按需减压；并强化基坑监测。

21.3 主体结构工程

Ⅲ-D02-07地块三湘湘虹广场上部结构形式为钢筋混凝土框架剪力墙结构,抗震分类为丙类,抗震设计烈度为7度。该地块主体结构为钢筋混凝土框架剪力墙结构,一层、三层展厅空间大、跨度大、高支模技术要求高。工程楼面部分框架梁采用劲性柱、梁及有黏结预应力体系。

Ⅲ-D08-03地块工程占地面积小,结构造型多变,呈不规则多边形。

Ⅲ-D08-05地块是集商业、文娱、餐饮为一体的多功能型建筑,具有建筑面积大,结构造型复杂,外形设计新颖、优美,立体感强等特点。该工程楼面部分框架梁采用有黏结预应力体系。

为了争创国家优质工程奖,虹桥三湘广场主体结构在设计和施工中采用了预应力技术(图21.3-1)和钢与混凝土组合技术(图21.3-2),并对工程实体质量进行了很好的控制。

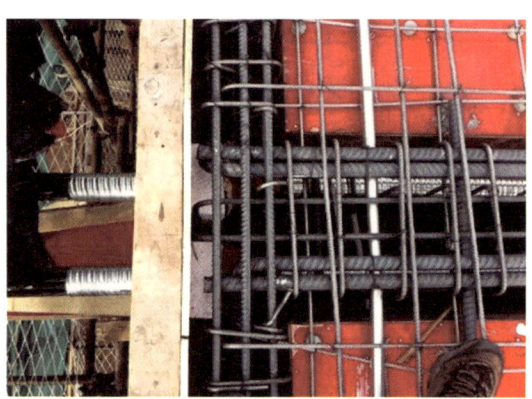 

图21.3-1 预应力技术

图21.3-2 钢与混凝土组合技术

1. 地基与基础

(1)卷材铺贴牢靠,止水钢板居中放置,防水涂料涂刷均匀无死角,防水节点处理方式合理(图21.3-3)。

(2)坑中坑钢筋加工准确、绑扎牢靠、上口平齐,基础钢筋间距均匀、横平竖直,保护层控制措施得当、成效显著(图21.3-4)。

2. 主体结构

(1)模板工程大面平整,几何尺寸方正,节点控制措施合理(图21.3-5)。

(2)墙板钢筋绑扎牢靠,钢筋间距均匀,保护层垫块放置正确、均匀,剪力墙内模板支撑条放置合理,节点处理正确(图21.3-6)。

(3)砌体工程控制措施得当,大面平整,灰缝饱满平直,门窗洞口构造合理,节点处理正确(图21.3-7)。

(4)混凝土成型质量轮廓分明、棱角方正(图21.3-8)。

图 21.3-3　卷材、止水钢板及防水施工

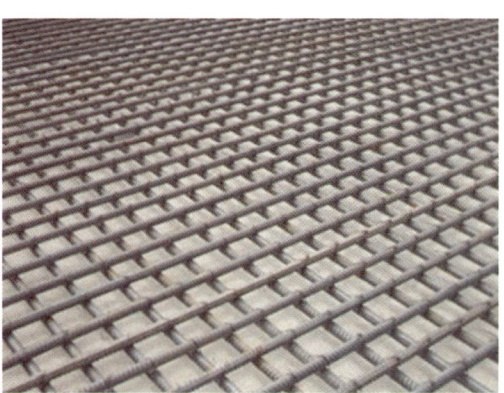

图 21.3-4　地基钢筋施工

柱模定位框

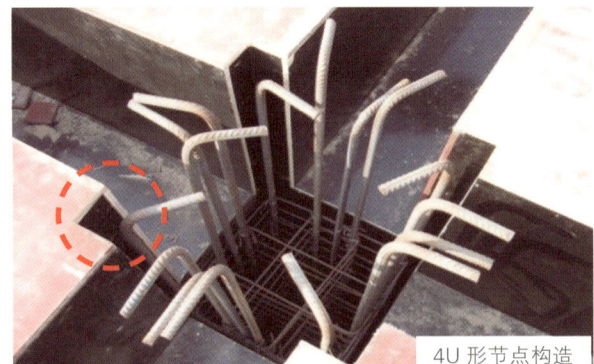
4U形节点构造

图 21.3-5　模板工程

图 21.3-6　主体结构钢筋施工

（a）簸箕斗　　　　　　（b）成型效果　　　　　　（c）报框构造

（d）成型效果

图 21.3-7　砌体工程施工

（a）成型效果　　　　　　　　　　　　（b）剪力墙效果

（c）成型效果　　　　　　　　　　　　　　　（d）加腋成型效果

图 21.3-8　混凝土成型效果图

21.4　幕墙工程

位于Ⅲ-D02-07地块的三湘湘虹广场为办公建筑，幕墙工程外观处理充分考虑与周边环境的协调、建筑自身的功能和绿色建筑特性。南立面设计中结合绿色建筑对南立面横向百叶遮阳的需求，即保证了建筑对私密性的需求，又保证了人们对景观面的诉求，同时还保证了建筑沿苏虹路主体立面的纯净度。西立面玻璃幕墙结合竖向装饰条，以达到遮阳节能的要求。同时为强调办公建筑的大气和尺度，赋予现代的科技感，建筑东立面和北立面以玻璃幕墙为主，局部运用暖灰色石材幕墙。建筑中间部位连接体采用半隐框玻璃幕墙的处理方式，与两侧竖向线条为主的幕墙形成虚实对比。建筑顶部和底部局部变化，犹如钻石的削切面，采用半隐框玻璃幕墙，形成钻石晶莹剔透的质感。

位于Ⅲ-D08-03地块的三湘湘虹大楼为餐饮建筑，幕墙工程外观处理同样考虑与周边环境的协调、建筑自身的功能和绿色建筑特性。建筑立面造型从外部环境特征中寻找理念并建立自身的构成逻辑。城市道路、公园、河道具有不同的内涵，地铁的控制线提示了形态上的趋向。可建的用地较狭窄，建筑形体契合地形，建立楔形为基本形状，然后随楼层的上升做不同的出挑、切削，形成丰富的表情，生动地回应了多样的外部环境，构成了富有活力的商业空间体验。材质为玻璃幕墙和浅暖灰色金属穿孔板，用不同材质的灵活组合，表现了形体构成特征，塑造出晶莹剔透又朦胧含蓄的高贵气质。

位于Ⅲ-D08-05地块的三湘商业广场外观处理也充分考虑与周边环境的协调、建筑自身的功能和绿色建筑特性。建筑立面造型从外部环境特征中寻找理念并建立自身的构成逻辑。城市道路、河道具有不同的内涵。材质为玻璃幕墙、铝板和石材幕墙，用不同材质的灵活组合，充分表现出形体构成特征，塑造出层次分明、色彩多样的立体效果（图21.4-1）。

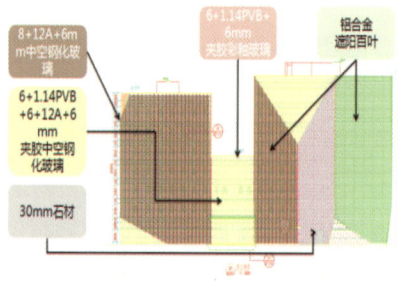

图 21.4-1　虹桥三湘广场幕墙外立面

幕墙工程中设置了横向穿孔百叶、中置百叶遮阳系统（图21.4-2），该系统降低太阳辐射热约20%（夏季、过渡季及冬季可分别减少19.34%，21.03%及19.10%）。

图21.4-2　虹桥三湘广场幕墙遮阳系统

21.5　机电安装工程

虹桥三湘广场建筑给排水及供暖中设置生活水泵房，低区由市政直接供水，高区采用变频供水系统，中水系统分高低区供应绿化浇灌及生活用水。管道立体分层合理、标识醒目；安装平直、美观（图21.5-1）。

图21.5-1　给排水系统

通风与空调采用四管制风机盘管+热回收新风系统+室内CO_2监控系统相结合的新型空调系统，空调冷热源由区域能源中心统一提供，全热回收效率大于65%；同时根据室内CO_2浓度的实时数据调节新风量，以达到科学合理的新风标准，环保节能。

建筑电气采用低供低量方式，设有0.4kV变配电系统、备用及应急电源系统、照明及其配电系统、动力及其配电系统、漏电火灾报警系统、建筑物防雷与接地系统、能量监测系统、火灾探测系统等。

通风与空调和建筑电气管道连接可靠，立体分层合理，配电柜安装端正、接线牢固、分色正确（图21.5-2）。

（a）空调管道

（b）通风管道

（c）配电柜1

（d）配电柜2

图21.5-2　空调、通风管道及配电柜

22　中骏广场

22.1　项目概况

1. 项目位置及建设概况

中骏广场项目位于上海市虹桥商务区申长路以东、迁虹路以南、申虹路以西、宁虹路以北，项目平面位置如图22.1-1所示。项目总用地面积为50 895.9m²，总建筑面积为220 394.55m²，其中计容建筑面积为142 768.82m²，不计容建筑面积为77 625.73m²。建筑采用围合式布局，沿街布置了7栋高层办公楼及多栋多层办公楼，办公楼底层布置沿街商业。两层地下室的主要功能是停车库及地下储藏间。该工程地上部分主要由6栋4层、10栋5层、2栋8层及5栋9层号楼组成，地下部分则主要由一层地下室与二层地下室组成。中骏广场项目整体效果图如图22.1-2所示。

2. 参建单位

中骏广场项目由中骏置业控股有限公司投资建设，中骏始于厦门，而后逐步发展至全国，于2010年2月5日在香港联交所主板挂牌上市，现已成为一家追求卓越品质，具有住宅地产、商业地产、办公地产、度假地产综合开发实力的全国性城市运营商，连续多年被评为中国房地产百强企业。

中骏广场项目勘察、设计、施工、监理等各参建单位如表22.1-1所示。

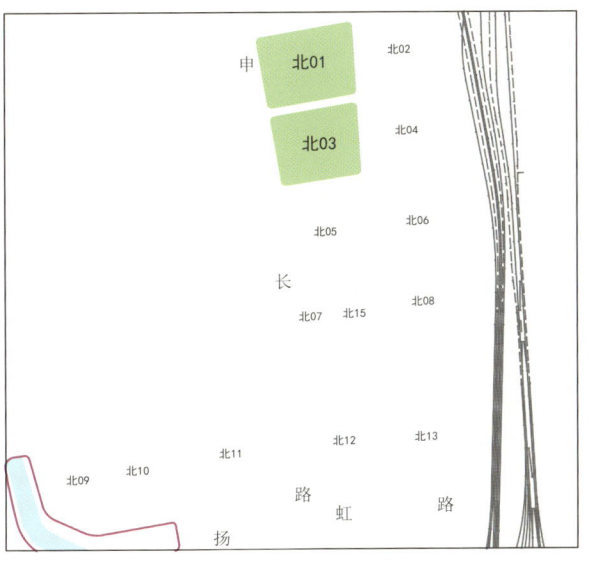
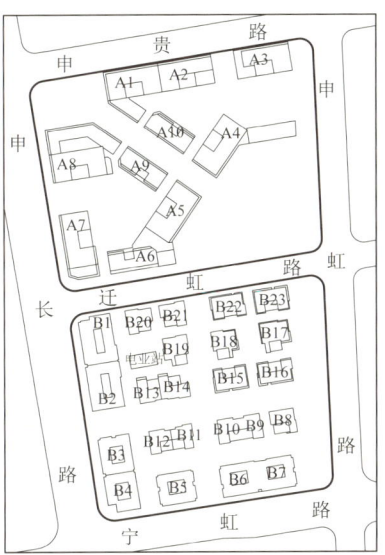

图 22.1-1 中骏广场项目平面位置示意图

图 22.1-2 中骏广场项目整体效果图

表 22.1-1 中骏广场项目参建单位汇总

参建单位	单位名称
建设单位	上海中骏置业创富房地产有限公司
勘察单位	上海市岩土地质研究院有限公司
设计单位	厦门新区建筑设计院有限公司设计
监理单位	上海创众工程监理有限公司
围护单位	上海市地矿建设有限责任公司
土方单位	上海宏安建筑工程有限公司
施工总承包单位	中天建设集团有限公司
幕墙单位	上海信安幕墙建筑装饰有限公司
	无锡王兴幕墙装饰工程有限公司
暖通单位	上海一建安装工程有限公司
消防单位	上海永太消防工程有限公司
弱电通信单位	北京江森自控有限公司
二次精装单位	北京弘高建筑装饰设计工程有限公司
	上海市建筑装饰工程集团有限公司
绿化景观单位	广州普邦园林有限公司

3. 基本建设过程

中骏广场03号地块项目于2014年12月开工建设,2014年10月开始基坑开挖,2015年4月完成全部大底板浇筑,2015年9月完成全部主体结构封顶,2016年12月完成竣工验收。详细时间节点如表22.1-2所示。

表22.1-2 中骏广场03号地块项目施工进度节点

项目单体	进度节点						
	桩基开始施工	基坑开挖	大底板施工完成	地下结构出±0.00	主体结构封顶	竣工验收	交付
B22#~23#	2014.09	2014.10	2014.10.30	2014.12.15	2015.01.30	2016.12.30	2016.05.30
B6#~7#	2014.11	2014.12	2015.01.30	2015.04.25	2015.07.06	2016.12.30	2016.05.30
B8#~10#、B15#~18#	2014.10	2014.12	2015.02.10	2015.05.24	2015.07.05	2016.12.30	2016.05.30
B11#~14#、B19#~21#	2014.11	2014.02	2015.04.30	2015.07.24	2015.09.04	2016.12.30	2016.05.30
B1#~5#	2014.12	2014.02	2015.04.15	2015.07.09	2015.09.19	2016.12.30	2016.05.30

中骏广场01号地块项目于2016年4月开工建设,2016年7月开始基坑开挖,2016年12月完成全部大底板浇筑,2017年5月完成全部主体结构封顶。详细时间节点如表22.1-3所示。

表22.1-3 中骏广场01号地块项目施工进度节点

项目单体	进度节点						
	桩基开始施工	基坑开挖	大底板施工完成	地下结构出±0.00	主体结构封顶	竣工验收	交付
A1#	2016.04	2016.08	2016.12	2017.02	2017.05	—	—
A2#	2016.04	2016.04	2016.12	2017.02	2017.05	—	—
A3#	2016.04	2016.04	2016.12	2017.02	2017.05	—	—
A4#	2016.04	2016.04	2016.11	2017.01	2017.04	—	—
A5#	2016.04	2016.04	2016.12	2017.02	2017.04	—	—
A6#	2016.04	2016.04	2016.11	2017.01	2017.02	—	—
A7#	2016.04	2016.04	2016.11	2017.01	2017.04	—	—
A8#	2016.04	2016.04	2016.11	2016.12	2017.02	—	—
A9#	2016.04	2016.07	2016.10	2016.12	2017.01	—	—
A10#	2016.04	2016.07	2016.10	2016.12	2017.01	—	—

22.2 基坑工程

22.2.1 基坑概况

中骏广场工程基坑分为两个地块,如图22.2-1所示,西侧为北01号地块,东侧为北03号地块。

1. 北01号地块

北01号地块基坑工程东侧为新能源管沟及工作井,距基坑3.7~8.4m,埋深11.0~11.7m。

基坑东侧地下室外墙到用地红线距离为3.0m,红线外约12.0m处为申虹路,路下有多条市政管线,但大都距该基坑较远,其中最近一条管线至该工程地下室外墙17.6m。基坑南侧地下室外墙至用地红线3.0m,红线外即为迁虹路,路下有多条市政管线,距离基坑最近为6.0m。基坑西侧地下室外墙至用地红线3.0m,红线外即为申长路,路下有多条市政管线,距基坑最近为11.3m,申长路下有规划的地铁17号线,其修建时间在该工程地下室施工完成后,其中17号线轨道交通控制线至该工程地下室外墙距离为7.1~9.1m。基坑北侧地下室外墙至用地红线3.0m,红线外为申贵路,路下有三条市政管线,距基坑最近为9.1m。

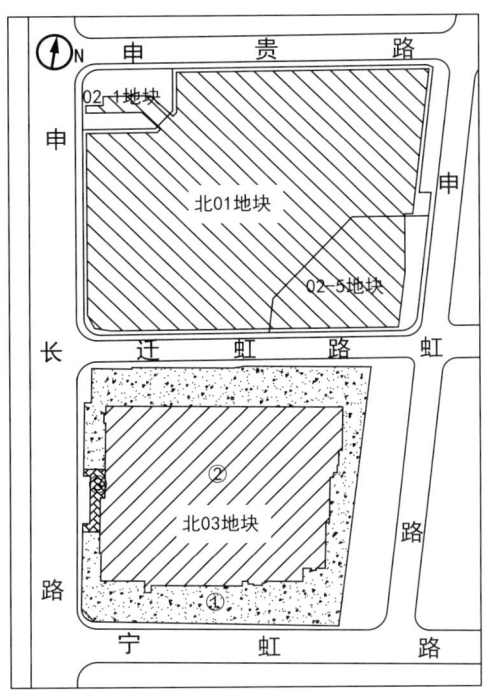

图 22.2-1 中骏广场基坑平面图

2. 北 03 号地块

北 03 号地块分为三个区：①区，地下一层一般区域；②区，位于中间位置的地下二层区域；③区，西侧局部开挖深度较深（底板处开挖深度 -8.35m，承台开挖深度 -9.55m）的地下一层区域与西侧局部靠边的地下二层区域。

该工程场地四周均为市政道路，地下室距用地红线较近（基本退红线 3.0m），除东侧红线外为宽度达 30.0m 的待建绿化带外，其他三侧用地红线外为市政道路。基坑西侧为申长路，地下室外墙到用地红线距离为 3.1~9.6m，路下有多条市政管线，最近的距离基坑 9.2m。申长路下有待建的地铁 17 号线，轨道交通控制线至该工程地下室外墙距离为 8~14.5m，修建时间在该工程地下室结束后。基坑南侧地下室外墙到用地红线距离为 3.0m，红线外为宁虹路，路下有多条市政管线，距地下室外墙最近为 8.2m。基坑东侧地下室外墙到用地红线距离为 3.0m，红线外为宽约 30m 的绿化带，绿化带东侧为申虹路，路下有多条市政管线，距地下室外墙最近为 20.3m。新能源管顶埋深 11.0~11.7m，该新能源管沟在该工程地下室施工完毕后，再施工。基坑北侧地下室外墙到用地红线距离为 3.5~4.5m，红线外为迁虹路，路下有多条市政管线，距地下室外墙最近为 13.3m。

22.2.2　围护结构

1. 北 01 号地块

北 01 号地块基坑安全等级及环境保护等级为二级，靠近能源管沟一侧为一级，基坑围护形式主要以钻孔灌注桩 + 止水帷幕/SMW 工法 + 一道支撑为主，局部地下二层区域为二道支撑。

该工程钻孔灌注桩采用 $\Phi650@850$，$\Phi700@900$，$\Phi800@1000$，$\Phi850@1050$，$\Phi900@1100$，$\Phi1000@1200$ 等六种类型，混凝土设计强度等级为水下 C30，灌注桩应满足桩身质量要求及钢筋笼焊接质量要求，不得有断桩、混凝土离析、夹泥现象发生，桩身垂直度偏差不大于 1/200，沉渣厚度小于等于 200mm。局部区域采用 SMW 工法桩（三轴劲性水泥土搅拌桩插入 H 型钢）。

如图 22.2-2 所示，01 号地块基坑围檩、角撑采用钢筋混凝土支撑，中心标高为 -2.15m，围檩及支撑截面尺寸为 1200mm×800mm，900mm×800mm，连杆为 800mm×800mm，混凝土强度等级均为 C30，01 号地块、02-5 号地块第一道支撑采用双拼 $\Phi609×16$ 钢管斜抛撑，换撑采用 H400×400 型钢支撑，预应力为 600kN。三个局部地下二层第二道支撑采用钢筋混凝土支撑，中心标高为 -7.25m，围檩及支撑截面尺寸为 1200mm×800mm，1000mm×800mm，900mm×800mm，02-1 号地块第三道支撑围檩采用钢筋混凝土，尺寸为 800mm×600mm，支撑采用 H400×400 型钢。

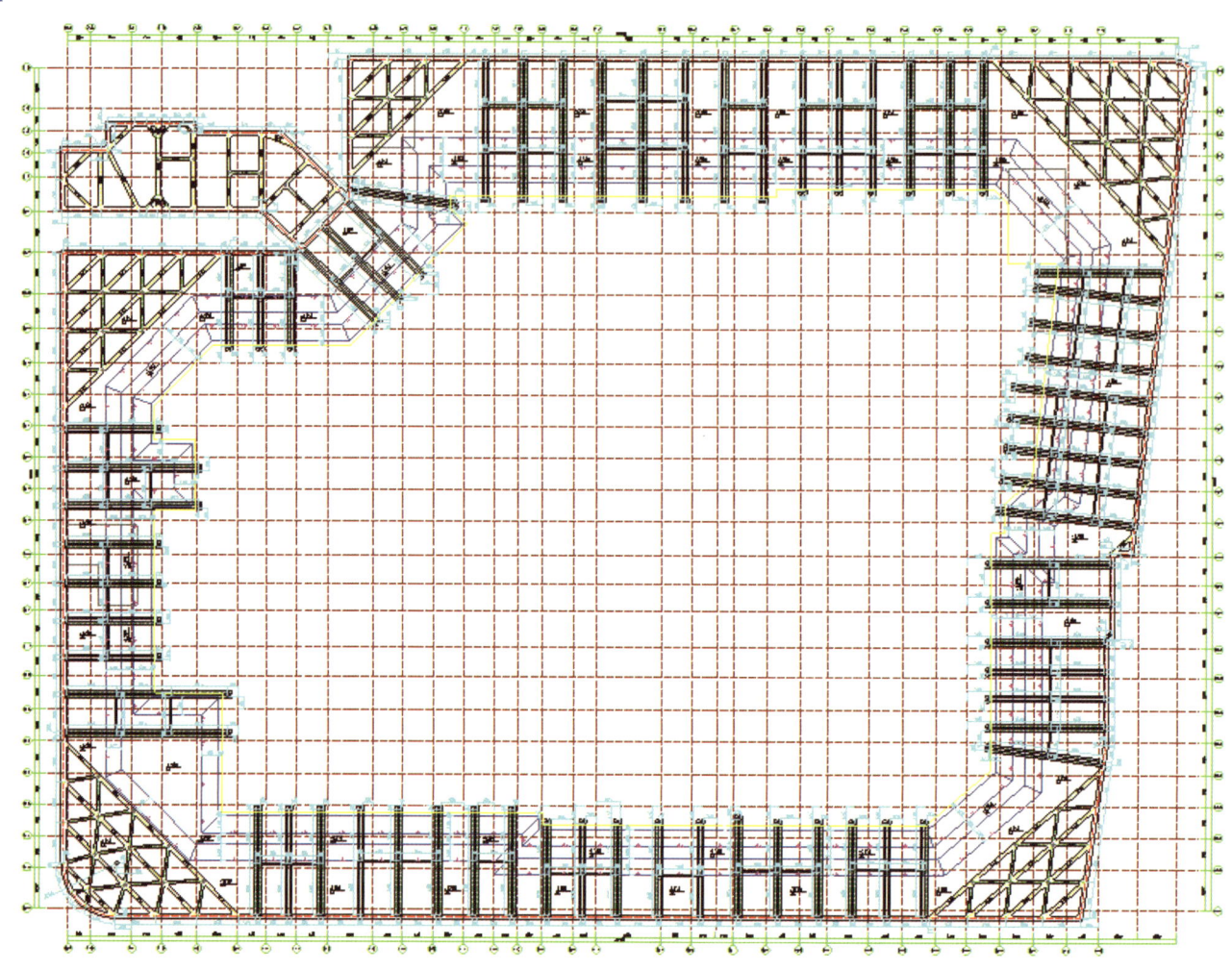

图 22.2-2 北 01 号地块基坑围护结构示意图

2. 北 03 号地块

北 03 号地块基坑工程采用 SMW 工法、钻孔灌注桩 + 两道混凝土支撑的支护结构体系。

①区南侧和东南侧采用 SMW 工法，其他侧均采用钻孔灌注桩 + 止水帷幕的形式；②区、③区均采用钻孔灌注桩 + 止水帷幕的形式。钻孔灌注桩有 $Φ700@900$，$Φ750@950$，$Φ800@1000$，$Φ850@1050$，$Φ900@1100$ 等五种形式，有效桩长为 13.7m，15.4m，18.5m，19.7m 等。止水帷幕采用 $Φ850@600$ 三轴水泥搅拌桩，水泥掺量为 20%，桩底标高为 -18.15m。坑内局部区域采用双轴水泥搅拌桩加固。钻孔灌注桩与止水帷幕之间采用压密注浆填实，注浆深度为 7m。压密注浆间距按 1m×1m 梅花形布置，坑外围护钻孔灌注桩与坑外水泥土搅拌桩（坑内加固水泥土搅拌桩）之间压密注浆按 1d（d 为钻孔灌注桩间距）进行。坑内集水井、电梯井等常规局部落深区域采用双轴水泥搅拌桩加固处理。

基坑的两道混凝土支撑形式如图 22.2-3 所示，具体参数如表 22.2-1 所示。

表 22.2-1　中骏广场 03 号地块基坑混凝土支撑参数

基坑区域	支撑部位	支撑中心相对标高 /m	围檩 /mm×mm	主撑 /mm×mm	连杆 /mm×mm
①区	第一道支撑	-5.350	1 200×800	900×800	700×600
	局部第二道支撑	-11.150	800×600	H400×400 型钢	—
②区	第一道支撑	-1.800~-5.350	1 200×700	900×700	700×600
	第二道支撑	-6.750	2H700×300 型钢围檩	$Φ609×16$ 钢管	—

基坑中部设置 4∟125×12 及 4∟140×14 角钢格构柱，下设立柱桩采用 $Φ700$ 及 $Φ800$ 钻孔灌注桩，角钢格构柱穿底板处设置止水钢板。

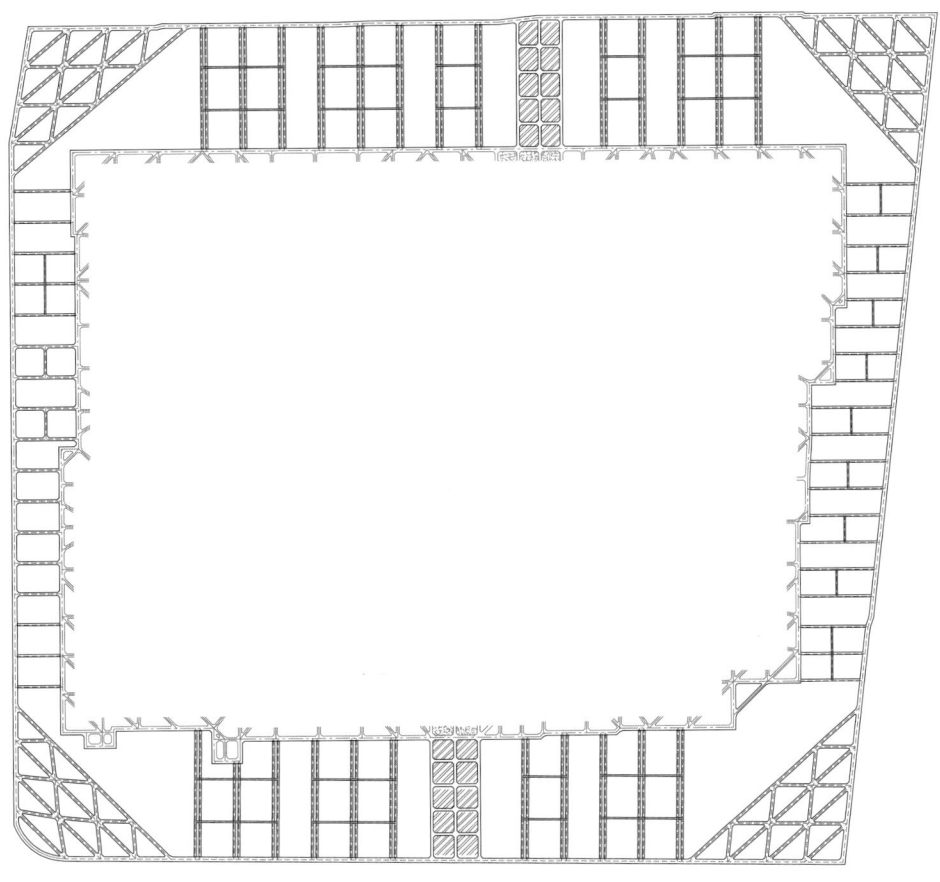

(a)03号地块①区混凝土内撑

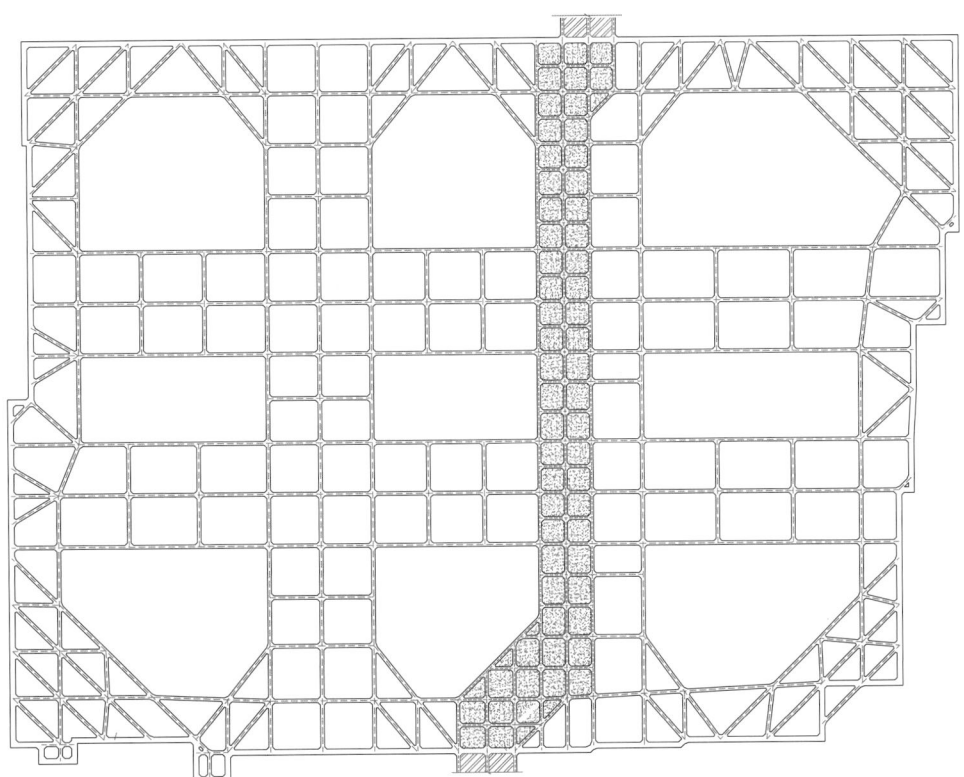

(b)03号地块②区混凝土内撑

图 22.2-3 中骏广场基坑工程混凝土内撑形式

22.3 主体结构工程

22.3.1 北01号地块

1. 设计等级

工程设计等级为一级，抗震等级为一级及二级，安全等级为二级，绿色建筑星级二星，设计使用年限为50年，抗震设防烈度为7度。

该工程桩基础设计等级为甲级，A1~A6楼，A9，A10楼主楼部分采用静压（PHC）预应力高强混凝土管桩；A7，A8楼主楼部分采用静压（JAZHb）预制钢筋混凝土实心方桩；规划轨道交通17号线50m影响范围以外裙房及纯地下室部分采用预应力高强混凝土空心方桩（HKFZ）；规划轨道交通17号线50m影响范围以内裙房及纯地下室部分采用静压（JAZHb）预制钢筋混凝土实心方桩。

2. 材料

（1）混凝土

基础垫层混凝土等级为C15，厚100mm，地下室底板为C30P10，顶板为C30P6，混凝土内掺SY-T复合纤维增韧剂，参量为胶凝材料的8%~12%。主楼±0.000以上结构梁、板混凝土强度均为C30。圈梁、构造柱强度等级为C25。柱混凝土强度包括C50，C40，C30。

（2）钢筋

钢筋采用HPB300级、HRB335级和HRB400级，钢筋的抗拉强度实测值与屈服强度实测值的比值应大于等于1.25，钢筋的屈服强度实测值与强度标准值的比值应小于等于1.30。

吊环、预埋件锚筋及电梯吊钩严禁采用冷加工钢筋。吊环及吊钩应采用HPB300钢筋，吊钩和吊环应牢固绑扎于钢筋骨架上。

22.3.2 北03号地块

中骏广场项目建筑抗震设防烈度为7度。高层办公楼为钢筋混凝土框架剪力墙结构，多层办公楼建筑为钢筋混凝土框架结构。民防工程为甲类，核武器抗力级别6级，常规武器抗力级别6级，战时用途为二等人员掩蔽部。

中骏广场项目采用新型建材，外墙为玻璃幕墙，内墙填充墙采用蒸压加气混凝土砌块。外墙保温材料采用TPS真金板和保温棉，屋面为TPS真金板。B1~B7楼屋面采用厚3mm的SBS改性沥青防水卷材＋厚2mm的高分子防水涂膜，浇筑厚40mm的细石混凝土保护，面层铺浅黄色防滑地砖；B8~B23楼屋面采用厚4mm的SBS改性沥青防水卷材，浇筑40mm厚细石混凝土保护。

22.4 幕墙工程

中骏广场项目北03号地块外装饰玻璃幕墙包括框架式玻璃幕墙，玻璃采光顶，铝板玻璃雨篷，吊挂式玻璃幕墙。幕墙实景图如图22.4-1所示。

图22.4-1 中骏广场项目北03号地块玻璃幕墙实景图

22.5 机电安装工程

22.5.1 北01地块

1. 给水系统

地下一层至地上一层由市政给水管网直接采用下行上给方式供水。高一区：5.0~18.2m（相对标高）由地下水泵房高一区变频生活供水设备（G1）供水。高二区：19.4~34.7m 由地下水泵房高二区变频生活供水设备（G2）供水。各供水分区用水点的给水压力不小于 0.10MPa，给水压力不大于 0.20MPa，压力超过 0.20MPa 时设置可调式减压阀。

2. 排水系统

该工程一类高层办公采用专用通气管（双立管）排水系统；多层办公楼采用伸顶通气排水系统。地下室一层商业在结构降板层预留两根排水管备接商业厨房排水、卫生间排水。所选的油水分离器符合上海地方要求。

3. 消防系统

该工程消防泵房设于 A7 楼地下一层，泵房内设一组室内消火栓给水泵（一用一备）和一组喷淋给水泵（一用一备），屋顶另设高位消防水箱。在地下室水泵房分别设置一套消火栓、喷淋稳压设备，保证最不利点消火栓、喷头的静压要求。

该工程消火栓系统布置成环状，每层消火栓布置均能满足火灾时任何部位有两股充实水柱到达，在每栋塔楼屋面均设有试验用的消火栓。室外消火栓系统采用低压制消防给水系统，由城市自来水直接供水。该工程设置湿式喷淋系统，其中地上部分建筑火灾危险等级属于中危一级，地下部分建筑火灾危险等级属于中危二级，采用临时高压系统供水。

4. 电力设备及安装

该工程在地上一层设置 1 座 10kV 电业站，于地下一层设置 4 座 10kV 用户站。低压配电系统采用 220/380V 放射式与树干式相结合的方式，对于单台容量较大的负荷或重要负荷采用放射式供电，对于照明及一般负荷采用树干式与放射式相结合的供电方式。

5. 空调冷热源和空调水系统

虹桥商务区北 01 号地块使用园区提供的中央冷热电联产系统供冷/供热，通过地块内设置的换热机房换热（冷）后，向各个末端房间提供空调制冷或空调供热。

22.5.2 北03号地块

1. 冷热源系统

与北 01 号地块相同，北 03 号地块使用园区提供的中央冷热电联产系统供冷/供热，通过地块内设置的换热机房换热（冷）后，向各个末端房间提供空调制冷或空调供热。为了确保末端供水压力，在地下一层设置换热站，园区一次侧供水经板式换热器（图 22.5-1）换热后提供二次空调冷热水。

图 22.5-1 板式换热器

2. 空调冷冻水系统

该工程中空调冷热水系统采用一次泵变流量系统，采用二管制系统，通过阀门转换实现空调采暖与制冷的转换。

3. 新风系统

该工程中 A1~A10 楼采用卧式新风空气处理机组进行处理。地上一层大堂为大空间结构时，空调采用吊顶式空气处理机组进行处理；商业及办公采用新风加风机盘管系统；分控中心、垃圾房等均采用一拖一分体空调。

4. 通风系统

地下室汽车库部分设置机械排风系统，火灾时兼作排烟系统，平时可根据室内废气浓度进行启停控制；卫生间、开水间等设置机械排风系统；垃圾房设置独立排风系统，并采用纳米光子净化除臭装置；水泵房、热交换机房等均设有机械通风系统，以排除设备放出的余热；预留厨房油烟排风竖井，竖井出塔楼屋面；办公区域过渡季节通过可开启外窗进行自然通风。

5. 防烟系统

该工程中 A1~A5，A7，A8 楼的防烟楼梯间、合用前室均设置机械正压送风系统；A6，A9，A10 楼的疏散梯（地上）均为封闭楼梯间，地上部分的封闭楼梯间每五层内自然通风面积不小于 $2m^2$，且顶层设有不小于 $0.8m^2$ 的自然通风面积。地下室楼梯间不满足自然通风要求，设机械防烟系统；其余地下室疏散楼梯间（主楼外）均为封闭楼梯间，且设有大于 $1.2m^2$ 的可开启窗及直通室外的门，满足自然通风要求，不设机械防烟系统。

6. 排烟系统

该工程中 A1~A10 楼地上部分的办公及商业房间（大于 $100m^2$）均满足自然通风要求，A1~A3，A7，A8 楼地上部分的内走道由于不满足自然排烟要求，设置机械排烟系统，其补风系统采用自然补风。A4~A6，A9，A10 楼地上部分的内走道满足自然排烟要求。A1~A3，A7，A8 楼地上部分的大堂设置机械排烟系统，其补风系统采用自然补风。地下汽车库，利用平时机械排风系统兼作火灾时机械排烟系统，利用车道进行自然补风；其余部分补风系统均采用机械补风。地下商业设置机械排烟系统，补风系统采用自然补风；地下室庭院满足自然通风要求，故不设置机械通风系统。

23 恒基·旭辉中心

23.1 项目概况

1. 项目位置及基本情况

恒基·旭辉中心项目位于上海虹桥商务区核心区北片区 02 号、04 号地块，地块北面和东面为申贵路，南面为宁虹路，西面为申虹路，02 号、04 号地块中间为迁虹路，项目平面位置如图 23.1-1 所示。02 号地块包括 03-02，03-05 两个项目，04 号地块包括 05-05，05-02，05-04 三个项目，其中 05-05 项目为住宅，其余为商办建筑。该项目包括一层地下车库、7 栋（7~11 层）住宅、8 栋高层商务办公楼（7~9 层）、22 栋多层办公（2 层、4 层），

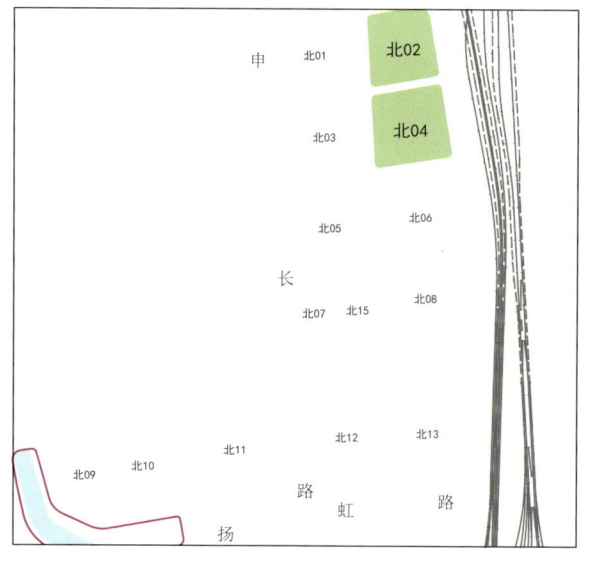
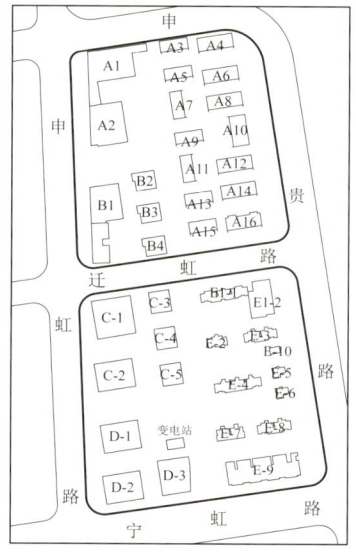

图 23.1-1 恒基·旭辉中心项目平面位置示意图

1栋与E-1住宅合建的体育设施。项目总建筑面积约23.7万 m²,其中地上建筑面积约17.05万 m²,地下建筑面积约6.65万 m²。旭辉集团总部办公楼位于C1楼。图23.1-2所示为恒基·旭辉中心项目整体效果图。

图23.1-2 恒基·旭辉中心项目整体效果图

2. 参建单位

恒基·旭辉中心项目由上海旭弘置业有限公司开发建设,该公司属于旭辉集团旗下子公司。旭辉集团成立于2000年,总部设在上海,是一家以内地住宅开发为主营业务的香港上市房地产开发企业,集房地产开发、建筑施工、商业管理、物业服务于一体。项目其他参建单位如表23.1-1所示。

表23.1-1 恒基·旭辉中心项目参建单位

参建单位	单位名称
建设单位	上海旭弘置业有限公司
绿色建筑咨询	上海市建筑科学研究院
勘察设计单位	上海中森建筑与工程设计顾问有限公司
幕墙设计单位	上海安雷幕墙工程(顾问)有限公司
监理单位	上海三凯建设咨询管理有限公司
施工总承包单位	上海新置建筑工程有限公司
	通州建总集团有限公司
机电工程施工单位	中建二局安装工程有限公司

3. 项目基本建设过程

恒基·旭辉中心于2014年4月开始桩基施工,2016年4月完成所有建筑单体的结构封顶,2016年11月完成大部分建筑单位的竣工验收。项目具体施工进度节点如表23.1-2所示。

表23.1-2 恒基·旭辉中心项目施工进度节点

项目单体	进度节点						
	桩基开始施工	基坑开挖	大底板施工完成	基坑出±0.00	主体结构封顶	竣工验收	交付
02地块	2014.6	2014.8	2014.10	2014.12	2015.3	2016.1	2016.3
04地块E-1楼	2014.4	2014.5	2014.7	2014.7	2014.11	2015.12	2016.1
04地块E-2楼	2014.4	2014.5	2014.7	2014.7	2014.10	2015.12	2016.1
04地块E-3楼	2014.4	2014.5	2014.7	2014.7	2014.10	2015.12	2016.1
04地块E-4楼	2014.4	2014.5	2014.7	2014.7	2014.10	2015.12	2016.1
04地块E-5楼	2014.4	2014.5	2014.10	2014.10	2014.11	2015.12	2016.1

表 23.1-2（续）

项目单体	进度节点						
	桩基开始施工	基坑开挖	大底板施工完成	基坑出 ±0.00	主体结构封顶	竣工验收	交付
04 地块 E-6 楼	2014.04	2014.05	2014.10	2014.10	2014.11	2015.12	2016.01
04 地块 E-7 楼	2014.04	2014.05	2014.07	2014.08	2014.10	2015.12	2016.01
04 地块 E-8 楼	2014.04	2014.05	2014.07	2014.08	2014.11	2015.12	2016.01
04 地块 E-9 楼	2014.04	2014.07	2015.01	2015.01	2015.05	2015.12	2016.01
04 地块 C-1 楼	2014.04	2015.3	2015.05	2015.05	2015.08	2016.06	2016.07
04 地块 C-2 楼	2014.04	2015.04	2015.10	2015.10	2016.01	2016.11	截至 2017 年 9 月未交付
04 地块 C-3 楼	2014.04	2015.04	2015.07	2015.08	2015.09	2016.11	
04 地块 C-4 楼	2014.04	2015.04	2015.08	2015.10	2015.11	2016.11	
04 地块 C-5 楼	2014.04	2015.04	2015.08	2015.10	2015.12	2016.11	
04 地块 D-1 楼	2014.04	2015.04	2015.10	2015.11	2016.01	截至 2017 年 9 月未竣工验收	
04 地块 D-2 楼	2014.04	2015.05	2015.08	2015.09	2016.04		
04 地块 D-3 楼	2014.04	2015.05	2015.07	2015.07	2016.04		

23.2 基坑工程

恒基·旭辉中心项目基坑工程局部重力式搅拌桩采用双轴搅拌桩 2Φ700@1 000，前后排桩内插 Φ48×3.0@1 000 钢管，双轴搅拌桩水泥掺量为 13%（浜区范围内水泥掺量提高 5%），采用 42.5 普通硅酸盐水泥，水灰比为 0.5~0.6，28d 无侧限抗压强度大于 0.8MPa，桩位偏差不大于 50mm，桩身垂直度偏差不大于 1/150。

止水帷幕采用 Φ650、Φ850 三轴搅拌桩，局部设计插入型钢。

围护钻孔桩采用 Φ700、Φ850 钻孔灌注桩，桩长分别为 12m，12.5m 和 21m。

23.3 主体结构工程

恒基·旭辉中心项目主要为多层和高层办公楼以及住宅等建筑。多层办公基本为框架结构，单体基本为地下 1 层，地上 4 层；高层办公楼为框架剪力墙结构，单体基本为地下 1 层，地上 8~9 层，一层层高均为 4.5m，标准层层高为 4.0m；住宅部分为剪力墙结构，保障房为框架结构，层高为 2.9m。办公楼建筑最高点标高为 42.30m。

各栋单体上部结构构件规格如下：主楼范围内柱截面尺寸为 800mm×800mm~1 200mm×1 200mm；框架梁截面尺寸为 400mm×800mm，500mm×1 000mm，650mm×600mm 等；结构板厚一般为 120mm、板芯局部挑板厚 250mm，300mm；剪力墙厚度为 200mm，250mm，300mm。

上部结构梁、板、楼梯混凝土采用 C35，一层至二层范围内墙、柱、连梁采用 C50，三层至屋面屋顶范围内采用 C40。

上部结构外墙采用玻璃幕墙，内墙采用厚 200mm 的砂加气混凝土砌块（涉及防水要求的房间采用 200mm 厚实心混凝土砌块）。

结构板厚一般为 120mm，芯筒内板厚 130~150mm，局部挑板厚 250mm；剪力墙厚度为 200mm，250mm，300mm。

23.4 幕墙工程

恒基·旭辉中心项目外立面幕墙主要采用玻璃、铝板、石材、铝合金格栅等材料，幕墙类型均为框架式幕墙体系（图 23.4-1）。

玻璃幕墙主要采用夹胶中空 Low-E 玻璃，既保证了节能，又保证了安全性。立面效果以竖明横隐为主，竖明形式一方面体现了挺拔的建筑视觉要求，另一方面避免了全隐框玻璃幕墙的结构胶失效的安全隐患。幕墙龙骨采用氟碳喷涂铝合金型材，确保色彩保持度，材料耐腐蚀性更为出色。

石材幕墙采用高强度花岗岩石材。花岗岩石材相比大理石、石灰石等石材，可以更好地承受城市微腐蚀性雨水的侵蚀，使石材的表面效果、内部强度及耐久性更好。

铝板幕墙面材表面采用氟碳喷涂工艺，具有优良的耐候性。龙骨采用热浸镀锌钢材。

此外，办公大楼幕墙外立面均设置竖向遮阳条，遮阳条材料采用氟碳喷涂铝材，在遮阳条的上下或侧面，安装LED灯光。遮阳条整层通高，在工厂加工完成后，现场整体吊装，保证了遮阳条的表面质量和安装便利性。

图 23.4-1　旭辉总部大楼幕墙外立面图

23.5　机电安装工程

23.5.1　系统组成

1. 冷热源系统

该工程采用虹桥商务中心集中供冷站提供的冷热源，C，D 地块集中设置热交换站，热交换机房和热计量间均设于 D-1 楼地下一层。

2. 空调系统

（1）空调风系统

① C-1 办公大堂采用全空气低风速空调系统，设于专用机房内的组合式空调处理机组将回风与新风处理后直接送入室内，挑空区域送风方式为侧送侧回，其余区域为上送侧回。地下一层、地上二层以上房间均采用风机盘管加新风机组的空调形式，新风机组层设置于新风机房内。屋顶集中设置变频热回收装置，利用室内排风对新风进行预处理。

② C-2，D-1，D-2，D-3 办公大堂采用全空气低风速空调系统，设于专用机房内的组合式空调处理机组将回风与新风处理后直接送入室内，送风方式为侧送下回。二层以上办公房间均采用风机盘管加新风机组的空调形式，新风机组层设置于新风机房内。屋顶集中设置变频热回收装置，利用室内排风对新风进行预处理。

③ C-3~C-5 多层办公房间均采用风机盘管加热回收式新风机组的空调形式，机组设置于地下室新风机房内。

④ 通信机房、电梯机房、物业用房等设置分体空调器。

⑤ 新风机组入口处均设置与风机连锁的电动密闭阀。

（2）空调水系统

① 空调水系统为二管制一次泵的闭式机械循环系统。

② 空调水系统采用变流量运行，通过板换侧循环水泵的变频运行，达到节能效果。

③空调水系统通过设置于地下一层的低位膨胀罐实现水系统的补水和定压。
④空调水系统由全自动智能加药系统控制冷冻水、热水的水质,同时在总管上设置真空脱气机。
⑤空调水系统各支路的回水管上设置平衡阀,以调节管路的水力平衡。
⑥各单体按楼栋分别设置环路及热量表。
(3)商铺热水热源供应方式同空调水系统。

3. 通风系统

(1)公共卫生间设置机械排风,共用竖井后排至屋顶或直接通过侧墙百叶排至室外。
(2)IT、通信等重要机房预留空调,设置平时通风。
(3)地下室变电间设平时通风和气体灭火事故排风。
(4)值班室设机械送风。
(5)地下车库采用集中排风系统。
(6)垃圾房等散发异味的房间,均设置独立的排风系统及井道,高空排放。
(7)办公楼内的通风系统按《民用建筑供暖通风与空气调节设计规范》(GB 50736—2012)进行。
(8)地下车库设防火分区,每个区设置两台排风兼排烟风机,平时排风,消防时排烟。
(9)含坡道的防火分区平时送风形式为自然送风,不含坡道的为机械送风。
(10)雨水回用机房、生活用水泵房、消防用水泵房、非机动车库、配电间都设有机械排风与机械送风系统。

4. 防排烟系统

(1)该工程地上部分设有15套机械防烟系统,10套机械排烟系统。
(2)地下(汽车库及设备用房区)部分设有25套机械排烟系统,15套补风系统。
(3)地下汽车库设机械排烟系统与机械补风系统,排烟系统与平时机械通风系统合用。
(4)汽车库采用挡烟垂壁划分防烟分区。
(5)地库封闭楼梯间首层设有直接开向室外的门窗,采用自然排烟方式。

5. 人防通风系统

该工程为甲类附建式人防工程,人防建筑面积为16 404m^2,掩蔽面积为11 485m^2,战时为防核武器抗力级别6级、防常规武器抗力级别6级的二等人员掩蔽所(含两个移动式柴油电站),防化级别为丙级,设9个防护单元,战时可掩蔽11485人。

(1)战时防排烟系统二等人员掩蔽采用三种通风方式:清洁式通风、滤毒式通风、隔绝防护通风。
(2)进风系统由消波设施、油网滤尘器、过滤吸收器、进风机、手动/手电动两用密闭阀门等防护通风设备组成。清洁式通风采用机械进风,新风量不小于5m^3/(p·h);滤毒式通风采用机械进风,新风量不小于2m^3/(p·h);
(3)清洁式排风采用机械排风,由排风机经手动密闭阀门、手电动两用密闭阀门、扩散室、防爆波活门,排至工程外,进风量与排风量差值不大于滤毒式通风时工程超压漏风量。滤毒式排风由自动排气活门经防毒通道、扩散室、防爆波活门排至工程外,保证防毒通道换气次数不小于40次/h;
(4)隔绝式通风采用内部空气循环,在防化值班室内设测压装置。

23.5.2 机电安装工程重难点及主要对策

针对机电工程施工技术中的重难点,施工单位采取了一系列应对措施,具体内容如表23.5-1所示。

表23.5-1 恒基·旭辉中心机电安装工程施工重点与难点及主要对策

序号	重点与难点	主要原因	主要对策
1	地下室及公共部位管线较密集、深化设计工作量大	地下管线涵盖电气、暖通空调、给排水、消火栓、喷淋等,业主要求管线排布时必须遵循规范要求进行,同时须保证排布美观	采用BIM技术,组建强有力的BIM团队,通过三维空间的漫游检查等功能达到满意的设计效果。与设计院、BIM顾问、总承包商及其他相关专业承包商密切联系,相互协作。制订合理的深化设计出图计划,保证工程的顺利实施
2	噪声控制	该工程为办公、商业、住宅,对噪声控制要求高	为了保证对噪声的要求及避免设备振动的影响,对整个系统的噪声及振动控制做出详细分析和相应解决方案。 设备选型时选用振动小、噪声低的设备。所有机械设备都将采用减振装置,以减轻设备振动的影响。 设备出口均装设软接头阻止振动的传播。 所有减振装置由专业厂家根据设备的各项参数设计制造,以达到最佳的减振效果。施工完成后进行实地检测、验证。设备机房采用隔声及消声处理,风管上装设高性能消声器

表 23.5-1（续）

序号	重点与难点	主要原因	主要对策
3	正压送风和排烟竖井设计效果控制	该工程所有正压送风和排烟竖井均采用土建管井，内壁粗糙、漏风量难控制	在深化设计时，对送、排风量进行仔细计算，确保不出现选型错误。施工过程中，严格执行风管的严密性试验，确保风管不会产生漏风现象
4	机电系统联合调试	机电系统联合调试由于参建单位多、各专业多、技术性强、技术方面要做的工作量相当大。故保证机电系统联合调试圆满完成是该工程的重点	组织各参建单位编制详细、科学的调试计划及调试方案报业主、顾问单位及监理等单位审核，审核批准后严格执行。充分做好调试前的准备工作，由项目技术负责人对参与调试的所有人员进行专门的技术交底并对调试内容进行考核，合理安排人力和物力。咨询有关专家，采用先进的调试方法、调试工具和通信设备，确保万无一失

24 虹桥富力十号

24.1 项目概况

1. 项目位置及基本建设情况

虹桥富力十号项目位于虹桥商务区核心区北片区 06 号地块，地块范围东至申贵路，南至淮虹路，西至申虹路，北至宁虹路，项目平面位置如图 24.1-1 所示。项目用地面积为 25 199m²，总建筑面积为 81 130.30m²，其中地下建筑面积为 36 328.94m²，地上建筑面积为 44 801.36m²，由一栋大型地下车库及 7 栋高层住宅楼以及 3 栋多层住宅、相关配套用房组成。地块规划主要为商业、办公、综合用地等功能（图 24.1-2）。

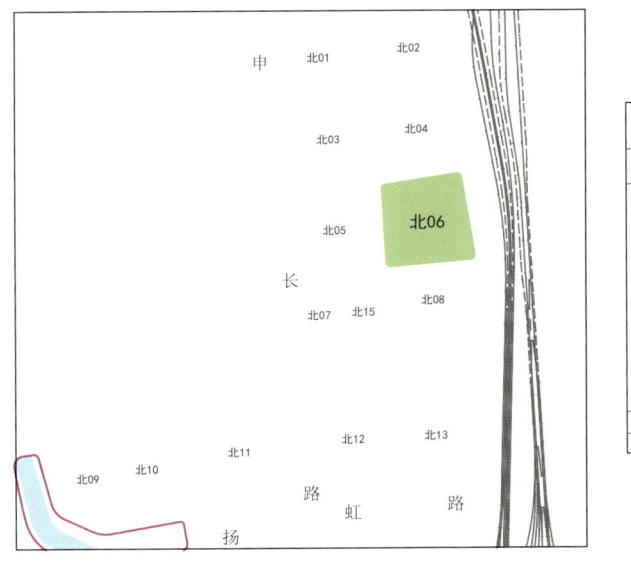
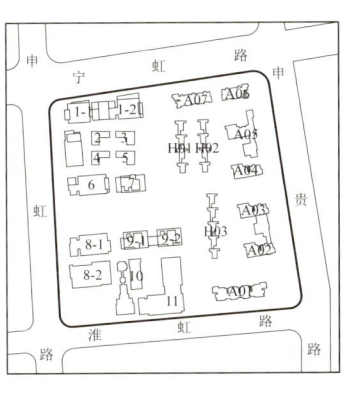

图 24.1-1 虹桥富力十号项目平面位置示意图

虹桥富力十号 06 地块商办区进一步划分为 3 个小地块，其中 07-01 号小地块为公共绿地，07-02，07-03 号小地块为商办用地。07-02，07-03 号商办用地以 3~8 层的高、多层商业、办公建筑为主。商办用地地下室为二层，为机动车停车库（其中地下一层局部为会所配套）以及设备用房、人防。

2. 参建单位

虹桥富力十号项目由上海极富房地产开发有限公司开发建设，该公司于 2013 年 1 月成立，隶属于广州富力地产股份有限公司。广州富力地产股份有限公司成立于 1994 年，集房地产设计、开发、工程监理、销售、物业管理、房地产中介等业务为一体，是中国综合实力最强的房地产企业之一。

项目其他参建单位如表 24.1-1 所示。

图 24.1-2　虹桥富力十号项目整体效果图

表 24.1-1　虹桥富力十号项目参建单位

参建单位	单位名称
建设单位	上海极富房地产开发有限公司
设计单位	广州市住宅建筑设计院有限公司
施工单位	广州天力建筑工程有限公司
监理单位	上海联合工程监理造价咨询有限公司

3. 项目基本建设过程

虹桥富力十号 2013 年 10 月开始桩基施工，2015 年 9 月底完成全部项目的结构封顶，2016 年年底完成项目的整体交付。具体施工进度节点如表 24.1-2 所示。

表 24.1-2　虹桥富力十号项目施工进度节点

项目单体	进度节点						
	桩基开始施工	基坑开挖	大底板施工完成	基坑出 ±0.00	主体结构封顶	竣工验收	交付
商业 1 号楼	2013.10.01	2014.10.16	2015.04.27	2015.07.14	2015.08.15	2016.06.30	2016.12.30
1# 楼	2013.10.01	2014.10.16	2015.04.27	2015.07.12	2015.09.28	2016.06.30	2016.12.30
2# 楼	2013.10.01	2014.10.16	2015.04.27	2015.07.08	2015.08.15	2016.06.30	2016.12.30
3# 楼	2013.10.01	2014.10.16	2015.04.27	2015.07.08	2015.08.15	2016.06.30	2016.12.30
4# 楼	2013.10.01	2014.10.16	2015.04.27	2015.07.08	2015.08.15	2016.06.30	2016.12.30
5# 楼	2013.10.01	2014.10.16	2015.04.27	2015.07.08	2015.08.15	2016.06.30	2016.12.30
6# 楼	2013.10.01	2013.10.01	2015.04.27	2015.07.06	2015.08.31	2016.06.30	2016.12.30
7# 楼	2013.10.01	2013.10.01	2014.06.30	2014.08.14	2014.11.28	2016.06.30	2016.12.30
8# 楼	2013.10.01	2013.10.01	2015.01.28	2015.04.01	2015.06.11	2016.06.30	2016.12.30

表 24.1-2（续）

项目单体	进度节点					
	桩基开始施工	基坑开挖	大底板施工完成	基坑出 ±0.00	主体结构封顶	竣工验收	交付
9# 楼	2013.10.01	2013.10.01	2014.08.15	2014.09.07	2015.01.09	2016.06.30	2016.12.30
10# 楼	2013.10.01	2013.10.01	2014.04.07	2014.04.30	2014.05.17	2016.06.30	2016.12.30
11# 楼	2013.10.01	2014.09.17	2014.12.12	2015.02.03	2015.04.30	2016.06.30	2016.12.30

24.2　基坑工程

24.2.1　基坑概况

虹桥富力十号 06 号地块商业区基坑分为三个区：7 号楼区域基坑开挖面积约 684m²，周边 107 延长米；9 号楼区域基坑开挖面积 1547m²，周边 189 延长米；地下二层区域基坑开挖面积 17 566m²，周边 963 延长米。7 号、9 号楼为独立封闭支撑体系，地下室为一层，基坑开挖深度约为 6.350m，地下一层支撑体系均为一道钢支撑。地下二层深基坑支护体系采用钻孔灌注桩（型钢水泥土搅拌墙）+ 两道混凝土支撑的形式。

基坑施工时，工程场地周边环境较为简单，没有特别需要保护的重要、敏感设施。场地内无建筑物、无地下管线及架空管线等设施。场地四周为既有市政道路，北侧为宁虹路，东侧为申贵路，南侧为淮虹路，西侧为申虹路。其中宁虹路至建筑物基础最北端边线约 10m，申贵路至基础最东端边线约 20m，淮虹路至基础最南端边线约 10m，申虹路距基础西端边界线距离大于 50m。

24.2.2　围护结构

虹桥富力十号项目基坑围护工程采用 Φ850@600 三轴搅拌桩外侧止水，内侧施工 Φ850@1050 钻孔灌注桩，部分区段采用 Φ850@600 三轴搅拌桩内插 H700×300×13×24@1800 型钢（商业北侧采用 Φ1000@750 三轴搅拌桩内插 H800×300×16×26@750 型钢，型钢长 25m），"插二跳一"，型钢长 15m，三轴搅拌桩中间施工 Φ850@1050 钻孔灌注桩。基坑内采用双轴搅拌桩、高压旋喷桩及压密注浆加固，围檩采用混凝土围檩，支撑为 Φ609 钢支撑。

24.2.3　土方开挖

根据围护支撑设计要求，基坑分三个层次进行土方开挖。第一层土方绝对标高为 2.600~4.500m，土方挖深为 1.9m，挖方量约 33 380m³；第二层土方绝对标高为 –2.900~–2.600m，土方挖深为 5.5m，挖方量约 96 613m³；第三层土方的绝对标高为 –5.900~–2.900m，土方挖深为 3.0m，局部基坑挖深为 5.4m，挖方量约 53 000m³。

1. 土方开挖整体顺序

根据基坑形状特点，整个基坑分为三个区域按顺序开挖。第一开挖区域为 11 号楼所在基坑，即 I 区；第二开挖区域为 8 号楼所在基坑，即 II 区；第三开挖区域为 7 号楼西、北侧基坑，为 III 区。基坑开挖分区如图 24.2-1 所示。

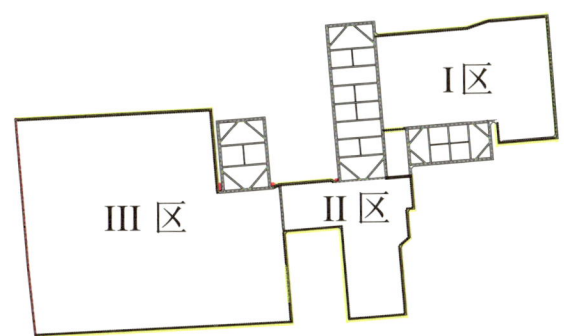

图 24.2-1　虹桥富力十号基坑开挖分区图

各区域占地面积及一、二、三皮土方开挖量如表 24.2-1 所示，土方总体开挖顺序为：I→II→III。

2. 土方开挖垂直向施工段划分

按照支撑布置，将土方开挖分成四层土进行开挖，各层土方的底标高（含垫层）分别为：2.600m，–2.900m，–5.900m 及电梯井落深区。

（1）第一层土：支撑区域土方开挖至 2.600m 标高，然后施工支撑 / 栈道和施工平台。

（2）第二层土：待第一道支撑达到设计强度、基坑降水达到开挖面以下0.5m后，预留中心岛区域土方，支撑区域土方开挖至 −2.900m 标高，然后施工第二道腰梁和支撑。

（3）第三层土：待第二道支撑达到设计强度、基坑降水达到开挖面以下0.5m后，预留中心岛区域土方，将土方开挖至 −5.900m 标高，然后施工垫层。

（4）第四层土：挖除预留中心岛区域土方及局部落深土方，及时浇筑垫层，结构底板施工。

表 24.2-1　虹桥富力十号土方开挖量统计

区域划分		Ⅰ区		Ⅱ区		Ⅲ区	
分层开挖	分层深度/m	面积/m²	土方量/m³	面积/m²	土方量/m³	面积/m²	土方量/m³
第一皮土	1.9	4061.5	7 717	2 178.8	4 140	8 956	17 020
第二皮土	5.5		22 338		11 983		49 258
第三皮土	3.0		12 200		6 550		27 000
合计	10.4	—	42 255	—	22 673		93 278
总计方量		158 206m³					

3. 土方开挖每层平面施工段划分

整个工程基坑大致呈不规则形状，基坑面积约 17 566m²，基础划分为三个区域：Ⅰ区东西向约53m，南北向约86m；Ⅱ区东西向约40m，南北向约30m；Ⅲ区东西向约103m，南北向约110m。

（1）第一层土方开挖顺序

Ⅰ区：由南北两侧向中间进行挖土，土方完成后立即进行该部位支撑、栈桥的施工；Ⅱ区：Ⅱ区由东向西开挖，支撑随挖随撑；Ⅲ区：Ⅲ区由中间向南北两侧开挖施工。

（2）基坑第二层土方开挖顺序

在综合考虑基坑形状、周边环境、设计要求、施工情况等各方面因素后，第二层土方采取"先撑后挖""先中间后四周"的施工原则。开挖过程中尽量对称挖土，并充分利用时空效应，控制挖土节奏，使支撑受力均匀。

（3）Ⅰ区基础底板分为两个区，基础底板按"由南向北"顺序形成；Ⅱ区因基坑面积较小，原则上基础底板不分区，整块施工；Ⅲ区基坑第三层土方根据基础底板后浇带划分成5块，采用"盆式"挖土的原则。土方开挖及基础底板形成顺序如图24.2-2中序号所示。

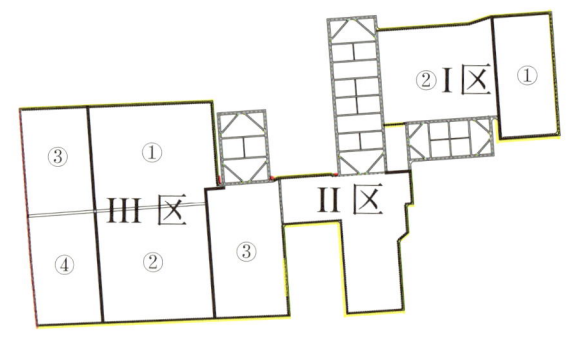

图 24.2-2　虹桥富力十号土方开挖及基础底板形成顺序示意图

24.3　主体结构工程

虹桥富力十号项目除7号、9号楼地下室为一层外，其余区域地下室均为二层，主要为机动车停车库（其中地下一层局部为会所配套）以及设备用房。地下室层高分别为6.25m，3.8m。纯地下室区域（绿化区域）顶板相对标高为 −2.150m。

1. 各建筑单体功能及层高

该项目各建筑单体功能、层数、层高如表24.3-1所示。

2. 主体结构设计

（1）该项目基础采用竖向构件下独立承台＋防水板形式（无梁楼盖形式）。地下一层底板厚度为400mm，地下二层底板厚度为 500mm；地下室外墙厚度为 400mm，抗浮设计水位取室外地面以下 0.5m；防水等级为二级，地下二层混凝土设计抗渗等级为 P8，地下一层以及以上混凝土设计抗渗等级为 P6。

表 24.3-1　虹桥富力十号项目建筑单体概况

楼号	建筑功能	层数	层高
1#	办公	8 层	首层层高为 4.5m，其余各层层高为 4.2m
2#	办公	3 层	各层层高均为 4.2m
3#	办公	3 层	各层层高均为 4.2m
4#	办公	3 层	各层层高均为 4.2m
5#	办公	3 层	各层层高均为 4.2m
6#	办公	8 层	首层层高为 4.5m，其余各层层高为 4.2m
7#	办公	9 层	首层层高为 4.5m，中间各层层高为 3.6m，顶部两层层高均为 4.5m
8#	办公	8 层	首层层高为 5.1m，其余各层层高为 4.2m
9#	办公	9 层	首层层高为 5.1m，中间各层层高为 3.6m，顶部两层层高分别为 3.9m，4.5m
11#	办公	8 层	首层层高为 5.1m，其余各层层高为 4.2m；附楼为二层办公楼，首层层高为 5.1m，二层层高为 6m
商业 1 号	商业	2 层	各层层高均为 4.5m

（2）虹桥富力中心项目各单体建筑平面立面均较规则，竖向构件连续。根据建筑平面、高度及功能，除 7 号、9 号楼采用框架剪力墙结构体系外，其余各单体采用框架结构体系。竖向构件采用高强度混凝土，截面沿高度方向逐渐减小，混凝土强度等级为 C50~C40，楼面为现浇梁板。

（3）各单体建筑平面均出现多处凹凸，在凹凸处加厚楼板厚度和提高配筋率（双层双向配筋），满足该方向水平力的传递和抗剪承载力。加强洞口边梁的断面宽度，提高环向刚度。

（4）地下室顶板局部开洞处，布置一定数量的剪力墙，加厚周围楼板厚度、加大梁截面，保证水平力传递。地下室顶板除塔楼外均落低 2m。高低跨采用梁板加腋、框架柱箍筋全高加密、抗震等级提高一级等措施。

（5）在高度方向采取加大柱梁截面等措施，减小楼层刚度突变，控制竖向刚度比小于 0.7，提高竖向构件的配筋率及配箍率。部分抽柱形成大空间，结构布置采用单向密肋梁，减少梁受荷面积，有效降低梁高度，提高空间高度，便于管线走向。

（6）地下部分联成整体，各楼嵌固端均取在地下室顶板处，各自成为独立结构单元。

24.4　幕墙工程

虹桥富力十号项目工程在选择幕墙时，在满足外观效果的情况下也考虑幕墙的经济性和施工组织的合理性，精选出性价比高的结构用于工程当中，紧紧围绕安全、美观、环保、经济合理的原则展开设计、施工。主要体现在以下几个方面：

（1）该工程选用的结构充分考虑了风荷载、温度应力和地震作用等对幕墙的影响，设计安全系数完全满足国家规定及该工程的要求。抗震计算按 7 度设防，并遵循"小震不坏，中震可修，大震不倒"的原则。

（2）幕墙设计时立面尽可能使各种线条整齐，从而使幕墙立面更统一。采用的幕墙系统均是成熟的工艺，幕墙尽量采用工厂加工，现场拼装，充分展现机械创造的美感。在建筑设计方面，玻璃幕墙的选择和设计充分考虑建筑立面风格表达以及建筑使用功能要求，力求做到简洁通透、优美现代的幕墙视觉效果与安全节能使用功能的统一；在结构设计方面，根据该项目建筑体型特征、抗震设防要求、幕墙实际层高跨度、幕墙立面分格尺寸以及面板类型，按照建筑结构可靠度设计概率原则，确保幕墙结构体系的传力路径简洁清晰，所有幕墙支撑结构和连接构件安全可靠，并预留足够的安全冗余量。

（3）幕墙系统采用框架式幕墙系统，实现结构防水，密封机理可靠，不完全依靠人为的操作水平和认真负责程度来保证密封质量，因而气密、水密性能更加可靠。设计上在满足结构强度要求的前提下，采用最合理的断面设计，是结构稳定与轻巧明快完美结合的典范。

（4）玻璃采用 Low-E 钢化中空玻璃，既能保证其隔声、隔热、保温、防结露性能，又保证外观效果的一致性。选用最实用、经济的材料规格，既满足了幕墙各项要求，又提高了材料的利用率，从而大大整体提高了材料的性价比。

（5）各个建筑涉及的幕墙类型主要包括以下9种：竖明横隐玻璃幕墙及竖向遮阳系统MQ1；明框玻璃幕墙系统MQ2；钢龙骨明框玻璃幕墙及铝板雨篷系统MQ3；钢龙骨明框玻璃幕墙系统MQ4；主入口钢龙骨竖明横隐玻璃幕墙系统MQ5；竖明横隐玻璃幕墙及竖向格栅系统MQ6；点支式玻璃幕墙及铝板雨篷系统MQ7；隐框玻璃雨篷系统YP1；铝合金玻璃栏杆系统LG1。图24.4-1所示为虹桥富力十号幕墙。

（a）龙骨安装

（b）幕墙完成后的实际效果图

图24.4-1　虹桥富力十号幕墙

25　虹桥阿里中心

25.1　项目概况

1. 项目位置及建设概况

虹桥阿里中心项目位于虹桥商务区核心区北片区07号地块，地块范围北至淮虹路，西至申长路，南至润虹路，东边为北15号地块。项目平面位置图如图25.1-1所示。

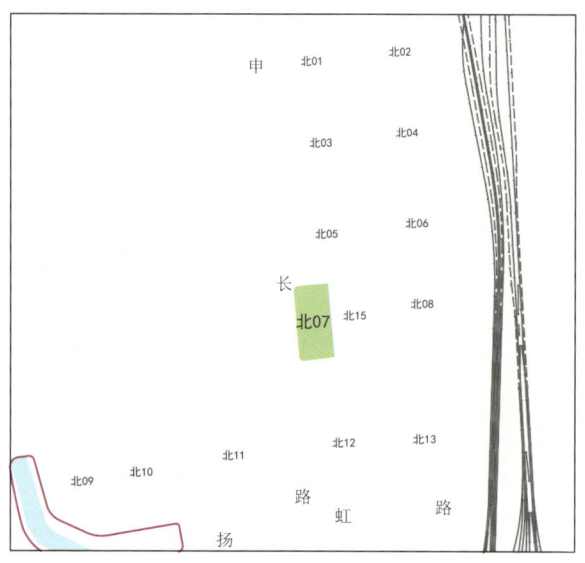
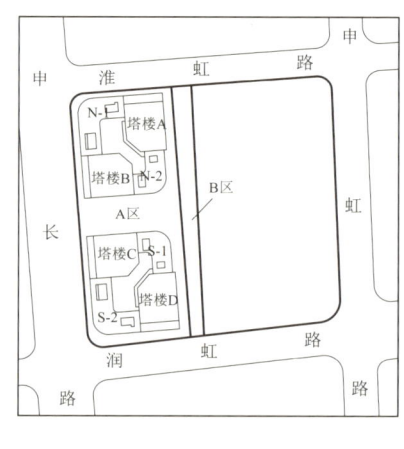

图25.1-1　虹桥阿里中心项目平面位置示意图

该项目包括08-02，08-04，08-05共三个地块，包含商业服务用地、商务办公用地及广场用地，主要建筑功能为办公及商业的综合楼。项目总占地面积为25 583m²，总建筑面积为140 944m²；其中，地上建筑面积为77 469m²，地下建筑面积为63 475m²；项目设有地下3层，包含4栋8~9层的办公楼及多层裙房等。

该项目所在位置集城市互通公路、铁路（虹桥火车站）、航空运输（虹桥国际机场）于一体，创造了上海西部独一无二的商业发展区域。北07号地块周边商业、文化、轨道交通等配置设施齐全，将形成地区内综合性项目场地。虹桥阿里中心项目效果图如图25.1-2所示。

图 25.1-2 虹桥阿里中心项目效果图

2. 参建单位

虹桥阿里中心项目由传富置业（上海）有限公司（阿里巴巴集团）负责开发、建设，勘察、设计、施工、监理等参建单位如表25.1-1所示。

表 25.1-1 虹桥阿里中心项目参建单位汇总

参建单位	单位名称
建设单位	传富置业（上海）有限公司（阿里巴巴集团）
勘察单位	上海申元岩土工程有限公司
围护设计单位	上海申元岩土工程有限公司
主体设计单位	上海建筑设计研究院有限公司
施工单位	中建三局第一建设工程有限责任公司
监理单位	上海建浩工程顾问有限责任公司

3. 基本建设过程

虹桥阿里中心项目于2014年10月开始桩基施工，2016年5月完成全部大底板浇筑，2016年9月完成地下结构施工。详细时间节点如表25.1-2所示。

表 25.1-2 虹桥阿里中心项目施工进度节点

项目单体	进度节点						
	桩基开始施工	基坑开挖	大底板施工完成	地下结构出 ±0.00	主体结构封顶	竣工验收	交付
A区	2014.10.31	2015.06.21	2015.07.21	2015.12.19	2016.07.08	2018.01.15	2018.01.15
B区	2014.10.31	2015.12.20	2016.05.29	2016.09.24	—		

25.2 基坑工程

25.2.1 基坑概况

虹桥阿里中心项目基坑西临申长路，南临润虹路，北临淮虹路，东面为3号能源站。基坑分为A、B两个区，其中，A区约18 625m²，B区约3 635m²，围护总周长为865m（其中，222m为A、B两区的分期围护），平面分区情况如图 25.2-1 所示。A 区基坑普遍开挖深度为 –15.05~–15.25m，B 区基坑普遍开挖深度为 –15.05m。

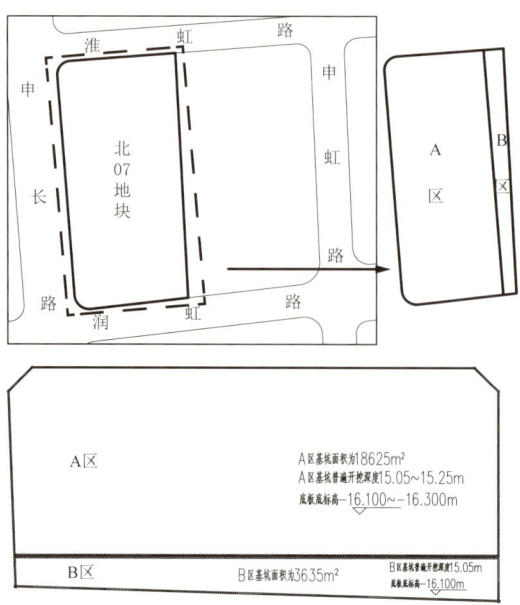

图 25.2-1　虹桥阿里中心项目基坑平面位置与分区图

该项目基坑东侧围护结构内边线距离红线 5.0m，红线外为虹桥商务区 3 号能源站项目。3 号能源站项目地下室边线距离虹桥阿里中心项目基坑红线约 5m，临近虹桥阿里中心项目的基坑开挖深度约 15m（图 25.2-2）。根据施工进度安排，3 号能源站在虹桥阿里中心项目之前进行围护结构的施工及基坑开挖。由于两个项目相距较近，因此该项目基坑围护设计考虑了与能源站基坑之间的进度协调和采取技术措施减小相邻基坑开挖的相互影响。

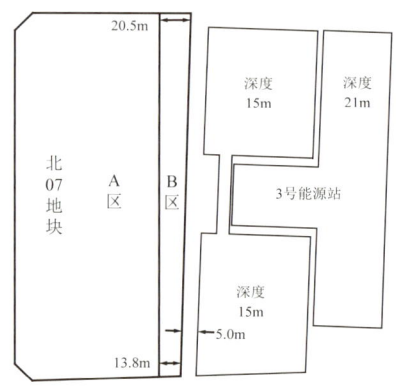

图 25.2-2　虹桥阿里中心项目与 3 号能源站平面位置关系图

基坑南、西、北侧红线外分别为润虹路、申长路和淮虹路，三条道路下均分布有大量的管线。该项目在基坑开挖前与管线管理部门进行了沟通，调查了管线的接头形式、阀门位置等，采取有针对性的保护措施，确定合理的管线监测报警值，确保安全。润虹路宽 30m，润虹路南侧为虹桥协信项目，虹桥阿里中心项目基坑边线距离虹桥协信项目地下室外边线约 40m，因此基坑开挖对虹桥协信项目影响较小。

25.2.2　基坑施工重点、难点及相应措施

虹桥阿里中心项目基坑边线离 3 号能源站基坑边线仅 5~8m，开挖深度均接近 –15m，两基坑同步施工，过程施工衔接及基坑安全控制是重点。

为保证两个基坑安全，采用以下解决方案：

（1）设计上，虹桥阿里中心项目为保证两个基坑安全，将基坑分为 A、B 两区，A 坑出 ±0.000 以后，方可进行 B 坑的土方开挖。

（2）方案上，两单位深基坑设计方案及施工方案同时进行评审，评审过程中专家考虑邻近项目现状，同时做好基坑应急预案。

（3）施工过程中，两基坑邻近位置做好基坑监测点，加强监测；建立基坑监测数据共享机制；严格控制施工工序，

按照评审方案执行。

25.2.3 围护结构

虹桥阿里中心项目基坑面积达 22 260m²,设有三层地下室,普遍开挖深度为 −15.05m。考虑基坑周边环境和开挖深度,基坑围护设计采用地下连续墙＋三道钢筋混凝土水平支撑的形式,地下连续墙厚 800mm。分期围护采用钻孔灌注桩＋三轴搅拌桩止水帷幕。

基坑第一道支撑体系中心标高 −2.35m,围檩截面尺寸为 1 200mm×700mm,支撑截面尺寸为 900mm×700mm,连杆截面尺寸为 700mm×700mm,混凝土设计强度为 C30;第二、三道支撑体系中心标高分别为 −7.65m 和 −12.65m,围檩截面尺寸为 1 400mm×800mm,支撑截面尺寸为 1 100mm×800mm,连杆截面尺寸为 800mm×800mm,对撑截面尺寸为 1 300mm×800mm,混凝土设计强度为 C35,底部混凝土保护层厚 50mm,其余保护层厚 30mm。第一道支撑结合施工栈桥设置,以方便地下结构施工。

图 25.2-3—图 25.2-6 所示为 A 区和 B 区的支撑布置示意图。

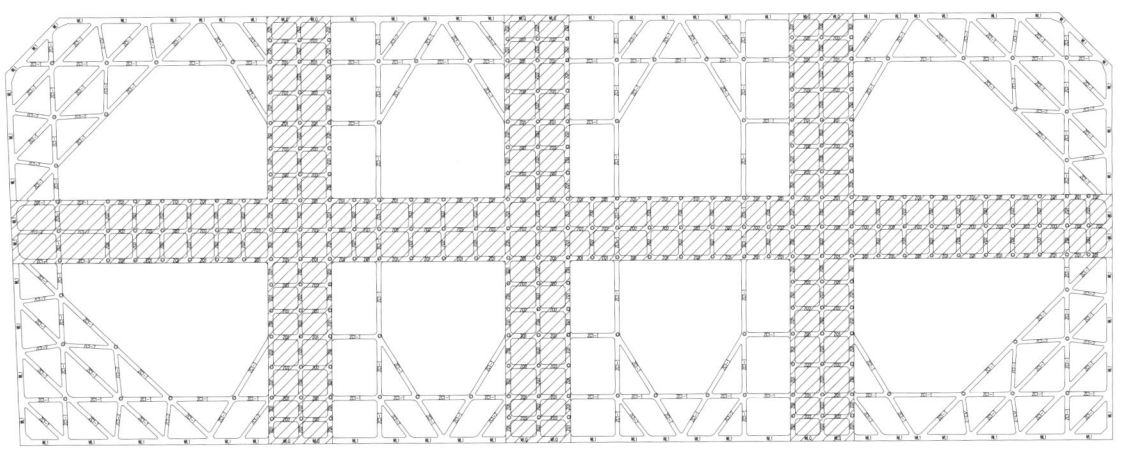

图 25.2-3　A 区第一道支撑及栈桥示意图

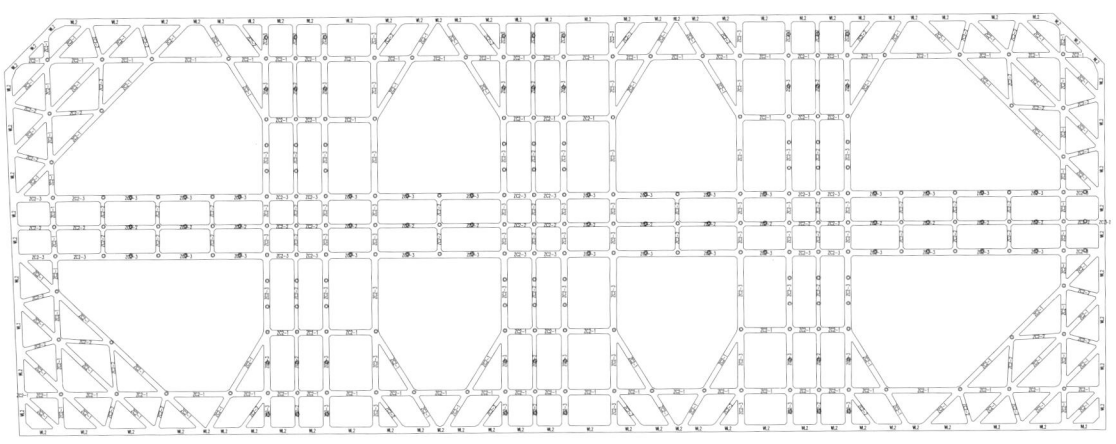

图 25.2-4　A 区第二、三道支撑示意图

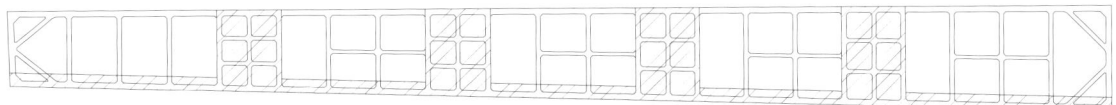

图 25.2-5　B 区第一道支撑及栈桥示意图

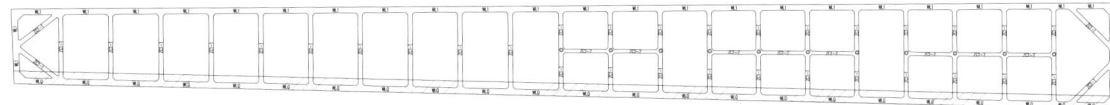

图 25.2-6　B 区第二、三道支撑示意图

25.2.4 降水施工

根据现场地质水文条件,该工程采用疏干井与降压井结合的方式进行降水,降水井布置如图 25.2-7 所示。

疏干井:A 区共布设疏干降水井 89 口,B 区共布设 15 口,井深为坑底下 6m,设计深度为 22m。

降压井:A 区落深坑较多,在每个落深坑集中区域布设 3 口降压井和 1 口观测井兼备用井,共 16 口,深度为 39m,同时在普通底板区域布设 4 口观测井兼备用井,即在 A 区布设 20 口降压井;B 区落深坑较少,同时分隔墙深度高于含水层层顶,A 区降水井降水可影响 B 区水位,因此在 B 区设置 2 口观测井兼备用井。

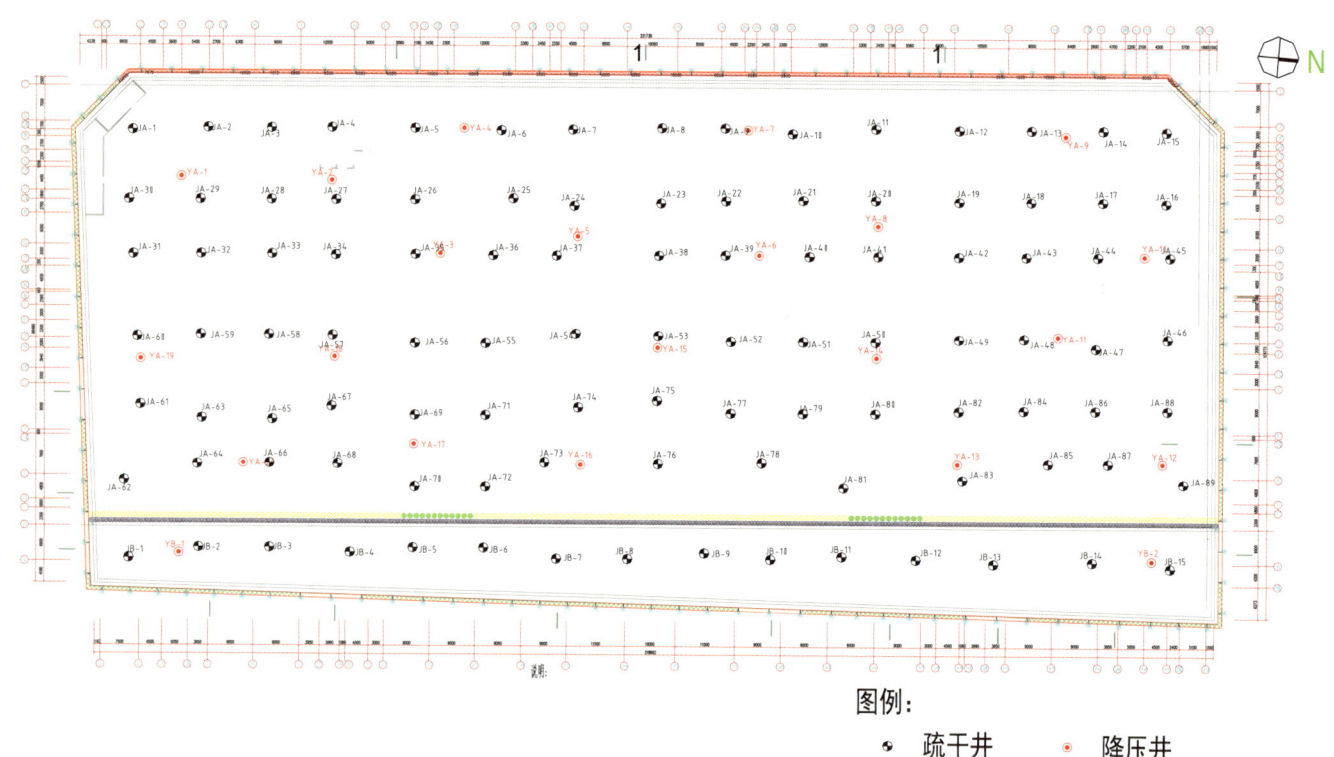

图例:
- 疏干井
- 降压井

图 25.2-7 虹桥阿里中心项目基坑降水井平面布置图

25.2.5 土方开挖

1. 开挖概况

该工程基坑长边约 220m,短边约 110m,平均开挖深度为 -15.05m,土方量约 34 万 m^3。工程分 A、B 两个坑进行施工及部署,B 区土方开挖开始于 A 区地下结构出 ±0.000。

2. 开挖原则

该工程土方开挖阶段按照以下原则进行:

(1)按"时空效应"原理,"限时、分段、均匀、对称"地进行土方开挖和设置支撑,采用(盆式)挖土法,减少和控制无支撑土体暴露时间,坑边土体挖除后,一般应在 48h 内浇筑形成支撑。

(2)基坑开挖期间禁止在坑边堆放建材、大型机械等重物。

(3)挖土应遵循先撑后挖的原则分层分块开挖。挖土机械不得直接碾压支撑,如需在支撑上运作,必须覆土高于支撑顶面 300mm 且铺设走道板,严禁在底部掏空的支撑构件上行走与操作,机械与车辆不得碰撞支撑和立柱,立柱四周的土体应对称均匀挖除。

(4)在基坑开挖过程中挖土不得超挖,开挖面高差应控制在 2.5m 以内,并按 1:1.5 放坡;坑底留 200~300mm 厚的基土用人工铲除及修平,来不及处理的工程桩桩头应在垫层浇筑后凿除。

(5)挖土后在坑内设盲沟集水井明排水,盲沟应避免沿基坑底周边布置,与坑边距离不小于 5m,且不宜过深,宜利用加深部分作为集水井。

(6)坑底混凝土垫层应在土方开挖到底后随挖随捣,每块垫层不大于 200m^2。垫层应浇至围护边,与围护体相连。电梯井、集水井等局部落深区,应待大面积垫层完成并达到设计强度后,方可开挖。

(7)挖土期间应确保坑内土体处于较干燥状态,防止坑外明水倒灌入坑内,一旦发现围护墙有渗漏,必须立即封堵,并及时通知各方。

3. 开挖分区及开挖顺序

（1）平面顺序

土方开挖严格遵循"分层、分块、对称、限时"的原则，留土护壁宽度不少于20m，坡度不大于1：1.5。土方开挖完成后4d内完成支撑施工，充分利用时空效应原理，严格控制基坑变形。

（2）竖向开挖顺序

土方在竖向上分层开挖，即每开挖一层土方随即施工一道支撑。具体如下：开挖至标高 −2.700m，施工第一道压顶梁、支撑及栈桥；待第一道支撑及栈桥达到设计强度后，分块、对称、平衡开挖至标高 −8.050m，施工第二道钢筋混凝土围檩和支撑；待第二道支撑达到设计强度后，分块、对称、平衡开挖至标高 −13.050m，施工第三道钢筋混凝土围檩和支撑；待第三道支撑达到设计强度后，分块、对称、平衡开挖至底板底（标高 −16.400m），及时浇筑垫层、底板。

（3）支撑及栈桥施工顺序

支撑及栈桥随土方施工顺序进行，首道支撑及栈桥施工完毕达到养护期后方进行下层土方开挖，后续支撑随土方开挖顺序及进度跟进施工，各分区土方施工完毕后，4d内完成对应位置的内支撑施工。

（4）A区土方开挖分区及开挖次序

① A区土方开挖分区：A区土方开挖阶段根据支撑设计将其分为A1、A2两个大区，内部分几个小区，如图25.2-8、图25.2-9所示。

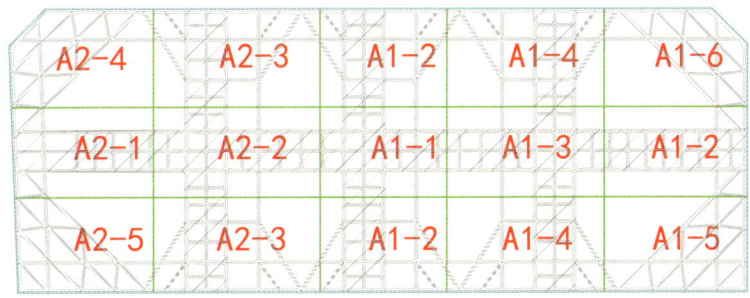

图25.2-8 A区第一层土土方开挖分区

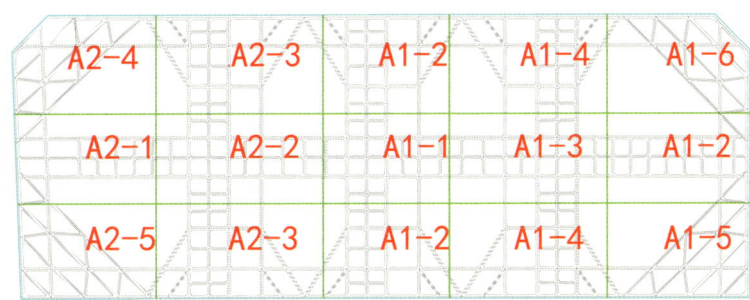

图25.2-9 A区第二至第四层土土方开挖分区

② A区土方开挖次序如图25.2-10所示。

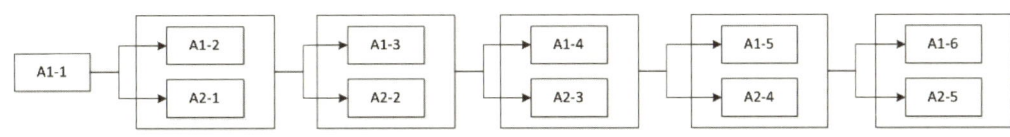

图25.2-10 A区土方开挖次序

（5）B区土方分区及开挖次序

① B区土方分区如图25.2-11所示。

图25.2-11 B区土方开挖平面分区

② B区土方开挖次序如图25.2-12所示。

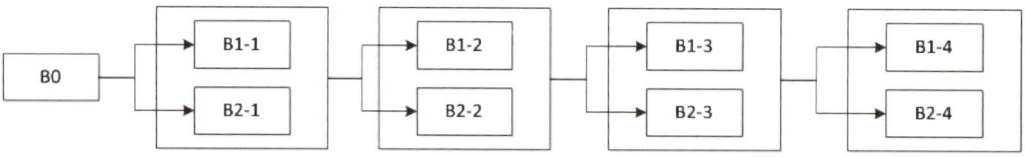

图25.2-12　B区土方开挖次序

25.3　主体结构工程

25.3.1　地上结构分区

虹桥阿里中心项目地上结构施工时将工程划分为两个区进行，即Ⅰ区和Ⅱ区。Ⅰ区办公楼包括塔楼C、塔楼D、裙楼S-1、裙楼S-2；Ⅱ区办公楼包括塔楼A、塔楼B、裙楼N-1、裙楼N-2。分区示意图如图25.3-1所示。

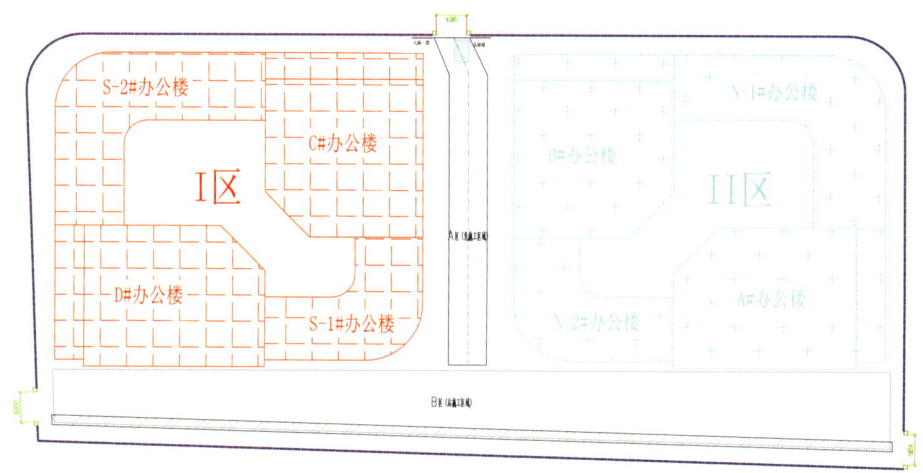

图25.3-1　虹桥阿里中心项目地上结构分区图

25.3.2　建筑设计概况

该项目建筑设计概况如表25.3-1所示。

表25.3-1　虹桥阿里中心项目建筑设计概况

总用地面积			25 583m²		总建筑面积	140 944m²
占地面积			13 540m²		首层建筑面积	9 795m²
地上面积			77 469m²		地下面积	63 475m²
层数	地上	塔楼A	8层	建筑总高	塔楼A	34.7m
		塔楼B	8层		塔楼B	34.6m
		塔楼C	9层		塔楼C	38.9m
		塔楼D	9层		塔楼D	39.0m
		裙楼S1	4层		裙楼S1	17.4m
		裙楼S2	4层		裙楼S2	17.4m
		裙楼N1	4层		裙楼N1	17.4m
		裙楼N2	4层		裙楼N2	17.4m
	地下	地下室	3层			—

表 25.3-1（续）

建筑层高	标准层	4.3m
	首层	4.5m
	地下室一层	6.0m
	地下室二层	4.5m
	地下室三层	4.2m

25.3.3 结构设计概况

该项目结构设计概况如表 25.3-2 所示。

表 25.3-2 虹桥阿里中心项目结构设计概况

结构形式	塔楼	钢筋混凝土框架剪力墙结构体系
	裙楼、地下车库	钢筋混凝土框架结构体系
设计使用年限	50 年	建筑结构安全等级	二级
地基基础设计等级	甲级	桩基础设计等级	甲级
地震设防烈度	7 度	基础埋深	约 16m
桩径	塔楼	800mm
	裙楼	600mm
桩长	塔楼	30m
	裙楼	25m
桩形式		钻孔灌注桩
持力层		⑦$_2$ 层粉砂
承载力标准值	塔楼	2 400kN
	裙楼	1 400kN
基础形式		桩基 + 筏板基础
筏板厚度	塔楼	1 200mm
	地库	900mm

25.3.4 新技术在施工过程中的应用

1. 混凝土技术

（1）高耐久性混凝土

高耐久性混凝土是通过对原材料的质量控制和生产工艺的优化，并采用优质矿物微细粉和高效减水剂作为必要组分来生产的具有良好施工性能、满足结构所要求的各项力学性能、耐久性非常优良的混凝土。

该工程墙柱采用强度等级为 C40~C60 的混凝土，力学性能符合要求，施工中采用泵送混凝土，冬季施工期间，添加抗冻剂。

（2）轻骨料混凝土

轻骨料混凝土是指采用轻骨料的混凝土，其表观密度不大于 1 900kg/m³。所谓轻骨料是为了减轻混凝土的质量以及提高热工效果为目的而采用的骨料，其表观密度要比普通骨料低。

轻骨料混凝土具有轻质、高强、保温和耐火等特点，并且变形性能良好，弹性模量较低，在一般情况下收缩和徐变也较大，应用于工业与民用建筑及其他工程，可减轻结构自重、节约材料用量、提高构件运输和吊装效率、减少地基荷载及改善建筑物功能等。按其在建筑工程中的用途不同，轻骨料混凝土分为保温轻骨料混凝土、结构保温轻骨料混凝土和结构轻骨料混凝土。此外，轻骨料混凝土还可以用作耐热混凝土，代替窑炉内衬。

该工程屋面、地下室顶板采用陶粒混凝土，在确保质量的同时，减轻结构自重。

（3）纤维混凝土

纤维混凝土是指掺加短钢纤维或合成纤维作为增强材料的混凝土。钢纤维的掺入能显著提高混凝土的抗拉强度、抗弯强度、抗疲劳特性及耐久性；合成纤维的掺入可提高混凝土的韧性，特别是可以阻断混凝土内部毛细管通道，因而减少混凝土暴露面的水分蒸发，大大减少混凝土塑性裂缝和干缩裂缝。

该工程地下室超长，为减轻混凝土裂缝，在地下室底板、外墙、地下室顶板混凝土内掺入一定量的纤维素混凝土（掺量为0.8kg/m³左右），抗拉强度不小于500kPa，弹性模量不小于8.0GPa。

（4）混凝土裂缝控制技术

混凝土裂缝控制与结构设计、材料选择、施工工艺等多个环节相关，其中选择抗裂性较好的混凝土是控制裂缝的重要途径。该技术主要是从混凝土材料角度出发，通过原材料、配比设计、试验比选等方面选择抗裂性较好的混凝土，并提及施工中需采取的一些技术措施等。

该工程为桩筏基础，裙楼筏板厚度为900mm，塔楼为1100mm，属于大体积混凝土。为保证混凝土施工质量，通过混凝土配合比、粉煤灰掺合料等对材料进行优化设计，并采取"抓材料、控位置、精浇捣、重养护、慢上人"的施工方法，进行混凝土裂缝防治。

2. 钢筋及预应力技术

（1）高强钢筋应用技术

HRB400级热轧带肋钢筋是指屈服强度为400N/mm²的钢筋。当钢中加入微量合金元素Ti或Nb后可使晶粒细化，改善延性，降低碳含量，而钢筋屈服强度提高，并具有良好的可焊性。HRB400级钢筋是目前国内重点推广的新钢种之一。

该工程梁、板、墙等构件采用HRB400级热轧带肋钢筋约12 000t，用新Ⅲ级钢筋代替Ⅱ级钢筋可节约钢筋5%~8%。

（2）大直径钢筋直螺纹连接技术

粗直径钢筋直螺纹机械连接技术是通过不同工艺方式将钢筋端头加工成螺纹，再用带有内螺纹的连接套筒将两根待接钢筋连接起来。直螺纹接头的特点是质量稳定，性能可靠，接头可达到行业标准Ⅰ、Ⅱ级要求。钢筋直螺纹机械连接技术可广泛应用于HRB335、HRB400级和500MPa级钢筋的连接，用于抗震和非抗震设防的各类土木工程结构物、构筑物。此外，现场可实现提前预制，在连接作业面施工方便、快捷。

该工程直径18mm以上钢筋均采用直螺纹机械连接。其中，直径18mm的钢筋套筒8 729个，直径20mm的套筒3 123个，直径22mm的套筒2 750个，直径25mm的套筒40 313个，直径28mm的套筒2 153个，直径32mm的套筒5 347个。

（3）无黏结预应力技术

无黏结预应力筋由单根钢绞线涂抹建筑油脂外包塑料套管组成，它可像普通钢筋一样配置于混凝土结构内，待混凝土硬化达到一定强度后，通过张拉预应力筋并采用专用锚具将张拉力永久锚固在结构中。其技术内容主要包括材料及设计技术、预应力筋安装及单根钢绞线张拉锚固技术、锚头保护技术等。

该工程地下一层混凝土板采用无黏结预应力技术。预应力筋采用1860级高强低松弛钢绞线，钢绞线抗拉强度标准值$f_{ptk}=1 860$MPa，弹性模量$E_S=1.95\times10^5$MPa，直径$D=15.24$mm，单根截面面积为140mm²。

（4）有黏结预应力技术

黏结预应力技术是在结构或构件中预留孔道，待混凝土硬化达到一定强度后，穿入预应力筋，通过张拉预应力筋并采用专用锚具将张拉力锚固在结构中，然后在孔道中灌入水泥浆。其技术内容主要包括材料及设计技术、成孔技术、穿束技术、大吨位张拉锚固技术、锚头保护及灌浆技术等。

该工程塔楼B、塔楼C、裙楼、地下室局部大跨度梁采用有黏结预应力技术。预应力钢筋直径为15.20mm，截面面积为139mm²，每延米重量约1.102kg，低松弛预应力钢绞线的极限抗拉强度标准值为1 860MPa。

3. 钢结构技术

（1）深化设计技术

深化设计是在钢结构工程原设计图的基础上，结合工程情况、钢结构加工、运输及安装等施工工艺和其他专业的配合要求进行的二次设计。其主要技术内容有：使用详图软件建立结构空间实体模型或使用计算机放样制图，提供制造加工和安装的施工用详图、构件清单及设计说明。

该工程钢结构涉及32根劲性柱及4部钢楼梯，用钢量约200t，钢结构深化设计将原图深化至加工图，满足现场钢构件加工需求。

（2）厚钢板焊接技术

在高层建筑、大跨度工业厂房、大型公共建筑、塔桅结构等钢结构工程中，应用厚钢板焊接技术的主要内容有：①厚钢板抗层状撕裂钢材（Z向性能测试钢）的选用；②焊缝接头形式的合理设计；③低氢型焊接材料的选用；④焊接工艺的制定及评定，包括焊接参数、工艺、预热温度、后热措施或保温时间；⑤分层分道焊接顺序；⑥消除焊接应力措施；⑦缺陷返修预案；⑧焊接收缩变形的预控与纠正措施。

该工程钢结构钢板厚度多为 40mm，最大 60mm，根据规范要求，厚度超过 40mm 的板材需有 Z 向性能要求，最低不小于 15%，项目所用厚板焊接均做超声波检测，焊缝质量符合国家验收合格标准。

（3）钢与混凝土组合结构技术

型钢与混凝土组合结构主要包括钢管混凝土柱，十字、H 型、箱型、组合型钢骨混凝土柱，箱型、H 型钢骨梁、型钢组合梁等。钢管混凝土可显著减小柱的截面尺寸，提高承载力；钢骨混凝土承载能力高，刚度大且抗震性能好；组合梁承载能力高且高跨比小。

钢管混凝土施工简便，梁柱节点采用内环板或外环板式，施工与普通钢结构一致，钢管内的混凝土可采用高抛免振捣混凝土，或顶升法施工钢管混凝土。关键技术是设计合理的梁柱节点与确保钢管内浇捣混凝土的密实性。

钢骨混凝土除了钢结构优点外还具备混凝土结构的优点，同时结构具有良好的防火性能。其关键技术是如何合理解决梁柱节点区钢筋的穿筋问题，以确保节点良好的受力性能与加快施工速度。

组合梁是在钢梁上部浇筑混凝土，形成混凝土受压、钢结构受拉的截面合理受力形式，充分发挥钢与混凝土各自的受力性能。组合梁施工时，钢梁可作为模板的支撑。组合梁设计时要确保钢梁与混凝土结合面的抗剪性能，也要充分考虑钢梁各工况下从施工到正常使用各阶段的受力性能。

该工程劲性柱采用 H 型钢，提高了结构承载力，有更好的抗震效果。

25.4 幕墙工程

虹桥阿里中心项目地上部分采用框架式半隐框玻璃幕墙系统，基本材质主要为夹层中空 Low-E 玻璃（6+1.52PVB+6Low-E+12A+8），型材为断热型铝型材和钢型材。透明玻璃幕墙自身遮阳系数为 0.39，整窗传热系数为 $2.30W/(m^2 \cdot K)$。透明幕墙有可开启部分或设有通风换气装置。玻璃幕墙性能如表 25.4-1 所示。

表 25.4-1 虹桥阿里中心项目幕墙性能表

抗风压性能	该系统转角部位的最大风荷载为 2.13kPa，满足《建筑幕墙》（GB/T 21086-2007）中的 3 级要求，即 $2.0kPa \leq P_3 < 2.5kPa$
水密性能	满足《建筑幕墙》（GB/T 21086-2007）中的 3 级要求，即固定部分 $1000Pa \leq \nabla P < 1500Pa$，开启部分 $500Pa \leq \nabla P < 700Pa$
气密性能	满足《建筑幕墙》（GB/T 21086-2007）中的 3 级要求，即幕墙整体部分 $1.2 \geq qA > 0.5$，开启部分 $1.5 \geq q_L > 0.5$
热工性能	透明部分（玻璃幕墙）传热系数为 $2.3W/(m^2 \cdot K)$
空气隔声性能	满足《建筑幕墙》（GB/T 21086-2007）中的 3 级要求，即声音平均透过损失 $35dB \leq R_W < 40dB$
平面内变形性能	满足《建筑幕墙》（GB/T 21086-2007）中的 4 级要求，即建筑幕墙层间位移角 $1/150 \leq \gamma < 1/100$

25.5 机电安装工程

虹桥阿里中心项目在机电工程施工过程中采用了管线综合布置、金属矩形风管薄钢板法兰连接、电缆穿刺线夹施工等新技术。

1. 管线综合布置技术

管线综合布置技术是依靠计算机辅助制图手段，在施工前模拟机电安装工程施工完成后的管线排布情况。根据模拟结果，结合原有设计图纸的规格和走向，进行综合考虑后再对施工图纸进行深化，从而达到实际施工图纸优化的目的。应用"管线综合布置技术"极大缓解了在机电安装工程中存在的各种专业管线安装标高重叠，位置冲突的问题。不仅可以控制各专业和分包的施工工序，减少返工，还可以控制工程的施工质量与成本。

该项目在地下室、消防泵房及管道井管等施工部位采用 BIM 技术，实现管线安装密集部位，各专业交叉作业的有序化，减少返工和成品/半成品破坏，确保各专业工程质量，实现管道支架的综合利用，尽可能采用管道综合支架，降低资源消耗和工程造价。

2. 金属矩形风管薄钢板法兰连接技术

共板法兰风管工艺作为快速法兰风管工艺的一种在欧洲得到大量推广，它兼具角钢法兰风管的优点，结构强度更强,无焊接、无铆接,全镀锌板制造,耐腐蚀性好,连接严密,漏风率低。其风管成品外形美观,尺寸规矩准确,外形线条流畅,漏风量远低于国家标准。有利于通风管道的生产实现工厂化、规模化、标准化、自动化。

共板法兰是非型钢连接,由镀锌钢板制作的风管的连接形式可用钢板直接压制使风管与法兰一体成形。制作工艺先进,下料准确,材料消耗低,产品质量稳定,加工更快捷、更方便,漏风率更小。实现了漏风量小,降低能耗,节省运行费用。

共板法兰风管工程整个施工过程80%的工作量均在工厂由机械设备按工艺流程加工完成(包刮下料、成型、合缝与拼角、密封处理、清洁处理、风管吊架与吊筋制作)。施工现场仅剩下风管连接与吊装工作,现场施工工具简单、安装方便。与普通的角钢法兰风管相比,系统整体重量轻,安装方便,省时省工省料。用此工艺能缩短工期,节省成本。

3. 电缆穿刺线夹施工技术

(1)技术特点

电缆穿刺线夹施工技术是一种新型的电缆连接器技术,是代替分线箱、T接箱最佳的产品,施工时无需截断主电缆,可在电缆任意位置做分支,不需要对导线和线夹做特殊处理,操做简单、快捷,与常规接线方式相比,免去了剥除绝缘层、搪锡或压端子、绝缘包扎等工序,减少了绝缘层、电线头等施工垃圾,降低了常规做法难以避免的环境污染,节省人工和安装费用。

(2)施工工艺

一般穿刺分接头结构多采用绝缘线芯穿刺线夹工艺制作,穿刺分支电缆的绝缘穿刺线夹具有力矩螺母和穿刺结构,力矩螺母用于保证恒定的接触压力,确保良好的电气接触,并同穿刺结构一起使安装简便可靠。绝缘穿刺线夹的使用对干线的机械性能和电气性能影响小。

(3)施工方法

采用电缆穿刺线夹施工时,首先在主线电缆上确定好分支线的位置,并在确定的部位剥去200~500mm外护套,将主线电缆芯线分叉,无需剥去电缆芯线内护层(绝缘层),将分支线直接插入具有防水功能的支线帽内(无需剥去绝缘层),再将线夹固定在主线电缆分支芯线处,在连接处用手拧紧线夹螺母,最后用套筒板手套固定线夹按顺时针拧紧线夹上的力矩螺母,当穿刺刀片与金属导体的接触达到最佳效果时力矩螺母便会自动断离,不需要对导线和线夹做特殊处理。

该工程在强电井竖向电缆敷设施工中采用电缆穿刺线夹施工技术,用电缆穿刺线夹替代电缆分接箱、T接箱,实现施工过程中不截断主电缆,避免因剥除电缆绝缘层、搪锡等工艺造成的施工垃圾和环境污染,并降低资源消耗和工程造价。

26 虹桥嘉汇和尚品华庭

26.1 项目概况

1. 项目位置及建设概况

虹桥嘉汇和尚品华庭项目位于虹桥商务区核心区北片区08号地块,项目基地南临润虹路,北临淮虹路,西至申虹路,东至申贵路,占地面积为43 941m²,项目平面位置如图26.1-1所示。

该项目总建筑面积为135 939m²,其中地上建筑面积为84 693m²,地下建筑面积为49 382m²。地下一层,局部地下二层,作为设备用房及汽车库、自行车库,结合人防地下室。项目按使用类型分为09-02,09-03商务办公地块和09-04住宅地块两部分。规划设计与虹桥商务区核心区整体城市规划要求相契合,依托世界级规模虹桥综合交通枢纽,打造服务长三角地区乃至全国的高端商办居住综合体。创造绿色低碳的商务办公区和宜居生活住宅区协同发展的复合型社区。结合以运动、阳光、体育为功能主题的社区商业核心将商务办公和居住功能融为一体,形成参与式互动体验社区模式。项目建成后效果如图26.1-2所示。

2. 参建单位

虹桥嘉汇和尚品华庭项目由上海辰环房产发展有限公司负责开发、建设、运营管理,上海新长宁(集团)有限公司负责投资。上海辰环房产发展有限公司是隶属于上海新长宁(集团)有限公司的全资子公司。

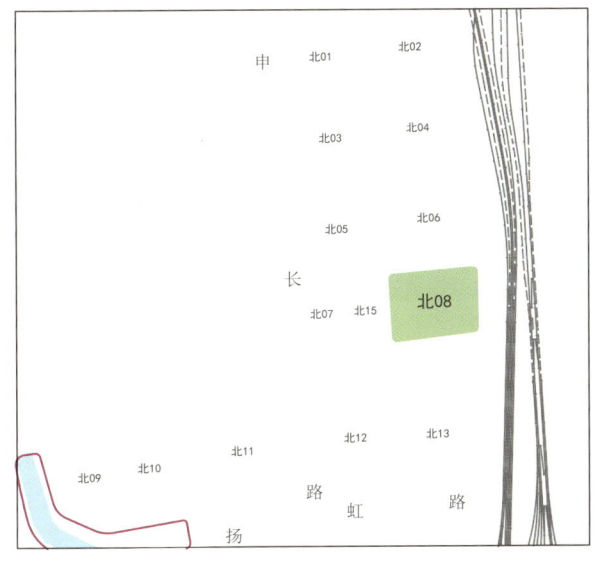
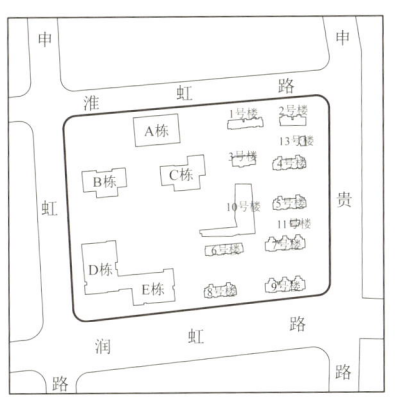

图 26.1-1　虹桥嘉汇和尚品华庭项目平面位置示意图

图 26.1-2　虹桥嘉汇和尚品华庭项目效果图

上海新长宁（集团）有限公司以房地产开发为核心，积极拓展科技产业和商业，是长宁区最具实力的企业集团。公司拥有全国房地产开发经营一级资质，连续 19 年荣获上海市重点工程实事立功竞赛优秀公司，以其高品质的房地产开发和成熟的品牌形象，位居上海房地产开发企业 50 强前列。

除上海新长宁（集团）有限公司外，项目其他参建单位如表 26.1-1 所示。

表 26.1-1　虹桥嘉汇和尚品华庭项目参建单位汇总

参建单位	单位名称
建设单位	上海辰环房产发展有限公司
建筑设计顾问	缔博建筑设计咨询（上海）有限公司
深化设计单位	华东建筑设计研究院有限公司
岩土勘察	上海申元岩土工程有限公司
总包单位	上海星宇建设集团有限公司（商办）
	上海利恩建设集团有限公司（住宅）
监理单位	上海科安建设监理有限公司

3. 基本建设过程

虹桥嘉汇和尚品华庭项目商办部分于2014年9月开始桩基施工，2015年12月完成全部大底板浇筑，2016年1月完成地下结构施工，2017年9月完成竣工验收。详细时间节点如表26.1-2所示。

表26.1-2　虹桥嘉汇和尚品华庭项目商办部分施工进度节点

项目单体	进度节点						
	桩基开始施工	基坑开挖	大底板施工完成	地下结构出±0.00	主体结构封顶	竣工验收	交付
A栋办公楼	2014.09.26	2015.05.15	2015.08.12	2015.11.17	2016.03.20	2017.09.20	2017.10.30
B栋办公楼			2015.09.02	2015.11.27	2016.03.18		
C栋办公楼			2015.08.19	2015.11.22	2016.03.18		
D栋办公楼			2015.12.26	2016.01.26	2016.06.08		
E栋办公楼			2015.11.01	2016.01.17	2016.06.04		
车库			2015.12.17	2016.01.14	2016.01.14		

虹桥嘉汇和尚品华庭项目住宅部分于2014年9月开始桩基施工，2015年10月完成全部大底板浇筑，2015年12月完成地下结构施工，2017年8月完成竣工验收。详细时间节点如表26.1-3所示。

表26.1-3　虹桥嘉汇和尚品华庭项目住宅部分施工进度节点

项目单体	进度节点						
	桩基开始施工	基坑开挖	大底板施工完成	地下结构出±0.00	主体结构封顶	竣工验收	交付
1#住宅楼	2014.09.26	2015.05.24	2015.08.31	2015.10.20	2016.01.08	2017.08.30	2018.03.30
2#住宅楼			2015.08.03	2015.10.14	2016.01.15		
3#住宅楼			2015.09.09	2015.10.18	2016.01.18		
4#住宅楼			2015.06.20	2015.08.05	2015.12.01		
5#住宅楼			2015.07.17	2015.09.02	2015.12.23		
6#住宅楼			2015.09.20	2015.10.21	2016.01.05		
7#住宅楼			2015.07.04	2015.08.19	2015.12.07		
8#住宅楼			2015.06.12	2015.07.26	2015.12.17		
9#住宅楼			2015.06.10	2015.08.07	2015.12.12		
10#楼			2015.09.10	2015.11.20	2016.01.18		
11#楼			2015.10.08	2015.12.21	2016.01.20		
13#楼			2015.08.03	2015.10.14	2016.01.18		
车库			2015.10.08	2015.12.21	2015.12.21		

26.2　基坑工程

26.2.1　工程概况

虹桥嘉汇和尚品华庭项目基坑工程位于上海市淮虹路以南，润虹路以北，申虹路以东，申贵路以西。该工程基坑面积较大，开挖深度较深。基坑分为A，B，C三个分区，A，C区为商办部分，B区为住宅部分。A区为地下二层，基坑开挖深度为9.55~10.25m，基坑面积为12 524m²；B、C区为地下一层，基坑开挖深度为5.45~6.35m，基坑面积为30 695m²。

A区为地下二层，施工周期长，施工时作为独立的区域单独考虑其围护，与B、C区分界处设置一道分隔围护墙，B区与A区的距离大于50m；A区地下二层区域先行开挖，待该区域的地下结构完成施工后，再开挖B、C区地下一层区域。基坑平面图及分区如图26.2-1所示。

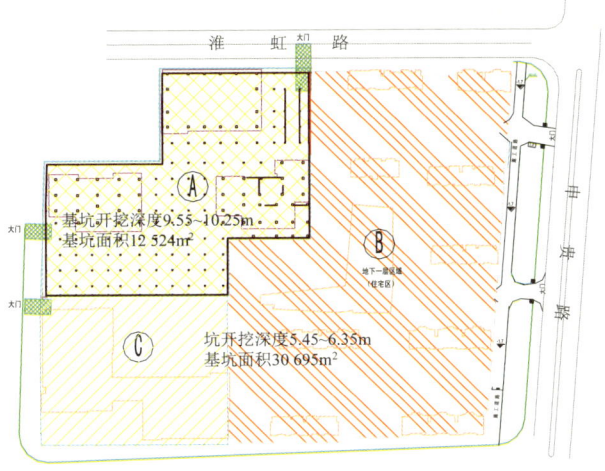

图 26.2-1　虹桥嘉汇和尚品华庭项目基坑工程平面图

26.2.2　围护结构

1. 地下二层区域（A 区）

A 区开挖深度较深，面积较大，采用钻孔灌注桩 + 三轴搅拌桩止水的围护形式，钻孔灌注桩根据周边环境及卸载情况主要采用 $\Phi900$ 和 $\Phi800$ 两种桩型，根据环境保护要求，桩间距选择为 1 000~1 100mm，插入比为 1：1.22~1：1.33。基坑的止水帷幕采用单排 $\Phi850@1200$ 三轴搅拌桩，搅拌桩底进入坑底 6.75~7.45m。基坑内撑采用两道相同的混凝土支撑，其布置如图 26.2-2 所示。

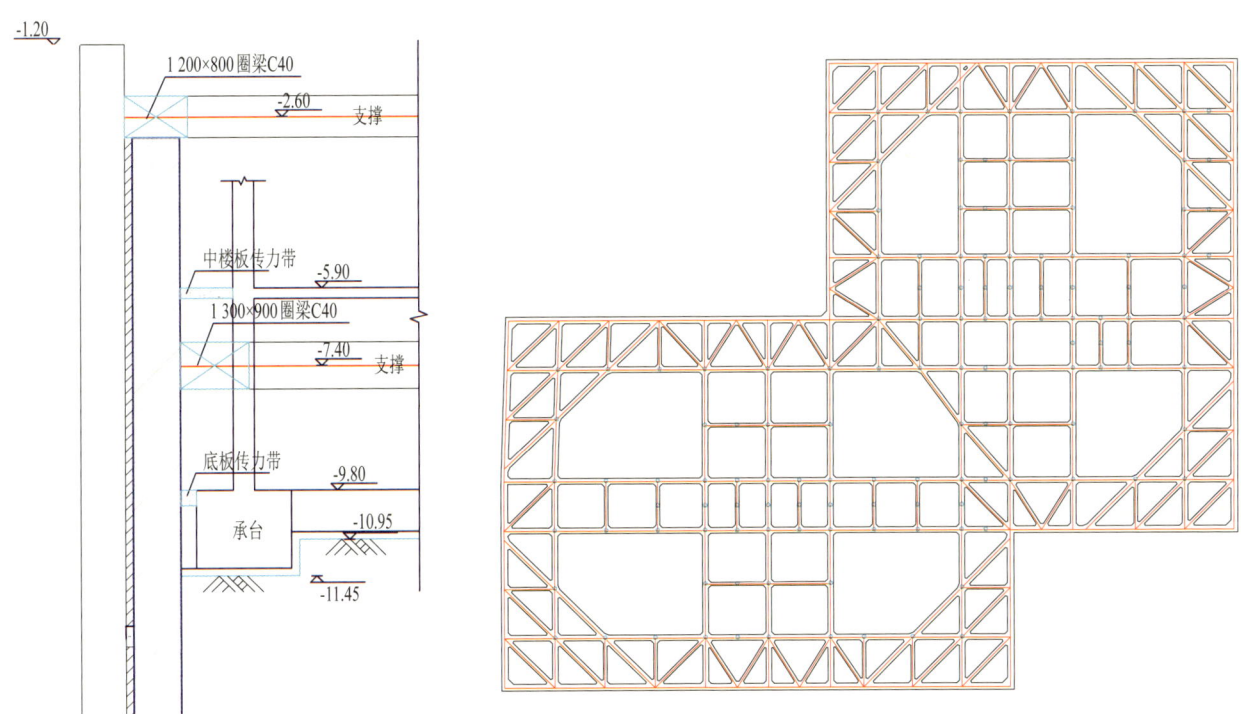

图 26.2-2　地下二层区域围护结构示意图

2. 地下一层区域（B 区、C 区）

地下一层区域开挖深度为 5.45~6.35m（西侧贴边承台处开挖深度为 6.35m），采用钻孔灌注桩的围护结构形式（图 26.2-3）。钻孔灌注桩桩径为 650~800mm，桩心距为 800~1 000mm，围护桩外侧止水帷幕为双排 $\Phi700@1000$ 搅拌桩。地下一层南侧中部采用双轴搅拌桩重力式挡墙的围护形式，中部设置 $\Phi609$ 钢管斜撑，支撑间距为 15m。

电梯井、集水井等落深 1.30~1.80m，对于贴边深坑采取围护桩加强、加长并设置坑内双轴搅拌桩进行周圈加固，深坑设置双轴搅拌桩围护及压密注浆封底处理。

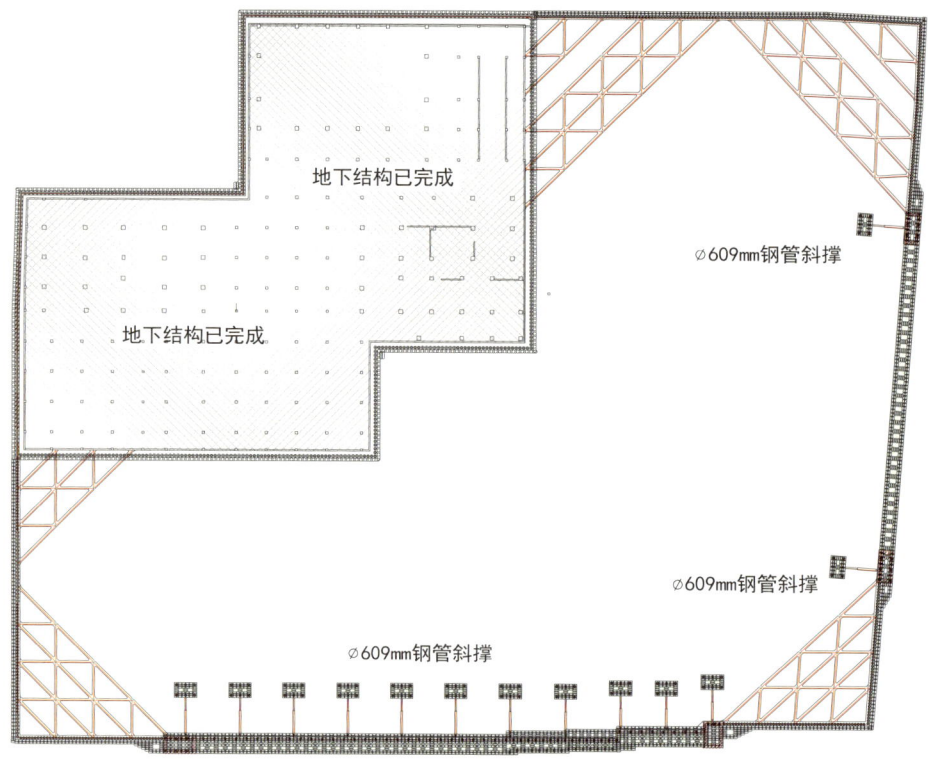

图 26.2-3 地下一层区域基坑围护结构示意图

26.3 主体结构工程

26.3.1 建筑单体设计

虹桥嘉汇和尚品华庭项目建筑功能定位明确，设计具有很强的针对性，保证将来不同使用者都能合理舒适地使用。

1. 总部办公

总部办公区域地上计容总建筑面积为 20 516.82m²，分成 D、E 两栋楼。两栋楼垂直布置，围合出的院落空间与办公组团呼应。两楼中间相连处设为公共大堂，直接面对私家花园，显示出总部办公楼的大气。总部办公楼 6 层，首层层高为 6m，顶层局部层高 7.8m，其余各层层高 4.5m。针对总部办公楼按层/栋租售使用的情况，将核心筒靠北靠西布置，一方面可以将办公空间最大化，使用上具有极大的灵活可变性；另一方面避免了西晒并抵挡了冬季北侧严寒。

2. 办公

办公区域地上计容总建筑面积为 26 628.18m²，巧妙利用限高与基地限制，设 A，B，C 三栋楼，三者围合的庭院呼应总部办公组团，入口大堂均朝向庭院，互相呼应。办公 6~7 层，顶层结合屋顶花园设计，首层层高 6m，顶层局部层高 6m，其余各层层高 4.5m。以 400m² 作为办公基本单元，将核心筒置于平面中心，平面可分可合，适合办公使用。

3. 住宅

住宅面积约 35 000m²，房型以 2 房和 3 房为主，因此在平面布局上考虑独栋住宅。在基地狭小的限制下，独栋楼面宽小，布置灵活，容易营造区域组团，围合成院落式的景观。同时由于户型面积小，塔式住宅可保证所有户型最大的向阳面，提升产品价值。

4. 商业配套

以地块级商业+住宅配套作为设计考虑，设于区域中心，住宅区的综合健身配套邻近中心下沉广场，形成从地下一层到二层的商业配套中心，每层针对不同需求，合理配置，充分满足地块内人群的使用需要。

26.3.2 立面

在立面设计上主要采用横向线条，与连贯的建筑形体相配合，富于动感，创造一气呵成的园区整体形象，稳重而大气。同时，在邻近润虹路和申虹路路口，通过对建筑角头局部两层的特殊处理，体现建筑对主要城市界面的尊重和回应。在细节设计上，强调建筑立面反映内部建筑功能，例如横向线条之间的距离，与结构息息相关。

26.3.3 结构设计

该工程为多高层建筑群，地下设置1层大地下室，采用现浇钢筋混凝土结构，并在设计时对上部考虑足够刚度以确定其上部结构在地下室顶板上得到嵌固，地下室局部设置人防。考虑建筑结构的经济合理，各单体按照不同的高度和功能选取不同的结构形式、结构构件抗震等级。

2层会所及配套商业结构采用现浇钢筋混凝土框架结构。框架构件抗震等级按三级设计。11层住宅主体结构采用现浇钢筋混凝土抗震剪力墙结构，建筑结构高度超过24m，剪力墙构件抗震等级按三级设计。办公楼为6~7层建筑，采用现浇钢筋混凝土框架结构，建筑结构高度超过24m，框架构件抗震等级按二级设计。其他变配电站、物业会所等配套建筑采用钢筋混凝土框架结构，框架构件的抗震等级为三级。

26.4 幕墙工程

虹桥嘉汇和尚品华庭项目幕墙工程包括A，B，C三栋办公楼，D，E两栋总部办公楼以及配套的10号楼会所。A~E号楼层数为7层，首层层高为6.0m，2~6层层高为4.5m，其中D，E楼7层层高为3.3m。幕墙结构主体为框架结构，幕墙形式为玻璃幕墙、石材幕墙和装饰格栅，幕墙高度为36.6m。幕墙工程工程量如表26.4-1所示，局部效果如图26.4-1所示。

表26.4-1　虹桥嘉汇和尚品华庭项目幕墙工程量统计

项目	参数	东立面	南立面	西立面	北立面
办公楼A	玻璃幕墙面积/m²	689	1 040	612	1 103
	玻璃幕墙完成高度/m	36.6	36.6	36.6	36.6
	建筑层高	首层层高为6m，2~7层层高均为4.5m			
办公楼B	玻璃幕墙面积/m²	706	1 055	755	743
	玻璃幕墙完成高度/m	33.4	33.4	33.4	33.4
	建筑层高	首层层高为6m，2~6层层高均为4.5m			
办公楼C	玻璃幕墙面积/m²	759	983	824	760
	玻璃幕墙完成高度/m	33.4	33.4	33.4	33.4
	建筑层高	首层层高为6m，2~6层层高均为4.5m，负1层层高5.4m			
办公楼D	玻璃幕墙面积/m²	1 026	865	512	824
	玻璃幕墙完成高度/m	33.4	33.4	33.4	33.4
	建筑层高	首层层高为6m，2~6层层高均为4.5m，6层局部为跃层，层高7.8m			
办公楼E	玻璃幕墙面积/m²	715	1 073	744	592
	玻璃幕墙完成高度/m	33.4	33.4	33.4	33.4
	建筑层高	首层层高为6m，2~6层层高均为4.5m，6层局部为跃层，层高7.8m			
会所10号楼	玻璃幕墙面积/m²	259	204	419	444
	玻璃幕墙完成高度/m	13.8	13.8	13.8	13.8
	建筑层高	首层层高为6m，2层层高为4.5m，3层层高为3.3m			

虹桥嘉汇和尚品华庭项目采用如下几种幕墙系统：

1. 铝包钢竖隐横明玻璃幕墙系统（FS1）

主龙骨为铝合金型材包覆钢型材；次龙骨为铝合金型材；玻璃为中空夹胶Low-E玻璃，层间位置玻璃后衬2mm铝单板，幕墙为铝合金龙骨常规布局；玻璃板块竖向黏结在铝合金玻璃副框上，用铝合金压块固定于竖向龙骨上；横向用玻璃扣盖压住，防止结构胶失效导致玻璃脱落。层间梁部位面材也为中空Low-E夹胶玻璃后衬2mm铝板。

位置：A楼，B楼，C楼，D楼，E楼首层立面。

图 26.4-1 虹桥嘉汇和尚品华庭项目幕墙工程效果图（局部）

2. 横明竖隐框架幕墙系统（FS2）

主龙骨为铝合金型材；次龙骨为铝合金型材；玻璃为中空夹胶 Low-E 玻璃，层间位置玻璃后衬 2mm 铝单板，幕墙为铝合金龙骨常规布局；玻璃板块竖向黏结在铝合金玻璃副框上，用铝合金压块固定于竖向龙骨上；横向用玻璃扣盖压住，防止结构胶失效导致玻璃脱落。层间梁部位面材也为中空 Low-E 夹胶玻璃后衬 2mm 铝板。

位置：A 楼，B 楼，C 楼，D 楼，E 楼 2~6 层立面。

3. 横明竖隐框架幕墙系统（局部待竖向装饰线条）（FS3）

主龙骨为铝合金型材；次龙骨为铝合金型材；竖龙骨前端局部带竖向装饰线条，玻璃为中空夹胶 Low-E 玻璃，层间位置玻璃后衬 2mm 铝单板，幕墙为铝合金龙骨常规布局；玻璃板块竖向黏结在铝合金玻璃副框上，用铝合金压块固定于竖向龙骨上；横向用玻璃扣盖压住，防止结构胶失效导致玻璃脱落。

位置：A 楼，B 楼，C 楼，D 楼，E 楼 2~6 层立面。

4. 铝包钢竖隐横明玻璃幕墙系统（会所）（FS4）

主龙骨为铝合金型材包覆钢型材；次龙骨为铝合金型材；玻璃为中空夹胶 Low-E 玻璃，层间位置玻璃后衬 2mm 铝单板，幕墙为铝合金龙骨常规布局；玻璃板块竖向黏结在铝合金玻璃副框上，用铝合金压块固定于竖向龙骨上；横向用玻璃扣盖压住，防止结构胶失效导致玻璃脱落。层间梁部位面材也为中空 Low-E 夹胶玻璃后衬 2mm 铝板。

5. 玻璃栏板系统（FS5）

玻璃为中空夹胶玻璃，采用不锈钢板立柱支撑系统，立柱底部与埋件焊接。夹胶玻璃面板通过不锈钢爪件螺接于立柱。立柱顶部布置通长栏杆扶手。

位置：阳台或顶部及露台。

6. 玻璃采光顶（FS6）

采用土建提供的钢龙骨为主支撑龙骨，通过可调节金属连接件保证氟碳喷涂钢型材次龙骨的平整度，为大中庭提供足够的自然采光。采光顶向内找坡，实现自然散水。玻璃采用夹胶中空 Low-E 玻璃。

位置：B 楼，C 楼屋顶

7. 铝包钢竖隐横明玻璃幕墙系统（门斗）（FS7）

主龙骨外包氟碳喷涂铝单板饰面，主立面玻璃为中空夹胶 Low-E 玻璃，内门斗及雨篷玻璃为钢化夹胶玻璃。主立面及门斗幕墙为铝板包钢或铝合金龙骨常规布局；玻璃板块竖向黏结在铝合金玻璃副框上，用铝合金压块固定于竖向龙骨上；横向用玻璃扣盖压住，防止结构胶失效导致玻璃脱落。雨篷为悬臂拉杆形式，玻璃通过结构胶与副框黏接形成玻璃板块，再通过铝合金压块使之固定于龙骨之上。

位置：A 楼，B 楼，C 楼首层。

26.5 机电安装工程

虹桥嘉汇和尚品华庭项目机电工程主要包括给排水、暖通、电气等专业方面的内容。

26.5.1 给排水

给排水包括生活用水、消防系统和排水系统。

生活用水：住宅的一层、商业生活用水采用市政管网直接供水，二层以上的住宅采用水池、水箱联合供水。健身会所与商业区域有热水供应，热源由大虹桥地区热、电、冷三联供设备供给。

消防系统：包括消防泵房、消火栓系统和喷淋系统。

排水系统：室内污、废水分流，经收集后排至市政污水管网。屋面雨水通过雨水管道收集后排至雨水窖井，由雨水窖井收集后经弃留，再排至雨水回用设备处理后再利用。

26.5.2 暖通

暖通包括空调系统、通风系统、消防系统和排烟设施。

空调系统：住宅空调采用热泵型变制冷剂流量的多联机组（VRV），办公区域的冷热源为大虹桥地块内的热、电、冷三联供系统，配套商业每户单独设置热泵型变制冷剂流量的多联机组（VRV），消防控制中心、电梯机房设分体式空调，便于独立使用。

通风系统：地下机动车库设机械送、排风系统，有条件的区域采用自然补风。水泵房、变配电机房、热交换机房、发配电机房等均设有机械通风系统，以排除设备放出的余热。设气体灭火的区域设置事故通风系统。住宅暗卫生间、办公及配套部分公共卫生间设有机械排风系统，住宅部分的厨房设排油烟管。

消防系统：在防烟楼梯间及其前室、防烟楼梯间与消防电梯合用前室分别设置防烟系统。地下层设置排烟或排风（兼排烟）系统及补风系统。

排烟设施：房间面积超过 100m² 的利用窗井等进行开窗自然排烟；经常有人停留或可燃物较多的地下室采用机械排烟，同时设置机械补风系统；地下车库设机械排烟、机械补风或自然补风。排烟系统风管、风口、风阀全部采用不可燃材料制作。所有排烟风管均采用不可燃材料保温隔热。

26.5.3 电气

电气包括变配电系统、防雷及接地系统和弱电系统。

1. 变配电系统

变配电系统包括供配电系统、动力及照明配电和照明系统。

供配电系统：商务办公 09-02 地块、09-03 地块分别设置 1 个 10kV 用户变电所，住宅 09-04 地块设置 1 个 K 型站，1 个 P 型站，以 380/220V 低压向各住宅楼配电间及配套公建供电。每个 10kV 用户变电所设两台主变压器，变压器低压侧之间设联络开关，平时分别运行，当一路电源或一台变压器出现故障或检修时，通过手动操作联络开关，由另一台变压器承担全部二级负荷。

动力及照明配电：各干线由配电间采用阻燃预分支电缆或母线槽向各楼层、区域的配电箱供电。消防设备均采用两路电源供电，在末端设自动切换箱以保证用电的可靠性。

照明系统：办公、商业、公共场所以节能灯、高效节能型直管日光灯管为主，并采用电子镇流器或节能型电感镇流器。住宅灯具由业主自定。办公、商业公共区域照明采用智能照明系统控制。住宅除电梯厅、门厅、公共地下室外公共部位照明均采用声—光控节能自熄开关控制。

2. 防雷及接地系统

各建筑均采用总等电位联结，所有进出建筑物电缆金属外皮、金属管道均应可靠接地。各住宅内卫生间设局部等电位接地端子箱对卫生间作局部等电位联结。

智能化系统设备采取雷电防护措施，雷电防护等级为 D 级。

3. 弱电系统

办公区的弱电系统包括通信系统、计算机网络系统、室内移动通信覆盖系统、综合布线系统、安全技术防范系统、火灾自动报警系统、背景音响及紧急广播系统、电气火灾监控系统、能耗监测系统、建筑设备监控系统、信息引导及发布系统、无线对讲系统等。

住宅区的弱电系统包括通信网络系统、有线电视系统、访客对讲及安全防范系统、火灾自动报警及消防联动控制系统、信息导引及发布系统等。

27 上海国际新华联中心

27.1 项目概况

1. 项目位置及建设概况

上海新华联国际中心项目位于上海市虹桥商务区北09号、北10号地块，基地范围东至申滨路，南、西至泰虹路，北至兴虹路，距离虹桥火车站1.8km，西侧靠近嘉闵高架，位于天然河流角浦河河湾处，景观资源优越。项目平面位置如图27.1-1所示。

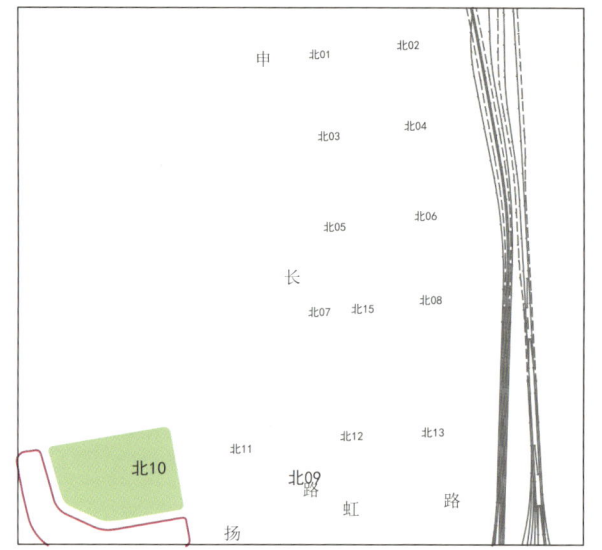
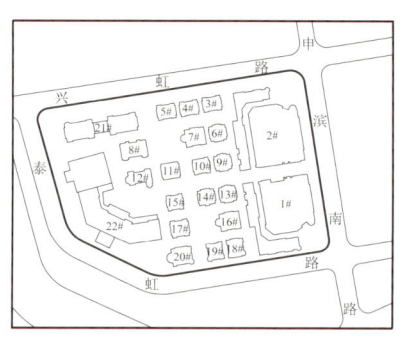

图27.1-1　上海国际新华联中心项目平面位置示意图

图27.1-2　上海新华联国际中心项目效果图

该项目总占地面积约 90 867.20m²，总建筑面积约 28.86 万 m²，其中地上建筑面积约 14.33 万 m²，地下建筑面积约 14.53 万 m²。项目设计定位是以世界级标志性五星级酒店为标志，世界级企业总部高端办公为主体，高端商业与风情商业街相结合的综合性地块（图 27.1-2）。项目构成有 1 栋五星级酒店（设置 2 层地下室），1 栋高层办公楼（设置 2 层地下室），18 栋世界级多层企业总部（设置 1 层地下室），2 栋多层商业楼（设置 3 层地下室）。

该项目共分为 A 区，B 区，C 区三个区，A 区由五星级酒店、高层办公楼、企业总部（多层办公）以及大型地下车库等建筑组成；B 区由 16 栋企业总部（多层办公）及地下室组成；C 区由商业中心、商业街以及地下室等组成。

2. 参建单位

上海新华联房地产开发有限公司由新华联不动产股份有限公司和北京新华联长基商业地产有限公司共同成立，负责上海新华联国际中心项目的开发建设。新华联集团是一个涵盖化工、地产、矿业、酒业、金融投资等多个产业的大型现代企业集团，拥有全资、控股、参股企业 70 余家，企业主要业务遍及国内 20 多个省市和 40 多个国家与地区。该项目勘察、设计、施工、监理等参建单位如表 27.1-1 所示。

表 27.1-1 上海新华联国际中心项目参建单位汇总

参建单位	单位名称
建设单位	上海新华联房地产开发有限公司
设计单位	上海岩土工程勘察设计研究院
	中国建筑上海设计研究院有限公司
勘察单位	上海岩土工程勘察设计研究院有限公司
监督单位	上海市闵行区质检站
监理单位	上海市建浩工程顾问有限公司
施工总承包	中国建筑一局（集团）有限公司（A区） 中国建筑第八工程局有限公司（B区、C区）

3. 基本建设过程

2014 年 3 月 14 日上午，上海新华联国际中心项目举行开工典礼，时任虹桥管委会副主任江小龙出席典礼。该项目于 2015 年 10 月完成大底板浇筑，2016 年 1 月完成地下结构施工，2017 年 5 月完成竣工验收。详细时间节点如表 27.1-2 所示。

表 27.1-2 上海新华联国际中心项目施工进度节点

项目单体	进度节点						
	桩基开始施工	基坑开挖	大底板施工完成	地下结构出 ±0.00	主体结构封顶	竣工验收	交付
酒店	2014.06.05	2014.10.01	2015.04.20	2015.07.31	2016.01.31	2017.05.11	自持
独栋办公	2014.03.13	2014.05.24	2014.10.01	2014.11.20	2015.01.31	2016.10.28	在售
商业广场	2014.05.07	2015.01.08	2015.10.10	2016.01.31	2016.03.31	2016.11.28	自持
酒店	2014.06.05	2014.10.01	2015.04.20	2015.07.31	2016.01.31	2017.05.11	自持
独栋办公	2014.03.13	2014.05.24	2014.10.01	2014.11.20	2015.01.31	2016.10.28	在售

27.2 基坑工程

27.2.1 工程概况

上海新华联国际中心项目基坑工程北侧为爱博二村住宅小区及上海外国语大学闵行实验学校，西侧为嘉闵高架及北横泾河，场地南侧有上海市电力公司。根据围护设计，施工区域划分为 A 区，B 区，C 区三个施工区（图 27.2-1）。其中，B 区、C 区先开挖，A 区后开挖。先开挖区域的施工顺序及要求为：B 区先行开挖、施工，待 B 区地下一层楼板完成，地下室回填完成后方可开槽做 C 区的第一道支撑，开始 C 区的施工。

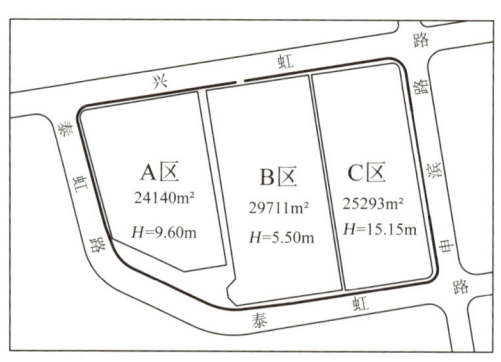

图 27.2-1 基坑分区及其周围环境

27.2.2 围护结构

1. A区

A区基坑开挖深度约10.5m，属于超大深基坑施工，其支护形式：周边设一排钻孔灌注桩和一排三轴搅拌桩；坑内设两道钢筋混凝土内支撑，第一道内支撑底标高为2.6m，第二道内支撑底标高为-1.9m；坑底局部采用水泥土搅拌桩进行加固；基坑北侧与其他标段相邻部位设计有混凝土传力带。基坑围护结构剖面图如图27.2-2所示。基坑土方分层开挖过程中需要与内支撑结构密切配合，做到先撑后挖。

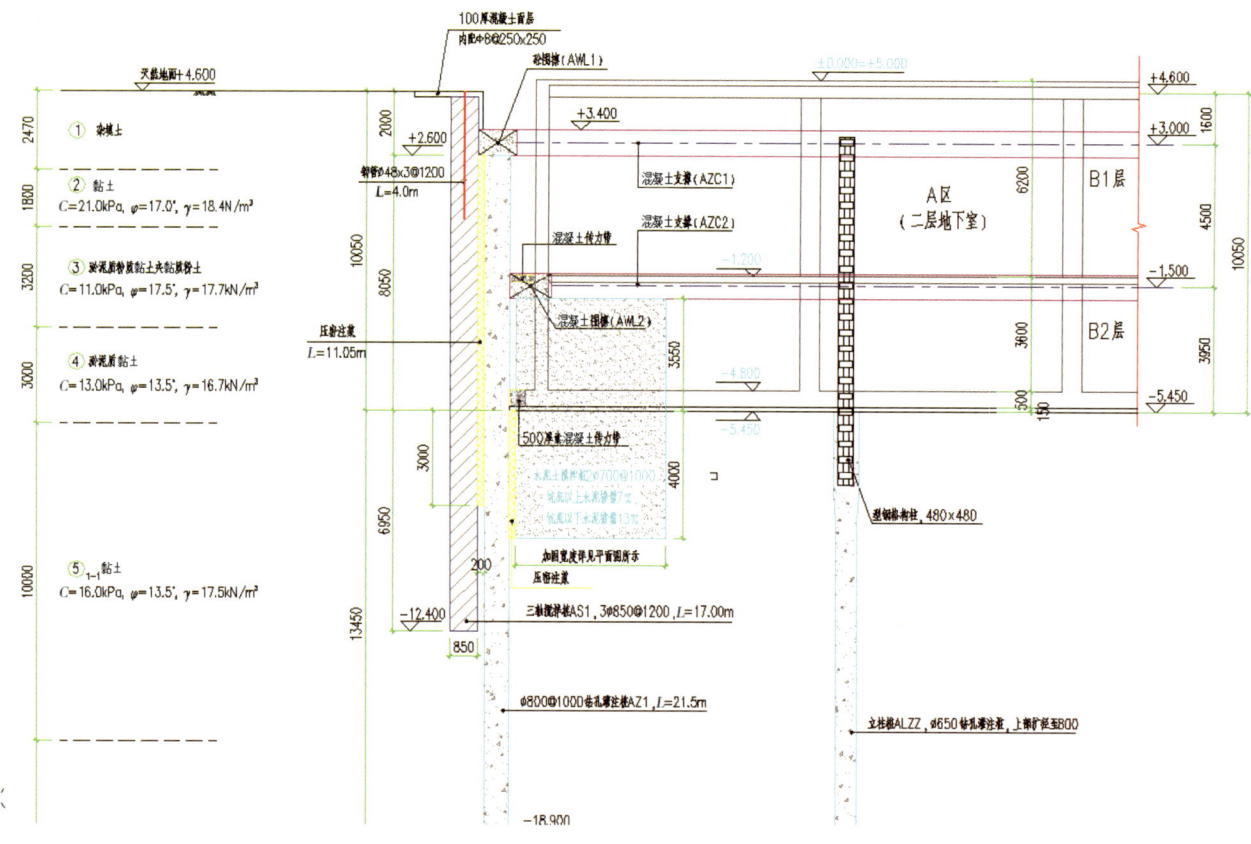

图 27.2-2 A区基坑围护结构剖面图

2. B区

B区基坑占地面积为29711m²，整体采用二级放坡开挖（图27.2-3），第一级为1:1.5放坡，第二级为1:1.2放坡，标高为+2.600~-1.150m，随着土方的开挖，边坡及时铺设钢筋并喷射混凝土进行支护。护坡采用厚60mm的混凝土面层，内配钢筋网。混凝土面层采用干法喷射混凝土，一次喷射总厚度大于80mm，石子粒径为5~10mm，最大粒径小于12mm，水灰比为0.45，水泥:砂:石子:水=1:(2~2.5):(2~2.5):0.5，喷射混凝土设计强度为C20，初凝时间不超过15min，终凝时间不超过30min。钢筋网采用$\Phi 8$圆钢编织焊接，间距为250mm×250mm，利用插入土中的钢筋固定，钢筋网片搭接长度不小于35d（d为钢筋直径），或不小于200mm。

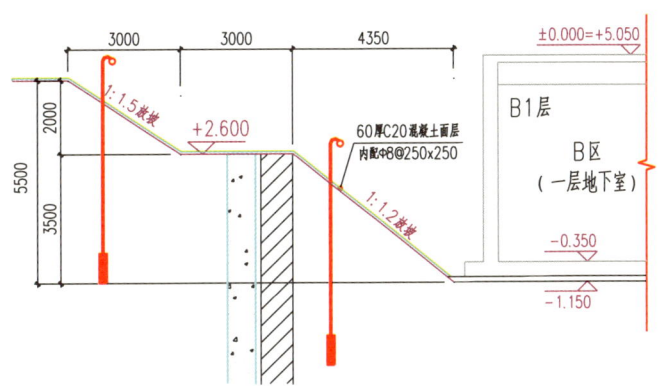

图 27.2-3　B 区基坑放坡开挖示意图

土方开挖分为 B1 区、B2 区、B3 区三个大区，其中 B1 区覆盖 16#~20# 区域共 5 栋单体；B2 区域覆盖 3#~7# 区域共 5 栋楼；B3 区覆盖 9#~11# 及 13#~15# 区域共 6 栋。根据后浇带和施工缝的位置，B1 区、B2 区、B3 区按照开挖顺序又分为若干个小区。B 区土方开挖分区如图 27.2-4 所示。

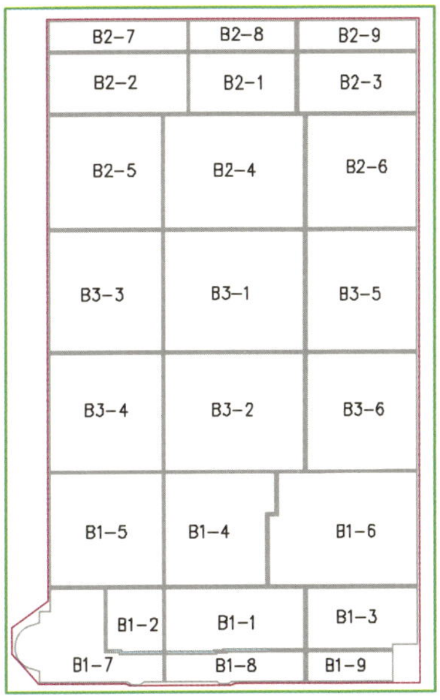

图 27.2-4　B 区基坑分块开挖示意图

B 区整体土方开挖顺序：B1 区覆盖的 16#~20# 楼区域先开始开挖，然后开始 B2 区域的土方开挖，最后进行 B3 区域的土方开挖。

B1 区施工顺序：B1-1 → B1-2、B1-3（同时施工）→ B1-4（同时开槽施工南侧抛撑及 B1-7 角撑）→ B1-7 → B1-8 → B1-9。

B2 区施工顺序：B2-1 → B2-2、B2-3（同时施工）→ B2-4（同时开槽施工北侧抛撑）→ B2-5、B2-6（同时施工）→ B2-7 → B2-8 → B2-9。

B3 区施工顺序：B3-1、B2-2（同时施工）→ B2-3、B2-4、B3-5、B3-6（同时施工）。

3. C 区

C 区与 B 区邻近侧围护采用 Φ850@1 050 钻孔灌注桩，其余三侧采用 Φ1 000@1 200 钻孔灌注桩。止水体系采用单排三轴 3Φ850@1 200 搅拌桩，水泥掺量为 20%。支撑体系采用二道/三道混凝土水平支撑（表 27.2-1），结合第一道支撑设混凝土栈桥，栈桥板面标高为 +3.700m，板厚 300mm，栈桥梁截面尺寸为 800mm×1 100mm（宽×高）。

C 区立柱桩尽量利用工程桩，新增立柱桩采用 Φ850 灌注桩，立柱桩有效长度为 26m，基坑底面以上采用 500mm×500mm 角钢格构柱，格构柱型号为 4∟160×16，格构柱插入立柱桩内不少于 3m。C 区采用三轴搅拌桩 3Φ850@1 800 加固，加固宽度为 4m，加固深度为坑底以下 4.0m，水泥掺量为 20%，坑底至地下二层顶板回掺 10%

水泥，地下二层顶板至第一道支撑底部回掺8%水泥。局部深坑采用三轴搅拌桩或高压旋喷桩加固并封底。C区采用真空深井进行疏干降水。

表27.2-1 C区支撑信息表

支撑系统	中心标高/m	圈梁/mm	主撑1/mm	主撑2/mm	联系撑/m
第一道支撑	+3.00	1200×800	800×800	700×800	700×800
第二道支撑	−1.600	1400×800	1300×800	800×800	900×800
第二道支撑	−6.600	1400×800	1200×800	800×800	800×800

27.2.3 基坑施工重点、难点及应对措施

1. 施工重点、难点

（1）B区基坑开挖深度为5.5m，C区基坑开挖深度为15.15m，基坑开挖时先开挖B区土方，待B区回填完成后，再开挖C区土方，在这种先浅后深的开挖情况下，对B区结构的保护成为施工的重点、难点。

（2）C区基坑开挖时，申滨路能源管沟工作井正在施工。管沟工作井外边线尺寸为7.6m×11.6m，深度为15.15m，围护结构采用Φ850mm三轴搅拌桩内插型钢，深入C区基坑开挖面3.1m。管沟工作井的保护成为C区基坑开挖重点关注之一。

2. 应对措施

（1）与设计单位沟通，在能源管沟侧进行三轴搅拌桩的坑底加固，减少基坑施工和能源管沟施工的相互影响。三轴搅拌桩施工时为保证其质量，要求匀速慢速施工，下沉速度小于0.3m/min，提升速度小于0.5m/min。

（2）加强工序管理与衔接，基坑开挖严格遵守"时空效应"理论，坚持开槽支撑、先撑后挖、分层开挖、严禁超挖的原则，严格按照"盆式挖土"的顺序进行开挖。

（3）为了保证B区结构安全，尽可能缩小C区地下室施工时间，C区地下室结构采取跳仓法施工。

（4）对基坑南侧及西侧的泰虹路截流，防止道路上大量土方车通行增加C区基坑围护的侧压力，保护基坑安全。

27.3 主体结构工程

1. 建筑性质及功能

A区22#楼为五星级酒店，地面以上共8层；21#楼为高层办公楼，地面以上共9层；8#、12#楼为企业总部（多层办公），地面以上共4层。以上建筑均在同一地下室之上，地下室为2层，21#楼所在的地下一层设有夹层。地下二层部分区域设有甲类防空地下室，抗力等级为六级。

21#楼为二类高层建筑，层数为9层，一层层高为4.5m，二~九层层高均为4.0m，建筑高度为42.90m，总建筑面积为23 900.14m^2。其中，办公楼楼底商业建筑层数为1层，建筑面积为1 850m^2。建筑耐火等级为二级。

A区地下室连接8#、12#楼（企业总部），21#楼（高层办公）和22#楼（酒店）。地下室层数为2层，地下一层层高为6.1m，地下二层层高为3.4m，总建筑面积为45 686.02m^2。地下一层主要功能为酒店辅助用房、员工后勤用房、设备用房、会议中心及SPA健身中心及停车场，通过西侧车行通道与企业总部B区地下室地下一层相连通，建筑面积为21 074.79m^2。地下一层夹层的主要功能为自行车库，建筑面积为2 232.89m^2，停车数量为1054辆。地下二层主要功能为办公及酒店设备机房，员工餐厅及停车，建筑面积为22 378.34m^2。

22#楼为五星级酒店及会议中心，酒店层数为8层，会议中心为地下一层，一层层高9.1m（含2.1m设备转换层），二~八层层高均为4.0m，建筑高度为42.9m，建筑面积为34997.69m^2。

B区企业总部地面以上均为4层，16栋企业总部（3#~20#楼，其中8#、12#楼除外）均落在地下室之上，地下室为1层。16栋企业总部一层层高为4.5m，二~四层层高均为4.2m，建筑耐火等级均为二级，建筑层数均为4层。地下室连接16栋建筑单体，主要功能为停车场、设备用房、企业总部储藏室以及下沉式庭院，建筑层高为3.85m，建筑耐火等级为一级。

C区1#楼为商业中心，地面以上为2层；2#楼为商业街，地面以上为2层。商业中心及商业街均落在同一地下室之上，地下室为3层。1#楼一层层高为5.800m，二层层高为5.400m，影院局部高度为9.0m，2#楼一、二层层高均为4.800m。地下一、二层为商业，地下三层为机动车库；地下一层层高为6.1m，地下二层层高为5.4m，地下三层层高为3.4m。1#、2#楼均为多层建筑，建筑耐火等级地上为二级，地下为一级。

2. 结构设计

(1) 21#楼高层办公楼（A区）

21#楼为高层办公楼，由A座、B座2栋高层主楼及一层沿街商铺组成。A座、B座高层主楼标准层平面呈矩形，外轮廓尺寸为45.0m×26.3m，核心筒的外轮廓尺寸为28.6m×6.2m，外框架与核心筒的距离为8.1~10.0m。结构高宽比为1.4，核心筒高宽比为5.9。根据建筑平面布置，结构体系采用现浇钢筋混凝土框架核心筒结构。由于该工程核心筒外轮廓尺寸较为狭长，为尽可能使结构两主轴方向（X, Y向）的结构动力特性较为接近，将整个狭长核心筒分割为左右两个筒体，两个筒体间以刚度较弱的框架梁或连梁相连。同时，为增强结构抗扭刚度，使计算指标满足规范要求，在建筑两端山墙上利用建筑的窗间墙处设置一定数量的钢筋混凝土剪力墙。

主楼框架抗震等级为三级，核心筒及剪力墙的抗震等级为二级，楼面采用现浇钢筋混凝土梁板结构。框架柱截面尺寸为800mm×800mm~600mm×600mm、框架梁尺寸为（400~600mm）×700mm，次梁的主要尺寸为250mm×500mm。

(2) 22#五星级酒店（A区）

22#楼为一栋五星级酒店，由高层主楼与多层裙房组成，裙房与主楼之间在地下室顶板面以上设置结构缝（抗震缝兼伸缩缝，缝宽200mm），脱开形成独立的2个结构单元。

主楼结构体系采用现浇钢筋混凝土框架剪力墙结构，剪力墙布置在楼梯间、电梯间区域，利用楼梯间、电梯间墙体形成剪力墙筒体，布置较为均匀。框架抗震等级为三级，剪力墙抗震等级为二级，楼面采用现浇钢筋混凝土梁板结构。主楼框架柱截面尺寸为1 000mm×1 000mm~600mm×600mm、框架梁尺寸为400mm×（600~700mm），次梁主要尺寸为200mm×600mm，个别大跨梁由于截面高度限制采用型钢混凝土梁，与之相连的柱采用型钢混凝土柱，剪力墙厚度为200~400mm。

与主楼设缝脱开的裙房一层层高为7 000mm。宴会厅处的屋顶跨越2层高度（7m+4.5m），裙房外轮廓尺寸为54.6m×46.5m，柱网尺寸为14.0m×8.4m。结构体系采用现浇钢筋混凝土框架结构，楼（屋）面采用现浇钢筋混凝土梁板结构。宴会厅屋盖的跨度为25.2m，采用H型钢梁，根据建筑造型要求，型钢梁在两端做成圆拱状。在H型钢梁上铺设压型钢板，浇筑混凝土形成组合楼板，或者在梁上直接浇筑现浇板。裙房框架柱截面尺寸为800mm×800mm~600mm×600mm、框架梁尺寸为400mm×（700~800mm），宴会厅H型钢梁的高度为1 500mm。

(3) 8#、12#楼企业总部（多层办公，A区）

8#、12#楼结合建筑平面布置，结构体系采用现浇钢筋混凝土框架结构；框架抗震等级为三级，楼面采用现浇钢筋混凝土梁板结构，框架柱截面尺寸为600mm×600mm~500mm×500mm，框架梁尺寸为300mm×（700~800mm）。

(4) B区企业总部（多层办公）

B区企业总部（多层办公）共16栋，按建筑设计可划分为5个主要类型。各栋楼标准层平面一般呈矩形，柱网尺寸为4.2~14.0m不等。结构体系采用现浇钢筋混凝土框架结构，框架抗震等级为三级，楼面采用现浇钢筋混凝土梁板结构。

各栋楼的周圈在一层平面设有地下室采光井，造成地下室顶板在主楼周边出现一定数量的开洞，为满足顶板作为上部结构嵌固端的要求，结构设计将主楼框架梁在开洞处拉通（穿过采光井），在主楼框架梁与地下车库框架梁高差处设置加腋，利用建筑通道增设一定数量的楼板。

框架柱截面尺寸为600mm×600mm~500mm×500mm、框架梁尺寸为300mm×（700~800mm）。

(5) 1#、2#楼商业楼（C区）

1#楼在平面布局上可分为左右两个部分，两部分之间以较宽的过街连廊相连，连廊的左端在地下室顶板以上部分通过设置结构缝（抗震缝兼伸缩缝），将1#楼分割为左右两个独立的结构单元。左侧单元的外轮廓尺寸为92.4m×74.05m，右侧单元的外轮廓尺寸为84.0m×74.05m(不含局部突出的连廊部分)，平面总尺寸超过规范限值较多，结构设计中采取设置收缩后浇带、提高结构构件配筋率、采用防收缩混凝土（添加外加剂或抗裂纤维等）以及进行温度、收缩应力分析等综合措施，防止由于混凝土收缩以及温度应力等因素使结构出现影响使用的裂缝。

2#楼的平面布局比较狭长，结构平面总长远超规范限值要求，在地下室顶板面以上设置3道结构缝（抗震缝兼伸缩缝）相互脱开。通过设置结构缝，将2#楼在地面以上部分共分割为4个平面相对规则、总长适中的独立结构单元。

1#、2#楼均采用现浇钢筋混凝土框架结构，楼面采用现浇钢筋混凝土梁板结构。1#楼框架抗震等级为三级（大跨度框架为二级），2#框架抗震等级为三级。

局部大跨楼（屋）面结构由于截面高度限制采用型钢混凝土梁，与之相连的柱采用型钢混凝土柱。

1# 楼屋顶天幕为建筑方案的亮点，为满足建筑造型的需求，结构类型采用全钢结构，结构体系采用支撑于分叉钢管（或钢管混凝土）柱上的曲面单层钢网壳结构，网壳杆件形式根据建筑造型需要采用圆钢管或矩形钢管。

框架柱截面尺寸为 800mm×800mm~500mm×500mm、框架梁尺寸为 300mm×（700~800mm）。

27.4　幕墙工程

27.4.1　工程概况

上海国际新华联中心项目 A 区酒店采用 GRC 幕墙和石材幕墙，B 区独栋办公楼采用全石材幕墙（葡萄牙米黄石材），C 区企业总部主要采用 GRC 幕墙（2# 楼）、玻璃及石材幕墙（1# 楼商场）。A 区、B 区、C 区的幕墙效果图如图 27.4-1—图 27.4-5 所示。

图 27.4-1　上海国际新华联中心项目 A 区多层办公楼幕墙效果图

图 27.4-2　上海国际新华联中心项目 A 区高层办公楼幕墙效果图

图 27.4-3　上海国际新华联中心项目 A 区酒店幕墙效果图

图 27.4-4　上海国际新华联中心项目 B 区多层办公楼幕墙效果图

图 27.4-5　上海国际新华联中心项目 C 区商业楼幕墙效果图

27.4.2　主要幕墙形式

1. 明框玻璃幕墙

该项目玻璃幕墙采用框架式明框玻璃幕墙，明框玻璃幕墙的玻璃板块座装在横梁上，横向和竖向通过压板定距压紧，玻璃板块可浮动，能满足幕墙各种变位要求，该部分玻璃面板采用 TP6+12A+TP6Low-E 中空玻璃，龙骨采用铝合金型材，表面做粉末喷涂处理。层间采用 6mm 单片彩釉玻璃，部分采用 TP6+12A+TP6 中空彩釉玻璃，局部玻璃幕墙外采用 100mm×50mm×1.5mm 铝合金方管作为遮阳格栅，表面喷涂氟碳。

2. 石材幕墙

该项目幕墙的石材面板采用厚 30mm 的花岗岩，横龙骨采用 5# 热浸镀锌角钢，竖龙骨采用 100mm×50mm×5mm 热浸镀锌钢方管。面板通过铝合金挂件、背栓等形式与龙骨连接。

27.4.3　明框玻璃幕墙设计要点

该项目玻璃幕墙的玻璃面板采用 TP6+12A+TP6 Low-E 中空玻璃，龙骨采用铝合金型材，表面做粉末喷涂处理。该幕墙体系主要有以下优点：

（1）根据构造及建筑效果的要求，所有构件式玻璃幕墙均采用明框玻璃幕墙的标准做法，并加以改进，使之更适合该工程。明框玻璃幕墙的玻璃板块座装在横梁上，横向和竖向通过压板定距压紧，玻璃板块可浮动，能满足幕墙各种变位要求，通过三维调整消除主体结构施工误差的不利影响。

（2）横梁与竖梁的连接采用浮动式结构，满足了横梁因温差作用而产生的伸缩变形要求，消除了幕墙的伸缩噪声，提高了系统的抗变位能力。横梁与立柱间采用贯通立柱的不锈钢连接，具有较强的传力能力及抗横梁扭转的能力。

（3）密封性能可靠，密封材料采用硅酮耐候密封胶，可有效保证气密性和水密性。铝合金副框按先组框再填注结构胶的工艺设计，保证副框的精度及整体性。

（4）安装可操作性强，可先装竖框，后装横框。这样既可以提高框架安装速度，又能解决先装横框成品保护困难的问题。开启扇装配可靠性较高的多点锁及限位伸缩臂。

（5）所有硬性接触处，均采用弹性连接，提高了幕墙的抗震性能，消除了伸缩噪声，同时由于密封性能的提高，保证了幕墙的隔音效果。在开启扇、框的角部采用不锈钢组角钢片加强角部连接，提高平整度。

不同金属的接触面都使用尼龙垫片以防止电化腐蚀。

27.4.4　石材幕墙设计要点说明

石材面板采用厚 30mm 的花岗岩石材，石材幕墙龙骨采用钢龙骨，其主要优点如下：

该幕墙系统采用镀锌槽钢作为立柱，不仅惯性矩大，抗变形能力强，而且采购方便，成本较低，施工方便。采用螺栓连接钢骨架系统，防止在工地大面积烧焊破坏钢件防腐蚀面层，同时，也提高了安装精度及安装速度。立柱、横梁采用 M8 不锈钢螺栓连接，可以承受较大的荷载，板材尺寸较大的工程项目也能很好地适用。铝合金挂件与横梁采用栓接方式，定位准确，安装方便，可有效保证花岗岩幕墙表面的平整度。

石材是一种天然材料，其材质均匀性较差，弯曲强度离散性较大，属于脆性材料，在上墙前都需要经过开采、运输、锯切、磨削等加工工序，每道加工工序都会对花岗岩的强度造成不同程度的损害，板材内部难免会产生一些轻微的内伤，特别是现场手工或小型机械开槽，更难以保证。该工程全部在工厂内加工，现场直接安装。在工厂内使用大型机器设备加工（包括开孔），能够尽量降低对石材的人为损伤。

27.5 机电安装工程

27.5.1 A 区酒店

上海新华联国际中心项目 A 区酒店机电工程包括三大部分：给排水工程、暖通工程和电气工程。

1. 给排水工程

（1）给水工程

该工程生活给水地下一层至地上一层（一区）由市政水压直供，2~9 层（二区）由水泵房变频供水设备供水，生活变频供水设备设在地下车库水泵房内。

室内生活给水管道除了卫生间内支管外均采用内衬塑镀锌钢管。当管径 $DN \leq 100$ 时采用丝扣连接；当 $DN>100$ 时采用法兰连接或沟槽式连接。

管道保温：外露给水、消防管道应做保温处理，采用厚 30mm 的橡塑海绵保温，外包铝皮作保护壳

（2）排水工程

该工程排水系统包括雨水系统和污废水系统。

雨水系统分重力流雨水管和压力排水管。重力流雨水管主要是收集屋面雨水，管材采用排水 U-PVC 管；压力排水管主要集中在地下室集水井排水，管材采用热镀锌钢管。

污废水系统同样采用排水 U-PVC 管，连接方式为承插连接。

该工程室内除 22# 楼酒店客房排水系统采用双管分流设计外，其余楼号的排水系统均采用污废合流制。排水通气采用专用通气立管系统，污水立管与专用通气管的接合管采用专用共扼配件。

雨水采用有组织的排水系统，屋面雨水经雨水斗汇集至雨水立管，再排至室外雨水管网系统。

2. 暖通工程

（1）热水系统、洗衣房及泳池的热源由地下一层的热水锅炉提供。

（2）地下汽车库均设机械排风兼排烟系统、机械送风兼补风系统，污水间设置机械排风。机械补风系统补风量不小于排风量的 50%。

（3）该工程地下车库设有机械排风兼排风系统，同时设有机械补风系统，补风量不小于排烟量的 50%。

（4）该工程在内走廊设置了排烟系统，防烟楼梯间及前室、合用前室设置了机械加压送风系统。

3. 电气工程

（1）照明系统

防火卷帘、消防电梯等消防用电，应急照明、潜水泵以及弱电设备等用电设备为一级负荷，其他为三级负荷。

火灾时通过切断应急照明配电箱主断路器，应急照明灯具自带蓄电池放电，放电时间需大于 30min。

（2）防雷及接地安全系统

该工程防雷等级为二级，采用装设在建筑物上的避雷带、避雷网和避雷针组成接闪器。避雷带采用 25mm×4mm 的热浸镀锌扁钢沿屋顶周边、屋角、屋脊、屋檐和檐角等易受雷击部位明敷，并在整个屋面组成不大于 20m×20m 的避雷网。

该工程采用 TN-S 接地系统，电源进线处做总等电位联结，所有楼的接地电阻要求小于 1Ω，实测达不到时，应增加接地极。总等电位线均采用 40mm×4mm 镀锌扁钢在墙内或地面暗敷设。总等电位联结均采用各种型号的等电位卡子，建筑物的内卫生间做局部等电位联结，并设局部等电位接线盒。

（3）弱电系统

弱电系统包括电话通信系统、宽带网络系统、数字电视系统和安全防范系统。

（4）火灾自动报警及消防联动控制系统

消防控制室设在地下一层，室内设火灾自动报警器、消防联动控制屏、CRT 图形显示屏、背景音乐兼火灾应急广

播系统、消防直通对讲电话和专用电话设备、电梯运行监控系统、UPS不间断电源及备用电源。

27.5.2 B区、C区企业总部与商业广场

上海新华联国际中心项目B区、C区企业总部与商业广场机电安装工程主要包括给排水工程和电气安装工程。

1. 给排水工程

给排水工程包括给水系统和排水系统。

（1）给水系统

B区企业总部、C区商业广场生活给水系统分为2个区，一区由市政直接供给，二区由设在地下车库的生活水泵房内的变频泵组供水，地下汽车库水箱的给水均由市政压力直接供给，并在给水管道入口处设水表计量。

热水系统选择太阳能热水系统，采用了承压集中集热—间接供水系统。

（2）排水系统

B区企业总部办公楼地上排水系统采用污废分流，地下室采用污废合流，污废水管采用排水U—PVC管，承插连接。地下室集水坑的排水采用压力流排水，压力排水管采用无缝钢管，焊接采用法兰接口。屋面雨水采用重力流排水系统，重力流雨水管采用镀锌钢管，螺纹连接。

C区商业广场排水采用污废合流，立管及出户管采用柔性接口铸铁管，承插连接，支管采用排水U-PVC管连接。地下室集水坑的排水采用压力流排水，压力排水管采用无缝钢管，焊接法兰接口；1#楼屋面雨水系统采用虹吸排水；2#楼屋面雨水采用重力流排水，重力流雨水管采用镀锌钢管，螺纹连接；室外地面雨水经雨水口由室外雨水管汇集，排至市政雨水管。

2. 电气安装工程

电气安装工程包括配电干线系统、动力系统、照明系统、防雷接地系统、空调配电系统。

（1）配电干线系统

由B区地下室办公区2#变电所供电，分别引入地下室的车库配电间和16个单体配电间。

（2）动力、空调配电系统

电气井道内动力、空调配电箱为明装，安装高度除注明外均为距地1.5m。落地安装的配电柜、控制柜基座抬高0.15m，剪力墙上配电箱为明装，底边距地1.5m。

（3）照明系统

由于目前企业总部只有公共部分（走道、楼梯间、卫生间）照明，因此均为应急照明系统，采用带蓄电池的吸顶灯作为应急照明。各疏散通道及出入口配以疏散指示标识。

（4）防雷接地系统

该工程共分三种接地系统：防雷接地系统、配电接地系统、弱电接地系统。所有接地系统均利用基础钢筋作为共用接地极，各接地系统接地引下线在不同位置单独敷设，共用接地极接地电阻应不大于1Ω，接地钢板厚度不小于规范要求。

28 万科·时一区

28.1 项目概况

1. 项目位置及建设概况

万科·时一区项目位于上海虹桥商务区核心区北片区11号地块，地块范围东至申长路，西至申滨路，南至润虹路，北至泰虹路。项目平面位置如图28.1-1所示。

万科·时一区是上海万科的第一个商住办综合体，项目总投资约26亿元，地处虹桥商务区核心区，紧邻国家会展中心。项目总占地面积约112 864m²，总建筑面积约246 101m²，容积率为1.58，绿化率为32.48%，项目效果图如图3.19-2所示。该项目由住宅、综合办公和商业街组成。住宅为高层和低层组合，建筑高度36m；办公部分为多层高层组合，建筑高度不高于43m；商业为1~3层，建筑高不高于24m。

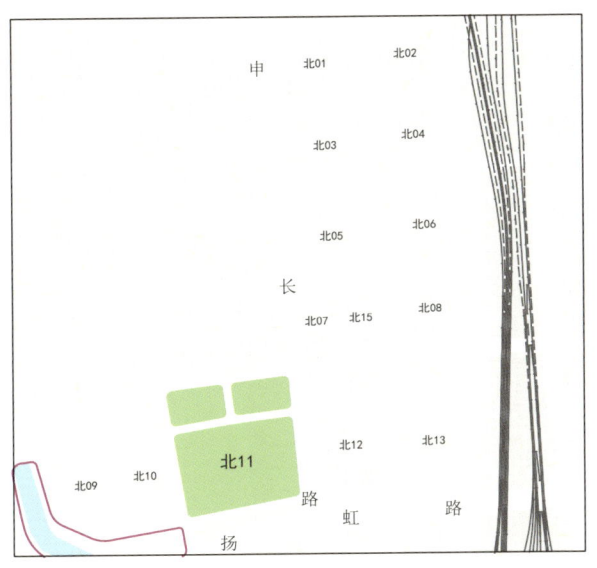
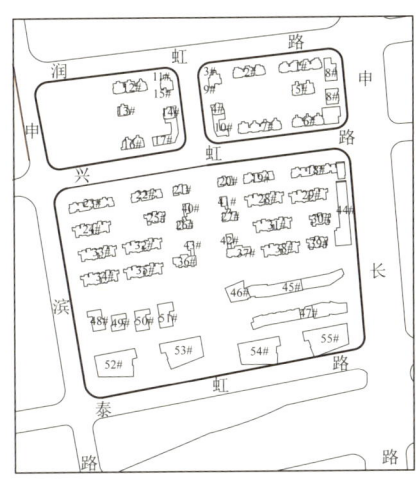

图 28.1-1　万科·时一区项目平面位置示意图

万科·时一区是一座约 20 万 m² 的商务综合体，划制约 6.8 万 m² 的办公区域，约 10 万 m² 的住宅区和约 1.3 万 m² 的商业街区，其中住宅区占据虹桥商务核心区约 55% 的住宅资源（图 28.1-2）。其中商办区域以 2 200~2 600m² 的花园独栋办公和约 120~250m² 的灵动标准办公为主。花园独栋办公总体量约 12 750m²，层高 4.5m。

图 28.1-2　万科·时一区项目效果图

北 11 号地块共有六个分区：15-01，16-01，17-01，17-02，17-03，17-04，如图 28.1-3 所示。

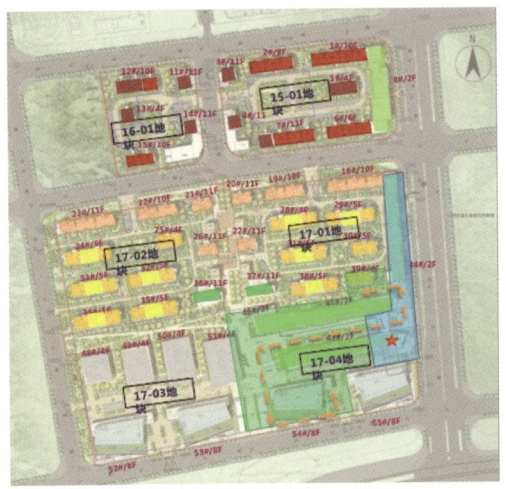

图 28.1-3　万科·时一区项目分区平面图

15-01号、16-01号地块为一期住宅项目（北住宅）。15-01号地块用地面积为17 683m²，总建筑面积为33 789.17m²，其中地下建筑面积为4 686.19m²，地上建筑面积为29 102.98m²，工程包括7栋住宅，3栋配套服务用房，1栋沿街商铺，1个地库。16-01号地块用地面积为9 600m²，总建筑面积为17 067.98m²，地下建筑面积为3 016.69m²，地上建筑面积为14 051.29m²，工程包括5栋住宅，3栋配套服务用房，1个地下车库。图28.1-4所示为15-01号地块实景图。

图28.1-4　15-01号地块实景图

17-01、17-02号地块为二期住宅项目（南住宅）。17-01号地块用地面积为19 894m²，总建筑面积为46 652.93m²，地下建筑面积为11 972.83m²，地上建筑面积为34 680.1m²；17-02号地块用地面积为18 262m²，总建筑面积为46 987.17m²，地下建筑面积为13 291.26m²，地上建筑面积为33 695.91m²。17-01号、17-02号地块的工程包括22栋住宅，8栋配套服务用房，1栋沿街商铺，1个地下车库。

17-03号、17-04号地块为商办项目（图28.1-5）。两个分区总用地面积约33 937m²，总建筑面积为98 476m²，地下建筑面积25 330m²，地上建筑面积73 146m²。

图28.1-5　商办项目实景图

2. 项目参建单位

万科·时一区项目由上海万树置业有限公司负责开发建设，该公司是由万科企业股份有限公司100%出资成立的项目公司，于2012年9月13日正式成立。万科企业股份有限公司成立于1984年，1988年进入房地产行业，经过二十多年的发展，成为国内最大的住宅开发企业。万科·时一区其他参建单位如表28.1-1所示。

表28.1-1　万科·时一区项目参建单位汇总

参建单位	单位名称
建设单位	上海万树置业有限公司
设计单位	上海原构设计咨询有限公司
施工总承包单位	上海家树建筑工程有限公司（住宅）
	江苏省华建建设股份有限公司（商办）
监理单位	上海鼎业民防建设咨询有限公司

3. 项目基本建设过程

万科·时一区 2013 年 3 月开始桩基施工，2014 年底完成所有单体项目的结构封顶，2014 年、2015 年、2016 年陆续完成各分区项目的竣工验收和交付。详细施工进度节点如表 28.1-2 所示。

表 28.1-2 万科·时一区项目施工进度节点

项目分区		进度节点						
		桩基开始施工	基坑开挖	大底板施工完成	基坑出 ±0.00	主体结构封顶	竣工验收	交付
北住宅	15-01	2013.03	2013.08	2013.10	2013.12	2014.06	2014.12	2014.12
	16-01	2013.03	2013.11	2013.12	2014.03	2014.09	2015.12	2015.12
南住宅	17-01	2013.03	2013.10	2013.12	2014.02	2014.08	2014.12	2015.01
	17-02	2013.03	2014.03	2014.05	2014.07	2014.12	2016.03	2016.03
商办	17-03	2013.03	2013.10	2014.01	2014.04	2014.10	2015.06	2015.06
	17-04	2013.03	2013.10	2014.01	2014.04	2014.10	2015.06	2015.06

28.2 基坑工程

28.2.1 基坑概况

万科·时一区基坑按单体项目分为 6 个分区，即 15-01，16-01，17-01，17-02，17-03，17-04。15-01 分区开挖深度为 4.35~4.65m，面积为 3 518.7m²；16-01 分区开挖深度为 4.35~4.95m，面积为 2 592m²；17-01、17-02 分区开挖深度为 4.75m，面积约为 8 897m²；17-03、17-04 分区开挖深度为 6~8m，面积 34 765m²。万科·时一区在进行基坑开挖施工之前，场地周边道路均已建成，东侧为申长路、西侧为申滨路、南侧为泰虹路、北侧为润虹路。除场地北部、润虹路北侧为已建住宅小区、幼儿园外，其余三个方向均为空旷开阔场地。场地东侧紧邻规划的轨道交通 17 号线，基坑开挖时该工程仍未施工，因此未考虑轨道交通对基坑开挖的影响。

28.2.2 围护结构

15-01 分区大部分基坑采用双排 Φ700@1 000 双轴水泥土搅拌桩，搅拌桩长 6m，基坑采用放坡开挖，基坑开挖面采用厚 60mm 的 C20 混凝土护坡面层，内配 Φ1.2@12.7×12.7 钢丝网。局部采用四排 Φ700@1 000 双轴水泥土搅拌桩，搅拌桩长 6m/5m，内插 L=4 000@1 000，Φ48×3.5 的钢管及 Φ12L=1 500@1 000 的钢筋，搅拌桩桩顶采用厚 200mm 的 C20 混凝土压顶内配 Φ8@200 双向钢筋网。16-01 分区大部分基坑采用双排 Φ700@1 000 双轴水泥土搅拌桩，搅拌桩长 6m 和 8m，基坑采用放坡开挖，基坑开挖面采用厚 60mm 的 C20 混凝土护坡面层，坡内设 Φ6@200 钢丝网片。

17-01、17-02 分区基坑采用双排、三排、四排、五排、六排、八排双轴水泥土搅拌桩，搅拌桩桩长分别为 6m/8.35m（双排），4m（三排），6m（四排），8m（五排），9m（六排），11.5m（八排）。双排双轴水泥土搅拌桩区域基坑采用放坡开挖，基坑开挖面采用厚 60mm 的 C20 混凝土护坡面层，内配 Φ1.2@12.7×12.7 钢丝网；三排、四排双轴水泥土搅拌桩内插 L=4 000，@1 000Φ48×3.5 的钢管及 Φ12L=1 500@1 000 的钢筋，搅拌桩桩顶采用厚 200mm 的 C20 混凝土压顶内配 Φ8@200 双向钢筋网；五排、六排、八排双轴水泥土搅拌桩内插 L=6 000@1 000Φ48×3.5 的钢管及 Φ12L=1 500@1 000 的钢筋，搅拌桩桩顶采用厚 200mm 的 C20 混凝土压顶内配 Φ8@200 双向钢筋网。

17-03、17-04 分区大部分基坑采用双排 Φ700@1 000 双轴水泥土搅拌桩，搅拌桩长 8m，10m，12m，13m，14m，9m，16.5m，基坑采用放坡开挖，基坑开挖面采用厚 60mm 的 C20 混凝土护坡面层，内配 Φ1.2@12.7×12.7 钢丝网。局部采用六排 Φ700@1000 双轴水泥土搅拌桩，搅拌桩长 14m，内插 L=6 000@1 000，Φ48×3.5 钢管及 6Φ12，L=1 500@1 000 的钢筋，搅拌桩桩顶采用厚 200mm 的 C20 混凝土压顶内配 Φ8@200 双向钢筋网。

28.3 主体结构工程

1. 整体装配式结构预制方案

万科·时一区高层住宅采用整体装配式剪力墙结构，剪力墙抗震等级为三级。其采用的整体装配式结构预制方案主要包括以下特点：

（1）预制外挂墙采用夹芯保温墙板，适当提高外挂墙板连接厚度，保证锚固长度要求，减少外墙的叠合受力筋对主体结构外墙、柱施工的影响。

（2）主体外围结构剪力墙采用工厂预制形式，节点核心区部分预留钢筋，内部剪力墙、连梁结构采用现浇形式。

（3）主体结构连梁部分中间区段采用预制形式，两边锚固端剪力墙核心区部分预留钢筋采用现浇的形式。

（4）主体楼面结构采用现浇混凝土结构板或预制叠合板进行设计。

（5）整体装配式结构设计时，剪力墙、柱、连梁尽量采用大直径钢筋，减少节点核心区钢筋数量，降低施工难度。同时，预制剪力墙、预制柱、预制连梁的连接采用浆锚套筒连接或搭接、焊接。套管式柱连接的位置可设置在柱反弯点或1/3梁跨度处，分为钢套管连接和钢波纹管连接两种，套管连接通过计算和构造确保连接可靠。

2. 预制混凝土结构安装

万科·时一区主体结构采用预制混凝土（Precast Concrete，PC）结构，该施工方法可减少现场湿作业，提高工程效率。PC结构包括外墙、楼梯、飘窗、空调板、阳台等；窗框预埋于PC结构上，这对后续门窗防渗漏起到很好的正面作用；外墙面砖反打于PC外墙结构，这使得面砖黏结牢靠，结构封顶后，外立面施工简单，落架周期短。PC外墙构件平面图如图28.3-1所示。PC结构安装施工工序如图28.3-2所示。

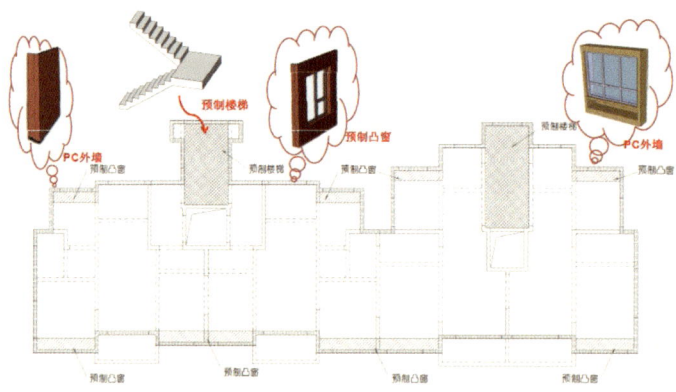

图28.3-1　PC外墙构件平面布置图

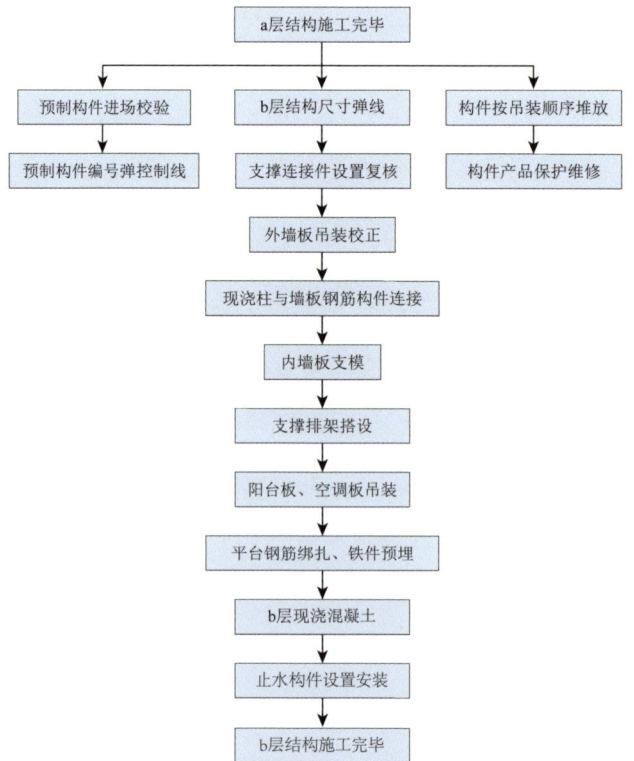

图28.3-2　PC结构安装施工工序

（a）PC 板材运输

（b）PC 板材吊运

（c）PC 板材吊装

（d）PC 板材安装固定

图 28.3-3　PC 板材现场施工图

PC 结构安装也存在若干施工难点：首先，对外立面瓷砖排列提出较高要求，要有利于施工和整体效果；其次，因各类出墙洞口均是提前预留，所以不利于后期设计方案调整；最后，外墙板材留缝较多，对 PC 结构施工要求较高，以保证整体外立面效果。

28.4　幕墙工程

万科·时一区幕墙工程由 2 栋沿街商业楼（8#、45# 楼）、2 栋配套公共建筑（46#、47# 楼），4 栋多层办公楼（48#~51# 楼）、4 栋高层办公楼（52#~55# 楼）组成。8# 楼地上 2 层，玻璃幕墙高度约为 10.4m（室内外高差均按 0.10m 计）；45# 楼地上 2 层，玻璃幕墙高度约为 10.85m；46# 楼地上 2 层，玻璃幕墙高度约为 10.6m；47# 楼地上 2 层，玻璃幕墙高度约为 11.4m；48#~50# 楼均为地上 4 层，玻璃幕墙高度均为 21.8m；52#~55# 楼均为地上 8 层，玻璃幕墙高度均约为 39.7m。该项目幕墙面积约 50000m²，整个建筑采用了玻璃幕墙、石材幕墙、铝板幕墙的组合体系，凸显整个建筑的稳重、简洁。图 28.4-1 所示为 55# 楼东南向玻璃幕墙效果图。

该项目幕墙主要包括以下幕墙系统：竖隐玻璃幕墙系统、横明竖隐玻璃幕墙系统、双层皮幕墙、横明竖隐玻璃幕墙电动百叶、夹板式点玻幕墙系统、采光顶系统、入口门斗位置系统、石材幕墙系统、铜铝塑板／铝单板幕墙系统、窗系统、栏杆格栅及装饰百叶系统、玻璃幕墙系统、一层全玻璃幕墙系统。

1. 竖隐玻璃幕墙系统

52#~55# 楼建筑一层的幕墙设计为竖隐玻璃幕墙。竖隐玻璃幕墙是比较常见的玻璃幕墙形式之一，相比于其他玻璃幕墙，其特点是：

（1）玻璃上下两端都是直接入槽内，相对来说比较安全。

（2）立面效果简洁大方。

（3）立柱、玻璃板材现场逐件安装，安装方便，调整容易。

竖隐玻璃幕墙的龙骨采用钢方管，玻璃采用 6+1.14PVB+6 钢化夹胶玻璃。

图 28.4-1　万科·时一区 55# 楼东南向玻璃幕墙效果图

构造说明：采用定距压块式结构；型材采用 200mm×100mm×6mm 钢方管，表面喷涂氟碳，具有金属质感，玻璃两边黏接铝合金副框，铝合金压块表面阳极氧化，玻璃上下两端槽口采用 37mm×357mm×4mm 的 U 形钢槽，用镀锌角码直接与埋板焊接，玻璃采用 6+1.14PVB+6 钢化夹胶玻璃。

2. 横明竖隐玻璃幕墙系统

52#~55# 楼二层以上南立面、西立面、东立面为横明竖隐玻璃幕墙。横明竖隐铝合金半隐框幕墙板块通过承重垫块安装在横梁上，承重垫块采用硬质 PVC 塑料块或氯丁橡胶块，长度不小于 100mm，放置在板块的两个 1/4 边长处，横向通过铝合金压板定距压紧，外加铝合金扣板，安装可靠，装饰效果好。该系统采用的玻璃种类有：6+1.14PVB+6 钢化透明夹胶玻璃、6+1.14PVB+6+12A+6 透明中空夹胶钢化 Low-E 彩釉玻璃、6+1.14PVB+6 钢化透明夹胶玻璃、6+1.14PVB+6+12A+6 透明中空夹胶钢化 Low-E 玻璃。

构造说明：采用钢构件结构，幕墙采用断桥隔热形式，型材采用铝合金开模型材，外露部分喷涂氟碳，不可见部分阳极氧化。采用玻璃种类：6+1.14PVB+6 钢化透明夹胶玻璃、6+1.14PVB+6+12A+6 透明中空夹胶钢化 Low-E 彩釉玻璃、6+1.14PVB+6 钢化透明夹胶玻璃、6+1.14PVB+6+12A+6 透明中空夹胶钢化 Low-E 玻璃。层间玻璃背板部位采用厚 3mm 的浅灰色铝塑板，内衬防火材料和保温材料。

3. 双层皮幕墙幕墙系统

52#、54# 楼二层以上 2~3 轴间和 53#、55# 楼二层以上 7~8 轴间采用的是双层皮玻璃幕墙系统，通过焊接在埋板上的钢方管转接件与外层玻璃幕墙钢龙骨链接。

构造说明：此处双层皮幕墙采用的是外挂式，转接件采用 160mm×80mm×4mm 的钢方管，端头焊接有 170mm×50mm×6mm 的厚折弯钢板与幕墙钢立柱连接。外幕墙立柱由铝合金型材内套 140mm×80mm×4mm 通长镀锌钢方管组成。立柱之间由 130mm×70mm×4mm 钢方管连接，外套铝合金装饰型材。所有外露钢方管连接件一律喷涂氟碳，玻璃采用 6+1.14PVB+6 钢化夹胶玻璃。

4. 横明竖隐玻璃幕墙电动百叶幕墙

这种幕墙主要分布在 52#、54# 号楼东立面三层以上和 53#、55# 楼西立面三层以上。玻璃百叶板块为长方形，由玻璃板块、不锈钢网格、电机组成。其特点电动控制、双并开启、可旋转也可折叠。该系统的遮阳叶片选用 6+1.76PVB+6 钢化夹胶玻璃，克服了传统幕墙不能开启的缺憾，又保持了幕墙的晶莹剔透。光线通过玻璃百叶在室内形成多次的反射与漫射，可获得丰富多变的视觉效果。

构造说明：本系统采用的是百叶专用电机，采用高强度不锈钢，表面进行防浮锈及防腐蚀处理。选材具有推力强劲、运行稳定的特点，其简洁的线条、精巧的外观可与窗体达到对称协调的效果。百叶采用的是 6+1.76PVB+6 钢化夹胶玻璃，百叶边框选用 6063 铝合金型材，表面喷涂氟碳。百叶夹、中芯旋转轴及玻璃固定螺丝均选用 SUS304 不锈钢料。开启角度 0~70° 可选择。

5. 夹板式点玻幕墙系统

构造说明：采光顶的主龙骨采用 120mm×80mm×4mm 焊接钢方管，表面喷涂氟碳，通过不锈钢夹具固定住

6+1.14PVB+6+12A+6 透明中空夹胶 Low-E 中空钢化玻璃。

6. 采光顶系统

构造说明：采用 100mm×100mm×5mm 钢方管转接 140mm×80mm×5mm 钢方管与主题钢结构固定。铝合金副框黏接 6+1.14PVB+6+12A+6 透明夹胶钢化 Low-E 玻璃。

7. 入口门斗位置系统

构造说明：主立柱采用 H250×125×9×6 型钢，副龙骨为∟50×4 的镀锌角钢，外包 2.5mm 铝单板，门边采用落槽式玻璃幕墙，玻璃采用 6+12A+6 中空钢化 Low-E 玻璃。

8. 石材幕墙系统

构造说明：主龙骨采用 90mm×60mm×4mm 的镀锌钢方管，次龙骨采用∟50×4 的热镀锌角钢，用铝合金挂件外挂厚 30mm 的石材。

9. 铜铝塑板／铝单板幕墙系统

构造说明：主龙骨采用 90mm×60mm×4mm 镀锌方管，次龙骨采用∟50×4 的镀锌角钢，主次龙骨连接采用∟63×40×4 与不锈钢螺栓链接，外挂 2.5mm 铝单板。

10. 窗系统

隔热断桥铝合金窗是在旧铝合金窗的基础上为了提高门窗保温性能而推出的改进型，通过增强尼龙隔条将铝合金型材分为内外两部分，从而阻断了铝的热传导。增强尼龙隔条的材质和质量直接影响到隔热断桥铝合金窗的耐久性。

构造说明：窗型材采用铝合金断桥隔热型材，玻璃为 6+12A+6 中空钢化玻璃和 6mm 单片钢化玻璃。

11. 栏杆格栅及装饰百叶系统

构造说明：本工程栏杆格栅及装饰百叶系统可分为镀锌钢条栏杆格栅系统；钛锌复合板格栅系统；铝合金装饰百叶系统。镀锌钢条栏杆格栅系统中格栅采用 38mm×9mm 的镀锌钢条，底部直接焊接在埋板上，分格间隙为 60mm，表面涂刷三层中灰色油漆。装饰百叶幕墙竖料采用的是 90mm×50mm×1.5mm 的铝方管，边框及百叶片全部选用铝合金材质，竖向分格间加入铝合金竖向线条，铝合金表面全部喷涂氟碳。钛锌复合板格栅系统根据不同的楼栋选用的板材种类有 4mm 铜铝复合板、钛锌复合板以及 2.5mm 电镀铝板，其格栅竖向骨架采用表面镀锌的通长 T110×50×5×5 的型钢，板材与竖向龙骨接触处有 2mm 的 EPDM 垫片，竖向龙骨通过钢板连接件与 120mm×80mm×4mm 的镀锌方钢管横梁焊接，板材拼缝处用密封胶封堵，颜色与板材颜色接近。

12. 玻璃幕墙系统

构造说明：采用构件式结构；型材采用铝合金型材；立柱宽 60mm，横梁宽 60mm。幕墙采用断桥隔热形式，铝合金型材采用 6063—T6 型号，外露部分喷涂氟碳，室内部分喷涂粉末，不可见部分阳极氧化。玻璃选用 6+1.14PVB+6+12 中空钢化夹胶 Low-E 玻璃。

13. 一层全玻璃幕墙系统

构造说明：此系统采用吊挂式，由 15+1.9（SGP）+15 钢化夹胶玻璃背贴阳光板组成，玻璃背面衬宽 285mm 的 15+1.9（SGP）+15 钢化夹胶玻璃肋，玻璃分格处的玻璃肋挑出玻璃面，玻璃底部插入 6mm U 型槽钢并打胶固定，顶部夹具通过连接件固定在刚横梁上，二层结构梁上也安装有厚 12mm 的不锈钢夹具与板材焊接。

28.5 机电安装工程

1. 雨水回用系统

万科·时一区项目 16-01 分区通过雨水回用系统，收集全区屋面、道路、绿化雨水，汇集到 14# 楼北侧地埋式雨水蓄水池中。

17-01、17-02 地块共用一个雨水回用系统（图 28.5-1），收集 17-01 分区部分屋面、道路、绿化雨水，汇集到 17# 楼西侧的地埋式雨水蓄水池中。处理后的回用雨水用于绿化浇灌、道路冲洗、地库冲洗和垃圾房冲洗。

2. 节能照明

（1）完全选用节能灯具，配节能型镇流器（图 28.5-2），满足不同场所照度、显色指数、统一眩光值要求。

（2）办公部分严格控制照明功率密度值，不高于《建筑照明设计标准》（GB 50034—2013）规定的目标值。

（3）住宅部分公共部位的照明功率密度值，不高于《建筑照明设计标准》（GB 50034—2013）规定的现行值。

图 28.5-1　万科·时一区 17-01、17-02 分区公用的雨水回收系统

 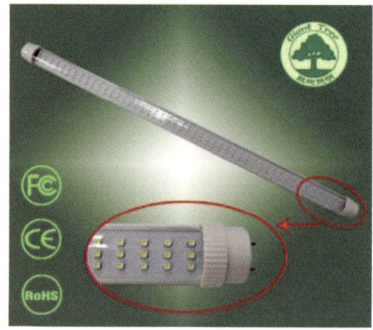

图 28.5-2　节能灯具

（4）需结合装修设计，针对商业区域、办公区域、公共区域分别采用节能控制措施。图 28.5-3 所示为办公走廊照明效果图。

图 28.5-3　办公走廊照明效果图

3. 热电冷联供

（1）商办部分冷热源由虹桥商务区区域集中供能，能源梯级利用，提高能源的综合利用率。

（2）集中能源站为项目 100% 供热供冷，提供生活热水。图 28.5-4 所示为热电冷联供系统图。

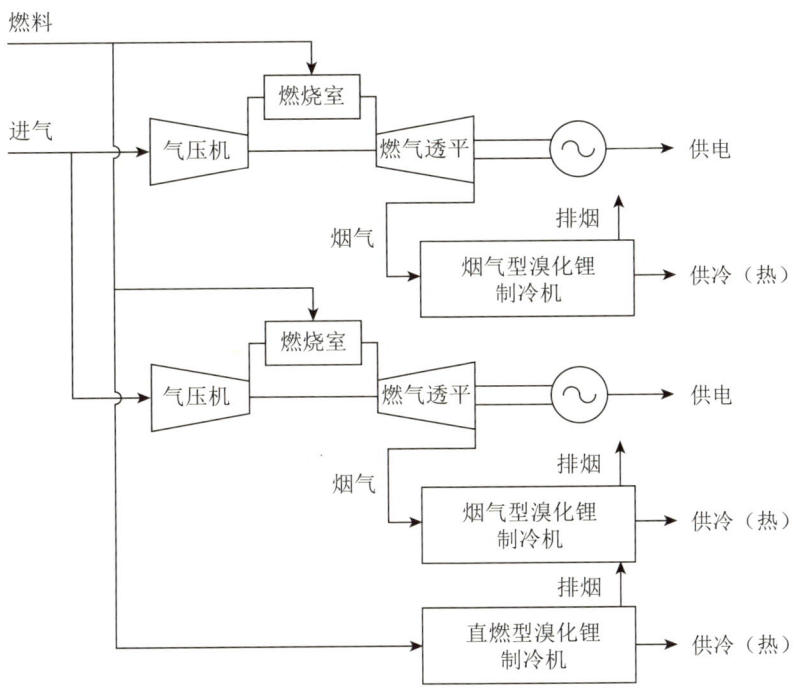

图 28.5-4 热电冷联供系统图

4. 分项计量

该项目商办部分采用分项计量（图 28.5-5），可分别计量空调、动力、照明系统、设备、特殊用电等。

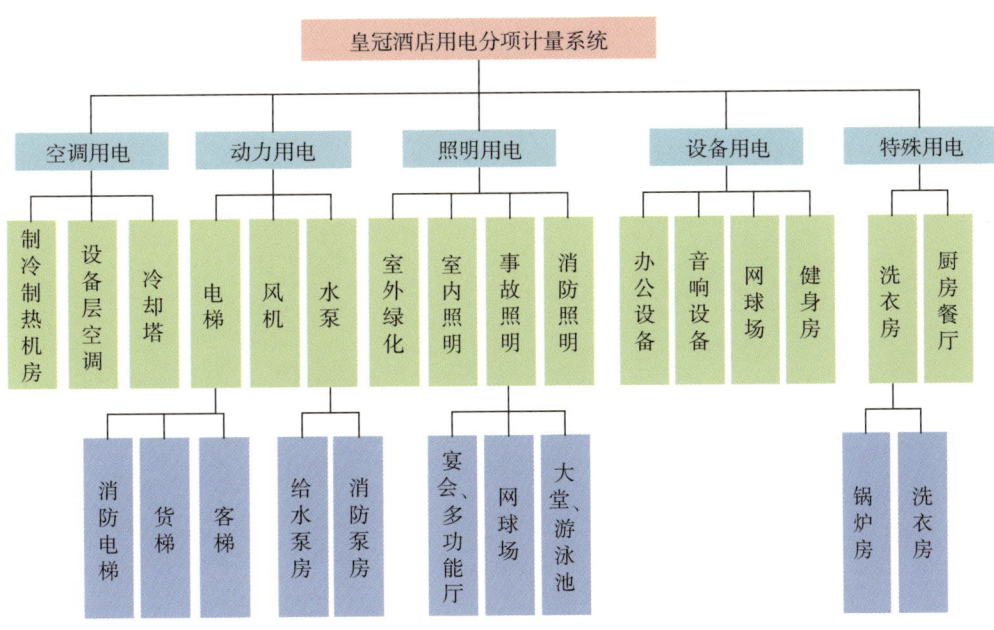

图 28.5-5 分项计量示意图

5. 智能化控制系统

万科·时一区住宅装修中，大量采用了智能化控制系统及设备（图 28.5-6），以户为单位的局域网内，手机 App 可控制室内灯具开关、窗帘开关、空调开关及温度调节，且以上功能可通过 App 远程控制，大大提高了用户的使用便捷性。

图 28.5-6　万科·时一区建筑智能化

29　上海虹桥协信中心

29.1　项目概况

1. 项目位置及建设概况

上海虹桥协信中心项目位于虹桥商务区北区，东临申虹路，西临申长路，北临润虹路，南靠泰虹路。项目平面位置如图 29.1-1 所示。

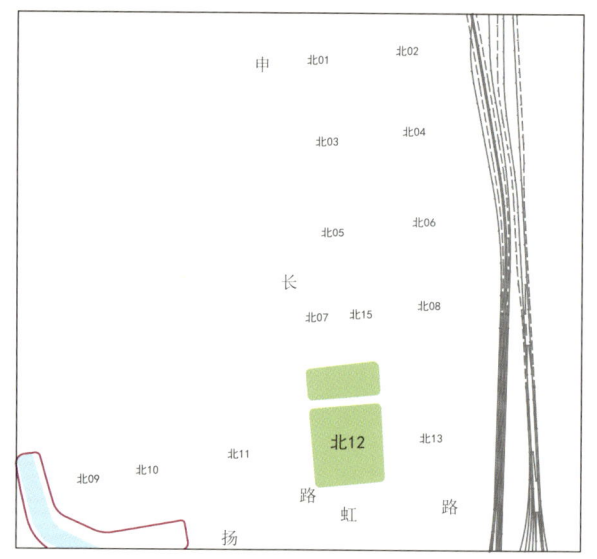
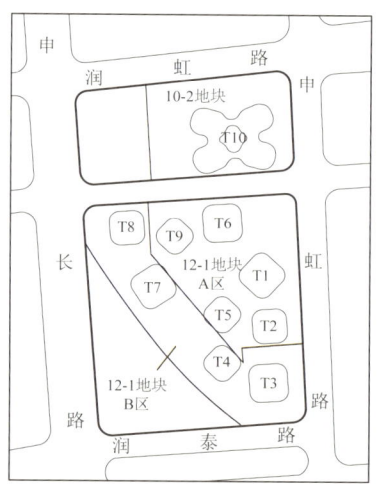

图 29.1-1　上海虹桥协信中心项目平面位置图

该项目为商业办公建筑，包括两个地块，南地块地上为 9 栋塔楼，北地块为 4 栋四层联体建筑。总用地面积约 45 516m²，其中 10-02 号地块 8 409m²、12-01 地块 37 107m²。项目总建筑面积约 22.0 万 m²，其中地上建筑面积约 11.5 万 m²，地下建筑面积约 9.9 万 m²，配套设施面积为 0.595 万 m²。10-02 地块为地下二层，开挖深度为 13.0m；12-01 地块为地下二层或三层，开挖深度 16.9m。项目地下一、二层主要功能为持有型主题购物商场及写字楼配套会议中心，地下三层主要功能为车库及设备辅助用房。地上由数栋 4~9 层的独立建筑组成，每栋建筑的体量在 5 000~20 000m² 左右，其中二层以上为写字楼，共计约 10.5 万 m²，建筑首层除写字楼大堂、核心筒外布置商铺，总面积约 1 万 m²。图 29.1-2 为上海虹桥协信中心项目效果图。

图 29.1-2　上海虹桥协信中心项目效果图

2. 项目参建单位

上海虹桥协信中心项目由协信集团投资建设,该集团始创于 1994 年,现已成为一家从事精品住宅开发、城市商业综合体运营、产业地产开发以及物业管理的全国性大型现代企业集团,企业多次被评为中国房地产五十强企业。

该项目建设、勘察、设计、施工、监理等参建单位如表 29.1-1 所示。

表 29.1-1　上海虹桥协信中心项目参建单位汇总

参建单位	单位名称
建设单位	上海协信远定房地产开发有限公司
建筑设计顾问	凯达环球建筑设计咨询有限公司
结构、机电设计顾问	卓展工程顾问有限公司
深化设计单位	上海建工设计研究院有限公司
勘察设计单位	上海海洋地质勘察设计有限公司
施工总承包	中国建筑第二工程局有限公司
监理单位	上海海龙工程技术发展有限公司

3. 项目建设过程

上海虹桥协信中心项目于 2013 年 3 月开始桩基施工,2014 年 5 月完成全部大底板浇筑,2014 年 8 月完成地下结构施工,2016 年 2 月完成竣工验收。详细时间节点如表 29.1-2 所示。

表 29.1-2　上海虹桥协信中心项目施工进度节点

项目分区	进度节点						
	桩基开始施工	基坑开挖	大底板施工完成	基坑出 ±0.00	主体结构封顶	竣工验收	交付
10-02	2013.03.11	2013.08.25	2013.10.11	2013.11.30	2014.01.08	2015.03.23	2015.04.25
12-01A 区	2013.03.11	2013.09.28	2013.11.18	2014.02.04	2014.04.08	2016.02.09	2016.03.28
12-01B 区	2013.03.11	2014.04.11	2014.05.13	2014.08.18	2014.10.18	2016.02.09	2016.03.28

29.2　基坑工程

29.2.1　工程概况

上海虹桥协信中心项目 10-02 号地块为地下二层,基坑开挖面积为 7 430m²,基坑周长为 340m;12-01 号地块基坑 A 区为地下二层,B 区为地下三层,开挖面积为 34 300m²,外围周长约 760m。场地自然地面平均绝对标高为 +4.700m,相对标高为 -0.300m。见表 29.2-1。

表 29.2-1　上海虹桥协信中心项目基坑开挖规模与深度

基坑区域		开挖面积 /m²	开挖深度 /m
10-02 号地块（地下二层）		7 430	10.7, 11.7
12-01 号地块	A 区（地下二层）	15 300	13.0
	B 区（地下三层）	19 000	16.9

上海虹桥协信中心项目 10-02 号地块及 12-01 号地块 A 区基坑主要采用钻孔灌注桩 + 内支撑挡土 + 四周三轴水泥土搅拌桩止水的围护结构，深层采用水泥土搅拌桩加固。

12-01 地块 B 区基坑主要采用地下连续墙 + 内支撑挡土的围护结构，深层采用水泥土搅拌桩加固。该工程所在场地周边环境较为复杂，周边道路、管线密布且相距较近，需采取相应的保护措施。

29.2.2　围护工程

上海虹桥协信中心项目基坑工程均采用顺作法施工，共分为三个区域并采取不同的围护结构，分别为 12-01 号地块 A 区、12-01 号地块 B 区和 10-02 号地块，分区如图 29.2-1 所示。

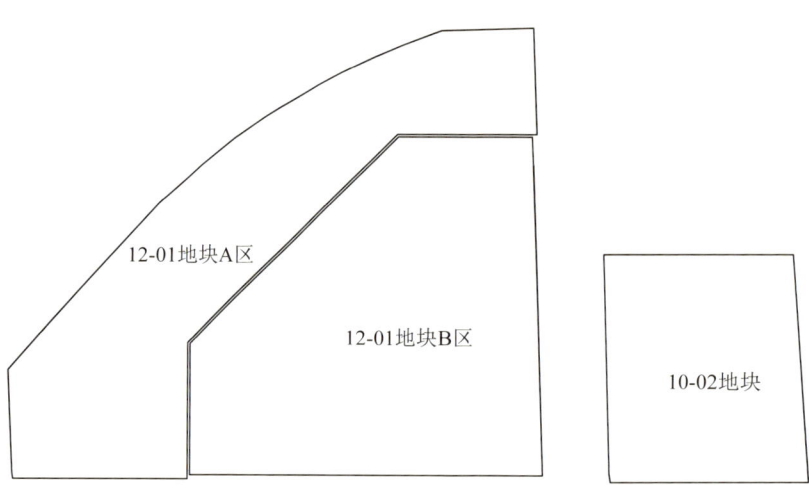

图 29.2-1　协信中心基坑工程分区示意图

1.10-02 号地块

10-02 号地块围护结构为 Φ950 和 Φ1 000 灌注桩，Φ950 灌注桩桩长为 22.0m，Φ1 000 灌注桩桩长 24.0m/26.0m。总桩数为 310 根，混凝土强度等级为 C30（水下混凝土提高一级）。10-02 号地块基坑采用三轴水泥搅拌桩作止水帷幕，桩径 3Φ850@1 200，桩长 17.7m/18.7m/19.9m，水泥标号不低于 42.5 级，水泥掺量为 20%，总桩数为 299 根。暗墩采用双轴水泥搅拌桩加固，坑底以上水泥掺量为 8%，坑底以下水泥掺量 13%，桩径 2Φ700@1 000，桩长 7.2m，总桩数为 485 根。坑内土体采用双轴搅拌桩加固，坑底以上水泥掺量为 8%，坑底以下水泥掺量 13%，桩径 2Φ700@1 000，桩长 4m/5m/7m，总桩数为 665 根。搅拌桩与围护灌注桩之间净距为 150mm，之间设压密注浆。10-02 号地块基坑平面图如图 29.2-2 所示。

10-02 号地块基坑工程采用两道水平混凝土支撑，支撑立柱桩采用格构柱桩。结合第一道支撑设置混凝土栈桥，栈桥板面标高 –1.100m，板厚 300mm，栈桥梁截面尺寸为 800mm（或 600mm）×1 100mm，支撑信息详见表 29.2-2。

表 29.2-2　10-02 地块基坑支撑信息表

支撑系统	中心标高 /m	围檩 /mm	主撑 1/mm	主撑 2/mm
第一道支撑	–1.800	1 200×800	800×800	600×800
第一道支撑	–7.400	1 300×800	1 000×800	800×800

2.12-01 地块 A 区

12-01 号地块 A 区基坑围护结构为 Φ950 和 Φ1 000 灌注桩，Φ950 灌注桩桩长 26.1m，共计 398 根；桩长为 26.1m 的 Φ1 000 灌注桩，共计 198 根；桩长为 32.1m 的 Φ1 000 灌注桩，共计 6 根。混凝土强度等级为 C30（水下混凝土提高一级）。

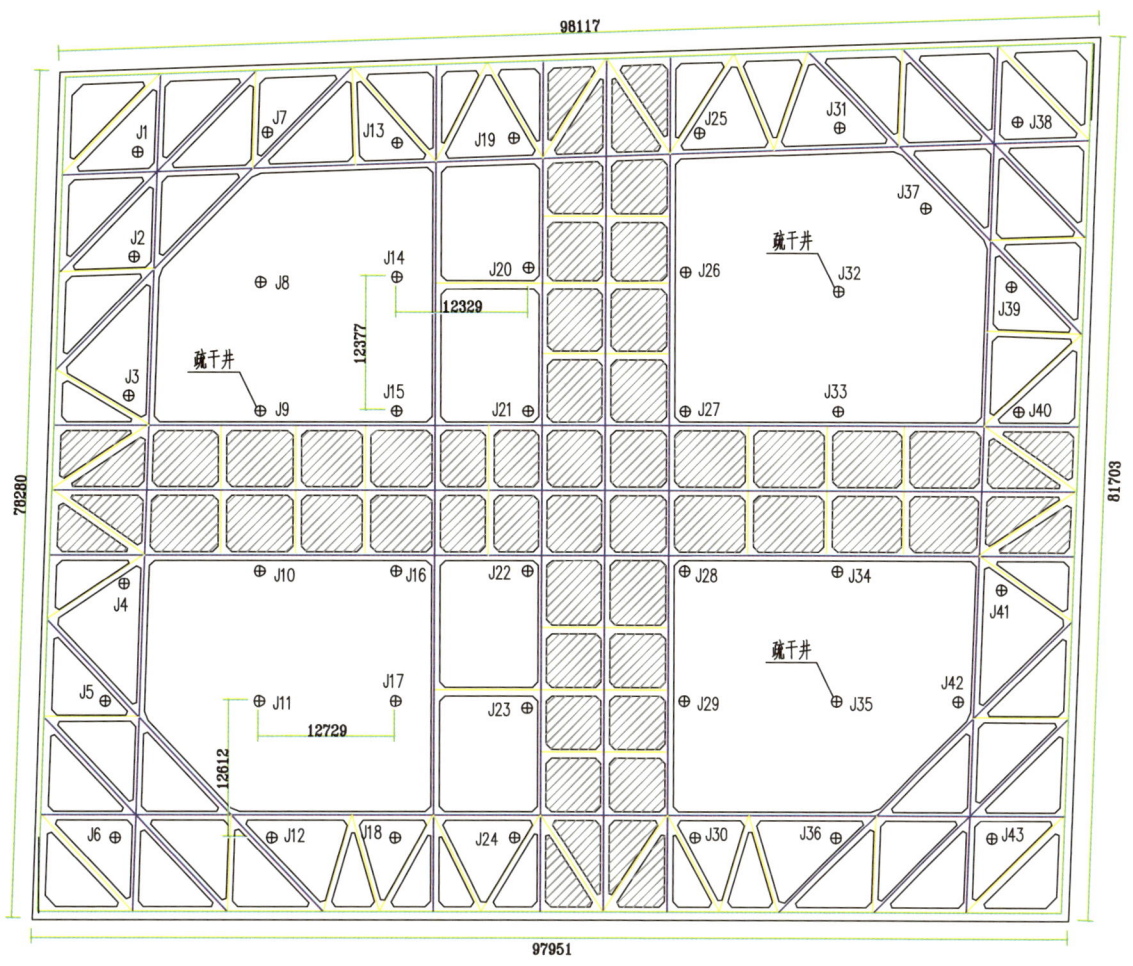

图 29.2-2 10-02 号地块基坑平面图

12-01 号地块 A 区基坑采用三轴水泥搅拌桩作止水帷幕，桩径 3Φ850@1 200，桩长为 20m 的搅拌桩 592 根，桩长为 22m 的搅拌桩 207 根。水泥标号不低于 42.5 级，水泥掺量为 20%。暗墩双轴加固采用 2Φ700@1 000，桩长 11m，总计 595 根。坑底以上水泥掺量为 8%，坑底以下水泥掺量 13%。坑内土体加固采用 2Φ700@1 000，桩长 4m/4.5m，总计 733 根。基坑北区灌注桩与三轴止水桩之间采用压密注浆进行填充，主要防止基坑围护渗水和灌注桩桩间土体坍塌。压密注浆采用 P.O42.5 级水泥，压密注浆浆液注入率为 20%（与被加固土体体积之比），水灰比为 0.55。

12-01 号地块 A 区采用三道水平混凝土支撑，支撑立柱桩采用格构柱桩。结合第一道支撑设置混凝土栈桥，栈桥板面标高 -1.100m，板厚 300mm，栈桥梁截面尺寸为 800mm（或 600mm）×1 100mm。支撑详情如表 29.2-3 所示。

表 29.2-3 12-01 地块 A 区基坑工程支撑信息

支撑系统	中心标高 /m	围檩 /mm	主撑 1/mm	主撑 2/mm	主撑 3/mm
第一道支撑	-1.800	1200×800	800×800	600×800	—
第二道支撑	-7.800	1400×900	1200×800	1000×800	700×800
第三道支撑	-13.30	1400×800	1000×800	900×800	700×800

3.12-01 号地块 B 区

12-01 号地块 B 区围护结构采用厚 1 000mm 的地下连续墙，地下连续墙墙深 32.1m，入土比约为 1∶1。地下连续墙兼作地下室外墙，为"两墙合一"设计，总长度 306 延长米。地下连续墙接头采用锁口管柔性接头，地下连续墙混凝土设计强度等级为 C30（水下混凝土提高一级），抗渗等级为 P8。地下连续墙外接缝处设旋喷桩止水，长度与地下连续墙相同。钢筋主要采用 HRB335。

12-01 号地块 B 区采用三道水平混凝土支撑，支撑立柱桩采用格构柱桩。结合第一道支撑设置混凝土栈桥，栈桥板面标高 -1.100m，板厚 300mm，栈桥梁截面尺寸为 800mm（或 600mm）×1100mm。支撑详情如表 29.2-4 所示。

表29-4　12-01号地块B区基坑工程支撑信息

支撑系统	中心标高/m	围檩/mm	主撑1/mm	主撑2/mm	主撑3/mm
第一道支撑	-1.800	1200×800	800×800	600×800	—
第二道支撑	-7.800	1400×900	1200×800	1000×800	700×800
第三道支撑	-13.30	1400×800	1000×800	900×800	700×800

12-01号地块基坑平面图如图29.2-3所示。

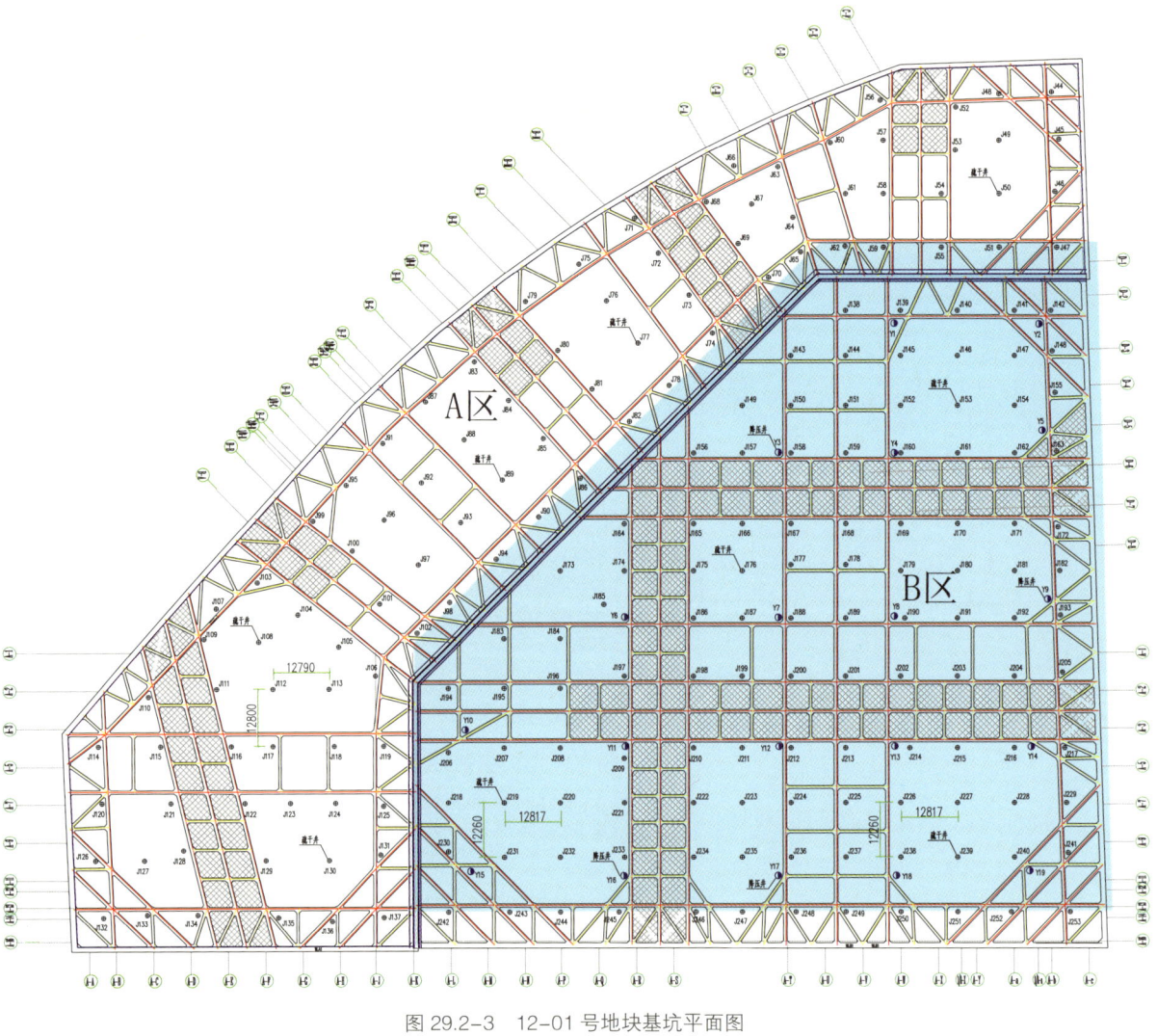

图29.2-3　12-01号地块基坑平面图

29.3 主体结构工程

上海虹桥协信中心项目的办公楼、商场为框架核心筒结构。10-02号地块为4栋四层顶层相连的塔楼。北区地上首层高6.25m，二层、三层高5.6m，四层高5.7m，主楼核心筒内柱截面尺寸为900mm×900mm，混凝土强度为C35，楼板厚度为120mm，局部厚度为150mm厚。地下底板厚度为400mm，混凝土强度为C40；楼板厚度为150mm，混凝土强度为C35。

12-01号地块地上为9栋5~9层高低交错的塔楼，首层层高5.6m，二层到顶层层高均为4.4m，核心筒内柱尺寸为1300mm×1200mm和1000mm×1000mm，楼板厚度为120mm。其中五层以上塔楼、首层及二层内混凝土柱强度为C55，其余楼层为C50~C30，楼板混凝土强度为C35~C30。A区地下室为地下2层，B区地下室为地下3层。

上部结构外墙采用玻璃幕墙和GRC装饰板，核心筒内墙采用厚200mm的砂加气混凝土砌块，塔楼顶部在结构找坡上加聚氨酯防水卷材。塔楼板厚120mm，局部位置板厚150mm。

9栋塔楼中的4栋为精装修,楼层装修后层高为3 000mm,地板为防静电架空地板,吊顶为轻钢龙骨矿棉板吊顶。公共区域墙面、地面铺贴瓷砖,办公室墙面用石膏板隔断。

29.4　幕墙工程

上海虹桥协信中心项目外立面采用框式玻璃幕墙、玻璃消防救援窗幕墙、铝合金玻璃地弹门、石材幕墙、铝板幕墙、铝合金防雨百叶、外墙保温及防水层、钢结构、内庭院幕墙、屋面保温层、铝板吊顶、室内防护栏杆、中庭处及自动扶梯处玻璃栏板等。

10-02号地块幕墙为窗式幕墙,玻璃幕墙内凹,白色GRC装饰板外凸。从上往下,楼层面积逐渐缩小,此栋连体塔楼名为"花瓣楼"。每层顶部GRC装饰板为双曲面,加工及安装均存在较高难度。图29.4-1为10-02地块幕墙效果图。

图29.4-1　10-02号地块幕墙效果图

12-01号地块有两个高24m的玻璃展厅,为地下商场南北两处主入口,结构采用高透玻璃和20根钢立柱;部分钢柱为双曲结构,现场焊接拼装。图29.4-2为玻璃展厅效果图,图29.4-3为12-01号地块幕墙效果图。

图29.4-2　12-01号地块玻璃展厅效果图

图29.4-3　12-01号地块幕墙效果图

30 虹桥正荣中心

30.1 项目概况

1. 项目位置及建设概况

虹桥正荣中心位于新虹街道北片区13号地块，宗地总面积为73 695.2m²，东临申贵路，西临申虹路，南临扬虹路，北临润虹路。项目平面位置如图30.1-1所示。

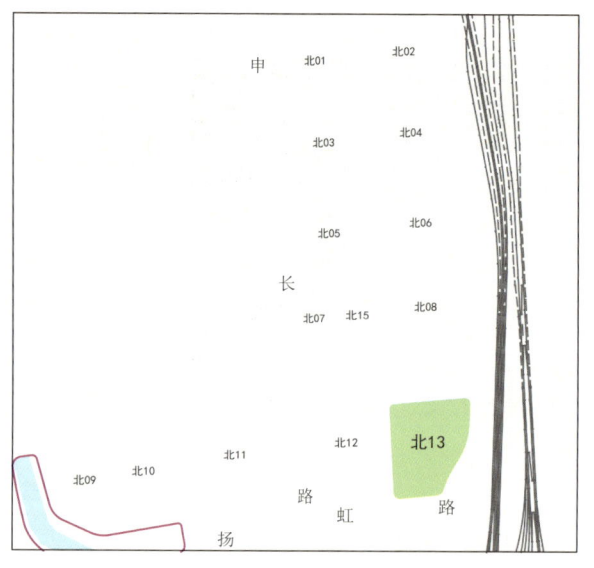
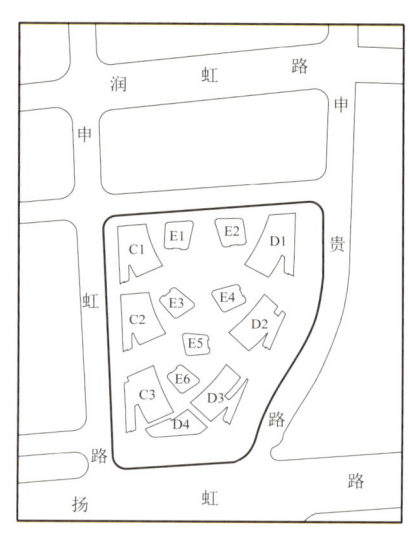

图30.1-1 虹桥正荣中心项目平面位置图

该项目主体建筑物性质为办公、商业、文化。地上总建筑面积为139 584m²，地下空间中，除地下车库外，商业、旅游、娱乐、金融、服务、商品房等六类经营性建筑面积为20 840m²，项目建筑最高24m。

该项目标准化办公场地设置于单层或双层的商业群房之上，并于落客区悬挑，形成鲜明的入口标识形态，可俯瞰中央绿地。同时，一系列错落的低层独立办公楼散落分布在中央绿地之中，并结合庭院式绿化设计，营造了亲近自然、品质高端的独栋办公环境（图30.1-2）。

图30.1-2 虹桥正荣中心效果图

2. 参建单位

虹桥正荣中心项目由正荣御品（上海）置业发展有限公司负责开发建设，该公司隶属于正荣集团。正荣集团是一家致力于缔造品质都市生活、以大型城市综合体与复合社区开发为主、集商业投资运营及物业管理服务于一体的大型房地产开发集团,集团倡导"城市价值定制"开发模式,确立了"高端路线,多业态复合式发展"的产品策略,是中国城市可持续发展的坚定实践者。

除建设单位外,该项目勘察、设计、施工、监理单位如表 30.1-1 所示。

表 30.1-1 虹桥正荣中心参建单位汇总

参建单位	单位名称
建设单位	正荣御品(上海)置业发展有限公司
勘察单位	上海申元岩土工程有限公司
设计单位	同济大学建筑设计研究院有限公司 上海广联建设发展有限公司
监理单位	上海一测建设咨询有限公司
总承包单位	中国建筑第四工程局有限公司

3. 基本建设过程

虹桥正荣中心于 2014 年 7 月开工建设,2014 年 11 月开始基坑开挖,2015 年 7 月完成全部大底板浇筑,2015 年 8 月完成全部主体结构封顶,2016 年 10 月完成竣工验收。详细时间节点如表 30.1-2 所示。

表 30.1-2 虹桥正荣中心施工进度节点

项目单体	进度节点						
	桩基开始施工	基坑开挖	大底板施工完成	地下结构出 ±0.00	主体结构封顶	竣工验收	交付
C1	2014.08	2014.12	2014.12	2015.01	2015.03	2016.10	2016.12.31
C2	2014.09	2015.04	2015.04	2015.05	2015.08		
C3	2014.09	2015.04	2015.05	2015.05	2015.08		
D1	2014.09	2014.11	2014.12	2015.01	2015.01		
D2	2014.08	2015.06	2015.07	2015.08	2015.08		
D3	2014.09	2014.11	2015.04	2015.04	2015.06		
E1	2014.07	2014.12	2014.12	2015.01	2015.01		
E2	2014.07	2014.12	2014.12	2015.01	2015.01		
E3	2014.08	2015.05	2015.06	2015.07	2015.07		
E4	2014.08	2014.12	2014.12	2015.01	2015.01		
E5	2014.09	2015.05	2015.06	2015.07	2015.08		
E6	2014.09	2015.04	2015.04	2015.05	2015.06		

30.2 基坑工程

30.2.1 工程概况

正荣中心基坑工程开挖面积为 46 408m²,周圈 870 延长米,基坑开挖深度为 5.92m,北至兴虹路,南至杨虹路(崧泽高架路),西至申虹路,东至申贵路,基坑开挖面距离用地红线 4.2m。基坑东侧距离围墙约 24.2m,围墙外为申贵路,申贵路对侧为停车场。基坑南侧距离围墙约 14.2m,围墙外为绿化带和杨虹路高架,基坑开挖面距高架约 44m。基坑西侧距离围墙约 14.2m,围墙外为申虹路,申虹路对侧为在建工地,地下有电力、配水、天然气、污水等多条管线。基坑北侧围墙外为兴虹路,下有污水、雨水、信息、配水等管线,兴虹路对侧为后期待建的 11-02 号地块。该工程面积巨大,施工周期较长,故分为三个区域:①北侧中部的示范区;②北侧一期区域;③南侧二期区域。其中示范区最先开始施工,一期和二期同步开始施工。图 30.2-1 为正荣中心基坑工程平面图。

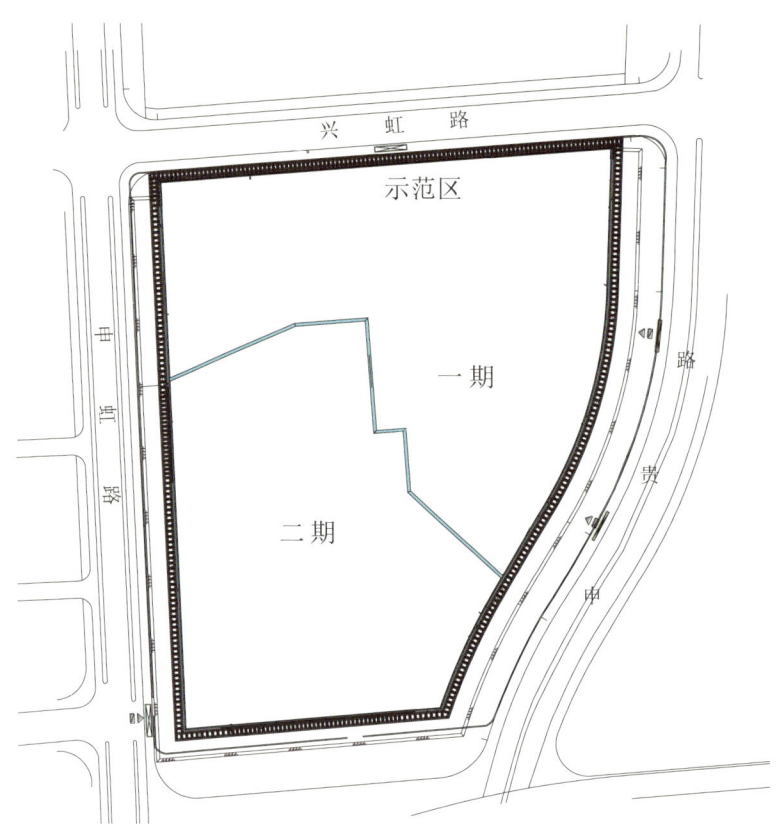

图 30.2-1 正荣中心基坑工程平面图

30.2.2 围护结构

根据该工程基坑挖深和周边环境，采用重力式挡墙的围护形式。

基坑东侧、南侧及西侧的开挖面距离红线 4.2m，红线距围墙 10~20m，围墙外为道路和道路绿化带，考虑到红线外有场地卸载，该三侧区域卸载深 1.0m，宽约 12m，卸载后采用宽 4.2m、长 12m 的重力式挡墙。图 30.2-2 所示为基坑东侧、南侧及西侧围护结构。

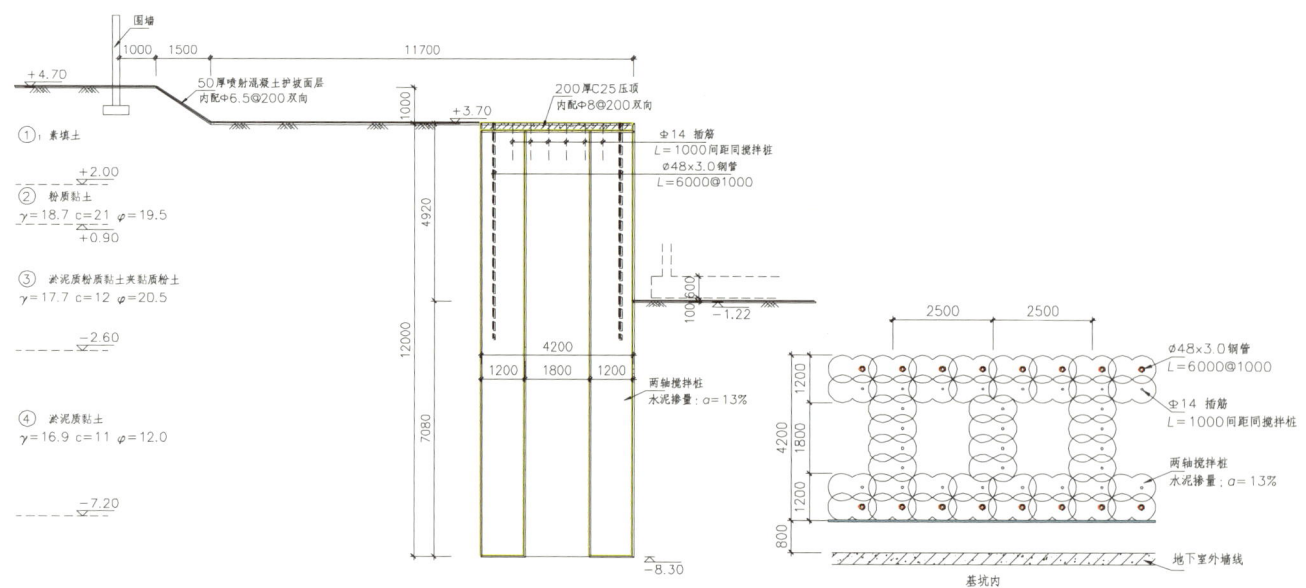

图 30.2-2 基坑东侧、南侧及西侧围护结构

基坑北侧开挖面距离红线 4.2m，红线即围墙，围墙外为兴虹路带，由于场地有限，该侧在坑内补设搅拌桩，采用椅式重力式挡墙的围护形式，坑底以上挡墙宽 4.2m，坑底以下部分挡墙宽 5.7m，挡墙长 14m。考虑到围护

结构紧邻道路边，且由于上部挡墙宽度不足，为弥补挡墙自身强度，同时控制挡墙位移，本方案拟在挡墙后侧设置H500×300型钢，挡墙前侧设置30#槽钢，同时将压顶板加厚至300mm，形成类似门式钢架结构，以增加挡墙整体刚度。图30.2-3所示为基坑北侧围护结构。

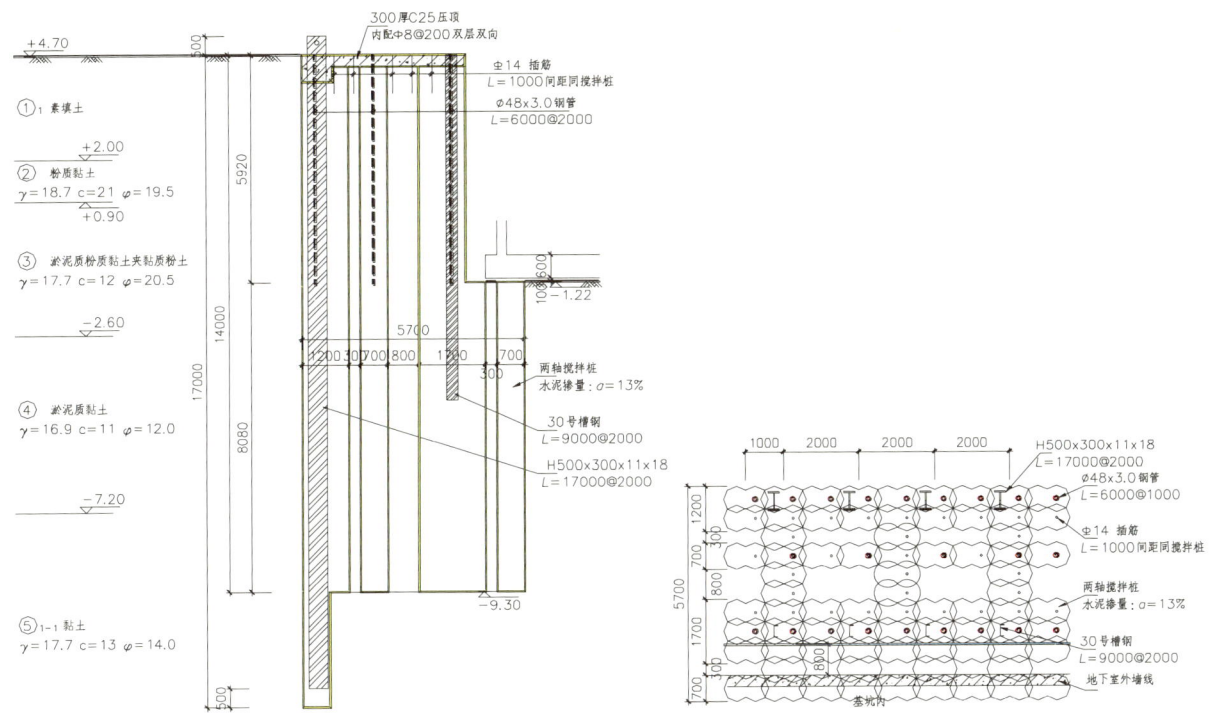

图30.2-3 基坑北侧围护结构

该工程北侧临近道路，该侧环境相对复杂，采用双轴搅拌桩在坑内进行墩式加固，该侧加固墩长10m，宽4.2m，搅拌桩长4m，加固墩间距为30m。其他区域环境相对宽松，加固墩长7.2m，宽3.2m，搅拌桩长4m，加固墩间距为60~100m。

30.3 主体结构工程

虹桥正荣中心项目各单体建筑设计信息如表30.3-1所示，结构设计基本信息如表30.3-2所示。

表30.3-1 虹桥正荣中心项目建筑设计信息表

序号	项目		内容
1	建筑层数及高度	C1~C3	地下1层，地上5层，高H=24m，1~5层层高均为4.5m
		D1~D3	地下1层，地上5层，高H=24m，1~5层层高均为4.5m
		E1~E6	地下1层，地上3层，高H=17.9m，一层层高5.9m，二、三层层高4.5m
		D4	地上1层，高H=5.95m，层高为4.5m
2	防火等级		一类多层公共建筑，一类汽车库
3	耐火等级		地上Ⅱ级，地下Ⅰ级
4	防水等级		屋面Ⅱ级，地下室Ⅰ级
5	防雷分类		第二类防雷建筑物

表 30.3-2　虹桥正荣中心项目结构设计信息表

序号	项目	内容		
1	结构类型	框架剪力墙结构		
2	抗震设防烈度	7度，地震分组：第一组，场地类别：二类		
3	结构抗震等级	三级		
4	基础类型	静压桩、钻孔灌注桩、搅拌桩	受力类型	端承桩
5	地基基础设计等级	甲级		

30.4　幕墙工程

虹桥正荣中心项目幕墙工程中区包括C1，D1，D2，E1，E4建筑的玻璃幕墙、石材幕墙、玻璃栏杆、玻璃采光顶、穿孔铝板、金属铝板幕墙、消防联动平推窗、玻璃门、玻璃雨篷等，详见表30.4-1。图30.4-1为C1单体建筑幕墙效果图。

表 30.4-1　各单体建筑幕墙工程涵盖项目

建筑编号	涵盖内容
C1	玻璃幕墙、铝板幕墙、玻璃栏杆、钢百叶装饰线条
D1	玻璃幕墙、铝板幕墙、采光顶、玻璃栏杆、钢百叶装饰线条
D2	玻璃幕墙、铝板幕墙、采光顶、玻璃栏杆、钢百叶装饰线条
E1	玻璃幕墙、穿孔铝板幕墙、玻璃栏杆、玻璃雨篷、铝合金装饰线条等
E2	玻璃幕墙、穿孔铝板幕墙、玻璃栏杆、玻璃雨篷、铝合金装饰线条等

图 30.4-1　C1单体建筑幕墙效果图

30.5　机电安装工程

该工程机电安装工程包括电气工程、给排水工程和暖通工程，如表30.5-1所示。

表 30.5-1　虹桥正荣中心项目机电安装工程内容

项目	位置	内容
电气工程	地下车库	①强电；②防雷
	单体	①强电；②防雷；③电梯
	E2楼	①强电；②弱电
给排水工程	地下车库	①给水系统；②排水系统
	单体	
	E2楼	
暖通工程	地下车库	暖通空调系统
	单体	
	E2楼	

1. 电气工程

电气工程主要在特大型汽车库、一类商业办公建筑中。项目一级负荷为消防电力设备（包括消防电梯、防排烟风机、消防泵、喷淋泵、防火卷帘等），停车库消防用电，应急照明，疏散标志灯，走道照明，值班照明，警卫照明，用于主要业务的电子计算机系统电源，保安系统电源，网络机房电源，办公楼客梯电力，排污泵，生活水泵；自动扶梯属二级负荷；其余动力、照明属三级负荷。

2. 给排水工程

（1）给水系统

地下一层采用市政压力直接供水，二层及二层以上全部采用水池—变频给水设备供水。

（2）热水系统

热水系统供应范围包括各单体办公区域卫生间洗手盆。热水来源包括太阳能热水系统和市政能源站余热利用。

（3）污水系统

各多层卫生间污废水立管设置伸顶通气管。标高±0.000以上污废水均由重力自流排入室外污水管，底层污废水单独排出。地下室车库地面废水通过隔油沉砂处理后排至室外污水管。设计预留餐饮厨房含油废水处理机房，厨房含油废水排入自动油水分离器处理，处理后排入室外污水管。E1、E2、E4、D1、D2、E3单体室内污废水经污水管汇集后，作为中水原水进入地下室中水处理设备处理后回用，同时设置超越管往东侧排入申贵路市政污水管接口，排入前设置排水专用检测井。其余各单体根据该项目地下车库顶板覆土深度的限制，分区域往西分别设置两根污水管排入申虹路市政污水管接口，排入前设置排水专用检测井。

（4）雨水系统

E1~E6各单体屋面雨水为半有压屋面雨水排水系统，C1~C3，D1~D4屋面雨水采用虹吸雨水排放系统。室外东北区域约24 389m² 汇水面积雨水量作为雨水收集量，处理后回用，同时设置超越管往东侧排入申贵路市政雨水管接口。其余区域，根据该项目地下车库顶板覆土深度的限制，室外雨水汇集室内雨水后分区域往东、西分别设置4个出口排入申贵路、申虹路市政雨水管。

3. 暖通工程

（1）空调系统

该工程空调冷热源由虹桥商务区能源中心（二期）提供，空调冷、热水经市政管沟进入本地块热计量间计量后分别接至本地块地下一层集中换热机房各单体冷、热换热机组的一次侧，经换热后的二次侧冷、热水经车库分别进入各单体的空调水管井。

（2）通风系统

所有的办公楼、商业楼单体分别按空气平衡设置集中的新风系统和排风系统，新风经排风能量回收装置回收排风中的冷、热量。

31 上海宝业中心

31.1 项目概况

1. 项目位置及建设概况

上海宝业中心项目位于上海虹桥商务区核心区南片区02号地块。地块范围东至申贵路、南至兰虹路、西至申长路、北至建虹路，东面靠申贵路侧有规划轨道交通17号线，项目平面位置如图31.1-1所示。

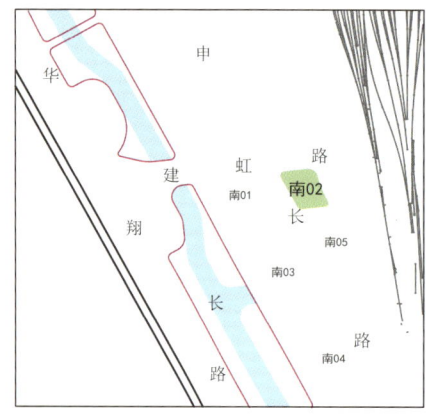
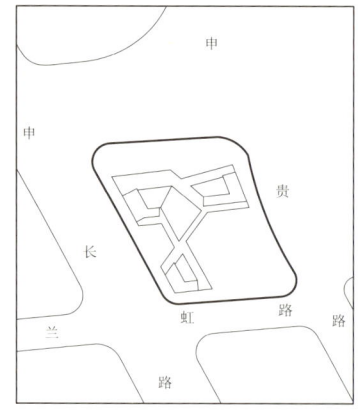

图31.1-1 上海宝业中心项目平面位置示意图

该地块为L形，东西总长约112m，南北总长约109m，总用地面积为8 129.70m²，总建筑面积为25 472.8m²，地上计容建筑面积为13 008.00m²，要求容积率为1.60，建筑地下2层，地上5层，最高高度为22.8m。项目功能定位为适合企业总部入驻的集办公、商务、会议等功能的办公建筑，由一栋分成A楼、B楼与C楼的整体综合办公楼组成。三座办公楼之间通过两个跨度为24m左右的钢桁架廊桥连接起来，平面上呈品字形。地下为两层地下室，主要功能为员工餐厅、设备用房、停车库及其他辅助用房。图31.1-2为上海宝业中心项目效果图。

图31.1-2 上海宝业中心项目效果图

上海宝业中心项目建筑层高及面积如表 31.1-1 所列。

表 31.1-1　上海宝业中心项目建筑层高及面积概况

楼层	层高 /m	结构楼板高度 /m	建筑面积 /m²		
			计容面积	不计容面积	合计
屋顶层	—	21.3	—	—	—
5	4.2	17.1	1 142.2	—	—
4	4.2	12.9	3 299.8	—	—
3	4.2	8.7	3 299.8	—	—
2	4.2	4.5	2 877.2	—	—
1	4.5	0	2 389.0	1 011.8	—
合计			13 008.0	1 011.8	14 019.8
楼层	层高 /m	结构楼板高度 /m	建筑面积 /m²		
			配套面积及其他	停车库	合计
地下一层	4.8	-4.8	5 176.0	—	—
地下二层	4.5	-9.3	—	6 277.0	—
合计			5 176.0	6 277.0	11 453.0
总建筑面积					25 472.8

2. 项目参建单位

上海宝业中心项目由宝业集团股份有限公司投资建设，该公司创建于 1974 年，是国内第一家在香港联交所主板上市的综合民营建筑企业，是全国五一劳动奖状获得单位，连续多年位列中国所有企业集团纳税 500 强，主营建筑工业化、建筑施工、房地产开发三大业务，涉足旅游、酒店、高尔夫等产业。

该项目建设、勘察、设计、施工、监理单位等参建单位如表 31.1-2 所示。

表 31.1-2　上海宝业中心项目参建单位汇总

参建单位	单位名称
建设单位	上海紫宝实业投资有限公司
勘察单位	上海新地海洋工程技术有限公司
设计单位	浙江宝业建筑设计研究院有限公司
监理单位	上海海龙工程技术发展有限公司
总包单位	浙江宝业建设集团有限公司

3. 项目基本建设过程

2013 年 7 月 5 日上午，上海宝业中心项目举行开工典礼，时任指挥部副总指挥、管委会副主任江小龙参加典礼。2014 年 1 月，该项目完成大底板施工，2014 年 12 月完成主体结构封顶，2016 年 9 月完成竣工验收。详细施工节点如表 31.1-3 所示。

表 31.1-3　上海宝业中心项目施工进度节点

项目分区	进度节点						
	桩基开始施工	基坑开挖	大底板施工完成	基坑出 ±0.00	主体结构封顶	竣工验收	交付
上海宝业中心	2013.07.28	2013.11.08	2014.01.23	2014.09.15	2014.12.20	2016.09.20	未交付

31.2　基坑工程

31.2.1　基坑概况

1. 基本情况

上海宝业中心项目基坑开挖深度为 9.30~10.90m（包含局部落深区域），开挖面积约 6 908m²。基坑东、南、西三侧紧靠市政道路及地下管线，北侧为高架桥及绿化带，周边环境比较复杂，环境保护要求较高。该基坑安全等级为二级，环境保护等级为二级，基坑变形控制值为0.3%H（H为坑深）。

通过对多种围护形式的比较，以及各参建单位的讨论研究，最终确定采用型钢水泥土搅拌墙+两道钢筋混凝土内支撑的支护形式。设计采用Φ850@600三轴水泥土搅拌桩内插H700×300×13×24型钢挡土+两道钢筋混凝土内支撑。

2. 周边环境情况

上海宝业中心项目位于上海虹桥国际机场西南侧，场地四周均为市政道路，东侧为申贵路，南侧为兰虹路，西侧为申长路，北侧近建虹路，其中北侧和东侧为建虹路高架及建虹路高架引桥。

场地东侧为申贵路，申贵路为新建双向四车道市政道路。申贵路东侧为建虹路高架引桥，引桥桥墩最近处距离本基坑围护外边线约33m。根据规划，此侧有轨道交通17号线，目前尚未施工。

场地南侧为兰虹路，兰虹路为一条双向四车道市政道路，路下分布较多管线。

场地西侧为申长路，申长路为一条双向四车道市政主干道路，路下分布较多管线。

场地北侧为绿化带，宽度约为20m，为填土堆积而成，最高处高出周边自然地面约1.5m，绿化带北侧为建虹路及建虹路高架桥。建虹路人行道边线距离基坑围护外边线约23m，建虹路高架桥桥墩距基坑围护外边线约30m。

该工程东侧、南侧和西侧均靠近市政道路，且道路下分布较多管线，其中包括上水管、天然气管等有压管线。北侧靠近建虹路高架桥及绿化带，绿化带区域场地标高相对较高。

31.2.2 围护结构

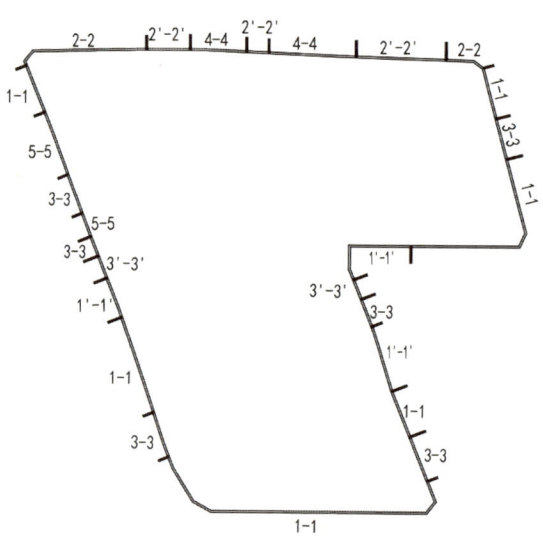

图31.2-1 上海宝业中心基坑围护分区

1. 基坑围护

上海宝业中心基坑围护分区如图31.2-1所示。

常规开挖区域（1-1、1'-1'剖面），基坑开挖深度为9.3m，设计采用Φ850@600三轴水泥土搅拌桩止水，内插2H700×300×13×24@1800（"插二跳一"）型钢挡土，型钢长21m，三轴水泥土搅拌桩有效长度为20.3m，水泥掺量为20%。

北侧区域（2-2、2'-2'剖面），基坑开挖深度为9.3m，考虑绿化带填土超载，设计采用Φ850@600三轴水泥土搅拌桩止水，内插3H700×300×13×24@1800（"插三跳一"）型钢挡土，型钢长23m，三轴水泥土搅拌桩有效长度为22.2m，水泥掺量为20%。

局部坑边落深开挖区域（3-3、3'-3'剖面），基坑开挖深度为10.9m，设计采用Φ850@600三轴水泥土搅拌桩止水，内插H700×300×13×24@600（密插）型钢挡土，型钢长24m，三轴水泥土搅拌桩有效长度为23.3m，水泥掺量为20%。

北侧局部坑边落深开挖区域（4-4剖面），基坑开挖深度为10.9m，考虑绿化带填土超载，设计采用Φ850@600三轴水泥土搅拌桩止水，内插H700×300×13×24@600（密插）型钢挡土，型钢长26m，三轴水泥土搅拌桩有效长度为25.8m，水泥掺量为20%。

承台开挖区域（5-5剖面），基坑开挖深度为9.9m，设计采用Φ850@600三轴水泥土搅拌桩止水，内插

2H700×300×13×24@1 800（"插二跳一"）型钢挡土，型钢长22m，三轴水泥土搅拌桩有效长度为21.3m，水泥掺量为20%。

局部坑边区域采用双轴水泥搅拌桩墩式加固，局部坑中落深1.6m，采用双轴水泥搅拌桩格栅加固。

2. 支撑结构

上海宝业中心项目工程基坑开挖较深，且环境保护要求较高，所以设置两道钢筋混凝土内支撑。

第一道支撑中心标高 –2.150m，第一道钢筋混凝土围檩截面尺寸为1 250mm×700mm，第一道钢筋混凝土支撑截面尺寸为900mm×700mm，第一道连杆截面尺寸为600mm×700mm。

第二道支撑中心标高 –6.600m，第二道钢筋混凝土围檩截面尺寸为1 300mm×800mm，第二道钢筋混凝土支撑截面尺寸为1 000mm×800mm，第二道连杆截面尺寸为700mm×700mm。

支撑布置采用对撑结合角撑的方式，受力明确，有助于控制围护结构变形，进而保护环境安全。

支撑立柱坑底以上采用型钢格构柱，截面尺寸为470mm×470mm，采用140mm×12mm、160mm×14mm的角钢；坑底以下设置立柱桩，立柱桩采用 Φ800钻孔灌注桩，桩长25m（支撑下）/30m（栈桥下），施工图阶段应尽量利用工程桩作为立柱桩。型钢格构立柱在穿越底板的范围内需设置止水片。

在底板和楼板处均设置混凝土传力带换撑，混凝土设计强度为C30。楼板缺失处需设置临时钢支撑或混凝土支撑。待底板和换撑带达到设计强度后，拆除第二道钢筋混凝土内支撑，施工地下二层结构和地下一层楼板及相应的换撑带；待地下一层楼板及换撑带达到设计强度后，拆除第一道钢筋混凝土内支撑，并施工剩余的地下结构。

31.3 主体结构工程

1. 环形建筑体

上海宝业中心项目建筑造型为一个通过外围挤压变形之后的围合体块，并且保持60%以上的建筑贴线率。形成的体块有三个主要的建筑分区，并且分区之间形成若干相连的内外庭院。该设计提供了许多建筑内外、建筑和场地内东南侧景观以及建筑与外围城市空间的视线交流机会。

2. 立体式活动空间

立体的造型使使用者在建筑内部可以获得丰富多样的空间体验，在不同尺度、层次和透明度的建筑环绕下形成的多种庭院和休憩场所，提升了空间的趣味性，也丰富了办公活动。

3. 富有韵律的立面

该建筑立面由石材和玻璃构成，在西侧与东侧沿街立面上，建筑一至二层向基地内退界2m，并在二层斜向坡起与三层连接，建筑上段体量明显大于下段，突出浮云效果。一至五层则由正交的外挂石材辅以不同大小的开窗构成，其流动性和运动感在呼应企业文化与精神内涵的同时，有助于抵消相对较大的体量。

建筑分成四个结构体系：北侧的A楼与B楼，南侧的C楼以及两个架空廊道。其中两个架空廊道采用钢结构桁架形式，其余部分整体采用钢筋混凝土框架结构（表31.3–1）。

表31.3–1 上海宝业中心项目上部结构体系表

子项目	结构体系	平面体系	主要材料
办公楼A	框架	主次梁体系	钢筋混凝土
办公楼B	框架	主次梁体系	钢筋混凝土
办公楼C	框架	主次梁体系	钢筋混凝土

上海宝业中心项目塔楼区域首层结构底板与周围地下室连成一体，但由于建筑路面的设计以及绿化的考虑，塔楼投影范围的室内结构楼板高出周围地下室顶板结构顶面，地下室范围内结构楼盖体系采用现浇钢筋混凝土梁板式楼盖体系，地下室顶板采用双向梁板结构，在人防区域局部采用双向厚板。地下室部分在塔楼以外的部分采用框架结构体系。

31.4 幕墙工程

31.4.1 内立面玻璃幕墙

玻璃幕墙系统采用横隐竖明的半隐框框架式玻璃幕墙系统，主要位于A楼、B楼、C楼的内圈墙面（内立面，图31.4–1），骨架采用铝型材，可视区采用6+1.14PVB+6Low–E+12A+6钢化夹胶中空钢化玻璃。部分层间不可见部位采用阴影盒做法，采用6+1.14PVB+6钢化夹胶玻璃，后衬外层3mm铝板加内层1.5mm镀锌钢板，内填50mm保温棉。另有部分层间部位室外采用2mm铝板，后衬1.5mm镀锌钢板，内填50mm保温棉。局部设上悬窗，窗设不锈钢铰链和限位器，并设优质不锈钢多点锁。

图31.4-1　内立面玻璃幕墙效果图

31.4.2　玻璃采光顶

玻璃采光顶（图31.4-2）主要分布于A楼大堂上空，采用钢龙骨、铝合金副框，面板采用10+12A+8+1.52PVB+8钢化中空夹胶玻璃。龙骨与主体结构采用钢角码形式进行螺栓连接。

图31.4-2　玻璃采光顶效果图

31.4.3　外墙GRC纤维板+铝合金窗

外墙GRC纤维板+铝合金窗（图31.4-3）主要分布于A楼、B楼、C楼的外围墙面，GRC纤维板采用钢架固定上墙，铝合金窗采用铝合金隔热型材和10+12A+10中空钢化玻璃。

图31.4-3　外墙GRC纤维板+铝合金窗效果图

32 隆视广场

32.1 项目概况

1. 项目位置及建设概况

隆视广场项目位于虹桥商务区核心区南北片南05号地块内,北临兰虹路,西接申长路,南临南虹路。项目平面位置如图32.1-1所示。

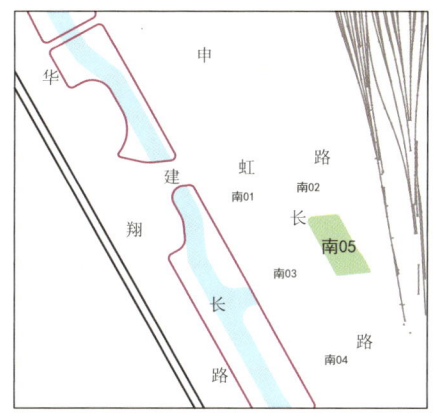
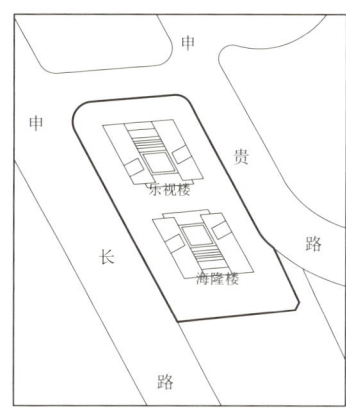

图32.1-1 隆视广场项目平面位置图

该工程由两栋6层办公楼构成,分别为乐视楼和海隆楼,共用地下室三层结构。地下室三层为地下车库兼作六级人防掩体,地下二层为车库,地下一层为主要设备层兼部分休闲区域。总建筑面积为61 041m², 其中,地上总建筑面积为25 300m²,地下总建筑面积为35 741m²。1号乐视楼、2号海隆楼建筑高度为23.65m,最大建筑高度27.85m。主楼均为多层公共建筑。图32.1-2为隆视广场项目效果图。

图32.1-2 隆视广场项目效果图

2. 参建单位

隆视广场项目由北京华实海隆石油投资有限公司和乐视控股(北京)有限公司出资建设,上海隆视投资管理有限公司由两公司共同成立,具体负责隆视广场项目的开发建设。北京华实海隆石油投资有限公司是一家为石油天然气开发提供高端油田设备及综合油田技术服务的大型实体企业集团,现已在全球建立38个生产基地及业务分支机构。乐视控股（北京）有限公司是国内知名的文化传媒领域的投资控股公司，依托乐视品牌的市场价值及资源，专注于影视、文化、传媒、互联网前沿领域。

该项目建设、勘察、设计、施工、监理、专业分包等参建单位如表 32.1-1 所示。

表 32.1-1　隆视广场项目参建单位汇总

参建单位	单位名称
建设单位	上海隆视投资管理有限公司
勘察单位	上海市岩土地质研究院有限公司
设计单位	上海现代建筑装饰环境设计研究院有限公司 Gensler 国际建筑设计事务所
桩基施工单位	上海天德建设（集团）有限公司
施工总承包单位	上海建工一建集团有限公司
监理单位	上海华城工程建设管理有限公司
幕墙顾问	浙江中南建设集团有限公司
幕墙施工单位	上海凯腾幕墙设计咨询有限公司

3. 基本建设过程

2014 年 12 月 30 日，上海隆视投资管理有限公司项目启动动土奠基仪式，2016 年 1 月主体结构封顶。该项目施工进度节点如表 32.1-2 所示。

表 32.1-2　隆视广场项目施工进度节点

项目单体	进度节点						
	桩基开始施工	基坑开挖	大底板施工完成	地下结构出 ±0.00	主体结构封顶	竣工验收	交付
1# 乐视楼	2014.12	2015.03	2015.08	2015.11	2016.01	2017.07	—
2# 海隆楼	2014.12	2015.03	2015.08	2015.11	2016.01	2017.07	—

32.2　基坑工程

32.2.1　基坑概况

该工程基坑面积为 11 905.7m²，周长 487.2m，基坑形状近似长方形，长度为 160~167m，宽度为 74~83m，基坑底标高 −15.250m，承台底标高 −15.650m，开挖深度为 14.45m 和 14.85m，局部深坑标高 −16.750m，坑中坑将加深开挖 1.5m 左右。

基坑东侧：申贵路南段为申贵路地道，基坑开挖边线距用地红线最近处 3.81m，距申贵路地道（敞开段）最近处约 11.3m，距申贵路地道（穿沪杭高铁箱涵）最近处约 89.33m，附近有地下管线。

基坑南侧：规划二号河（南虹港）基坑开挖边线距用地红线最近处 13.80m，距河道蓝线 33.80m，二号河（南虹港）河道护岸挡土墙为重力式挡墙，用浆砌块石砌筑。

基坑西侧：申长路基坑开挖边线距用地红线最近处 8.71m，申长路下有多条市政管线，跨南虹港有一座申长路桥，桥台下设桩基础，桩基础距基坑开挖边线 29.75m。引桥为填土填筑，侧面设直立式挡墙，距基坑开挖边线最近处 10.8m。

基坑北侧：兰虹路基坑开挖边线距用地红线最近处约 3.80m，兰虹路下有管线。

32.2.2　围护结构

隆视广场项目基坑工程围护结构体系采用地下连续墙结合三轴搅拌桩形式，地下连续墙厚 800mm，采用"两墙合一"的形式，既作为基坑开挖阶段的挡土围护体，同时作为地下室结构外墙，连续墙应进行墙底注浆，在连续墙中间沿长度方向均匀布置钢管，通过钢管注浆到槽底，注浆压力控制在 0.6~0.8MPa。连续墙外侧三轴搅拌桩采用 3Φ850@1 200，连续墙内侧三轴搅拌桩采用 3Φ850@1 800，长度都为 18.5m，采用"一喷一搅"工艺。

基坑竖向设置三道钢筋混凝土水平支撑，第一道支撑中心标高 −2.000m，第二道支撑中心标高 −7.000m，第三

道支撑中心标高 –11.500m，第一道圈梁尺寸为 1 200mm×800mm，第二、三道围檩尺寸为 1 400mm×900mm。混凝土等级为 C35，支撑上的荷载不得大于 4kPa，各支撑截面尺寸详见表 32.2-1。

表 32.2-1　基坑支撑结构截面尺寸

名称	支撑截面尺寸 /mm			
	圈梁	围檩	主撑	连杆
栈桥	—	—	800×1 050	800×1 050
第一道支撑	1 200×800	—	800×800	700×700
第二道支撑	—	1 400×900	1 300×850	1 000×800
第三道支撑	—	1 400×900	1 300×850	1 000×800

基坑内采用 3Φ850@1 200 三轴水泥土搅拌桩加固，坑底以下水泥掺量为 20%，坑底以上水泥掺量为 10%，水泥浆水灰比为 1.5∶1~2.0∶1，水泥搅拌桩 28d 无侧限抗压强度不小于 0.8MPa。内侧槽壁搅拌桩之间采用 Φ700@500 高压旋喷桩加固，水泥掺量为 25%，加固体 28d 无侧限抗压强度不小于 1.0MPa，加固范围为 –6.250~–19.250m。

32.2.3　降水工程

降水工程通过及时疏干基坑内的地下水，固结坑内土层，达到提高土体有效应力的目的，为稳定边坡、减缓基坑围护变形创造条件，以满足施工要求。通过及时疏干基坑内的地下水，可以防止开挖过程中出现局部流砂及管涌等不良情况，保证施工的顺利进行。

根据降水目的与要求、水文地质条件及基坑开挖深度等条件确定降水井平面布置，并对基坑内的地下水出水量进行估算。基坑内共布置 60 口疏干井（S1—S60），井深 21.00m，其中 2 口疏干井兼作观测井使用，疏干井点集水总管长 50m，排距按 15m 布置。

根据该工程的设计要求及基坑开挖与支护的特点，在基坑工程桩、地基加固、围护施工后，第一层土方开挖前，布置降水井进行预降水。基坑四周采用全封闭式止水挡土围护，隔断了基坑开挖深度范围内潜水与外围地下水的水力联系，因此不考虑周围地下水的补给，只需布置降水井将基坑内潜水水位降低到设计标高。为防止基坑底部发生突涌，降低下部第⑦层中的承压含水层承压水水头高度，将其降至安全的水头高度，确保施工时基坑底板的稳定性。

32.2.4　土方开挖

1. 土方开挖量

隆视广场项目土方开挖量如表 32.2-2 所示。

表 32.2-2　隆视广场项目土方开挖量

单体名称	基坑面积 /m²	各层开挖厚度 /m	各层取土量 /m³
共用地下室	11 905.7	1.6	19 049
		5.025	59 827
		4.5	53 576
		3.6	42 861

2. 土方开挖总体方案

该项目土方总体开挖方案如表 32.2-3 所示。

表 32.2-3　隆视广场项目土方开挖总体方案

单体名称	开挖方式
共用地下室	首层土方开挖至第一道支撑底标高，采取由南北朝中间退挖的方式，共分为 10 块，分四次开挖，开挖顺序为①（4 块）→②（4 块）→③（4 块）→④（4 块）
	第二层土方开挖至第二道支撑底标高，采取盆式分块开挖，共分为 8 个大区 15 个小区，分别为 Ⅰ 区、Ⅱ-1、Ⅱ-2 区、Ⅲ-1、Ⅲ-2 区、Ⅳ-1、Ⅳ-2 区、Ⅴ-1、Ⅴ-2 区、Ⅵ-1、Ⅵ-2 区、Ⅶ-1、Ⅶ-2 区、Ⅷ-1、Ⅷ-2 区，按照分区顺序开挖
	第三层土方开挖至第三道支撑底标高，采取盆式分块开挖，共分为 8 个大区 15 个小区，分别为 Ⅰ 区、Ⅱ-1、Ⅱ-2 区、Ⅲ-1、Ⅲ-2 区、Ⅳ-1、Ⅳ-2 区、Ⅴ-1、Ⅴ-2 区、Ⅵ-1、Ⅵ-2 区、Ⅶ-1、Ⅶ-2 区、Ⅷ-1、Ⅷ-2 区，按照分区顺序开挖
	第四层土方开挖至基底标高，采取盆式分块开挖，共分为 8 个区 15 个小区，分别为 Ⅰ 区、Ⅱ-1、Ⅱ-2 区、Ⅲ-1、Ⅲ-2 区、Ⅳ-1、Ⅳ-2 区、Ⅴ-1、Ⅴ-2 区、Ⅵ-1、Ⅵ-2 区、Ⅶ-1、Ⅶ-2 区、Ⅷ-1、Ⅷ-2 区，按照分区顺序开挖

（1）首层土方开挖阶段（图32.2-1）：根据现场条件，自南北向中间退挖，分为10个区域进行施工，按照从1~4的顺序开挖。

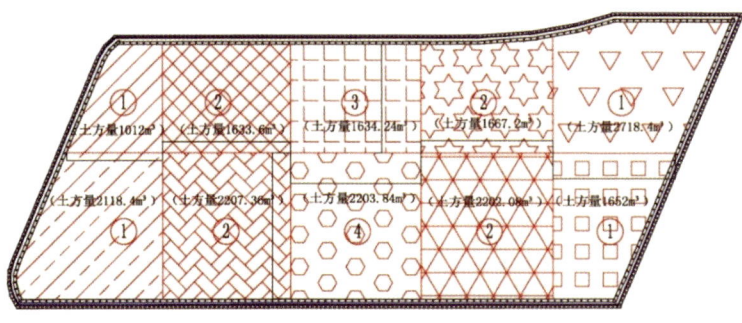

图32.2-1　首层土方开挖分区图

（2）二至四层土方开挖阶段（图32.2-2）：采用盆式开挖，分为15个区域进行施工，按照编号顺序开挖。

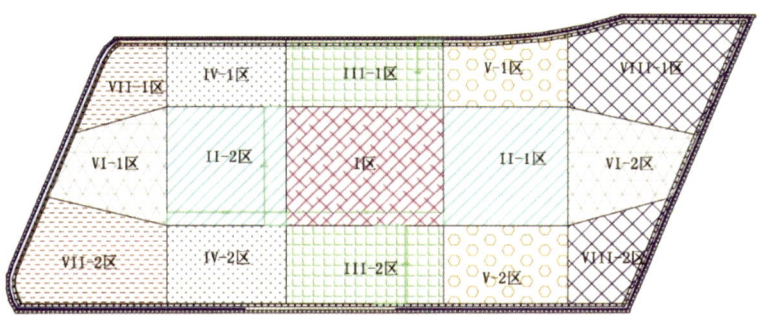

图32.2-2　二至四层土方开挖分区图

（3）地下室底板施工阶段（图32.2-3）：根据地下室后浇带及现场条件，将底板分为8个区域进行施工。为控制基坑变形并加快底板形成，将底板分四次浇筑，按照编号顺序浇筑。

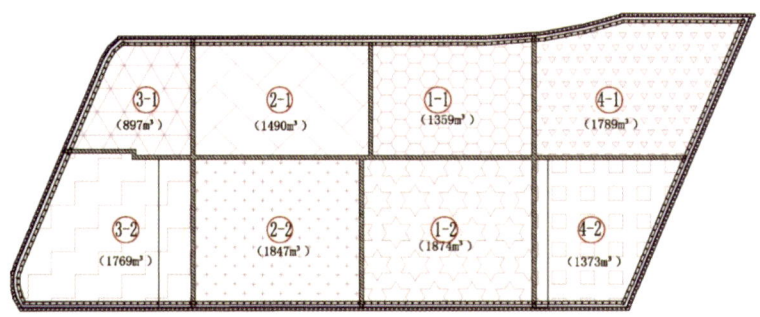

图32.2-3　地下室底板施工分区图

32.3　主体结构工程

1. 地下室结构

该工程地下室结构为钢筋混凝土框架剪力墙结构，地下室为三层结构，基础形式采用钻孔灌注桩＋平筏板形式，基础垫层为厚150mm的C20素混凝土，地下室底板混凝土强度等级为C35，抗渗等级为P8，底板面标高 −14.10m，底板厚度主要为1 000mm，局部1 400mm。地下室区域地下一层层高4.6m，主楼区域地下一层层高6.05m；地下二层层高4.0m，地下三层层高4.0m。

该工程人防区域位于地下三层，顶板为钢筋混凝土结构，层高4.0m。框架梁尺寸为300mm×600mm~800mm×1 100mm不等。墙柱混凝土等级为C40，梁板混凝土等级为C35。人防区结构尺寸如表32.2-1所示。

表 32.3-1 人防区结构尺寸表

人防区域	防爆墙厚度 /mm	梁尺寸 /mm	板厚 /mm
地下三层（部分）	250，300，400	300×600，300×700，400×800，500×800，500×1 000，600×650，600×900，600×1 000，600×1 300，700×1 000，800×1 000，800×1 100	250，局部 300

2. 上部结构

该工程上部结构为钢筋混凝土框架 + 少量剪力墙结构，地上结构为六层。地上一层楼面标高 –0.050m，层高 3.960m，二至五层层高 3.950m，六层层高 3.940m。1 号乐视楼、2 号海隆楼建筑高度为 24m，最大建筑高度为 27.85m，出现在屋面钢棚处，屋面结构高度为 23.65m。1 号楼、2 号楼大厅层高近 8m，1 号乐视楼五、六层局部中空处层高将 8m。主楼均为二类多层公共建筑，耐火等级为一级，地下室耐火等级也为一级。

32.4 幕墙工程

隆视广场项目一共由两栋办公主楼组成，均为 6 层，建筑外墙主要采用的幕墙形式有单元体玻璃幕墙、框架玻璃幕墙、铝板幕墙、玻璃采光顶、轻钢雨篷系统等。图 32.4-1 为隆视广场项目局部幕墙工程效果图。

图 32.4-1 隆视广场项目局部幕墙工程效果图

由于该工程有两座塔楼，因此幕墙现场施工必须进行施工区段划分，将两个塔楼分为两个大施工区段：第一施工段为乐视楼，单元板块数量为 771 块；第二施工段为海隆楼，单元板块数量为 771 块，施工区段划分如图 32.4-2 所示。

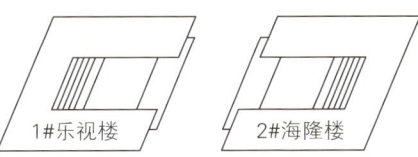

图 32.4-2 幕墙工程分区示意图

1 层框架幕墙由于高度较低，采用脚手架施工，脚手架的形式为双排脚手架，施工层铺满脚手板，外侧设置密目防护网。脚手架立杆距幕墙装饰面 500mm，立杆纵距为 900mm，脚手架的设立应满足相关规范的要求。局部位置如吊顶、门厅等处采用门式架施工，雨篷采用满堂红脚手架施工。单元幕墙是该工程最主要的装饰项目，窗间墙位置幕墙龙骨采用吊篮安装，层间单元幕墙采用汽车吊机吊装施工。不同位置的施工方案如表 32.4-1 所列。

表32.4-1 建筑不同部位幕墙工程施工方案

序号	位置	施工方案
1	主楼单元体幕墙	屋面采用可移动吊车或地面汽车吊直接起吊（外挂式）
2	内庭框架幕墙	采用脚手架及吊篮
3	一层框架	采用脚手架
4	采光顶	采用满堂脚手架

32.5 机电安装工程

1. 给排水工程

（1）由市政给水管网不同管段各引一条DN200给水管，在基地内形成DN200环网，供基地的生活、消防用水。市政水压为0.16MPa。最高日用水量为250m³/d，最大时用水量为43m³/h。

（2）生活给水系统：地下三层~地上一层由市政水压直接供水；二层以上楼层采用变频供水方式，供水压力不超过0.45MPa。地下一层水泵房内设置50m³的生活水池。

（3）各单位总管设水表计量，水表采用具有远传功能的数字式水表。

（4）生活排水系统：室外雨污分流，餐饮废水与生活废水分流，卫生间设专用通气立管，其余废水立管伸顶通气。

2. 强电系统

强电系统包括变配电系统、电力配电系统、照明系统、防雷与接地系统。

3. 通风空调工程

（1）该工程采用地块配置的区域能源中心提供的冷热水作为空调冷热源。板块能源中心采用分布式冷热电三联供系统。

（2）该工程空调冷冻水系统由板式换热器、冷冻水循环泵、定压装置组成。设置2台冷冻水板式换热器，2台共用，互为备用。地下车库通风系统采用CO_2浓度传感器对通风风机进行调节。

（3）该工程空调水系统采用两管制、闭式机械循环。冷热水采用一级泵变流量系统。整个空调系统设置一个定压装置，用密闭膨胀罐作为定压、补水装置。

（4）展示厅、餐厅、咖啡吧等高大空间采用定风量一次回风式全空气低速风道空调系统，风机设有变频控制，空调箱设有热回收功能段。层高较低的办公区域采用风机盘管加独立新风、排风系统，新风空调箱设有热回收功能段。

第4篇 管理创新

33 施工现场管理

33.1 总体情况

虹桥商务区核心区共有31个社会投资项目，以及供能管沟工程（一期和二期）、核心区（一期）地下通道工程共21条，虹桥枢纽市政配套工程18标道路工程，核心区（一期）空中廊道公共段人行天桥工程，核心区（一期）公共绿地工程等政府投资建设的公共配套设施项目。核心区内出让地块开发总建筑面积达585万 m^2，其中地上建筑面积为340万 m^2，地下建筑面积为245万 m^2，共352栋建筑单体，包括商务办公、会议展览、商业、住宅、文化娱乐等多个项目功能，社会投资总额900多亿元。

从投资主体看，虹桥商务区核心区区域内各社会投资项目均由开发企业独立开发，开发商多为国内知名大型民营、私营房地产企业，少部分市级、区属国有企业，开发商对其项目的实施具有较大的独立自主性。从工程施工看，虹桥商务区核心区地下空间开发力度大，开挖基坑普遍为地下三层，基坑"高、大、深"、施工难度大、技术要求高、风险相对集中。总体而言，虹桥商务区核心区存在建设密度高、数量多、投资主体多元化、施工集中、工作协调难度大、施工风险高等特点，对政府安全管理的要求高、难度大。

根据《上海市虹桥商务区管理办法》（市政府令第25号）及上海市住房和城乡建设管理委员会相关委托函要求，委托虹桥商务区管理委员会（管委会）承担商务区主功能区内建设项目报建、设计文件审查、承发包监管及备案、施工许可、竣工验收备案等事项，闵行区建设行政管理部门负责商务区建设工程质量、安全生产、文明施工等监督管理工作。

自2011年虹桥商务区核心区启动开发建设至今，虹桥商务区管委会勇于承担责任，敢于开拓创新，制定了商务区施工管理的相关规定，通过组织编制总控计划、每月召开月度工程例会、定期开展工地安全检查、加强施工界面协调等多举措并施，有力确保了商务区的依法施工、安全施工、文明施工、绿色施工。闵行区建设和交通委员会积极配合管委会，特别是闵行区安质监部门（建管所）全力支持商务区开发建设，依法履行安全、质量监管职责，每月定期参加商务区质量和安全进度管理月度例会，积极参与管委会组织的安全生产专项检查，密切配合管委会高效、快捷地做好商务区内建设工程竣工验收备案工作。通过管委会、闵行区的通力合作，商务区在建工程质量、安全管理总体受控，多年来未发生过重大安全生产事故。图33.1-1为施工现场图。

图33.1-1 施工现场图

33.2 相关的工作举措

33.2.1 制定施工管理暂行规定

根据《中华人民共和国建筑法》《建设工程安全生产管理条例》等相关规定,结合虹桥商务区工程建设的实际情况,并充分征求相关建设管理部门、地块开发商意见后,管委会开发建设处起草制定了《上海虹桥商务区主功能区建设工程施工管理暂行规定》(图33.2-1),并向管委会主任办公室汇报通过后,2013年10月22日文件正式印发,2013年年底该规范性文件在市政府法制办备案。该文件明确了管委会、相关区建设行政管理部门、工程参建各方的安全管理职责,并根据虹桥商务区工程建设的重点难点问题,有针对性地提出了总控计划、月度例会、工地现场检查、施工界面协调、防汛防台等安全生产管理举措,使商务区工程施工管理有法可依。工作实践中,相关制度规定得到了很好的贯彻落实执行,为虹桥商务区工程建设保驾护航。

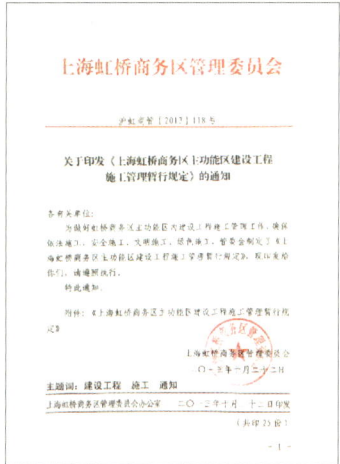
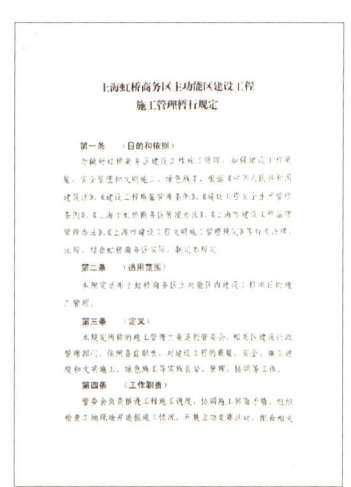

图33.2-1　上海虹桥商务区施工管理文件

33.2.2 组织制订安全总控计划

按照《上海虹桥商务区主功能区建设工程施工管理暂行规定》,根据每年度市政府重点工作和节点目标的要求,管委会组织上海建科工程咨询有限公司,依据各社会投资项目开发建设计划,统筹考虑施工风险等因素,先后制定并印发了核心区一期、二期社会投资项目安全总控计划,总控计划原则上每半年调整一次。管委会要求各地块严格按照安全总控计划积极推动落实施工进度,并采取定期检查与即时检查相结合的方式,推动各项目安全施工进度。通过制定并实施安全总控计划,既确保了每年度市政府重点工作的顺利完成,也保障了商务区核心区基坑群、项目群施工的风险可控、安全推进。

33.2.3 建立月度例会制度

从2013年4月起,管委会开发建设处就确定在每月中旬后第一周的周三下午召开施工进度与安全管理月度例会(图33.2-2),会议由开发建设处牵头,指挥部办公室、管委会、闵行区、申虹公司相关部门,以及核心区所有已开工在建的地块建设单位、施工单位负责人参加。会议主要是听取施工进度汇报,推进施工进度,互通各方信息,协调解决开发企业反映的问题,部署落实进度要求、安全管理等方面的工作。每次例会完毕,管委会均形成了会议纪要,并加强督促,落实检查。依靠月度例会,实现了虹桥商务区各项目、各参建单位之间的信息沟通,实现了项目群的协同管理,促进了各社会项目的顺利、有序开展,为工程建设安全提供了管理基础,取得了良好的社会效果。

33.2.4 加强工地现场检查

相关委托函明确闵行区建设行政管理部门负责虹桥商务区建设工程质量、安全生产、文明施工等监督管理工作,闵行区区域范围广,监管部门人员紧张,但在虹桥商务区安全、质量管理方面派出了精兵强将,对关键节点、重大危险源等加强巡查力度。虹桥商务区管委会主动担当,开发建设处会同指挥部办公室工程建设部,早在2013年就建立了虹桥商务区工地现场检查制度。管委会通过购买专业的第三方服务,开展工地现场检查,成为闵行区建设管理部门安全生产检查的有益补充。原则上,每周三上午为固定检查日,此外还有每周至少一次的工地检查和每年度十几项的专项检查(大型机械设备检查,钢结构检查,脚手架、模板专项检查,幕墙专项检查,经营行为专项检查,消防安全大检查,防汛防台专项检查等)。根据检查情况,针对施工现场存在的问题提出口头整改意见;若问题较严重,将会出具纸质版整改通知单,要求相关单位整改落实,并适时复查项目整改情况;若复查时发现项目仍未整改,管委会将会同相关部门对该项目有关单位进行处罚。通过一系列的现场检查工作,管委会及时掌握现场施工进度,及时了解安全管理薄弱环节,积极协调各地块建设单位反映的问题,现场督促施工进度,推动安全管理措施落实,有效确保了核心区各地块、各项目的安全、有序推进。图33.2-3所示为工地现场检查照片。

图33.2-2 施工进度与安全管理月度例会

图33.2-3 工地现场检查

33.2.5 及时协调施工界面

2013年后,虹桥商务区核心区(一期)及南北片区几十个社会投资项目地块陆陆续续开工,并有管沟管网、市政道路、人行天桥、地下通道、公共绿地等政府配套工程穿插施工,由于项目多且相互影响、投资主体多元化、工期紧张,特别是地块项目涉及与水电煤配套管线、相邻地块、地铁及能源管沟、地下通道、市政道路工程等施工界面衔接问题亟需协调解决。为此,虹桥商务区管委会开发建设处主动担当作为,牵头协调了各相邻地块项目之间、各地块与政府配套项目、市政管线等的施工界面问题,确保了界限合理清晰、施工有序推进。以2014年度为例,管委会开发建设处每周都有3~4次、全年超过150次的施工界面协调会议,形成书面协调会议纪要104件。通过这些大量有效的协调会议,确保了社会项目、政府项目施工的有条不紊、不断不乱。图33.2-4所示为新华联项目协调会会议纪要。

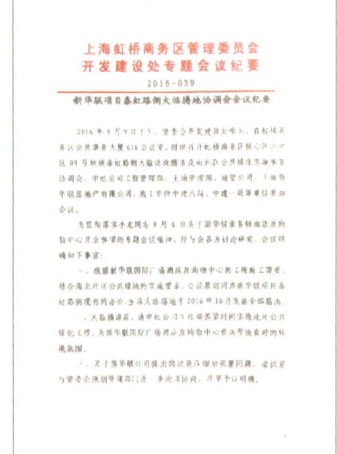 

图33.2-4 新华联项目协调会会议纪要

33.2.6 防汛防台管理

作为上海市"十二五""十三五"重点建设区域,虹桥商务区核心区有几十个工地同时建设,近百个"高、大、深"基坑密集开挖,防汛防台任务十分繁重。为此,管委会将做好汛期在建工地的防汛防台工作作为安全生产管理的一项重点性、专业化工作来对待。虹桥商务区防汛防台指挥部每年度组织召开商务区防汛工作会议,传达学习市防汛工作会议精神,通报汛前安全检查情况,动员部署防汛防台工作;定期组织修编防汛防台应急预案,明确任务措施和工作机制,并督促各工地结合工程实际进一步完善工地防汛防台预案;每年联合闵行区有关部门、街道水务站等开展汛前工地防汛安全专项检查,组织了应急演练观摩(图33.2-5)。在"菲特""凤凰""灿鸿"等强台风和特大暴雨的防御工作中,管委会加强值班值守,第一时间以短信、微信、电话等方式转发通知,提出具体要求,督促、指导几十个工地、几万名工人转移,积极协调闵行区排水所、泵站预降市政管网水位,有效地防御了台风,实现了汛期核心区区域内无人员伤亡、财产损失。

图 33.2-5 防汛防台应急预案演练

33.3 工作总结

尽管根据相关规定,施工安全生产管理工作主要是属地政府的公共事务管理职责,但虹桥商务区管委会主动作为,积极支持配合区里工作,制定出台了施工管理暂行规定,实施了编制总控计划、每月召开月度工程例会、定期开展工地安全检查、加强施工界面协调、防汛防台管理等多项符合虹桥商务区特色的工作举措,全力确保了虹桥商务区建设工程依法施工、安全施工、文明施工、绿色施工。

从虹桥商务区的安全管理工作中,有几点工作经验值得总结和借鉴:一是要高度重视安全生产管理工作,安全生产责任重于泰山,安全管理怎么强调都不为过,工程施工是高风险、易发安全事故的行业,实际工作中来不得半点马虎和疏忽大意,政府管理部门要不推诿,积极主动而为,敢于承担责任;二是要科学地制订符合实际的管理规定,工程施工管理特别是超大基坑群、项目群的施工管理要尊重工程客观科学规律,善于借助第三方专业力量,在充分调研和征求各方意见的基础上制订出台相关施工管理规定,并在实践中不断总结完善;三是要建立健全相应的安全管理制度,没有规矩不成方圆,没有制度就没有约束,要通过制度的设计最大程度地规避安全风险。虹桥商务区在工程建设中制订的总控计划、月度工程例会、工地现场检查、施工界面协调、防汛防台管理等一系列具有商务区特色的安全管理制度已被实践证明是行之有效的，也为今后类似重点区域开发、项目群施工安全管理提供了十分宝贵的经验和借鉴。

34 属地安全质量监管

34.1 监管背景

为了加强对上海虹桥商务区的管理，促进上海虹桥商务区的开发和建设，根据法律、法规和国家相关政策，上海市人民政府于2010年1月公布第25号市长令《上海市虹桥商务区管理办法》。在此基础上，上海市城乡建设和交通委员会、上海虹桥商务区管理委员会（管委会）、闵行区人民政府等相继出台了虹桥商务区主功能区建设项目的管理职责等一系列文件与规定，即管委会做好项目报建、设计文件审查、承发包监管及备案、施工许可、竣工备案等工作；闵行区建设管理部门（闵行区建筑建材业管理所）做好建设工程质量、安全、文明施工等监督管理，加强一线执法力量，确保安全监管全覆盖。

34.2 项目特点和监管难点

1. 建设手续办理滞后，程序监督风险大

虹桥商务区管委会为了敦促项目早开工、早结构封顶、早竣工、早出形象，根据建设管理职责分工和项目实际情况，将一个项目分为桩基、基础、主体、装饰（幕墙）等阶段，分阶段进行施工许可证的办理。采取上述措施之后，虹桥商务区仍在一定程度上存在施工许可证办理滞后的现象，导致出现深基坑监管风险大、存在监管盲点、程序监督被动等问题，增加了监管人员的工作风险与难度。而质量监督机构受权限限制，只能对政府委托范围内的工程实物质量及各方行为实施监督，无法对风险进行全面控制。

2. 地下空间深、单体规模大、周边环境复杂，建设和监督难度高

核心区（一期）共13个地块、21个街坊，共计21个深基坑（地下2~3层），多个基坑邻近营运地铁或预留地铁出入口，周边环境复杂；核心区（二期）分为南区和北区，南区共5个地块、6个街坊，共计6个深基坑（地下2~3层）；北区共21个地块、21个街坊，共计19个基坑（地下1~3层）。其中核心区（一期）街坊之间基本上连通，地上通过连廊与天桥连通，地下通过地下通道连通。为了达到市政府对虹桥商务区的形象进度要求，核心区一期地下空间基本同步进行挖土和地下结构施工，高峰时区域内形成基坑群施工的局面。由于核心区部分基坑围护设计为新工艺，加上基坑施工叠加影响大，且部分建设方片面追求节约成本，对深基坑围护设计与施工方案不重视等人为因素影响，使深基坑施工产生了较大的安全隐患。此外，深基坑开挖对周边环境中原有道路管线也会产生较大影响，为确保区域内基坑施工安全，监督管理的主要精力放在深基坑施工监管上。在核心区地下空间建设过程中，先后有四个深基坑因参建方人为因素出现较大险情，其中一个基坑在监管部门强势监管要求下进行了回填处理，两个基坑在监管部门督促下重新评审并进行加固抢险施工，一个基坑要求加强施工力量突击在春节放假前完成底板混凝土施工。由于监督部门严格监管和参与各方的齐心协力，避免了基坑事故的进一步发生，为后期基坑施工队伍的管理敲响警钟，也为监督机构的监督工作树立了权威性。核心区地下空间建设过程，反映了在当下市场经济条件下，监督部门高标准、严要求，监管难度较大。

3. 建设单位背景复杂，行政手段干预多

核心区内无论建设单位还是施工单位多为国内知名企业、上市公司、国内央企或地方名企，上述单位背景复杂，若发现个别单位有严重违规现象，监管部门要采取行政手段和处罚措施时，遇到的阻力较大，难以执行到位。作为一线监督人员既要完成上级委托的监督任务，又要规避自身的监督风险，责任压力很大。

4. 投资主体多，关键人员变动频繁，执法难度大

核心区内投资主体多为民营企业，现场管理多为临时组建的项目公司，项目公司管理人员来自全国各地，对上海地方法律法规与技术标准不熟悉，管理过程中容易出现问题。民营企业公司实行项目公司与个人业绩指标考核挂钩制度，导致项目公司间、管理人员间竞争激烈，甚至恶性竞争，更有受利益驱动或诱惑的管理人员之间互相举报。项目公司管理人员稳定性差，关键管理人员变动频繁，直接或间接增加了执法难度。

34.3 监管对策

根据虹桥商务区建设管理监管职责的分工,针对商务区建设项目特点和监管难点,闵行区建筑建材业管理所抽调各专业技术骨干,成立了相应专业的监督管理水平较高的监督组。为确保大型商务区项目安全顺利、高质高效地建设,监督组主要监管人员与虹桥商务区建设管理部门领导及相关人员进行多次分析交流,并不断补充完善监管措施和方案,制定了十大针对性监管对策。

1. 召开项目首次监督会议,做好监管首要基础工作

虹桥商务区部分项目存在相关手续办理缓慢和施工工期紧等现象,质量监督组为保证各项目顺利建设,在项目建设单位取得施工许可证第一时间,即组织质量、安全、材料等监督机构各专业部门对项目参与各方召开首次监督会议。现场监督组各专业监管人员按照有关规定对各项目进行质量行为检查、图纸阅读等,充分了解项目工程特点,在此基础上制定针对性的监督方案,确定监管过程中的质量控制关键节点和重要节点,并进行认真交底和监督告知。首次监督会议的召开为后续项目监督奠定了基础,也是监督机构对各项目实施监督的首要对策。

2. 合理设置项目监督控制点

通过首次监督会议,结合工程实际,合理设置监督组各专业的主要监督控制点。该区域内的监管控制重点包括项目参与各方质量行为、程序性监管和现场深基坑、高支模、幕墙、钢结构吊装等关键节点的质量安全。监督组通过设置项目监督控制点,做到监督节点心中有数,质量安全可控。

3. 差别化监管

在明确了监管重点内容之后,监督组根据虹桥商务区建设队伍素质、项目参与方管理水平的不同,采取针对性的差别化监管方式。对于质量信誉较差、项目管理混乱、外地首次进沪的企业进行重点监管。同时在不同建设阶段选派相应的专业水平较高的人员进行重点监督,直至竣工验收结束。

4. 召开基坑开挖条件验收会,做好基坑关键施工节点抽查

核心区(一期)各项目均为深基坑,多个基坑距地铁管沟较近,区域内原有道路管线施工质量不理想,加上基坑群施工叠加影响,容易出现安全风险。由于周边环境复杂,基坑施工成为该区域内最大的危险源,因此,开好基坑开挖条件验收会议显得尤为重要。

作为监督部门,监督机构需要做好三个方面的程序监督:一是围护施工前的检查和交底,包括加强围护施工前的交底和防范工作,书面明确建设、围护设计、总包、围护分包、监理、监测等单位的责任,并签字认可,强化设计监管、施工专家评审意见回复和意见落实情况。二是基坑开挖前的监督检查。在开挖前督促建设方组织项目参与各方在现场召开开挖条件验收会,重点检查各方责任落实情况及核查基坑开挖条件相符性,包括基坑开挖中应急处理措施等,符合条件后由总监理工程师签署基坑开挖令。三是由于深基坑施工周期长,监督部门要加强深基坑施工现场巡查,重点查阅基坑监测报表,并与现场情况核对,发现问题和险情及时签署整改单,并督促相关单位第一时间落实整改。

5. 召开月度监督例会并实行通报制度

监管部门每月和虹桥商务区管委会建设处召开月度例会,监督组对项目参与各方每月的安全质量等行为进行讲评和通报,鼓励先进,鞭策落后,同时将通报情况与虹桥商务区及上海市建设工程年度立功竞赛挂钩,有严重违规或发生质量安全事故的参建单位取消其评比资格。

6. 编制监督工作简报并实行约谈制度

根据虹桥商务区建设的特殊要求,监督组每两个月对区域内的施工情况进行检查,并将检查情况及存在的主要问题编制成书面监督工作简报,发放给区域内项目参与各方。对存在严重质量问题、安全措施不到位或整改不力的项目参建方进行约谈并处罚,同时通报其上级主管部门。

7. 加强对监理的考核制度,充分发挥监理作用

为了充分发挥区域内各项目监理机构的作用,针对各项目监理单位管理水平的差异性,监督机构和虹桥商务区管委会与聘用的第三方单位(闵行区建筑业协会)每周三对区域内的监理机构进行检查,每季度对区域内各监理机构存在的问题和不足进行讲评和考核评比,在一定程度上促进了监理工作水平的提高。

8. 转变工作方式,加强实体检测制度和监督抽检制度

随着国家行政许可法的实施和项目建设特点的需要,监督组及时转变监督管理工作方式,由传统的实体质量的环环把关向随机抽查转变,由"看、问"式现场目测检查向采用科学仪器、提供准确可靠数据的权威性监督转变,加强

结构性材料监督抽检和结构实体检测，对提前开工的项目必须按国家规定的检测要求进行结构实物质量检测，如不符合设计和规范要求，必须按照设计要求进行加固处理，确保工程安全和相关手续合法合规。同时对抽检过程中发现的问题多及管理水平较差的参与各方进行重点监督。

9. 严格执法、公平公正执法

由于虹桥商务区前期相关手续办理滞后及政府管理部门干预等因素影响，导致先期开工的项目不同程度无证违规施工，质监机构无法或很难左右其开工建设，即使签发了停工通知单，部分建设方也不理不睬，但监管部门至少尽责，起到了告知作用。对这类项目，监管部门在其施工许可手续齐全后重点监管、严格监管，并对其加大处罚力度，并将该类项目列入竣工验收重点监督对象，对建设和施工各方起到了很大的威慑作用，通过一段时间各方的共同努力，虹桥商务区核心区二期建设时，这一现象得到了明显改观，同时也树立了监督部门和监督人员的权威性。

10. 把好竣工验收监督关

竣工验收是监督验收的最后一道程序。由于竣工验收的项目类型较多，包括住宅精装修、办公楼与商业酒店毛坯等，加上前期办理施工手续时分阶段过多，导致竣工验收时手续办理相对复杂。此外，部分大型公共建筑内大量引入商店、餐饮等商业配套工程，该工程分别隶属于不同的建设单位（小业主），由于工期原因，此类商业配套不可能全部在工程竣工后实施，因此在工程竣工验收中，对此类配套工程与本体工程的责任划分较为复杂。为了在工程的建筑安装工作量全部完成后，尽可能早地办理竣工验收，确保工程及时合法移交，监督机构采取了分类分阶段竣工验收的办法。

还有部分建设单位有意无意规避监管，逃脱质量责任，给监管机构造成责任风险。监管部门事先根据国家验收规范，结合虹桥商务区建设项目的具体实际，与虹桥商务区管委会建设部门统一了基本验收标准；竣工验收监督需明确毛坯验收是否属于竣工的属性，告知后续装饰建设程序要求，在竣工报告上体现工程完成情况或面貌等。此外还加强了精装修住宅项目的竣工验收关，个别精装修住宅项目的竣工验收监督多次受到行政干预，均未给予通过，尽到了监督人员应尽的职责。

34.4 结语

通过几年来虹桥商务区建设参与各方和建设管理部门的共同努力，虹桥商务区核心区建设初见成效，通过虹桥商务区监管模式的实践和探索，为今后大型商务区建设监管工作积累了宝贵的经验和教训。一是必须提高监督队伍自身素质和监督工作水平，必须做到公平、公正，严格执法，规范执法，树立监督的权威性，把握监管的话语权；二是监管主管部门要与管委会或事务管理机构加强沟通和交流，取得其理解、谅解和支持，各部门形成合力才能充分发挥监管作用，真正起到监督效果。

35 基坑群施工安全总控

35.1 概述

2012年年底，为了顺利推进虹桥商务区核心区社会投资项目工程建设，对区域内的基坑群施工风险进行把控，上海建科工程咨询有限公司接受虹桥商务区管理委员会（管委会）委托成立安全管理咨询组，协助管委会对核心区基坑群施工进行安全管理，开展一系列基坑群施工安全总控管理咨询服务。结合虹桥商务区管委会相关要求和核心区社会投资项目实际建设情况，安全管理咨询组在基坑群施工安全总控实施过程中完成了基坑群施工安全总控计划编制、安全总控计划实施情况跟踪、重点区域风险分析、基坑风险协调处理、基坑开挖施工许可证领取前的技术文件审核、基坑正式施工前的施工方案评审等任务，为基坑群的安全施工做了很多工作。

35.2 基坑群施工总控的必要性

虹桥商务区核心区社会投资项目在单体上均有体量大、基坑深、施工难度大、技术要求高等特点；在整体上存在建设密度高、数量多、投资主体多元化、施工集中、工作协调难度大、地下工程施工风险高等特点。各社会投资项目基坑施工重点、难点体现在两个方面：一个是工程本体，建筑单体数量多，项目周边的建（构）筑物、地下管线及设施、地铁等的保护要求高；另一个是施工过程中的安全管理难度大，涉及面广。图35.2-1为虹桥商务区核心区（一期）现场施工图。

图35.2-1 虹桥商务区核心区（一期）现场施工图

虹桥商务区核心区基坑群特点如下：

1. 基坑单体开挖面积大，深度深，基坑围护形式多

基坑单体开挖面积大，一般为1万~2万m^2，最大为4.62万m^2，核心区（一期）项目几乎全部为地下三层结构，基坑开挖深度在15~18m之间。基坑围护形式多样，包括地下连续墙、钻孔灌注桩、工法桩、重力坝、二级放坡等，几乎所有基坑都紧贴用地红线开挖。

2. 建筑单体多，建设单位多，项目之间影响大

基坑群内建筑单体多，建设单位多，同时施工的项目数量众多，项目之间相互影响、相互干扰大，需要大量的协调工作。某些项目由两家施工单位施工，相邻基坑之间的施工工序、施工工期协调问题较多。社会投资项目基坑与基坑之间距离较近，最近为10~20m。政府投资项目穿插于各社会投资项目之间，与各社会投资项目的基坑存在较多的交叉施工界面：地下通道两端需要与社会投资项目的地下结构相连接；18标道路与社会投资项目之间涉及占地、腾地、交通组织协调等问题；核心区局部区域管沟距社会投资项目基坑边线很近（1~2m）；部分管沟工作井与基坑共用围护；等等。新地中心项目紧邻地铁2号线施工（基坑地下连续墙距地铁2号线区间端头井约6.55m）；部分社会投资项目紧邻虹桥商务区公共事务大厦和居民小区，基坑周边管线众多，对环境保护要求严格。施工过程中，每个项目均有动态变化，各项目实施期间需要根据周边项目的情况来调整自身施工组织与安排。

3. 工期紧

虹桥商务区属于上海市政府重大考核项目，每年市政府对虹桥商务区的形象建设进度均有考核要求：2013年要求核心区（一期）各社会投资项目必须在年底之前地下室施工至±0.00；2015年要求核心区一期和二期社会投资项目在2016年春节前实现基本建成，即至少完成302栋建筑单体结构封顶。在土地出让合同中，对各社会投资项目开发商的施工进度也均有明确要求。因此，自2013年至2017年，核心区各社会投资项目的施工进度均处于十分紧凑的状态。

4. 投资主体多元化

核心区包括31个社会投资项目工程，以开发商自行建设的模式进行。当开发商自身利益与虹桥商务区总体建设

要求存在差距时，产生问题后的协调难度很大。

政府投资的公共配套设施项目穿插于整个核心区的开发建设过程中，供能管沟工程（一期和二期）、地下通道、18标道路工程、天桥、绿地等项目，均与社会投资项目相关联，协调工作难度大，工作任务重。

5. 项目参建单位及相关监管部门众多，工作协调难度大

该项目群实施由于工期紧，基坑面积大、深度较深且数量众多，加上不同项目的投资主体不同，项目所属单位不同，实施期间需要从全局的角度开展各种协调工作，以控制和减少相邻基坑开挖的相互影响。

35.3 基坑群总控组织结构

核心区区域内各社会投资项目由开发商独立开发，开发商对其项目实施具有较大的独立性。对该区域项目负有监管责任的管理部门众多，如上海市安质监站、闵行区建筑建材业管理所、闵行区建筑行业协会、新虹街道办事处、消防监察大队等，各管理部门亦是以独立项目为对象，对各项目的质量与安全进行管理。如何协调开发商与开发商、开发商与其他监管部门之间的工作，也成为施工安全总控的重点。

核心区基坑群施工安全总控管理架构包括决策层、安全管理咨询组和执行层，决策层为管委会，执行层为各社会投资项目参建单位，具体架构如图35.3-1所示。

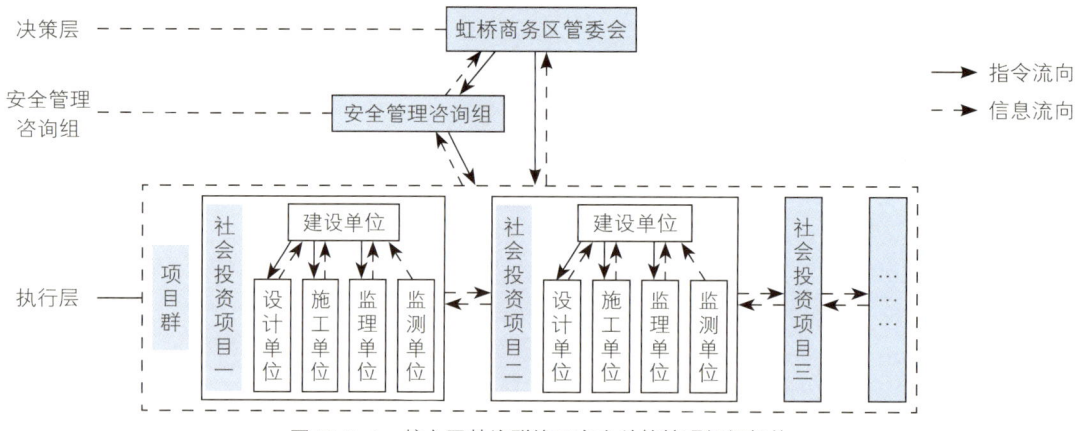

图 35.3-1 核心区基坑群施工安全总控管理组织架构

作为决策层，管委会对核心区基坑群的施工安全总控提出具体要求，审核基坑群安全总控计划和重点区域风险分析报告，督促检查各社会投资项目总控计划的落实情况；在各社会投资项目申领基坑开挖施工许可证之前对其相关文件进行审批；牵头召开专题协调会，协调各项目之间的基坑施工安全问题，从整体上对核心区基坑群施工安全管理进行把控。

安全管理咨询组负责编制基坑群安全总控计划和重点区域风险分析报告，跟踪检查各社会投资项目总控计划落实情况；审核各社会投资项目申领基坑施工许可证之前提交的相关技术文件；协助管委会组织召开各类协调会议；从咨询团队角度提出基坑群施工安全管理的措施和建议。

各社会投资项目建设单位，组织该项目设计、施工、监理、监测等参建单位，具体落实总控计划和风险分析报告中的风险控制措施；做好申领基坑开挖施工许可证之前相关文件的准备工作；积极配合、参与管委会组织的各项协调会议，同施工、监理单位一起做好各工程基坑施工过程中的安全管理工作及与其他社会投资项目的沟通协调工作。

35.4 基坑群安全总控工作内容

为了保证核心区基坑群施工的安全，管委会从整个区域层面对基坑群施工进行安全管控（即基坑群安全总控），不仅关注各项目对自身基坑施工的安全管理，也通过制定安全总控计划，避免相邻基坑的同步开挖，对基坑与基坑之间的风险做出预测，确定防范关注重点。此外，作为政府部门，帮助各开发商协调解决不同项目基坑之间的安全问题。

管委会与安全管理咨询组以基坑群施工总控计划为主线，开展了安全总控计划实施情况跟踪、重点区域风险分析等工作。除总控计划之外，通过基坑风险协调处理等工作解决基坑施工过程中各项目之间的安全问题，同时还通过基坑开挖施工许可证领取前的技术文件审核、基坑正式施工前施工方案的评审等措施，加强基坑开挖施工之前的安全控制，保证基坑施工的顺利进行。

35.4.1 基坑群施工安全总控计划编制及修编

1. 编制目的及意义

虹桥商务区核心区建设项目众多，在基坑开挖阶段容易出现相邻项目同步施工的情况，此时基坑的安全风险最大。为了减少基坑安全风险，尽量避免相邻基坑同步开挖，安全管理咨询小组编制了基坑群施工安全总控计划，使各项目基坑做到"错时、错开、错位"开挖，减少基坑之间的相互影响，保证施工安全。同时，各项目依照总控计划进度施工，也可满足上海市政府对虹桥商务区的形象进度要求。

2. 编制、修编过程

（1）采取现场调研、座谈交流、专家咨询等方式收集各社会投资项目资料，了解各项目工程概况、施工现状、施工工艺和工序，以及施工进度计划。

（2）针对各项目情况和管委会的相关要求，编制第一版总控计划。总控计划明确了各项目的桩基开始施工、基坑开始开挖、大底板浇筑完成、地下室出±0.00共4个时间节点（之后又增加为6个，包括主体结构封顶和竣工验收），并就周边项目对该项目的影响程度进行了分析，列举项目施工关注重点，提出风险防范措施建议。

（3）施工一段时间后（一般为半年），各社会投资项目有了新的施工进展，施工进度和周边环境情况发生了较大变化，此时开始修编总控计划。修编将对各项目的施工进度进行对标，分析实际施工进度与前一版总控计划的差距，并依据实际情况对上述四个时间节点（之后又增加为六个，包括主体结构封顶时间和竣工验收时间）进行调整，重新分析周边项目对该项目的影响，列举项目施工关注重点，提出风险防范措施建议。

3. 编制内容

总控计划以PPT形式向管委会进行汇报，并下发至各参建单位执行。主要包括以下几方面的内容：

（1）编制目标、原则、依据和方法。编制目标以实现基坑群施工安全为主要目标，在此基础上实现上海市政府对虹桥商务区的形象进度要求。编制原则：在保证施工安全的前提下，尽量加快施工进度；政府投资的公共配套项目的施工进度服从整个核心区工程施工进度的安排；后施工地块对先施工地块有实施保护的义务。编制依据主要包括管委会有关通知文件，各项目施工组织设计、施工进度计划等。编制方法主要是进行项目进度对标分析、确定总控计划时间节点和进行阶段性风险预测时所采用的方法。

（2）各项目现状。主要是在总控计划编制和修订时，各项目实际施工情况的介绍。也可在总控计划时间节点确定或项目进度对标分析过程中对项目情况进行介绍。

（3）项目进度对标分析。将项目实际施工进度与总控计划进行对比，分析该项目进度是提前还是延后，判断延后项目是否可以采取一定的措施加快施工进度。若无法追赶进度，则在保证项目所在区域施工安全和符合管委会相关要求的前提下，对本次总控计划时间节点进行调整。

（4）总控计划时间节点的确定。总控计划包括桩基开始施工、基坑开始开挖、大底板浇筑完成、地下室出±0.00、主体结构封顶、竣工验收备案共6个时间节点。编制第一版总控计划时，首先了解各社会投资项目已有的施工进度。若相邻项目未出现基坑同步开挖，且各项目施工进度满足上海市政府的形象进度要求，则按照各项目既定的施工进度确定总控计划节点；若出现相邻项目基坑同步开挖或者未满足上海市政府的形象进度要求，则要求相关项目对施工进度节点进行调整，按调整后的进度确定总控计划节点；在后续版本的总控计划修编中，综合项目实际施工情况和对标分析情况，对前一版总控计划时间节点进行调整，形成新一版的总控计划。

（5）阶段性风险预测。假设各社会投资项目施工进度按总控计划执行，并考虑社会投资项目与社会投资项目、社会投资项目与政府投资项目之间的影响，对将来一定时间段内（一般为8~12个月）各社会投资项目的施工风险进行预测，并每2个月绘制一次风险分布示意图，说明该时间段内项目施工的关注重点。若某施工区域存在重大风险源，则对该区域专门开展施工风险分析，编制风险分析报告。

（6）下阶段工作计划。针对新一版总控计划的内容，制订下阶段开展的工作计划。

4. 编制成果

2013年年初至2015年年底为虹桥商务区核心区基坑施工高峰期，在此期间，安全管理咨询组完成了核心区（一期）基坑群施工安全总控计划第1版—第4版、核心区南北片区基坑群施工安全总控计划第1版—第2版的编制。

5. 工作成效

安全总控计划的编制有效地协调了社会投资项目之间及其与政府投资项目之间的施工进度，避免了由于相邻项目同步施工产生的基坑安全风险，也保证了各项目施工进度计划符合市政府对虹桥商务区工程形象进度的要求，同时也为安全管理咨询组开展重点区域风险分析等工作奠定了基础。

35.4.2 安全总控计划实施情况跟踪

总控计划作为纲领性文件，是否得到有效落实是实施基坑群施工风险管理的重要保证。为了保证总控计划的顺利实施，调集虹桥商务区各方面资源，解决基坑工程中的风险问题，管委会和安全管理咨询组制定了每月中旬一次的核心区在建工程安全、质量管理与施工进度推进月度例会和每周三上午工地例行检查的工作制度，跟踪各地块项目安全总控计划的实施情况和施工安全管理情况。除此之外，安全管理咨询组每月月底制作核心区已开工地块施工情况汇总表，将各项目当前的施工进度和安全文明施工情况上报管委会。

35.4.3 重点区域风险分析

根据总控计划和当前阶段社会投资项目的实际施工情况，预判该阶段核心区内的重点风险区域。针对该区域特点，由安全管理咨询组编制风险分析报告，提出风险控制措施。该报告向管委会汇报后，下发至相关社会投资项目，供项目参建单位在基坑施工过程中参考。

1. 风险分析报告内容

重点区域风险分析报告主要包括以下内容：

（1）评估目的、评估依据、工程概况和工程重点、难点分析。

（2）风险评估方法介绍，包括风险识别方法、风险分析方法、风险等级标准和风险接受准则等。

（3）工程管理风险评估，具体包括区域项目概况、项目风险分析、项目风险清单的建立、项目风险评估、项目风险应对措施等内容。风险分析包括施工技术风险分析和施工管理风险分析。施工技术风险分析主要包括基坑自身开挖、基坑与管沟同步施工、基坑与地下通道同步施工、基坑与道路工程同步施工等方面内容；施工管理风险主要包括施工界面管理、参建主体管理、区域交通组织、施工现场安全管理和其他管理等方面内容。

2. 工作成果

2013年年初至2015年年底，安全管理咨询组完成了《核心区（一期）01、02地块区域工程项目施工风险分析报告》《上海虹桥商务区核心区（一期）03北地块地下工程施工风险分析报告》《上海虹桥商务区核心区（一期）07-2地块基坑开挖风险分析报告》和《北07地块与3号能源站区域施工管理风险评估报告》等的编制。

3. 工作成效

风险报告对特定施工阶段的核心区重点区域进行风险分析，指出该区域内各工程项目在施工技术和施工管理风险分析中应予以重点关注的风险点及相应的风险防范和应对措施，为该区域内的风险管理提供了很好的技术支持。

35.4.4 基坑风险协调处理

各社会投资项目需将基坑施工过程中的监测数据上报安全管理咨询组和管委会。当基坑监测数据发生较大异常时，管委会将组织各项目参建单位、安全管理咨询组及相关专家开展讨论会，商讨控制措施。若该基坑风险的出现与周围相邻项目有关，管委会将同时邀请相关项目参建单位参与讨论会，协调商定各方需做出的风险控制措施；若一次讨论会未完全解决问题，管委会将会组织召开后续讨论会。

35.4.5 领取基坑开挖施工许可证前的技术文件审核

各社会投资项目在办理基坑开挖施工许可证之前，需将基坑安全性报告技术评审意见、审图合格证、施工方案评审意见、施工组织设计、监理大纲等技术文件交至安全管理咨询组进行审核，审核通过后签发技术文件审核流转单。若审核未通过，各项目需对以上技术文件进行修改，直至达到相关规范、标准要求，才能向其签发审核流转单。建设单位将其他手续文件和技术文件审核流转单交至管委会，管委会审批通过后发放基坑开挖施工许可证。2013年至2015年年底，安全管理咨询组共签发基坑施工许可审批内部流转单39份。

通过管委会和安全管理咨询组对各社会投资项目申领基坑施工许可证之前相关方案文件的审批审查，确保方案文件的合理、合规和完整，避免了后期施工时的安全隐患。

35.4.6 基坑正式施工前施工方案的汇报

各社会投资项目基坑正式施工时间与其设计方案通过科技委评审时间有较大差距，在该时间段内基坑周边环境发生了很大的变化。为了保证基坑开挖施工方案的科学性和合理性，在各项目基坑正式施工前，管委会将组织安全管理咨询组、各参建单位进行基坑开挖施工方案的汇报，管委会和安全管理咨询组提出改进意见，明确对周边其他项目和环境的保护要求，施工方案按照要求进行完善后，方可进行开挖施工。

35.5 工作流程

与工作内容相对应，基坑群施工安全控制工作流程也分为两部分：一是以总控计划为抓手的基坑群施工安全管控流程；二是领取基坑开挖施工许可证前的技术文件审核流程。两部分工作流程分别如图 35.5-1 和图 35.5-2 所示。

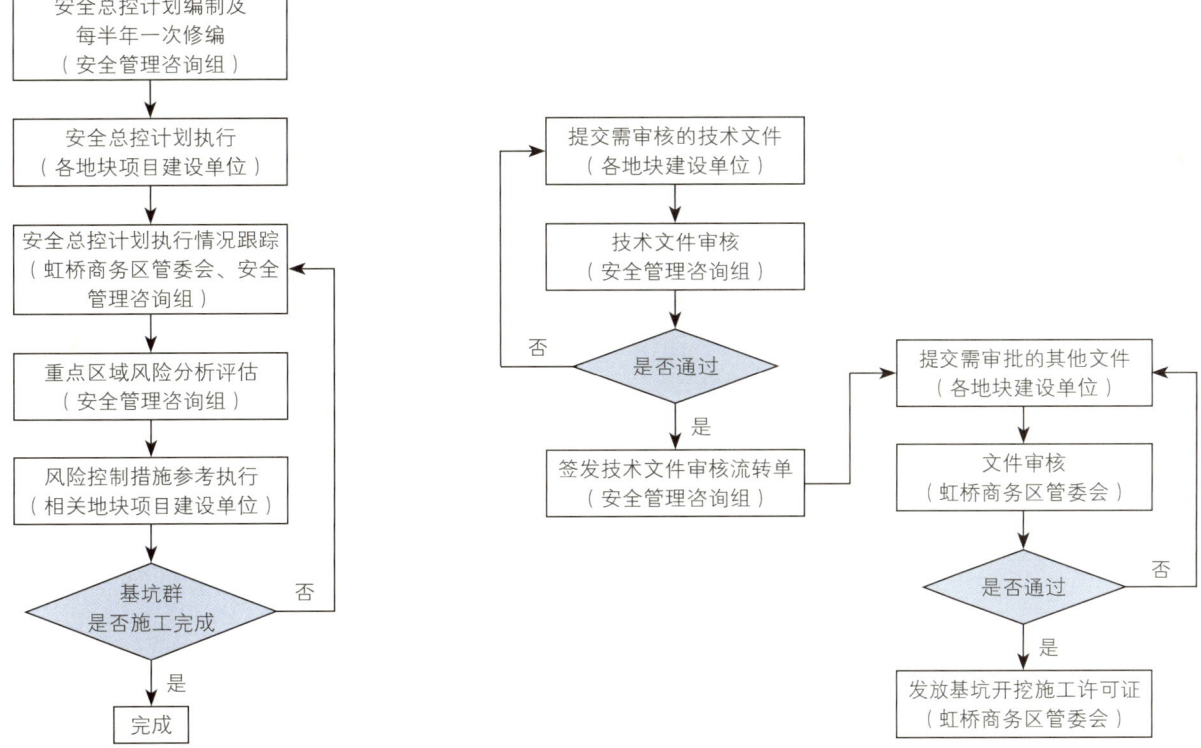

图 35.5-1　基坑群施工安全管控流程　　　　　图 35.5-2　领取基坑开挖施工许可证前的技术文件审核流程

35.6　实施总结

虹桥商务区基坑群安全总控以各单体项目的顺利实施和核心区区域整体安全为目标完成了一系列的管理工作，有效地推动了虹桥商务区核心区基坑群的安全建设，形成了对基坑群施工安全进行事前、事中和事后的多层次控制措施，实现了对基坑群施工安全的有效把控。虹桥商务区核心区的基坑群施工安全总控工作作为今后类似基坑群的施工安全管理提供了经验和借鉴。

36　绿色建筑管理

36.1　商务区绿色建筑发展概况

作为上海国际化大都市在 21 世纪启动开发建设的高端商务区，虹桥商务区自规划设计伊始就树立了绿色、低碳的发展导向，并在低碳实践过程中，紧紧围绕绿色建筑工程区域化推进，逐步辐射低碳能源、低碳交通、资源碳汇等方面。绿色、低碳的发展导向和建设管理也为虹桥商务区获得了业内高度认可：2014 年 2 月，被国家住房和城乡建设部正式批准为国家级"绿色生态示范城区"；2017 年 6 月，被上海市发展和改革委员会正式授牌为上海市"低碳发展示范区"。图 36.1-1 为虹桥商务区绿色建筑群。

时任虹桥商务区管委会常务副主任闵师林指出："按照'资源节约型、环境友好型'两型社会的目标和国家级绿色生态示范区的标准，虹桥商务区对标世界级 CBD，打造绿色之'心'，我们的目标是争做全球最好的绿色CBD。"虹桥商务区开展绿色建筑工程，彰显了责任担当，更蕴含了治理智慧。回首过去，早在 2010 年的《上海市虹桥商务区管理办法》中就已提出"鼓励虹桥商务区通过低碳经济发展方式，建设成为低碳商务区域"的理念。"十二五"期间，虹桥商务区一直围绕这一理念，高度重视区域低碳、绿色建筑的建设管理，并取得了一定的成效，这也与虹桥商务区一直以来围绕区域化低碳、绿色建筑进行的规划和实践密不可分。

图 36.1-1 虹桥商务区绿色建筑群

在前期规划阶段，虹桥商务区管委会根据区域未来发展的低碳目标制定了相应的规划，从城市规划布局、能源与资源管理、绿色交通和建筑设计等方面落实低碳绿色发展目标。在功能布局方面，核心区主要以总部经济为核心，形成以高端商务商贸和现代物流为重点，以会展、商业为特色，其他配套服务业协调发展的产业格局；在规划布局方面，倡导路网高密度、街坊小尺度、建筑低高度，创造宜人的环境品质（图 36.1-2）；在能源利用方面，虹桥商务区建设了区域集中供能系统（图 36.1-3），为核心区商办建筑的空调系统和生活热水提供能源；在生态绿化方面，商务区已建成了迎宾绿地、华翔绿地、天麓绿地和云霞绿地四个绿地公园（图 36.1-4），总面积超过 $58hm^2$；在绿色建筑方面，核心区的规章明确规定：所有建筑均应按照绿色建筑要求进行设计，其中 50% 的建筑达到绿色建筑二星级以上要求，地标类建筑必须达到绿色建筑三星级要求。

此外，虹桥商务区还将建筑的规划从地上延伸到了地下和屋顶。一方面，充分利用地下空间，并在不同地块采用二层连廊（图 36.1-5）系统进行连接，形成立体、复合、多元化的公共活动空间系统；另一方面，管委会还鼓励核心区建筑采用屋顶绿化（图 36.1-6）形式，将改善城市景观的工作与核心区内的建筑相结合。

图 36.1-2 宜人的环境

图 36.1-3 三联供能源站

华翔绿地

迎宾绿地

云霞绿地

天麓绿地

图 36.1-4　绿地公园

图 36.1-5　二层连廊

图 36.1-6　屋顶绿化

在开发建设阶段，虹桥商务区管委会进一步深化区域低碳和绿色建筑工作，在制定低碳绿色目标的基础上，加强对绿色设计的管理和控制，并紧抓绿色建筑的落实。2012年，管委会颁布了《关于虹桥商务区核心区一期申报绿色建筑设计标识管理工作的若干指导意见》，明确绿色建筑评价标识的责任主体和工作流程，并将绿色建筑设计评价标识管理工作分为四个阶段管理。2015年，管委会印发了《关于推进实施建设工程绿色施工的若干指导意见》，明确商务区建设工程绿色施工各主体的职责分工，绿色施工措施的监管重点，以及环境保护、资源节约和过程管理等对应的技术目标和措施。在以管委会为管控主体的"绿色建筑管理组织架构"（图36.1-7）的努力下，获得设计标识项目数逐年递增（图36.1-8）目前商务区获得绿色建筑设计标识认证（全部为二星级及以上）的项目共60个，认证面积为526.03万 m^2，占上海市二星级以上项目数的比例达到21%。其中，二星级项目26个，标识面积为213.36万 m^2，面积占比40.6%；三星级项目34个，标识面积为312.67万 m^2，面积占比59.4%。同时获得绿色建筑、LEED双认证项目（图36.1-9）建筑面积约100万 m^2。

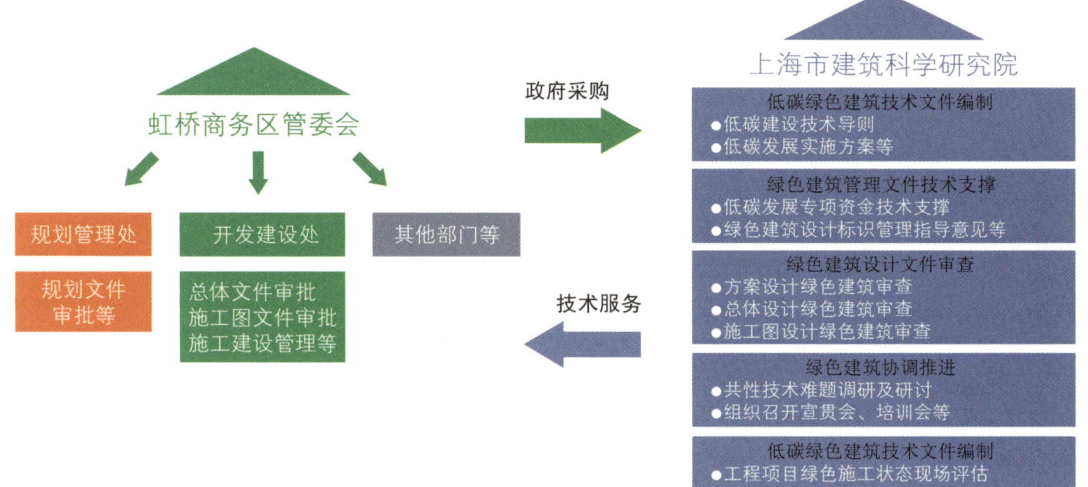

图36.1-7 绿色建筑管理组织架构

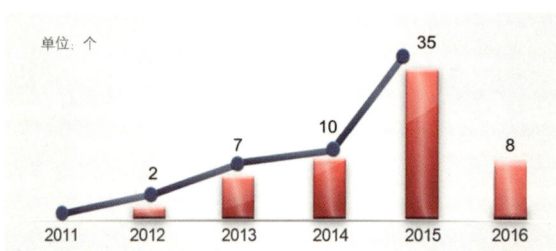

图36.1-8 绿色建筑标识发展情况

图36.1-9 绿色建筑LEED双认证项目

36.2 商务区绿色建筑设计管理

为了配合虹桥商务区绿色建筑评价标识的统一管理，虹桥商务区以绿色建筑实施过程中的经验为基础，编制了《关于虹桥商务区核心区一期申报绿色建筑设计标识管理工作的若干指导意见》（图36.2-1），并于2012年10颁布实施。该指导意见明确绿色建筑设计评价标识管理工作包含三个阶段的过程管理，即总体设计文件专项审核、施工图设计文件专项审核以及绿色建筑设计评价申报推荐。

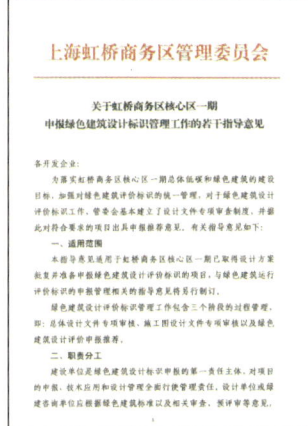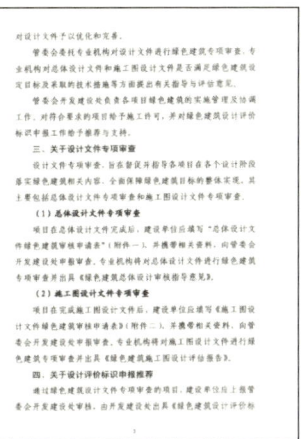

图 36.2-1 《关于虹桥商务区核心区一期申报绿色建筑设计标识管理工作的若干指导意见》

自 2011 年起，管委会委托专业机构对核心区所有绿色建筑项目设计文件进行绿色建筑专项审查，对项目总体设计文件和施工图设计文件进行审查，就是否满足绿色建筑各项要求出具审查报告，并提出指导、评估意见。管委会开发建设处负责各项目绿色建筑的实施管理及协调工作。对符合要求的项目给予施工许可，并对绿色建筑设计评价标识申报工作给予推荐与支持。截至 2015 年年底，共出具 30 份总体审查指导意见，44 份施工图审查报告。对审查不合格项目，均出具整改单，并督促整改。

自 2016 年起，根据最新的国家和上海市绿色建筑相关标准以及审查规定的变更，管委会不再对绿色建筑施工图重复审查。但考虑到核心区项目已基本完成结构封顶，并逐步开展竣工验收工作，为了进一步保障绿色建筑设计内容的有效落实，实现绿色运行目标，虹桥商务区根据前期工作经验，于 7 月发布了《关于推进虹桥商务区核心区绿色建筑运行管理工作的有关通知》（图 36.2-2），明确对于投运项目，在后续二次装修过程中，应避免随意破坏绿色建筑相关设施设备以及各项技术措施，对于独立使用的建筑单体或投资额在 200 万元以上的二次装修建设工程，应对其二次装修设计的施工图文件开展绿色建筑设计文件专项审查，并应达到绿色建筑以及竣工验收备案的要求。

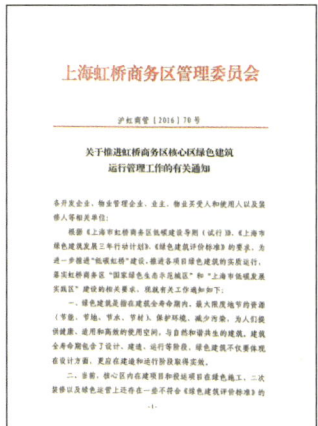

图 36.2-2 《关于推进虹桥商务区核心区绿色建筑运行管理工作的有关通知》

36.3 商务区绿色建筑施工管理

随着核心区项目的大规模施工，对于绿色建筑的监管重点逐步转向"在引导、激励企业做好绿色建筑设计、运营的同时，更注重绿色建筑建成后的实际运营"。为此，根据商务区低碳建设导则和绿色建筑评价标准，结合虹桥商务区低碳建设特点和有关规范，管委会编制了《关于推进实施建设工程绿色施工的若干指导意见》（图 36.3-1），并于 2015 年 5 月印发。文件主要明确商务区建设工程绿色施工各主体的职责分工，绿色施工措施的监管重点，以及环境保护、资源节约和过程管理等对应的技术目标和措施。同时，从后期落实运营评价的角度出发，制定了相应的实施管控流程和考核方法。

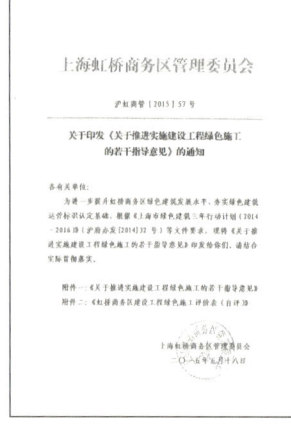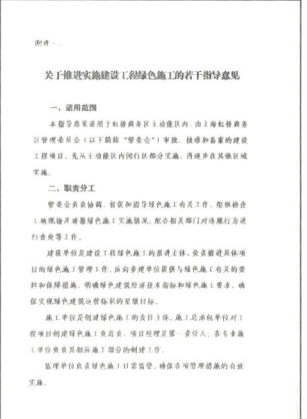

图36.3-1 《关于推进实施建设工程绿色施工的若干指导意见》

绿色建筑施工管理工作具有专业性强、信息量大的特点，为了更好地把控绿色施工过程管控，管委会委托上海建筑科学研究院和闵行区建筑业协会有关专家共同开展此项工作，绿色施工现场管控流程如图36.3-2所示。检查前管委会统一向核心区各项目负责人发送《虹桥商务区建设工程绿色施工评价表（自评）》，各项目根据实际情况填写后给予回复。管委会检查后根据现场情况出具整改意见和要求，直至相关单位完成所有整改内容。

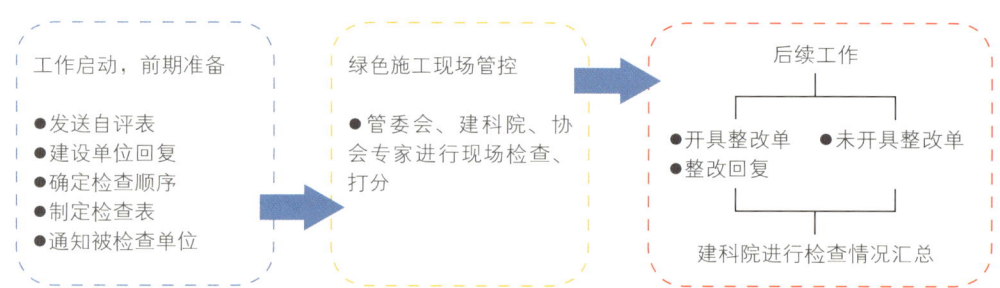

图36.3-2 绿色施工现场管控流程

自2016年3月开始，至10月共检查了22个项目。图36.3-3为现场检查照片。经检查和督促，目前商务区在建项目基本按照绿色施工要求开展工作。

图36.3-3 现场检查照片

为保证核心区项目建设单位明确绿色施工工作的重要性，进一步提升商务区绿色施工号召，管委会根据前期检查情况定期对项目建设单位负责人、施工单位负责人和项目总监进行相关宣贯和约谈，明确商务区核心区在建项目都应按照《关于推进实施建设工程绿色施工的若干指导意见》的要求切实做好绿色施工相关工作。图36.3-4所示为绿色施工阶段工作总结会议。

图36.3-4 绿色施工阶段工作总结会议

2017年3月，商务区管委会在绿色施工管控工作的基础上，承上启下，理清思路，举办了"绿色施工2016年总结暨2017年工作动员大会"，对2016年度绿色施工优秀集体进行表彰。

36.4 奋斗创新，继往开来

如果说"十二五"是虹桥商务区绿色建筑区域化推进发展的拓荒期，那么"十三五"便是虹桥商务区核心区项目建设全面实现并逐步完成功能打造的关键时期，也是继续深化推进"国家绿色生态示范城区"和"上海市低碳发展示范区"建设的关键时期。展望"十三五"，虹桥商务区将围绕"继续推进项目建设"和"逐步落实绿色建筑运营"两大重点开展后续的工作。目前，商务区已就"十三五"期间的区域低碳和绿色建筑工作制定了相应的计划，并明确了继续完善相关激励措施，鼓励绿色运行；全面推进区域建筑能耗监测信息平台建设，落实数据上传；继续开展绿色建筑验收工作，确保技术落实；加强和完善项目二次装修过程管理，实现全面把控等四个重点工作计划。

绿色建筑是一个永无止境的探索实践过程，在这一过程中，唯奋斗者进，唯创新者强，唯奋斗创新者胜。未来的虹桥商务区将建设成为集办公、商业、文化、居住等多元化为一体的现代商务中心，而功能的复合、绿色的环境、立体的交通、智能的设施，更将助力虹桥成为世界一流水准的绿色低碳商务区。

37 公共绿地认建认养

社会开发企业对项目周边公共绿地绿化品质需求高与政府对公共绿地建设投入有限的矛盾，某种程度上影响了开发企业招商引资、招商引企。为妥善处理这一矛盾，上海虹桥商务区管委会积极探索政府投资与社会投资合作建设模式，充分发挥开发企业资金优势和建设管理经验，鼓励、支持开发企业认建认养公共绿地，实现了环境效益与经济效益以及政府投资的"双赢"，进一步提升了商务区的环境品质。

37.1 虹桥商务区核心区南北片区公共绿地认建认养情况

虹桥商务区是上海重点发展区域，其开发建设是市委、市政府立足全局、着眼长远的重大战略决策。按照《上海虹桥商务区发展"十三五"规划》，未来5年，虹桥商务区将基本形成"产城融合发展、环境生态文明、区域特色鲜明"的世界一流商务区框架，逐步朝着"长三角城市群联动发展新引擎"和"世界一流水准商务区"的发展目标迈进。核心区南北片区公共绿地项目，作为商务区核心区南北片区配套工程，对于构建绿色商务环境，打造环境友好、功能复合的高品质商务区，有着极其重要的意义。该项目占地面积约15.17hm^2，工程建设内容包括景观绿化、公共厕所、硬质小品、土方造型、电器照明、给排水工程等，项目共分为29个地块，其中有相当一部分的绿地面积涉及多个开发商所处地块，公共绿地项目建设主体为上海申虹投资发展有限公司（商务区核心区基础配套工程代建单位）。

在公共绿地项目建议书编制期间，部分开发企业希望能够参与公共绿地的建设，使之与地块开发项目的整体设计风格相协调，从而进一步提升绿地品质、美化区域环境，为企业招商、项目运营创造更好的环境。虹桥商务区管委会多次与项目代建单位和开发企业沟通、协调，并征询相关部门意见后，采取了开发企业认建认养的模式建设公共绿地。

开发企业认建认养公共绿地模式，即以代建单位为项目主体、社会开发企业为建设主体，开发企业按照审核批准的方案，以高于政府投资标准建设公共绿地，并对其认建的公共绿地按照行业主管部门的要求进行一定年限的养护和管理，绿地的所有权归政府，建成后必须向社会开放，项目验收通过并在认养期满后给予开发企业一定的政府补贴。

37.2 开发企业认建认养公共绿地的意义

1. 提高了公共绿地建设标准

按照政府性投资标准，该公共绿地项目的工程费用标准约为 200 元 /m^2。开发企业认建后，根据企业对绿化品质、设计风格的要求，工程费用标准提高到了 500~600 元 /m^2，并且在建成后，由开发企业进行一定年限的养护和管理，既提升了区域环境品质，也减少了政府养护管理成本。

2. 促进了公共绿地有序推进

公共绿地紧邻社会开发项目，绿地项目实施受社会开发项目进度、施工场地等影响，代建单位难以组织开展连续施工，可能会出现因工期延长而增加项目成本的情况。开发企业认建后，可结合自身项目实际进度，自行推进公共绿地的建设，减少了实施过程中的协调工作量，并且能避免因工期延长而增加项目成本的情况发生。

3. 调动了企业参与的积极性

公共绿地作为政府投资项目，开发企业认建认养后，可不通过公开招标投标，由开发企业通过其他招标投标方式选定项目施工单位，便于开发企业更好地组织实施绿地建设。此外，项目竣工后，以结果为导向，项目代建单位委托第三方对项目的绿化指标和经济指标进行审核，经审核合格并在认养期满后给予政府资金补贴 200 元 /m^2，充分调动了开发企业的积极性。

37.3 推广运用开发企业认建认养公共绿地的建议

开发企业的合理诉求，政府应积极回应并为开发企业建设、运营创造良好的发展环境，这是服务型政府的内在要求。探索、运用开发企业认建认养的模式建设公共绿地，是政府、企业通过平等的合作、协商、沟通等方式，依法对公共绿地建设运营进行引导和规范，最终实现公共利益最大化的过程。当前，上海正在开展"五违四必"整治，正处于迈向卓越的全球城市进程中，推广开发企业认建认养公共绿地模式，应把握好以下三个方面：

1. 以需求为导向，企业自行选择

开发企业结合地块开发建设、项目招商运营需要，自行决定是否认建认养公共绿地。对于开发企业不愿认建认养的公共绿地，由项目代建单位推进实施。

2. 以企业为主体，明确各自职责

代建单位、开发企业协商沟通后，共同签订《公共绿地认建认养协议书》，明晰各自在履行项目建设管理流程、推进实施、维护管理、移交等方面的职责。政府相关部门作为鉴证方，需明确：公共绿地所有权归政府，开发企业对认建认养的公共绿地只有开发建设和维护管理权，建成后应向社会开放。同时，提出相关管理要求，并根据实际情况批复项目工程可行性研究报告。

3. 公共利益至上，管理服务并重

根据"一次立项、总体控制、分块协调、按需实施"的原则，对项目进行审批管理，工程建设行政管理部门或代建单位重点应管好"两头"：开工前，对开发企业编制的初步设计（技术、经济指标）进行审批；竣工后，应对开发企业给予政府补贴，需对项目绿化指标、经济指标进行审核。同时，建设行政管理部门也应积极协调解决开发企业在公共绿地认建认养过程中遇到的困难和问题，推进公共绿地高品质建设。

第 5 篇 技术创新

38 基坑工程

38.1 基坑围护硬咬合桩工艺在虹桥天地项目中的应用

38.1.1 工程概况

虹桥商务区核心区（一期）06号地块内包含已经建成的虹桥综合交通枢纽西交通中心南北地下停车库下沉式天井的西侧挡土墙结构（包含挡土墙的斜撑部分），在保证地下停车库功能和结构安全的前提下，06号地块建设单位可以根据地块内建筑结构的形态需要对出让地块用地范围的挡土墙结构进行改建或者拆除，相关费用由开发商自行承担。开发项目地下部分的使用范围不得超过用地红线，必须保证红线外下沉式天井地下部分保持原状。图38.1-1为西交通中心地下停车库挡土墙位置示意图。

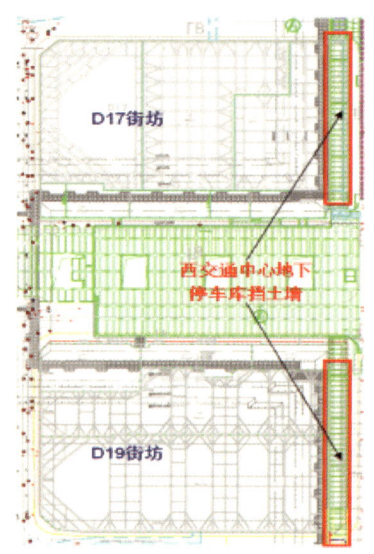

图38.1-1 西交通中心地下停车库挡土墙位置示意图

西交通中心主体结构为地下二层结构，桩基为长42m的灌注桩，桩端位于⑦$_2$层。现场施工前实况和西交通中心地下停车库挡土墙与06号地块的位置关系如图38.1-2所示。

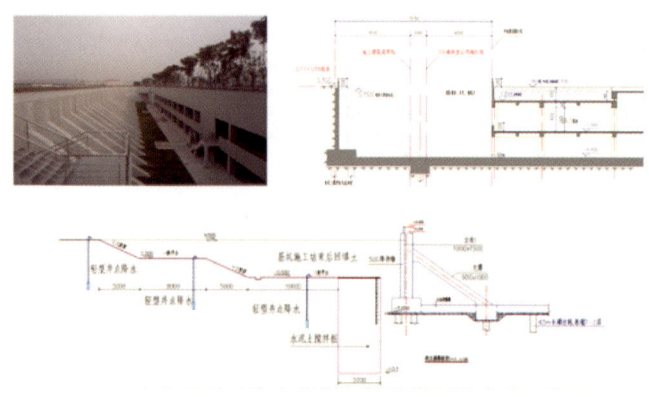

图38.1-2 现场施工前实况和西交通中心地下车库挡土墙与06号地块位置关系图

38.1.2 地下车库施工方案的选择

为处理西交通中心的挡土墙结构，虹桥天地项目地下车库施工可采用以下两种方案：

方案一：卸土3m拆除西交通中心西挡土墙的斜撑，沿着西交通中心地梁2西侧割裂底板并施工咬合桩及顶圈梁，距离咬合桩内侧200mm由下至上施工三层地下车库结构的楼板与侧墙。

方案二：沿着西交通中心地梁1西侧施工地下连续墙，封闭基坑后由下至上施工地墙内侧三层地下车库结构，地墙外侧卸土拆除西交通中心挡土墙和斜撑，局部底板完成后施工二层地下车库结构（含桩基）并与内侧地下车库结构连接，待地下车库完成至±0.00后拆除BM、B1层的地墙。图38.1-3为地下车库施工方案示意图。

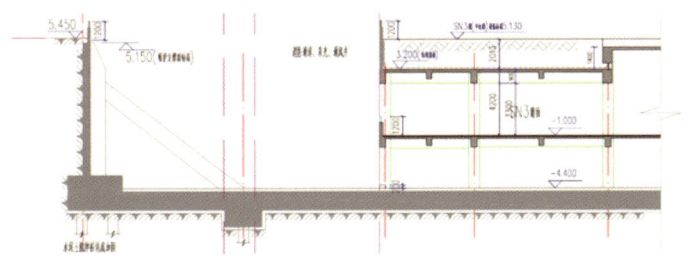

图38.1-3 地下车库施工方案示意图

从成本及收益角度考虑，方案一较方案二建设成本增加约6 900万元，方案二较方案一市场价值减少约8 250万元，故方案一优。

从项目开发角度考虑，若采用方案二，地下二层面积的减小会对设备用房、机动车位布置产生影响，由于上海市交通运输和港口管理局等政府部门对于车位数量下限存在要求，故地下二层面积减小会对总体设计审批产生影响。更重要的是，地下车库车位数量对于商业项目的客流存在直接关系，在现有车位数紧张的前提下，再行减少车位会对商业、办公、会展的租赁、运营等产生不利影响，降低该项目的品质。

从现场施工角度考虑，方案一采用硬咬合的新型施工工艺，对承包单位的技术、管理要求较高，咬合桩的前期准备及施工时间较普通施工工艺有所延长，但地块东侧部分地下车库一体成型，整体性较好。若采用方案二，西交通中心落低的水头差会对地下连续墙东侧的工程桩施工带来难度（需选择适当的技术方案），同时因东侧地下车库以地下连续墙为界分开施工并连成一体，地下车库顶板完成后的地墙拆除会对施工进度产生影响，同时也会在地下车库防水性能方面增加一定的风险。

故项目基坑东侧采用了硬咬合桩的方式围护，并落实到现场设计、施工。图38.1-4为现场施工照片。

图38.1-4 虹桥天地项目基坑东侧硬咬合桩围护现场施工图

38.2 基坑施工过程中的地铁保护措施在上海虹桥新地中心项目中的应用

38.2.1 工程概况

上海虹桥新地中心项目位于虹桥商务区核心区（一期）04D09地块，东至申武路，西至申滨南路，南至绍虹路，北至苏虹路。项目总用地面积约1.57万m²，总建筑面积约7.5万m²。如图38.2-1所示，已建成的地铁2号线上行线和下行线从项目地块中穿过，将地块分成A区与C-1区两部分，同时，规划中的17号线（青浦线）从项目C-1区的建筑下穿过。

C-1区两侧分别为2号线上、下行线，开挖深度为6.9m，与2号线最小净距约11m，工程桩与拟建17号线最小净距为3m；A区一侧靠2号线上行线，开挖深度为11.8~16.5m，与2号线最小净距约为11m。

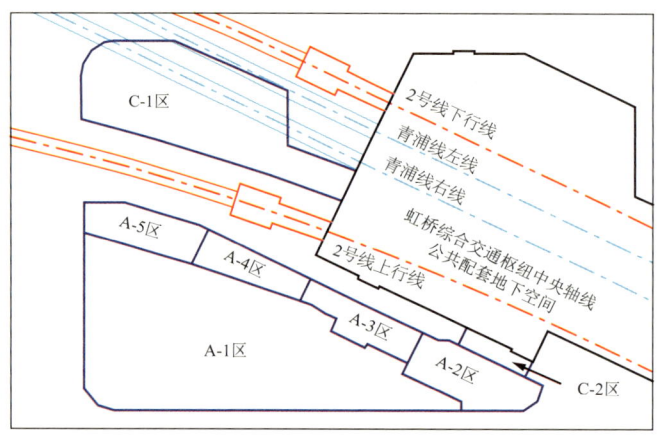

图38.2-1 新地中心项目基坑与地铁线路位置关系示意图

该项目基坑工程建设过程中需要对周边的4条地铁线路进行保护，面临很多的施工难点：

（1）2号线距离基坑最小净距11m，且线路本身运营时间较长，结构有一定程度的老化，抗变形能力较差。

（2）2号线区间隧道与竖井连接处刚好位于基坑开挖主要影响区域内，基坑施工之前就有一定程度的渗漏水现象，需在基坑施工过程中加以严格保护，以免产生更严重的破坏。

（3）规划17号线下穿C-1区结构底板，要求桩基定位准确，地铁下穿结构底板还会对桩基承载力造成一定的影响，需采取特殊措施，确保穿越期间上部结构的安全。

38.2.2 设计阶段处理措施

为保护地铁线路，在基坑设计阶段，主要采取如表38.2-1所列的保护措施。

表38.2-1 基坑设计阶段保护地铁所采用的主要措施

阶段	应对措施
设计阶段	（1）控制靠地铁侧开挖深度； （2）增加靠地铁围护体的插入比； （3）考虑槽壁加固，加强止水措施； （4）靠地铁侧采用分坑设计； （5）对开挖土体进行加固； （6）分坑区域加装自补偿轴力钢支撑系统； （7）桩基设计采用灌注桩加后注浆工艺

1. 控制靠地铁侧开挖深度

如图38.2-2所示，在靠近2号线的区域，为保证地铁的正常运营，在设计之初，基坑各部分的开挖深度就被严格限制。A1、A2、A3区均设三层地下室，挖深约-16.5m；A4、A5区设二层地下室，挖深-11.8m。C1、C2区均设一层地下室，挖深为分别-6.9m和-8.65m。

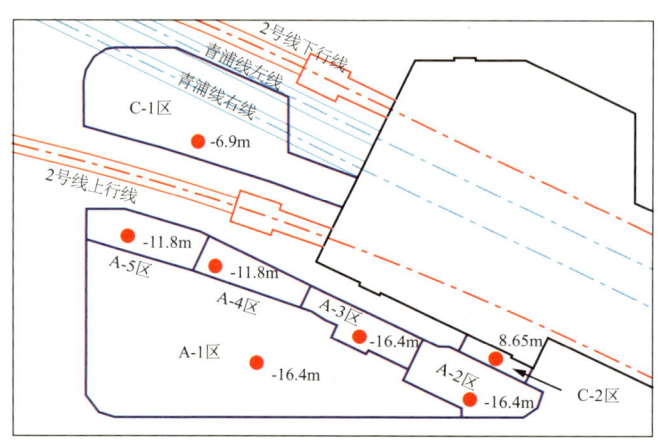

图38.2-2 基坑各部位开挖控制深度

2. 增加靠地铁围护体的插入比

A 区基坑围护均采用 1 000mm 的地墙，其中 A1、A2、A3 区靠地铁侧外墙及 A3 区与 A4 区之间的中隔墙墙深 42m，插入比约为 1.56；A1 区南侧地墙及 A1、A2、A3 区之间的中隔墙墙深 33m，插入比约为 0.96；A4、A5 区靠地铁侧外墙及中隔墙墙深 25m。A 区基坑插入深度如图 38.2-3 所示。

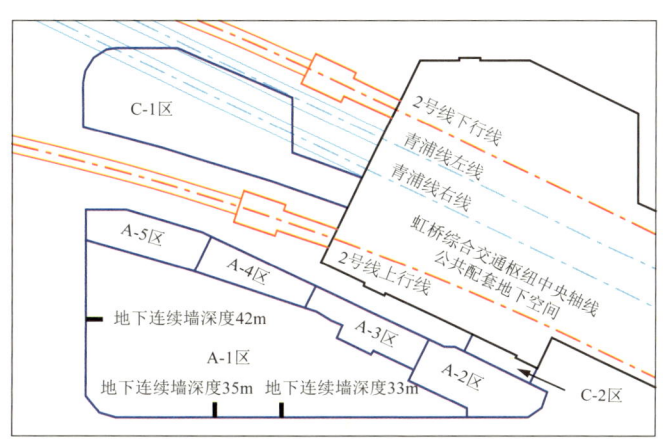

图 38.2-3　A 区基坑地下连续墙插入深度

3. 槽壁加固，加强止水

为确保地墙施工期间地铁的安全，A1 区基坑地铁侧地墙槽壁采用深 28m 的 $\varPhi$850 三轴搅拌桩加固；A4、A5 区基坑地铁侧地墙槽壁采用深 25m 的 $\varPhi$850 三轴搅拌桩加固（外侧双排）；转角幅及 T 形幅局部区域采用深 25m 的 $\varPhi$850 三轴搅拌桩加固。图 38.2-4 为地墙槽壁加固示意图。

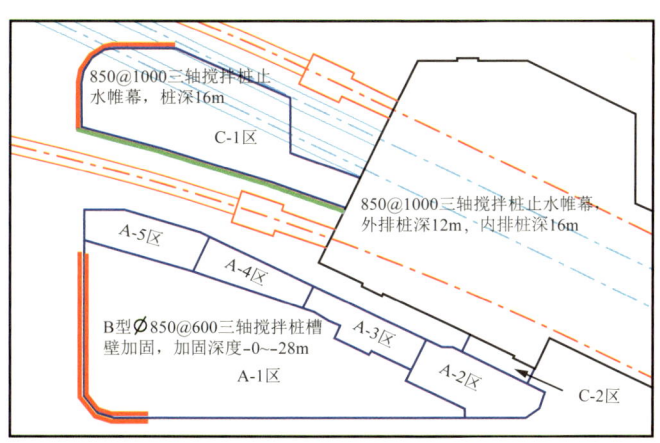

图 38.2-4　地墙槽壁加固示意图

地墙施工时需采取以下控制措施：

（1）控制施工时间，近地铁侧单幅地墙累计施工时间控制在 20h 以内。主要措施为：近地铁侧的地墙缩短成槽分幅，多以"二抓成槽"，这样可节约成槽时间。

（2）间隔跳槽施工，一般跳开 4~5 幅槽段，同时注意施工期间的成槽速度。

（3）围护设计在地墙两侧采用三轴搅拌桩预加固槽壁，其加固体可达到 1.5MPa 的强度，能有效减小地墙成槽施工时对土体的扰动影响，加强对地铁的保护。

（4）近地铁侧地墙成槽时泥浆比重控制在 1.1~1.15g/cm³，避免槽段产生较大的坍方，浇灌混凝土时泥浆比重控制在 1.1 左右，以保证混凝土质量。

为加强止水，C 区基坑采用 $\varPhi$850 钻孔灌注桩 + $\varPhi$850 三轴搅拌桩作为止水帷幕，其中，C1 区钻孔桩桩长 16m，与 17 号线隧道竖向最小净距约为 2.0m，施工必须保持桩基位置准确，确保 17 号线日后建设安全顺利。

4. 分坑设计

如图 38.2-5 所示，为避免大开挖对 2 号线造成不利影响，该项目将整个基坑分为 A、C 两个大区，其中 A 区位于 2 号线隧道南侧，C1 区位于 17 号线隧道正上方，C2 区为 A 区与虹桥地下空间联通道。A 区细分为五个小坑，其中 A2~A5 为近隧道侧小坑。C 区分两个小坑，C1、C2 区均设一层地下室。各个分坑的基本信息如表 38.2-2 所示。

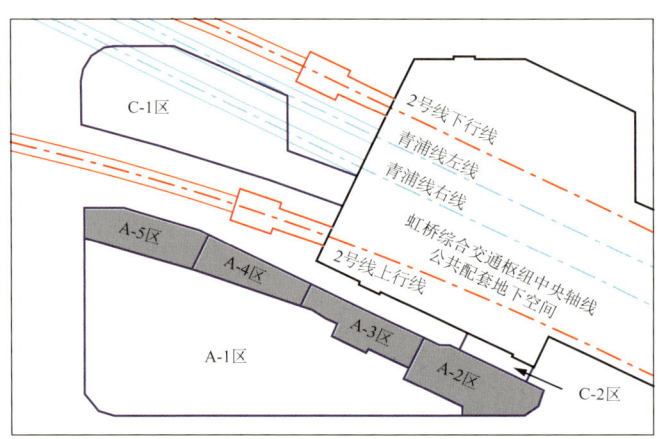

图 38.2-5 基坑分区及开挖顺序

表 38.2-2 各基坑分区基本信息

分坑区域	开挖深度 /m	开挖面积 /m²
C1	−6.9	2823
A1	−16.4	5604
A2	−16.5	790
A3	−16.5	501
A4	−11.8	455
A5	−11.8	606
C2	−8.65	198

5. 开挖土体加固

为确保 2 号线运营安全，该项目基坑内均采用 Φ850 三轴搅拌桩加固。A1 区采用裙边加固，西侧加固宽度为 6m，加固范围为 −11.4~−21.4m。A2~A5 区基坑坑底采用满堂加固，加固范围为 −13.0~−21.4m。其中 A2、A3 区坑底以上采用抽条加固，加固范围为 −5.5~−13.0m，A2、A3 区侧加固宽度为 6m，加固范围为 −5.5~−13.0m；A4、A5 区强加固范围为 −4.8~−11.8m，A4、A5 区侧加固宽度为 8m，加固范围为 −11.4~−21.4m。C1 区采用裙边加固，加固宽度大于 6m，加固范围为 −2.0~−10.9m。C2 区坑底采用满堂加固，加固范围为 −8.65~−12.65m。除地下一层区域，其他区域的强加固范围为自第二道支撑向下，强加固水泥掺量不小于 20%。A 区基坑土体加固范围如图 38.2-6 所示。原则上应先施工加固，再施工桩基，保证加固土体的连续性。应注意加固体的搭接可靠和压力可控，既要满足搭接要求，又要降低施工扰动。

加固采用 Φ850 的三轴水泥土搅拌桩，间距为 600mm，水泥掺量大于 20%。图 38.2-7 为 A 区基坑土体加固局部剖面图。

6. 自补偿轴力钢支撑

在与 2 号距离较近的 A2~A5 区采用自补偿轴力钢支撑，主要是为了避免基坑开挖过程中由于钢支撑轴力释放对基坑产生一定的影响，同时为了加强钢支撑轴力的监测，因此，在这些区域每道钢支撑上加设轴力自动补偿装置，如图 38.2-8 所示。A5 区加装自补偿轴力钢支撑平面图和剖面图分别如图 38.2-9 和图 38.2-10 所示。

7. 后注浆钻孔灌注桩

项目所有桩基均采用钻孔灌注桩加后注浆工艺，以减小土体扰动并控制建筑沉降，达到保证地铁安全的目的。图 38.2-11 为 Φ800 桩底后注浆工程装制桩图。

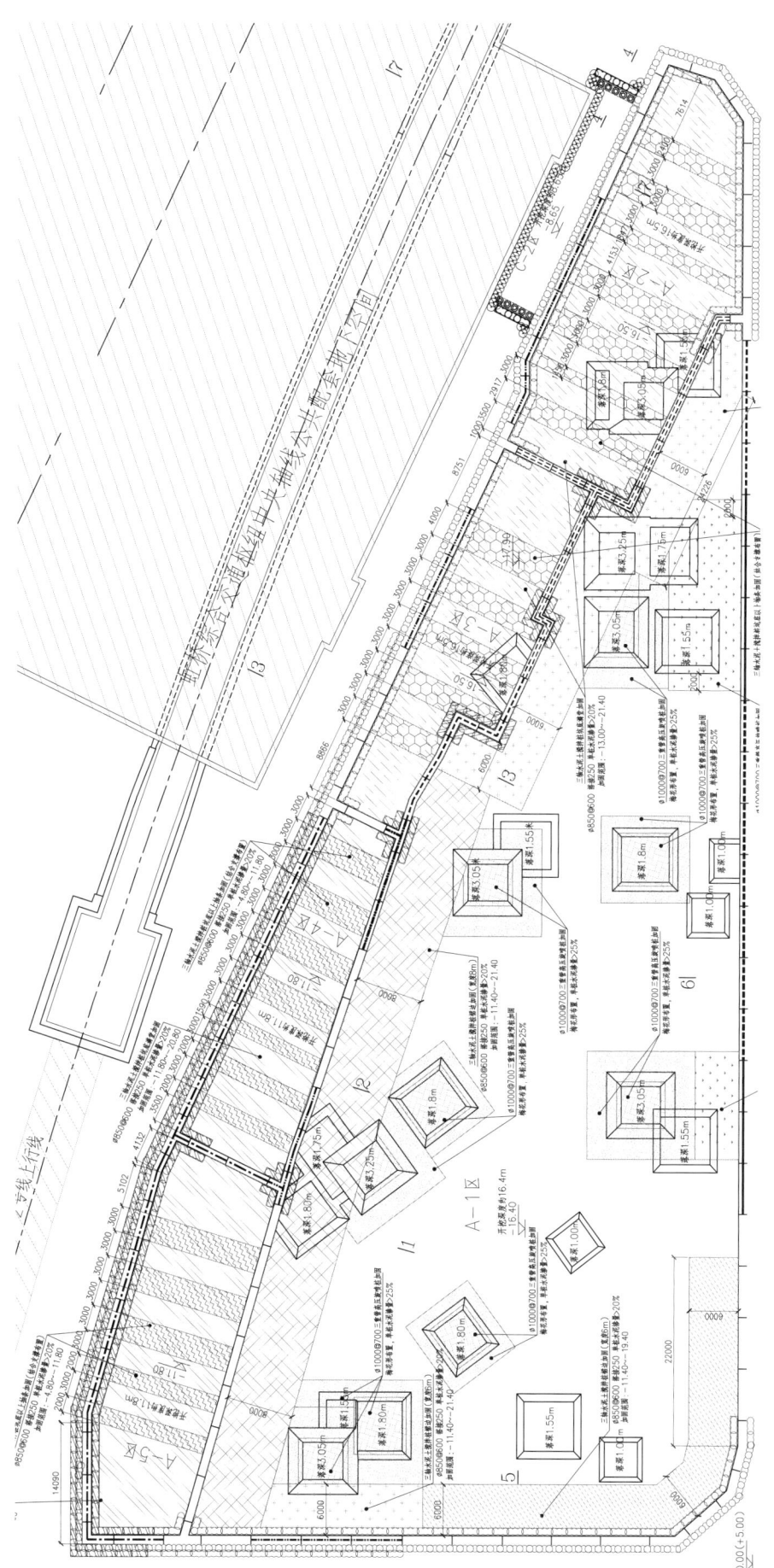

图 38.2-6 A 区基坑土体加固平面图

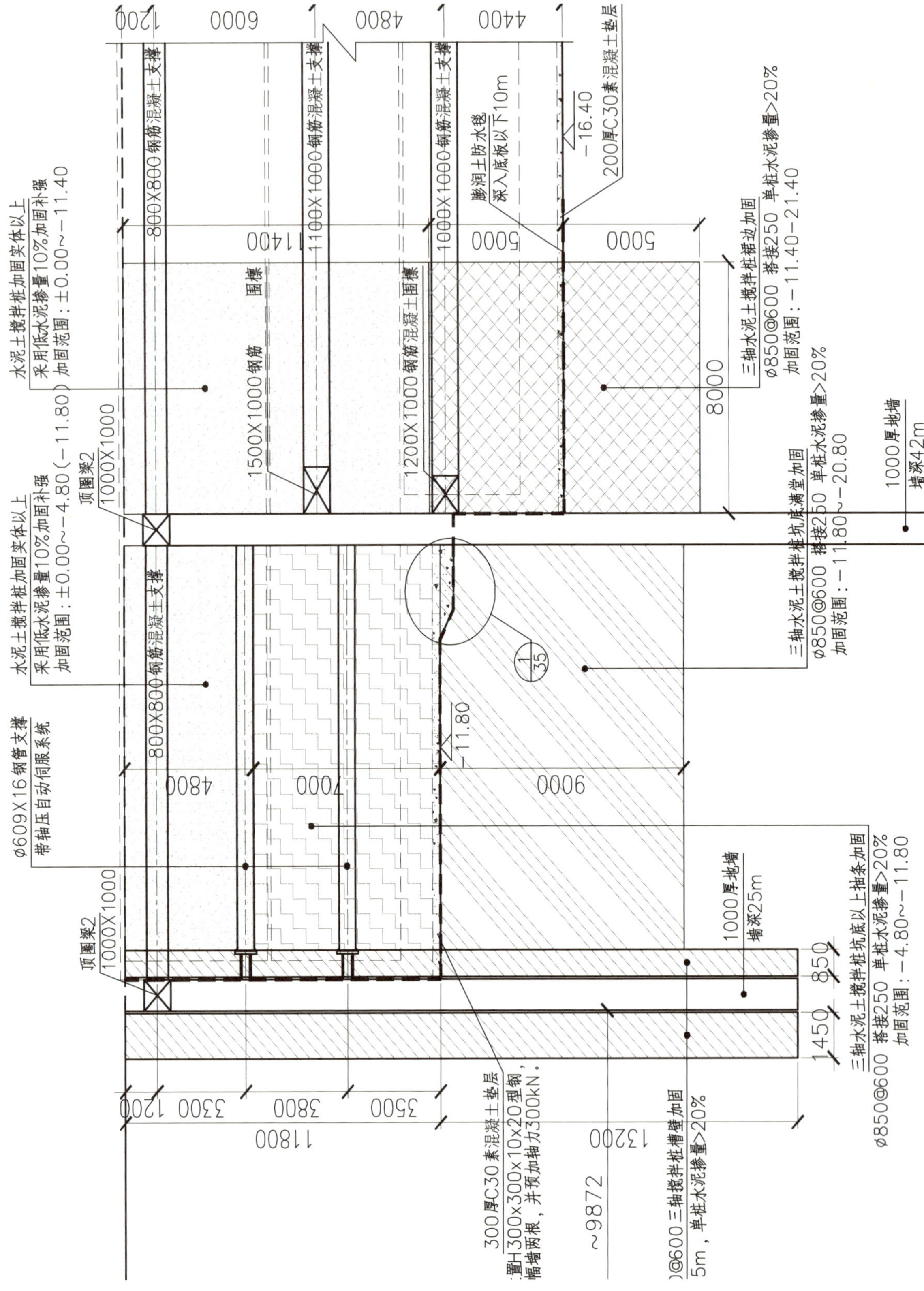

图 38.2-7 A区基坑土体加固局部剖面图

（a）钢支撑轴力监测

（b）传感器安装

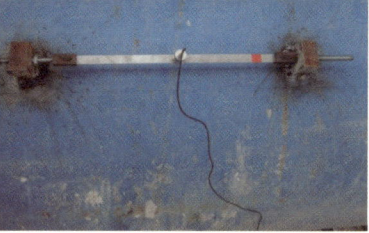
（c）现场控制站及液压控制系统

图 38.2-8　钢支撑自动补偿系统

图 38.2-9　A-5 区加装自补偿轴力钢支撑平面图

38.2.3　施工阶段处理措施

在基坑施工阶段，采取了如表 38.2-3 所示的一系列措施来保护地铁。

表 38.2-3　基坑施工阶段保护地铁所采用的主要措施

阶段	应对措施
施工阶段	（1）在地铁线路内布置额外的测点； （2）定期检查地铁线路，对发现的渗漏点进行处理； （3）合理布置场地，控制施工堆载； （4）优化施工参数，控制施工速度； （5）开挖前对基坑支护质量进行检测； （6）注意开挖顺序，限时完成支撑与底板施工

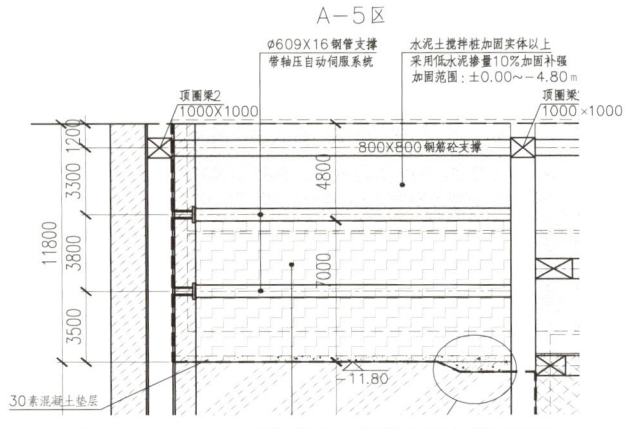

图 38.2-10 A-5区加装自补偿轴力钢支撑剖面图

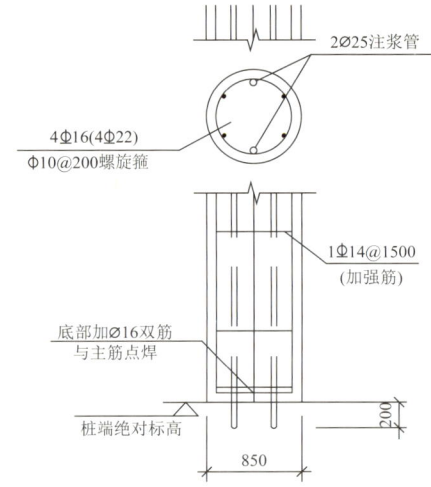

图 38.2-11 Φ800桩底后注浆工程装制桩图

1. 加强地铁隧道监测

在可能受影响的地铁线路内布置沉降与收敛监测的测点，定期监测。在施工围护结构到基坑开挖前，在基坑周边环境内布置监测点，每三天测一次（地铁侧每天至少测一次）。地铁设施内的监测点由地铁监护部门实施并监测，地铁设施侧监测内容需满足地铁监护公司要求，邻近地铁设施的分区基坑应在地铁管理部门办齐相关手续后，方可进行施工。图 38.2-12 为地铁隧道监测现场施工照片。

图 38.2-12 地铁隧道监测

2. 定期检查地铁

施工期间定期检查地铁线路，发现漏点（图 38.2-13）及时进行注浆处理。

图 38.2-13 地铁线路内部渗漏水

3. 优化场布,控制堆载

该工程在施工场地内标识出地铁线路的位置,划出警示区域并悬挂警示牌。警示区域仅做施工材料临时堆放用,控制区域内的施工材料堆载;严禁施工车辆在警示区域内通行。

4. 强化施工控制,优化施工方案

(1)按设计文件及地铁监护的要求施工,结合监测数据优化参数,控制基坑支护施工的顺序。

(2)三轴搅拌桩应根据试验数据,调整相应施工参数,并在满足三轴水泥土桩施工对周边土体(6m处)的挤压影响小于2mm后,报告地铁监护部门并取得同意后,方可进行下一阶段的施工。施工应先外后内(先做地铁侧,后做远离地铁侧),沿基坑边按做1组跳5组"跳仓施工",并按照信息化施工及时调整和采取措施,防止施工挤土对地铁设施的影响。待三轴水泥土搅拌桩达到强度要求后进行该处地下连续墙的施工。

(3)搅拌桩施工必须严格按照"均匀慢速、低水灰比"的要求进行,施工顺序先近后远逐渐退离地铁结构施工,跳浜施工,水灰比不大于1.2。搅拌桩加固距离地铁很近时,必须先进行试验性施工,确定施工参数(出土量、下沉量、提升速度、水泥的渗入比及控制、安全预案等)。试验情况及结果必须上报现场监护人员,经确认后进行后续挂牌施工。地下连续墙施工前需对加固槽壁进行全断面抽检,无侧限抗压强度满足设计要求后方可施工地下连续墙。

(4)控制施工参数。具体各专业施工参数要求如下:

① 三轴水泥搅拌桩施工工艺参数如表38.2-4所示。

表 38.2-4 三轴水泥搅拌桩施工工艺参数

三轴水泥土搅拌桩施工区域	三轴水泥土搅拌桩地墙成槽加固施工参数		单桩水泥掺量	施工步骤
槽壁加固	地墙外侧第一排(距离地铁设施最近)三轴水泥土搅拌桩	水灰比≤1.2,下沉速度≤0.3m/min,提升速度≤0.5m/min	通过试桩确定且>20%	预搅喷浆下沉,喷浆搅拌提升
	地墙外侧第二排三轴水泥土搅拌桩	水灰比≤1.2,下沉速度≤0.3m/min,提升速度≤0.5m/min	通过试桩确定且>20%	预搅喷浆下沉,喷浆搅拌提升
	地墙内侧(开挖侧)第三排三轴水泥土搅拌桩	水灰比为1.2~1.5,其中下沉速度≤0.5m/min,提升速度≤1.0m/min	通过试桩确定且>20%	预搅喷浆下沉,喷浆搅拌提升

② 止水帷幕搅拌桩施工参数要求。

水灰比小于或等于1.2,单桩水泥掺量通过试桩确定且大于20%。施工步骤如下:预搅喷浆下沉,喷浆搅拌提升,其中下沉速度不大于0.3m/min,提升速度不大于0.5m/min。

③ 坑内加固施工参数要求。

水灰比小于1.5,单桩水泥掺量大于20%。施工步骤如下:预搅喷浆下沉,喷浆搅拌提升,其中下沉速度不大于0.5m/min,提升速度不大于1.0m/min。加固体以上采用10%的低水泥掺量对被扰动土体补强加固。图38.2-14所示为三轴搅拌桩及地下连续墙现场施工情况。

图 38.2-14　三轴搅拌桩及地下连续墙现场施工情况

5. 加强基坑围护体系检测

对三轴搅拌桩的加固效果进行检测,以确定强度满足设计文件的要求(不小于 1.2MPa)。图 38.2-15 所示为三轴搅拌桩加固取芯图。

图 38.2-15　三轴搅拌桩加固取芯

6. 优化开挖顺序,及时支护

基坑开挖和支护严格遵守"先远后近、分区开挖支撑"的原则,各区应严格按照"分区、分块、对称、平衡、限时"原则指导开挖,明挖顺作法施工。基坑沿地铁侧留土宽度不少于 4 倍的单层挖深,最后挖除,根据围护变形情况,实施严格的开挖支撑,单块土体开挖支撑的总施工时间控制在 24h 内,A2~A4 区单根支撑的开挖支撑时间严格控制在 16h 以内,以控制围护结构的位移和坑底回弹。

基坑分区开挖顺序(图 38.2-16):先开挖 C1 区,待 C1 区回筑至 ±0.00 后,再开挖 A-1 区,A1 区开挖施工的前提是 A2~A5 区围护结构、坑内加固施工完毕并达到强度要求。待 A1 区回筑至 ±0.00 后,再施工 A3 区和 A5 区,待 A3 区和 A5 区基坑底板施工结束并达到强度要求后,再开挖 A2 区和 A4 区,待 A2 区回筑至 ±0.00 后,最后施工

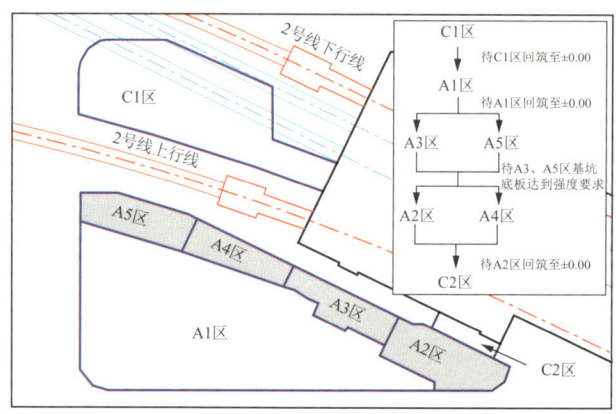

图 38.2-16　基坑分步开挖示意图

C2 区。具体的各区施工节点须根据现场实际施工情况及施工监测数据进一步确定。

开挖之前，施工单位应排出每一层详细的挖土计划和顺序，包括底板形成时间要求。为严格控制坑底隆起，减少对地铁的影响，要求"边挖边形成垫层，快速形成底板"，在挖土完成 5~7d 内须完成全部底板施工。图 38.2-17 所示为基坑开挖现场情况。

图 38.2-17　基坑开挖现场

38.2.4　地铁保护措施的实施效果

图 38.2-18 所示为 C1 区施工期间地铁 2 号线上、下行线隧道收敛变形情况。从图中可以看出，在 C1 区施工期间，2 号线上行线累计收敛约 24mm，下行线累计收敛约 10mm，均符合地铁保护标准。

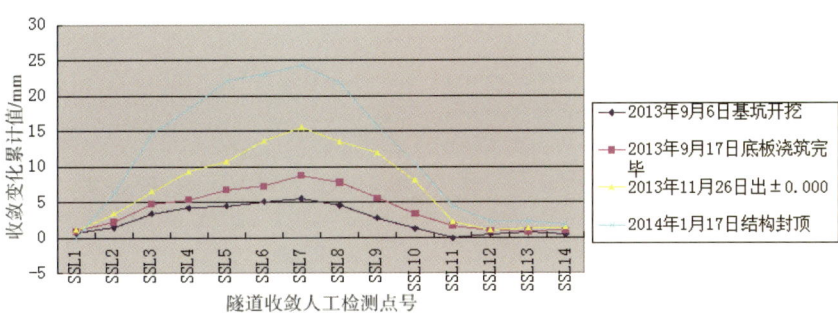

（a）C1 区施工期间地铁 2 号线上行隧道结构收敛变形情况

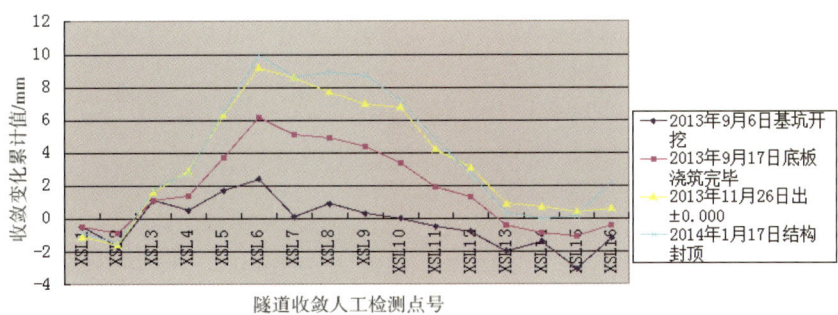

（b）C1 区施工期间地铁 2 号线下行隧道结构收敛变形情况

图 38.2-18　C1 区施工期间 2 号线隧道累计收敛情况

图 38.2-19 所示为 A1 区施工期间地铁 2 号线上、下行线隧道收敛变形情况。从图中可以看出，在 A1 区施工期间，2 号线上行线累计收敛约 31mm，下行线累计收敛约 16mm，均符合地铁保护标准。

上述监测结果表明，在基坑开挖期间，地铁 2 号线受到的影响比较有限，基坑施工没有影响地铁的运营，也说明了基坑设计和施工过程中所采取的保护措施是合理有效的。

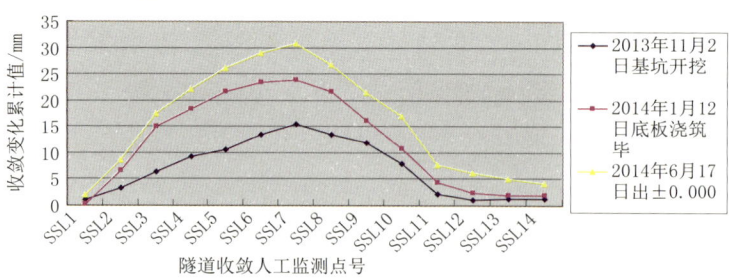

（a）A1区施工期间地铁2号线上行线隧道累计收敛变形

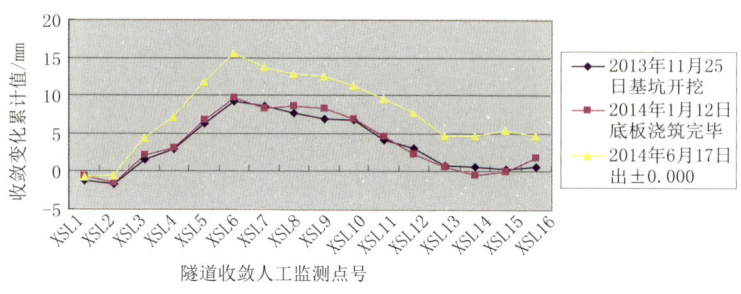

（b）A1区施工期间地铁2号线下行线隧道累计收敛变形

图38.2-19　A1区施工期间2号线隧道累计收敛情况

39　主体结构工程

39.1　地下室装配式双面叠合墙板、叠合楼板在上海宝业中心项目中的应用

39.1.1　项目背景

装配式混凝土建筑具有提高质量、缩短工期、节约能源、减少消耗、清洁生产等优点。随着我国经济快速发展，建筑业和其他行业一样都在进行工业化技术改造，预制装配式混凝土建筑又重新焕发出生机。许多选用预制装配式结构的建筑均取得了非常好的效果。

宝业集团早在1996年就开始承担住房和城乡建设部住宅产业化课题，1997年成为住房和城乡建设部住宅产业化全国试点企业，并以"国办发〔1999〕72号"文件为导向，专注于住宅产业化事业。集团拥有一个国家住宅产业化基地和两条钢结构、预制混凝土结构集成工业化住宅生产流水线，有较长时间的建筑工业化的技术和经验积累。目前装配式混凝土结构用于上部结构较多，地下室使用装配式混凝土结构的案例较为少见。为了验证装配式混凝土结构在地下结构中的适用性，为今后类似项目的开展提供理论和技术支撑，宝业集团在上海宝业中心项目中实施了地下室装配式双面叠合墙板、叠合楼板施工。

39.1.2　项目应用概况

上海宝业中心项目地下一层局部（除人防区域外）外墙板采用双面叠合墙板，地下一层顶板采用叠合楼板，并辅以必要的连接钢筋和后浇混凝土，形成整体受力的双面叠合结构体系（图39.1-1）。

装配式叠合墙板共有65件，共计面积约480m²，单件构件的最大质量为3.4t；装配式叠合楼板共有347件，共计面积约2155m²，单件构件的最大质量为2.51t。叠合墙板和叠合楼板区域填充的混凝土强度均为C35，按照设计要求，叠合墙板和叠合楼板部分混凝土均有抗渗要求，抗渗等级为0.6MPa。

39.1.3　装配式双面叠合墙板、叠合楼板生产工艺

叠合墙板生产工艺如图39.1-2所示。

叠合楼板生产工艺如图39.1-3所示。

装配式双面叠合墙板、叠合楼板采用全自动化进口流水线进行生产，生产工艺流程包括清扫模台、自动放线、喷洒脱模剂、机械手支模、钢筋绑扎、埋件放置、浇筑混凝土、蒸汽养护、翻板脱模等工序（图39.1-4）。

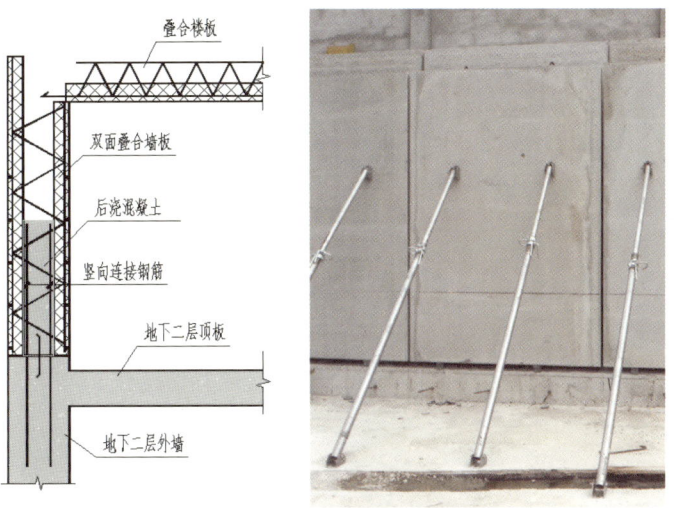

图 39.1-1 双面叠合楼板结构体系

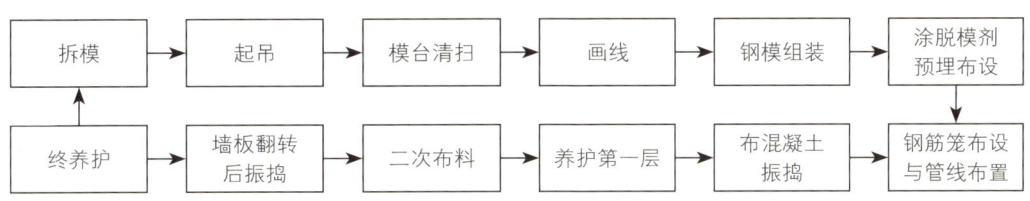

图 39.1-2 叠合墙板生产工艺

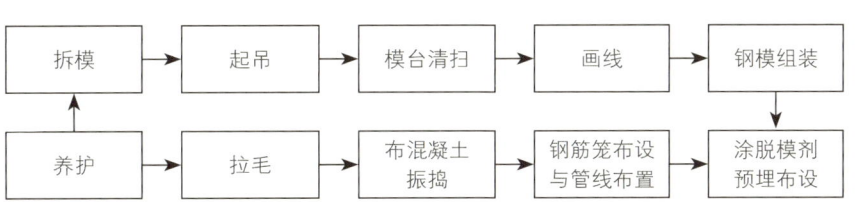

图 39.1-3 叠合楼板生产工艺

（a）清扫模台

（b）自动放线

（c）喷洒脱模剂

（d）机械手支模

（e）钢筋绑扎、埋件放置

（f）浇筑混凝土

（g）蒸汽养护　　　　　　　　（h）翻板脱模

图 39.1-4　装配式双面叠合墙板、叠合楼板全自动生产流程示意图

39.1.4　施工流程及要点

1. 总体施工流程

地下室装配式双面叠合墙板、叠合楼板总体施工流程如图 39.1-5 所示。

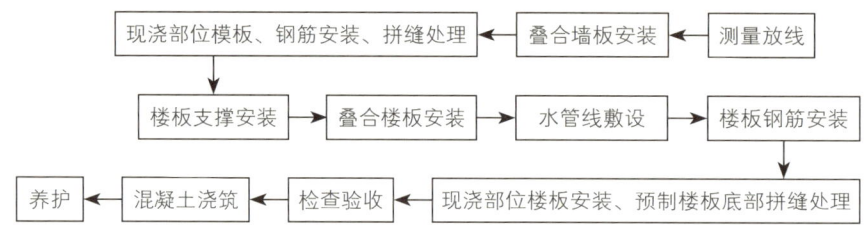

图 39.1-5　宝业中心项目地下室装配式双面叠合墙板、叠合楼板总体施工流程图

2. 叠合墙板施工流程

地下室装配式双面叠合墙板施工流程如图 39.1-6 所示。

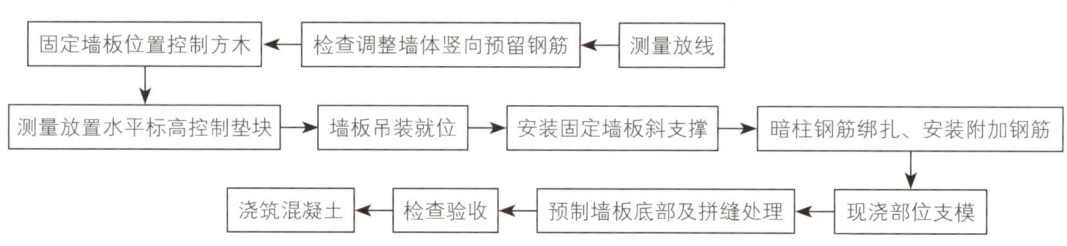

图 39.1-6　地下室装配式双面叠合墙板施工流程图

地下室装配式双面叠合墙板施工流程：

（1）测量放线

根据图纸选择适当的原点建立直角坐标系，以此建立工程平面测控网，根据此控制网测量定位建筑物的轴线、控制线、水平高线、叠合板的分隔线及水平标高控制线。

（2）检查调准墙体竖向预留钢筋

吊装墙板前作业人员应先根据墙边线检查墙体竖向钢筋预留位置是否符合标准（图 39.1-7），如有偏差需先进行调整，应比两片墙板中间净空尺寸小 20mm，并将所有预埋件及板外插筋、连接筋等疏整扶植，清理浮浆。

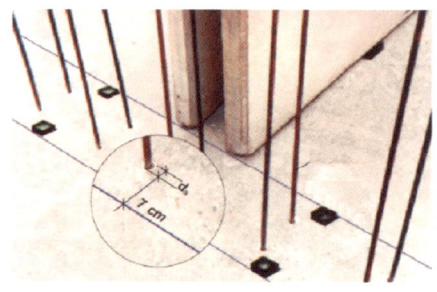

图 39.1-7　检查调准墙体竖向预留钢筋

（3）固定墙板位置控制方木

根据已放出的每块预制墙板的具体位置线，固定墙板控制方木，在每块墙板两端距端头 200mm 处两侧墙边位置固定定位方木，清理表面。

（4）测量放置水平标高控制垫块

在每一块墙板的内墙板两端底部放置专用垫块，并用水准仪测量，使其在同一个水平标高上（图 39.1-8）。

图 39.1-8　测量放置水平标高控制垫块

（5）墙板吊装就位

叠合板进场后，安排人员接收预制板，并检查叠合板的质量是否符合现行国家及行业规范要求；墙板吊装应按照安装图和事先制定好的安装顺序进行吊装；吊装预制墙板时，起吊就位应垂直平稳（图 39.1-9），吊绳与水平面夹角不宜小于 60°，吊钩应采用弹簧防开钩；墙板安装过程中，作业人员必须在确保两个墙板斜撑安装牢固后方可解除塔吊吊钩。

图 39.1-9　墙板吊装

（6）安装固定墙板支撑

叠合墙板吊装就位后，每块墙板需要两个斜撑来固定，在每块预制墙板上部 2/3 高度处有预埋的连接件，斜撑通过专用螺栓与墙板预留连接件连接，斜撑底部与地面用地脚螺栓进行锚固，支撑与水平楼面的夹角在 40°~50°，如图 39.1-10 所示。

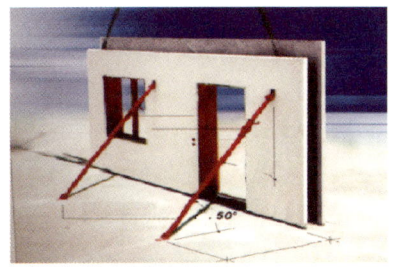

图 39.1-10　安装固定墙板支撑

（7）暗柱钢筋绑扎及附加钢筋安装

在墙板安装调整完毕后，按照施工图纸同时进行暗柱钢筋的绑扎及附加钢筋的安装。

（8）暗柱支模

待现浇暗柱钢筋和附加连接钢筋安装完成并经检查验收后，开始进行模板安装。叠合墙板两面离叠合板上下端各 200mm 处预留螺杆螺帽及中间平均距离预留三个螺杆螺帽（图 39.1-11）。

（9）预制墙板底部、墙板之间及拼缝支模

叠合墙板之间预留的 50mm 水平缝，用 90mm×50mm 的方木进行封堵。封堵方木的两端固定在暗柱的支撑体系上，或采用对拉的形式将其固定。

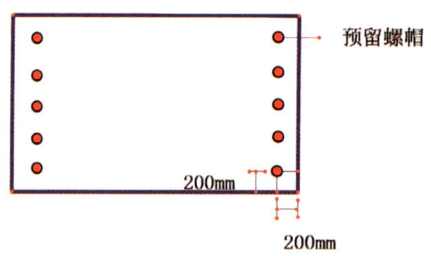

图 39.1-11 预留螺杆螺帽位置

（10）检查验收

墙板安装施工完毕后，首先由项目部质检人员对墙板各部位施工质量进行全面检查，如预制墙板是否垂直水平、墙板支撑是否牢固、现浇部位模板安装是否牢固、墙板底部缝隙和竖向缝隙封堵是否严密等。项目部质检人员检查完毕并合格后报监理公司，由专业监理工程师进行复检。

3. 叠合楼板施工流程

地下室装配式预制混凝土叠合楼板施工流程如图 39.1-12 所示。

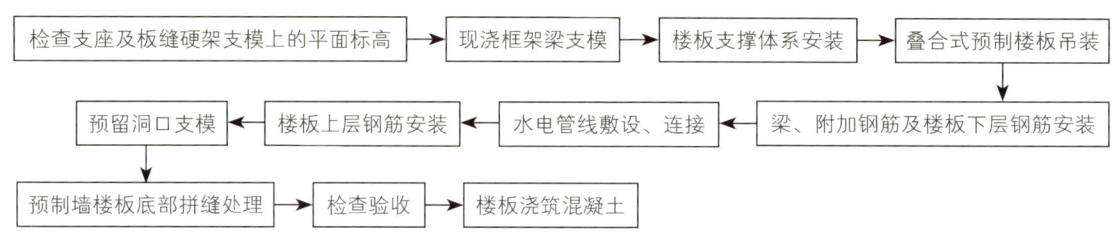

图 39.1-12 地下室装配式预制混凝土叠合楼板施工流程图

地下室装配式预制混凝土叠合楼板施工流程：

（1）检查支座及板缝硬架支模上的平面标高

用测量仪器从两个不同的观测点上测量叠合墙、梁及硬架支模的水平楞的顶面标高。复核叠合墙板的轴线，并校正。

（2）现浇框架梁支模

叠合板安装完成并复核标高后，进行框架梁模板支设。

（3）楼板支撑体系安装

①工程楼层高度为 4.85m，楼板总厚度为 160mm/200mm，楼层净高为 4.69m/4.65m，楼层净高相对较低。工程叠合楼板支撑体系采用专业公司提供的叠合板专用支撑。

②支撑体系在叠合墙板安装完后开始搭设，根据专业公司提供的信息，叠合板专用支撑的间距为 1.5m。搭设时请专业公司相关技术人员到现场指导安装。

③楼板的支撑体系必须有足够的强度和刚度，楼板支撑体系的水平高度必须达到精准的要求，以保证楼板浇筑成型后底面平整，跨度大于 4m 时中间的位置要适当起拱。

④楼板支撑体系必须在现浇混凝土达到规范规定强度后方可拆除。

图 39.1-13 和图 39.1-14 分别为地下室装配式预制混凝土叠合楼板支撑设计图和现场施工图。

（4）叠合楼板吊装

①楼板吊装前应将支座基础面及楼板底面清理干净，避免点支撑。

②每块楼板起吊用 4 个吊点，吊点位置为格构梁上弦与腹筋交接处与板端的距离为整个板长的 1/4~1/5 之间。

③吊装索链采用专用索链和 4 个闭合吊钩，平均分担受力，多点均衡起吊，单个索链长度为 4m。

④楼板铺设完毕后，板的下边缘不应出现高低不平的情况，也不应出现空隙，局部无法调整避免的支座处出现的空隙应做封堵处理。支撑柱可以作适当调整，使板的底面保持平整，无缝隙。

图 39.1-15 为叠合板吊装示意图。

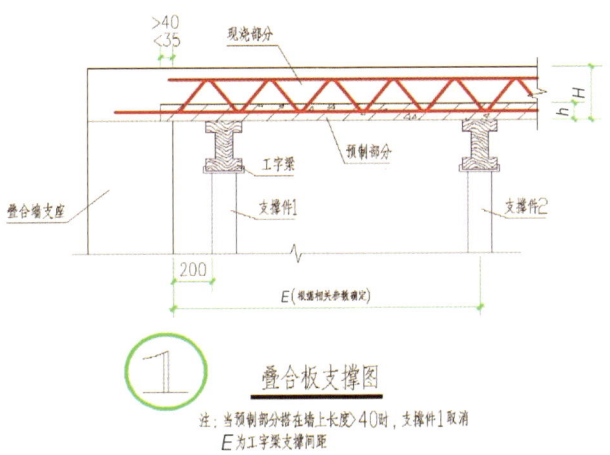

图 39.1-13 地下室装配式预制混凝土叠合楼板支撑设计图

图 39.1-14 地下室装配式 PC 叠合楼板支撑现场施工图

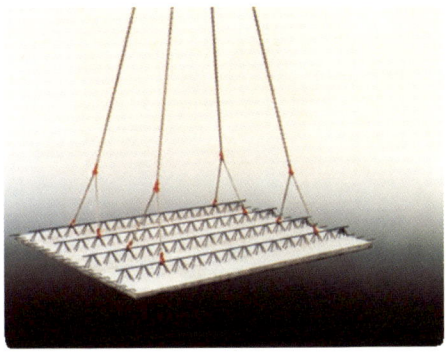

图 39.1-15 叠合楼板吊装示意图

（5）梁、附加钢筋及楼板下层横向钢筋安装

①预制楼板安装调平后，按照施工图进行梁、附加钢筋及楼板下层横向钢筋的安装。

②按照施工图纸和规范要求处理好梁锚固到暗柱中的钢筋及现浇板负筋锚固到叠合墙板内。

（6）水电管线敷设、连接

①楼板下层钢筋安装完成后，进行水电管线的敷设与连接工作，为便于施工，叠合板在工厂生产阶段已将相应的线盒及预留洞口等按设计图纸预埋在预制板中。

②楼中敷设管线，正穿时采用刚性管线，斜穿时采用柔韧性较好的管材，避免多根管线集束预埋，采用直径较小的管线，分散穿孔预埋。施工过程中各方必须做好成品保护工作。

（7）楼板上层钢筋安装

①水电管线敷设经检查合格后，钢筋工进行楼板上层钢筋的安装。

②楼板上层钢筋设置在格构梁上弦钢筋上并绑扎固定之上，以防止偏移和混凝土浇筑时上浮。

③对已铺设好的钢筋、模板进行保护，禁止在底模上行走或踩踏，禁止随意扳动、切断格构钢筋。

（8）预制楼板底部拼缝处理

在墙板和楼板混凝土浇筑之前，派专人对预制楼板底部拼缝及其与墙板之间的缝隙进行检查，对一些缝隙过大的部位进行支模封堵处理。

（9）检查验收

楼板安装施工完毕后，首先由项目部质检人员对楼板各部位施工质量进行全面检查；项目部质检人员检查完毕并合格后报监理公司，由专业监理工程师进行复检。

（10）混凝土浇筑

①监理工程师及建设单位工程师复检合格后，方可进行叠合墙板混凝土浇筑。

②叠合楼板混凝土浇筑与叠合楼板、暗柱、框架梁一起浇筑。

③混凝土浇筑前，清理叠合楼板上的杂物，并向叠合楼板上部洒水，保证叠合板表面充分湿润，但不宜有过多的明水。

④混凝土浇筑时，采用水平向上分层连续浇筑，每层浇筑高度控制在800mm以内且保证每小时浇筑高度不超过800mm。

⑤振捣时，要防止钢筋发生位移。

39.1.5 技术优势

1. 节约资源

地下室装配式双面叠合墙板、叠合楼板与传统现浇混凝土结构相比，具有较好的综合社会效益和经济效益。地下室装配式双面叠合墙板、叠合楼板减少了模板、木材、架料和钢架料的用量，节约效果显著；装配式双面叠合墙板、叠合楼板的工厂化加工降低了钢材、混凝土、保温材料等建材损耗，减少了施工废弃物及填埋废弃物所耗费的土地资源；使用预制构件可减少现浇作业，节水节能效果显著；同时可缩短现浇混凝土结构强噪声作业时间，减少混凝土养护用水产生的废水等废弃物，有利于环境保护。

2. 缩短工期

地下室装配式双面叠合墙板、叠合楼板主要构件在工厂或现场预制，采用机械化吊装，可与现场各专业施工同步进行，具有施工速度快、工程建设周期短、利于冬期施工等优点。

3. 节约劳动力

地下室装配式双面叠合墙板、叠合楼板为构件集中预制，工人熟练程度高，工效有很大提高，安装时所需人员也较少，从而节约了劳动力。

4. 保证工程质量

构件集中预制过程中，其混凝土配合比、砂石料的级配和冲洗、钢筋的数量等都较易控制；叠合墙、叠合板在工厂采用全自动化流水线进行统一生产，精度精确到毫米级，同时开口开洞及预埋线盒均为机械化划线支模，尺寸精度得到保证，工厂化的生产保证了预制墙板的质量；单个墙、楼板的模板、钢筋及混凝土浇筑等工艺过程比现场浇筑施工方便，从而提高整个工程的质量。

5. 使用性能好

地下室装配式双面叠合墙板、叠合楼板结构强度较高，抗震性能较好，在构件内及装配时大量采用保温材料，封闭性好，冬暖夏凉，保温节能效果显著；连接时采用刚柔结合的原则，整个构件对物体的热胀冷缩适应能力强，冬季抗冻胀能力大幅提高，可以增加使用寿命；色泽、平整度等外表观感好，不需要二次处理。

6. 降低对周边环境影响

装配式双面叠合墙板、叠合楼板在运输、装卸、堆放、施工过程中的各种扬尘污染较少；工厂化作业的实施，大大减少了土建粉刷等易起灰尘的现场作业；叠合墙板无湿作业，不产生落地灰，扬尘得到有效抑制；工厂化预制构件采用吊装装配工艺，减少了泵送混凝土量和固定泵所产生的施工噪声；模板安装、拼装时，在工艺上减少了铁锤敲击产生的噪声；施工现场噪声小，散装物料、废弃物及废水排放很少，有利于环境保护。

39.2 盘扣式钢管支架在上海国际新华联中心项目中的应用

39.2.1 盘扣式钢管支架简介

盘扣式钢管支架是一种高度灵活的多功能、多方向脚手架，以立杆部件为基础，立杆每0.5m配置一个圆盘，每个圆盘上设计有8个孔，可将其他部件连为一体，使整个结构牢固、稳定（图39.2-1）。盘扣式钢管支架构配件包括可调底座、可调托座、连接盘、扣接头、扣接头插销等（图39.2-2）。

可调托座抗压承载力设计值不应小于40kN，支托板厚不应小于5mm，可调托座插入立杆长度不得小于150mm，插销厚度不应小于8mm，尺寸允许偏差±0.1mm。

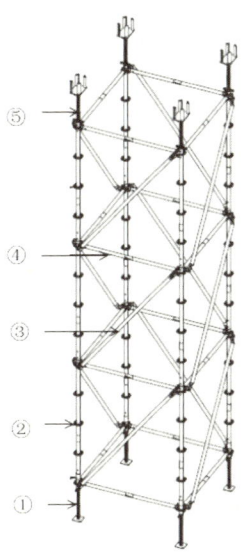

①可调底座；②立杆；③竖向斜拉杆；④水平拉杆；⑤可调托座

图39.2-1　盘扣式支撑架单塔

（a）可调底座　　　　（b）可调托座　　　　　　（c）连接盘

（d）扣接头插销　　　　　　　（e）圆盘、插销、扣接头

图39.2-2　盘扣式钢管支架构配件

盘扣式钢管支撑架按其作用可分为外架、内架、桥梁支架、高支架和操作架等（图39.2-3）。

盘扣式钢管支架属于新型建筑支撑模架，可适用于桥梁、房屋建筑、厂房等各类工程。其特点如下：①支架表面热镀锌处理，使用寿命长；②承载力高、安全性好；③特殊设计的圆盘及锁紧结构，极高的搭建和拆除效率；④节省人工，降低损耗。

(a) 外架

(b) 内架

(c) 桥梁支架

（d）高支架

（e）操作架

图 39.2-3　盘扣式钢管支撑架

39.2.2　盘扣式钢管支架在上海新华联国际中心项目中的应用

1. 应用概况

上海新华联国际中心酒店项目位于上海市虹桥商务区核心区北片区 09 号地块，嘉闵高架与扬虹路高架交接处东北角，地块范围东至申滨路，南至泰虹路，西至泰虹路，北至兴虹路。项目总用地面积为 24 140m²，总建筑面积为 114 666.35m²，其中地上总建筑面积为 68 980.33m²，地下总建筑面积为 45 686.02m²。地下共二层，人防位于地下二层。

该项目使用盘扣式钢管支架的范围为地下二层人防区域和 21# 楼、22# 楼高支模区域。人防区域位于地下二层，建筑面积为 13 328m²，地下二层顶板结构模板支设体系属于高大模板体系，人防顶板为厚 350mm 的现浇混凝土楼板，属于较大模板体系。21# 楼中部 B~P 轴交 18~19 轴三层楼板支模架高度大于 8m，支模高度为 8.55m，部分区域支模高度为 10.3m。22# 楼二层楼板支模架高度大于 8m，支模高度主要为 9.25m，自助餐厅处阴影区域支模高度为 15.2m；梁结构模板支设体系属于高大模板体系。

2. 应用范围

（1）高大模板区域范围

根据建设部关于《危险性较大的分部分项工程安全管理办法》（建质〔2009〕87 号）规定："对高度超过 8m，或跨度超过 18m，或施工总荷载大于 15kN/m²，或集中线荷载大于 20kN/m 的模板支架"属于高大模板体系。按照定义，下列区域属于高大模板区域。

①地下二层人防区域

人防区域位于地下二层，其顶板层结构截面梁主要尺寸（以 mm 为单位）为：400×400，400×500，

400×600，500×500，500×700，500×1050，600×600，600×700，600×800，600×900，600×1000，600×1050，600×1200等，其中部分线荷载大于20KN/m，地下二层层高3.70m。上述结构模板支设体系属于高大模板体系。

地下二层人防顶板为厚350mm的现浇混凝土楼板，属于较大模板体系。

② 22#楼区域

22#楼二层楼板支模架高度大于8m，支模高度主要为9.25m（自助餐厅处阴影区域支模高度为15.2m）。酒店主楼板厚150mm，裙房及宴会厅以及主楼内的局部夹层板厚120mm。

梁截面尺寸多样，其中部分梁线荷载大于20kN/m，结构模板支设体系属于高大模板体系。

③ 21#楼区域

21#楼中部B~P轴交18~19轴三层楼板支模架高度大于8m，支模高度为8.55m（阴影区域支模高度为10.3m），板厚120mm。梁截面尺寸为350mm×700mm，250mm×700mm。

该项目各区域支模架高度如，39.2-4所示。

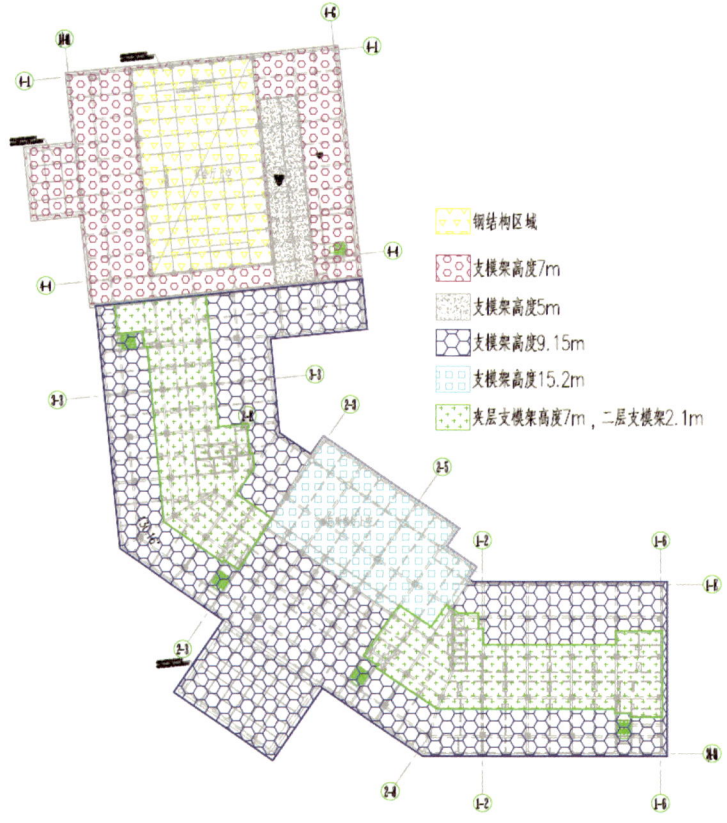

图39.2-4　上海新华联国际中心酒店项目各区域支模架高度

（2）应用条件及效果

在正式施工前，上述三个区域高大模板体系支设的扣件钢管搭设施工方案已通过论证并审批完成，在考虑施工方案优化的前提下，结构楼板部分调整使用承插型盘扣式钢管脚手架，其搭设易操作且安全性较高，能有效满足施工质量及缩短施工工期要求。

3. 高大模板区域部分梁的支架参数

区域梁体结构属于高大模板体系要求范围的，例如梁截面尺寸（以mm为单位）为300×2200，300×2600，5000×1000，500×1050，600×1000，600×1050，600×1200等部分梁集中线荷载大于20kN/m，其支架搭设采用扣件式钢管脚手架。

盘扣式钢管支架主要构配件参数如表39.2-1所示。

表 39.2-1　承插型盘扣式钢管支架主要构配件参数

构配件类型	立杆	水平杆	竖向斜杆	水平斜杆	可调底座	可调托座
材质强度	Q345A	Q235B	Q195	Q235B	Q235B	Q235B
钢管外径/mm	Φ48	Φ48	Φ33	Φ48	Φ38	Φ38
钢管壁厚/mm	3.2	2.5	2.3	3.2	5.0	5.0

4. 模板及支撑系统施工方案设计

（1）模板及支架的选取

高支模区域模板采用厚15mm的木胶合板；次龙骨采用40mm×90mm的方木，板下间距200mm设置一道；主龙骨采用Φ48×3.2普通钢管双拼。

高支模区域支架立杆采用Φ48×3.2盘扣式钢管；水平杆采用Φ48×2.5盘扣式钢管；竖向斜杆采用Φ33×2.3盘扣式钢管；水平剪刀撑采用Φ48×3.2普通钢管。

（2）支撑系统的设计

①地下二层人防区域

板模：模板采用厚15mm的木胶合板，立杆支撑采用承插型盘扣式钢管支撑。紧靠木模底次龙骨方木间距为200mm，主龙骨普通钢管间距为900mm，立杆顶托支撑主龙骨，沿方木方向间距主要为900mm。

经过对板底模板结构支撑体系的计算，板底支架搭设方案为：支撑体系采用承插型盘扣式钢管架，板底立杆主要以900mm×900mm布设；步距为1.5m，最顶层水平杆步距为1m。

柱帽部位厚500mm。模板采用厚15mm的木胶合板，立杆支撑采用扣件式钢管支撑。紧靠木模底次龙骨木方间距150mm，主龙骨普通钢管间距为450mm，立杆顶托支撑主龙骨，沿方木方向间距主要为450mm。支撑体系采用普通扣件式钢管架，结合板模的立杆布设间距，柱帽模板立杆以450mm×450mm布设，步距同板支架步距，为1.5m。

② 21#楼区域

板模：模板采用厚15mm的木胶合板，立杆支撑采用承插型盘扣式钢管支撑。紧靠木模底次龙骨方木间距为200mm，主龙骨普通钢管间距为1200mm，立杆顶托支撑主龙骨，沿方木方向间距主要为1200mm。

经过对板底模板结构支撑体系的计算，板底支架搭设方案为：支撑体系采用承插型盘扣式钢管架，板底立杆主要以1200mm×1200mm布设；步距为1.5m，最顶层水平杆步距为1m。

③ 22#楼区域

板模：模板采用厚15mm的木胶合板，立杆支撑采用承插型盘扣式钢管支撑。紧靠木模底次龙骨方木间距为200mm，主龙骨普通钢管间距为1200mm，立杆顶托支撑主龙骨，沿方木方向间距主要为1200mm。

经过对板底模板结构支撑体系的计算，板底支架搭设方案为：支撑体系采用承插型盘扣式钢管架，板底立杆主要以1200mm×1200mm布设；步距为1.5m，最顶层水平杆步距为1m。

由于盘扣式支架所使用的水平杆为固定长度，根据支架支设区域的结构尺寸按照杆件模数进行调整及排布架体立杆间距，22#楼板底立杆布设间距包括1200mm×1200mm，900mm×1200mm，900mm×900mm，600mm×900mm。

（3）高支模架搭设要求

由于盘扣式支架所使用的水平杆为固定长度，根据支架支设区域的结构尺寸，按照杆件模数进行调整及排布架体立杆间距，21#楼板底立杆布设间距包括1200mm×1200mm，900mm×1200mm，600mm×1200mm。按照规范，当搭设高度超过8m的模板支架时，竖向斜杆应满布设置，水平杆的步距不得大于1.5m，沿高度每隔4~6个标准步距应设置水平层斜杆或扣件钢管剪刀撑。周边有结构物时，应与周边结构形成可靠拉结。

架体扫地杆不得高于550mm（扫地杆为架体底部第一道水平杆），可调托座伸出顶层水平杆的悬臂长度严禁超过650mm，且可调底座丝杆外露长度不得超过300mm，可调托座丝杆外露长度不得超过250mm，若超过规定高度则需要用钢管扣件加固处理。可调托座插入立杆长度不得少于150mm。

经检查，搭设方案满足此要求。

5. 盘扣式钢管支架支撑系统安装流程

放线定立杆位置→自角部起依次向两边竖立杆，底端先安装横杆→每边竖起3~4根立杆后，即装设第一步架纵向平杆和横向平杆，校正立杆垂直度和横杆水平度使其符合要求，形成构架的起始段→按上述要求依次向前延伸搭设，直至第一步架完成→全面检查一遍构架的质量，符合要求后→按第一步架的作业程序和要求搭设第二步架、第三步架

→随搭设进程及时装设斜撑。

地基与基础处理时，土层地基上的立杆应采用可调底座和垫板，垫板的长度不宜少于2跨。当地基高差较大时，可利用立杆0.5m节点位差配合可调底座进行调整。

传统脚手架连接方式是由扣件将立杆以及水平杆、斜拉杆连接形成一个整体，曾在我国应用十分广泛，在脚手架工程中，其使用量占60%以上，曾是当时使用量最多，应用最普遍的一种脚手架。但这种脚手架安全性较差，施工工效低，扣件容易丢失，不能适应基本建设工程发展的需要，现在已经大部分被直插式脚手架所取代。

传统脚手架搭设的工艺流程为：场地平整、夯实→基础承载力实验、材料配备→定位设置通长脚手板、底座→纵向扫地杆→立杆→横向扫地杆→小横杆→大横杆（搁栅）→剪刀撑→连墙件→铺脚手板→扎防护栏杆→扎安全网。定距定位：根据构造要求在建筑物四角用尺量出内、外立杆离墙距离，并做好标记；用钢卷尺拉直，定出立杆位置，并用小竹片点出立杆标记；垫板、底座应准确地放在定位线上，垫板必须铺放平整，不得悬空。

由上可以看出传统脚手架的搭设较为繁琐，耗费人工。

6. 盘扣式钢管支架模板搭设及拆除注意事项

（1）模板支架立杆搭设位置应按专项施工方案放线确定。

（2）模板支架水平方向搭设，首先应根据立杆位置的要求布置可调底座，接着插入4根立杆，将水平杆、斜杆通过扣接头上的楔形插销扣接在立杆的连接盘上形成基本的架体单元，并以此向外扩展搭设成整体支撑体系。垂直方向应搭完一层以后再搭设次层，以此类推。

（3）可调底座和垫板应准确地放置在定位线上，并保持水平，垫板应平整、无翘曲，不得采用已开裂垫板。

（4）立杆应通过立杆连接套管连接，在同一水平高度内相邻立杆连接套管接头的位置应错开。水平杆扣接头与连接盘通过插销连接，应采用榔头击紧插销，保证水平杆与立杆连接可靠。

（5）每搭完一步支模架后，应及时校正水平杆步距，立杆的纵、横距，立杆的垂直偏差与水平杆的水平偏差。控制立杆的垂直偏差不应大于$H/500$（H为立杆高度），且不得大于50mm。

（6）模板支架剪刀撑严格按规范实施，竖向剪刀撑和水平剪刀撑应连续设置。沿支模架体周边设置封闭式竖向剪刀撑，中间纵横方向竖向剪刀撑应连接设置，间距不大于6m。水平剪刀撑应在底部和顶部各设置一道，其间高度范围为每3个步距（步距为1.5m）设置一道。

（7）模板支架搭设应与模板施工相配合，可利用可调底座和可调托座调整底模标高。

（8）建筑楼板多层连续施工时，应保证上下层支撑立杆在同一轴线上。

（9）模板支架搭设完成后，应按相关规范进行检查和验收，由项目技术负责人组织相关人员进行验收，符合专项施工方案后方可浇筑混凝土。

（10）架体拆除时应按施工方案设计的拆除顺序进行。拆除作业必须按先搭后拆，后搭先拆的原则，从顶层开始，逐层向下进行，严禁上下层同时拆除。拆除的构配件应成捆吊运或人工传递至地面，严禁抛掷。

（11）分段、分立面拆除时，应确定分界处的技术处理方案，保证分段拆除后临时结构的稳定。

39.2.3 盘扣式钢管支架的优势

与传统支撑架相比，盘扣式支撑架具有以下优点：灵活性和通用性；承载能力高，材料用量少，单根立杆工作荷载可达40kN；表面热镀锌防腐处理，坚固耐用；可作为独立塔架或满堂脚手架使用；零部件少，安装快捷，并且可以降低损耗；可组块后用吊车整体吊装。盘扣式支撑架与钢管＋扣件式支撑架、碗扣式支撑架对比优势如表39.2-2所示。

用盘扣式钢管支架做外墙脚手架时，也具有很多优点，包括：

（1）灵活性和通用性：满足各种几何形状的建筑施工时脚手架的搭设要求。

（2）零部件少，组装便捷。

（3）安全性高：盘扣式外墙脚手架从底部开始安装，临边采用了安全护栏，防止工人在搭设过程中高空坠落。内外两侧均可配置安全护栏，并且根据脚手架的高度来配置相应的定型化平台板或爬梯，使脚手架的工作面或施工通道均非常安全。

（4）表面热镀锌使盘扣式外墙脚手架持久耐用。

图39.2-5所示为盘扣式外墙脚手架。

表 39.2-2 盘扣式支撑架与其他支撑架对比

比较项目	钢管+扣件式支撑架	碗扣式支撑架	盘扣式支撑架
主要组成	钢管、扣件	立杆、横杆、配件	立杆、横杆、配件
立杆截面	Φ48×3.0	Φ48×3.0	Φ48×3.0
材料材质	Q235	Q235	Q345
防腐处理	油漆	油漆	热浸镀锌
受力方式	偏心摩擦受力	轴心受力	轴心受力
连接方式	使用扣件	使用碗扣	使用插销
可调底座及顶托	无	有顶托	有顶托及底座
可靠性	扣件连接，构架任意性、节点差异性明显，整体稳定性及可靠性一般	碗式卡扣，定型杆件，构架严格，稳定性及可靠性一般	定型构件，盘扣式钢管结构，构架严格，具有较强的稳定性，安全性、可靠性较好
整体移动性	不可整体移动	不可整体移动	可整体移动
承载能力	≤12.8kN	≤30kN	≤40kN
耐用性	容易腐蚀	容易腐蚀	不易腐蚀（镀锌）
材料用量	100%	50%	25%
人工费用	100%	50%	30%
结论	构架灵活，可靠性差，用钢量大，搭设工作量和劳动强度大，施工效率低	构架规范，整体性和可靠性一般，经济性和施工效率一般	结构设计合理，可靠性强，承载能力较大，系统灵活性及通用性好，施工效率很高，热镀锌防腐，长期使用经济效益更加显著

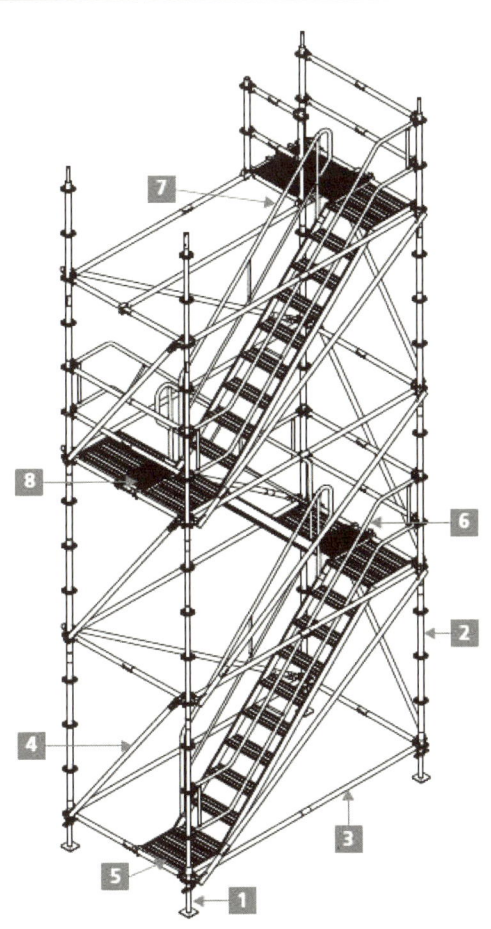

①可调底座，②立杆，③水平拉杆，④竖向斜拉杆，⑤爬梯，⑥外侧护栏，⑦内侧护栏，⑧爬梯踏板

图 39.2-5 盘扣式外墙脚手架爬梯

39.2.4 盘扣式钢管支架效益分析

相比传统支撑架，在项目中使用盘扣式支撑架也可以取得良好的经济效益和社会效益。表 5.2-3 即以搭设建筑面积为 1000m^2，层高为 3m 的房屋为例，对盘扣式脚手架和传统脚手架的成本、效益进行了分析，其中盘扣架成本含顶托。

在方案设计上，由于盘扣自身的承载优势，架体间距设计为 1.5m，普通脚手管承载力差，间距最大只能为 1m。按照此条件设计脚手架的施工方案，将租金、材料量、运输成本、人工搭设成本、机械成本均考虑进去。最终得出盘扣式脚手架较传统脚手架的施工成本降低约 17.2%。因此可以得出，盘扣式脚手架在安全性、经济效益性、施工文明度等方面都要优于传统脚手架（表 39.2-3）。

表 39.2-3 盘扣件与扣件架效益分析

对比项目		盘扣架	扣件架	备注
一、成本核算				
1	每米日租金 / 元	0.033	钢管 0.011	
		顶托 0.045	扣件 0.006	
2	每平方米月租金 / 元	4.94	4.87	
3	每立方米月租金 / 元	1.70	1.67	
4	每吨月租金 / 元	274.58	124.79	
二、租赁成本				
1	支架用量 /t	22.05	42.28	
2	租赁单价 /（元 / 月）	224	125	材料取平均值
3	租赁成本 /（元 / 月）	4939.2	5285	
三、施工人工成本				
1	支架用量 /t	22.05	42.28	按常规段核算
2	搭设人工 / 工	9	36	盘扣架按 2.05t/ 工、扣件架按 0.9t/ 工
3	拆除人工 / 工	7	21	
4	倒运人工 / 工	8	14	按 4t/ 工核算
5	人工合计 / 工	24	61	
四、材料损耗成本				
1	支架用量 /t	22.05	42.28	统计值
2	损耗率（每吨材料损耗的百分数）	0.1%	钢管 1%	
			扣件 7%	
五、运输成本				
1	支架用量 /t	22.05	42.28	上海 ══ 常州
2	运输单价 /（元 /t）	70	70	
3	运输总价 / 元	1543.5	2959.6	
六、机械成本				
1	支架用量 /t	22.05	42.28	
2	卸车台班 / 台	0.36	0.70	按 60t/ 台班盘
3	装车台班 / 台	0.36	0.84	盘扣架按 60t/ 台班、扣件架按 50t/ 台班
4	台班单价 / 元	800	800	平均价格
5	台班合计 / 台	0.72	1.54	
6	台班造价 / 元	576	1232	

表 39.2-3（续）

七、效益分析	
1	采用盘扣架投入同等数量的操作工人，支架搭建工期可缩短约 50%，施工成本降低约 17.2%
2	盘扣架热镀锌，现场施工文明化程度显著
3	盘扣架采用"承插、盘扣"节点连接形式，节点刚度大、稳定性强、安全性高
4	盘扣架产品已编制《建筑施工承插型盘扣式钢管支架安全技术规程》（JGJ 231—2010），且已纳入建设部 2010 年版《建筑业 10 项新技术》进行推广应用，成为工程创优技术新亮点

39.2.5 盘扣式钢管支架应用经验总结

盘扣式钢管支架具有如下优势：

（1）节点抗扭转能力强，强度、刚度、稳定性可靠，施工安全得到有效保障。
（2）模块化、工具化作业，搭拆快捷，大幅提高施工效率。
（3）节约用钢量，高承载力的盘扣架搭设密度远低于传统架，有效降低施工成本及各项配套费。
（4）无零散配件，不易丢失，方便运输及清点，损耗极低。
（5）构件全部采用热镀锌防腐工艺，较传统脚手架提高 10 倍以上使用寿命，同时不会因锈蚀而降低承载力。

在搭设外架时尽量减少悬挑次数，采用较高的落地搭设方案，如果条件允许，尽量采用 60 系列盘扣缩短跨距以增大搭设高度。一般情况下 50m 以下落地搭设尽量采用一次性搭设落架方案。这样可减少工字钢悬挑钢平台的搭设，钢平台搭设是外架施工较为危险的一个环节。尽量采取落地搭设方案，能有效避免安全事故的发生，这是普通脚手架无可比拟的。

由于桥梁主体结构均为通长化、单元化，结构类似。在方案设计之初，尽量在其中一个方向拉开间距，并在这一方向采用高强度龙骨。高强度龙骨有槽钢、工字钢、方钢管以及铝合金梁，这样不仅有效减少材料的投入，也减少了人工成本，并充分发挥了盘扣承载力大的优势。

40 幕墙工程

40.1 GRC+PC 外围护体系在上海宝业中心项目中的应用

40.1.1 GRC+PC 外围护体系项目应用背景

GRC（Glassfiber Reinforced Cement）是一种以耐碱玻璃纤维为增强材料、水泥砂浆为基体材料的纤维水泥复合材料，具有很好的抗拉、抗折强度和较好的韧性。与其他传统幕墙材料相比，GRC 材料最大的优势是可以满足建筑师个性化需求，完成千姿百态的装饰造型与肌理质感的表达。

近几年，PC（Precast Concrete）技术在业内得到了快速发展，并相继出台了相关政策及标准，是一种低碳环保、方便复杂节点施工、节约成本、节约施工所需空间、缩短施工工期的先进新型技术。

宝业中心项目业主根据项目幕墙建设目标及设计理念，结合自身拥有预制加工业务的优势，在外围护幕墙工程方面选择了 GRC+PC 技术，也是一种新的尝试。事实证明，在幕墙工程建设过程中，GRC+PC 技术既满足了幕墙造型的要求，又节约了成本，缩短了工期。

40.1.2 GRC+PC 外围护体系项目应用概况

宝业中心项目 GRC+PC 外围护体系由 GRC+PC 外围护（带固定窗）与幕墙组成，玻璃幕墙总面积约 5 000m²，外墙 GRC 纤维板及铝合金窗总面积约 8 000m²，外圈由 GRC+PC 单元板块所组成的凹凸有序的外围护组成，最高高度为 22.8m，项目实际效果如图 40.1-1 所示。

外墙 GRC 纤维板 + 铝合金窗主要分布于 A 楼、B 楼、C 楼的外围墙面，GRC 纤维板采用钢架固定到墙面，铝合金窗采用铝合金隔热型材，10+12A+10 中空钢化玻璃。外墙 GRC 纤维板 + 铝合金窗分布范围如图 40.1-2 所示。

图 40.1-1 宝业中心项目 GRC+PC 外围护体系实际效果图

图 40.1-2 外墙 GRC 纤维板 + 铝合金窗分布范围

内圈为玻璃幕墙，玻璃幕墙的面积与窗墙比如表 40.1-1 所示。

外圈 GRC+PC 单元共 854 块，最小尺寸为 1 880mm×1 450mm，最大尺寸为 2 500mm×4 350mm，共有 405 种外形尺寸，每种尺寸的内倾角造型不同，固定玻璃窗尺寸不同，形成变化有序的波浪造型。内圈尺寸共有 297 种变化，最小为 1 400mm×1 500mm，最大为 1 650mm×3 050mm。

GRC 单元板块组成的外围护总面积为 7231m²，高度从 -0.276~22.8m，组成整个建筑物的外立面。

宝业中心项目埋件为后补埋件，埋板为厚 10mm 的钢板，因埋板要焊接转接件，所以表面涂防锈漆。锚栓为 2×M12 机械锚栓 +2×M12 化学锚栓交叉布置，锚栓的抗拔承载力为 15kN，抗剪承载力为 10kN。埋板焊接完转接件后，焊缝位置补刷防锈漆。

表 40.1-1　GRC+PC 外围护体系玻璃幕墙面积与窗墙比

内立面编号	玻璃面积 /m²	透明玻璃幕墙 /m²	非透明玻璃幕墙 /m²	外视框料等投影面积 /m²	其他外墙面积 /m²	窗墙比	窗墙比
00-02	625.84	577.50	0	48.34	60.01	84.20%	95.19%
03	136.68	126.25	0	10.43	5.38	88.87%	96.21%
04	452.30	417.45	0	34.85	32.79	86.06%	93.24%
05	290.47	365.97	0	24.50	29.95	83.01%	90.65%
06	352.76	323.15	0	29.26	6.37	89.98%	98.23%
07	229.10	209.46	0	29.61	7.15	88.66%	96.97%
08	320.36	294.76	0	19.64	28.23	84.56%	91.90%
09	202.67	187.54	0	25.60	7.93	89.05%	96.23%
10	185.50	170.68	0	15.13	15.57	84.89%	92.26%
11	364.16	335.64	0	28.52	30.57	85.03%	92.26%
12	354.41	324.42	0	29.99	14.12	88.03%	96.17%
13	455.87	420.25	0	35.62	16.57	88.95%	96.49%
14	92.77	84.55	0	8.22	1.85	89.36%	98.04%
15	35.00	32.29	0	2.71	0.70	90.45%	98.04%
16	65.93	60.11	0	5.86	1.32	89.33%	98.04%
17	55.44	51.39	0	4.05	2.80	88.24%	95.19%
18	45.69	41.75	0	3.94	2.15	87.27%	95.51%
19	67.46	61.20	0	6.26	3.65	86.06%	94.87%
20	171.86	157.52	0	14.34	4.46	89.35%	97.47%
21	84.35	77.74	0	6.61	3.66	88.33%	95.84%
22	53.69	49.60	0	4.09	3.15	87.26%	94.46%
23	84.15	77.55	0	6.60	4.95	88.02%	94.44%

40.1.3　GRC+PC 外围护体系设计与施工

1.GRC+PC 外围护体系设计

GRC+PC 外围护单元系统由以下及部分组成：GRC+PC 单元外壳，固定窗加手动通风器，背负钢架，一次等压腔防水系统，二次防水保温及防火体系，三维调节连接组合等。

2.GRC+PC 外围护体系施工

为了规范和指导该工程不同结构处的 GRC 单元板块、框架式玻璃幕墙、铝合金玻璃顶施工相关的其它工作内容，协调各工种之间、各种资源之间的空间布置与时间安排的关系，施工单位结合该工程的影响及特点、难点，制定了 GRC+PC 外围护体系的施工方案。

（1）外墙面 GRC 单元主要分布于 A 楼、B 楼、C 楼的外墙面，根据图纸和现场实际情况，通过塔吊分别把 GRC 单元运送至各安装面下方存放。

单元架吊离地面后，静止片刻再次确认无误后再进行提升。起吊前首层搬运组人员撤离吊装区域，信号工要密切关注单元体的运行状态，实时通知塔吊操作人员，以免发生碰撞而损坏单元体表面。当单元架运行至指定面，由该安装面内的信号工对塔吊操作工进行指挥，通知操作人员停止塔吊运行。

（2）通过塔吊将单元板块垂直运输到指定安装面下方，采用液压叉车配合自制钢制平板车由运输工人把整架单元板块稳定运往指定摆放区域（图 40.1-3）。

吊运和水平运输过程中对单元板块应轻起轻落，避免碰撞及与硬物摩擦，吊运前应细致检查包装的牢固性。

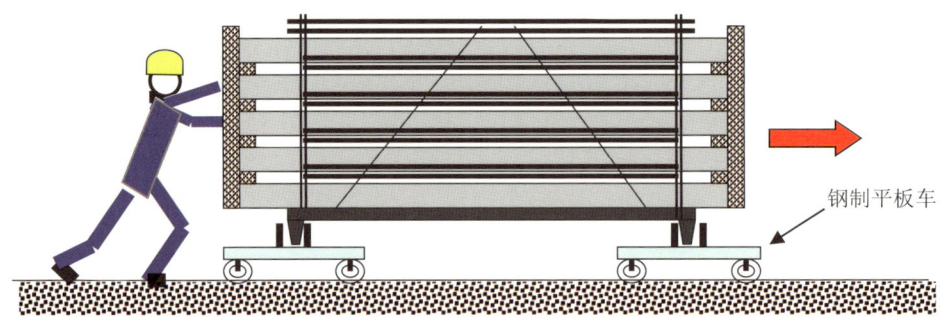

图 40.1-3　将整架单元板块运往指定摆放区域

（3）单臂吊机设置在 6 层，当安装到位，检验合格，且性能满足安装作业条件时，板块安装工将单元板块通过单臂吊机直接起吊，待单元板块到达预定高度，有专人负责调节左右尺寸（左右最大可移动 3m）。进行单元板块安装工作，安装完毕后单臂吊装吊钩离开单元体，准备迎接下一块单元板块（图 40.1-4）。安装顺序由下而上，水平方向由北到南。

图 40.1-4　GRC+PC 板块安装现场施工图

40.1.4　GRC+PC 外围护单元生产工艺流程

1. 生产设备

GRC+PC 外围护单元生产设备主要包括：GRC 搅拌机，GRC 喷浆机，修补用灰铲，小磨机，喷雾器，制模用机械（如 CNC 数控铣削中心、台锯、平刨、压刨、磨机、线锯、电钻），焊机，切割机，磨机等，以及其他辅助工具。

2. 生产工艺流程

GRC+PC 外围护单元生产工艺流程主要包括以下 10 个步骤，如图 40.1-5 所示。

（a）方案设计

（b）生产图绘制

（c）图纸审核

（d）模具制作

（e）CNC 数控铣削中心

（f）物料调配

（g）产品制作

（h）产品脱模

（i）酸面处理

（j）产品检验

图 40.1-5　GRC+PC 外围护单元生产工艺流程

40.1.5　GRC+PC 外围护体系优势

GRC+PC 外围护体系优势主要体现为以下 10 个方面：

1. 无限可塑性

GRC+PC 墙板产品是将原料按一定配比搅拌，在模具内浇筑成型，可生产出造型丰富、质感多样的产品。可根据客户和设计师的不同需要，进行任意的艺术造型塑造，完美实现设计师的设计构想。

2. 质量轻、强度高

GRC+PC 墙板的密度约为 1.8~1.9g/cm³，8mm 厚的标准 GRC 板质量仅为 15kg，抗压强度超过 40MPa，抗弯强度超过 34MPa，大大超过国际标准要求。

3. 超薄技术、尺寸大

GRC+PC 墙板最薄可做到 25mm，宽度可达 2000mm 以上，长度不限，满足运输条件即可，表面亦可采用 6mm 的 GRC 板，其余用普通混凝土浇筑成需要厚度。

4. 色彩丰富、造型多样

GRC+PC 墙板产品采用同质透心矿物原料，可以根据客户的需求做成各种不同颜色及不同造型的艺术效果。

5. 质感好、肌理多

GRC+PC 墙板产品表面可做成喷砂面、荔枝面、光面等不同质感效果，也可以做成条形、镂空、浮雕等不同肌理效果。

6. 环保、无辐射

GRC+PC 墙板属可再生材料，有利于环保。原材料不含有放射性核元素，为国家放射性核素含量 A 类环保材料。

7. 防火、防水

GRC+PC 墙板原材料全部为不燃材料，经检测为 A1 级防火材料。在水中长期浸泡，GRC 材料的形状及安全性系数变化很小，结构和性能均不发生变化。

8. 抗污、不变形、超耐久

GRC+PC 墙板材料干湿变形小于 0.123%，经过大量实验证明，GRC+PC 具有超强的耐久性，不怕紫外线照射，经得起风吹日晒雨淋，耐候性远远高于一般的建筑材料。

9. 隔音、抗震性好

根据 GRC+PC 墙板材料厚度和表面处理方式的不同，可以达到良好的隔音吸音效果。加之其质量轻、强度高，相对于其他材料，其抵抗地震冲击能力更强。

10. 工期短、围护方便、易更换

GRC+PC 墙板可大块生产、分割，安装方法简便多样，且全部为工厂预制，有利于现场施工，大大缩短工期。

由以上优势可知，GRC+PC 技术在满足构件基本性能的基础上，又可以满足业主对构件造型和色彩的要求；与现浇技术相比，GRC+PC 技术可节约施工所需空间，便于施工，易维护，在一定程度上可以达到节约成本、缩短工期的目标。

41　机电工程

41.1　BIM 技术在虹桥丽宝广场项目机电工程施工中的应用

41.1.1　BIM 技术应用概况

目前，BIM 技术在建筑业已得到了广泛的应用。虹桥丽宝广场项目施工单位中国建筑第八工程局总承包公司（以下简称"中建八局"）在施工总平面图布置管理、机电设计及深化管理、幕墙设计及管理、采光顶设计及管理、内装设计及管理、技术质量管理、安全管理中采用了 BIM 技术，实现了以上各项任务的虚拟建造（3D）、进度管理（4D）、成本管理（5D）等功能。

在施工总平面图布置管理中，虹桥丽宝广场项目运用 BIM 技术将各专业图纸进行协调，标注模型信息，最后接口 CAD 软件进行施工图的规范出图。同时利用 BIM 相关软件，建立现场临建平面图（3D）和现场办公室图（3D），使现场平面和办公室布置更加直观化。在技术质量管理中，虹桥丽宝广场项目运用 BIM 技术辅助技术交底（如样板墙面层节点、二次结构深化、底板开挖、核心筒深坑开挖放坡等复杂节点交底）和图纸会审。在安全管理中，虹桥丽宝广场项目运用 BIM 技术进行安全防护布置、A/B 区土方开挖阶段平面布置、消防柜与安全帽撞击体验、安全通道等的模拟。

在 BIM 技术实施过程中，虹桥丽宝广场项目在机电设计和深化管理方面取得了较多的成果，本节着重对 BIM 技术在该项目机电工程施工中的应用进行介绍。

41.1.2　BIM 技术在机电工程施工中的应用

中建八局是虹桥丽宝广场项目的总承包商，也是该项目的综合机电专业分包，因此虹桥丽宝广场项目的机电 BIM 深化由中建八局统一负责组织协调，其他专业分包予以配合。

1. BIM 深化工作流程

虹桥丽宝广场项目机电工程 BIM 深化工作流程包括深化设计准备、深化设计实施和深化设计应用三个部分，详细流程如图 41.1-1 所示。

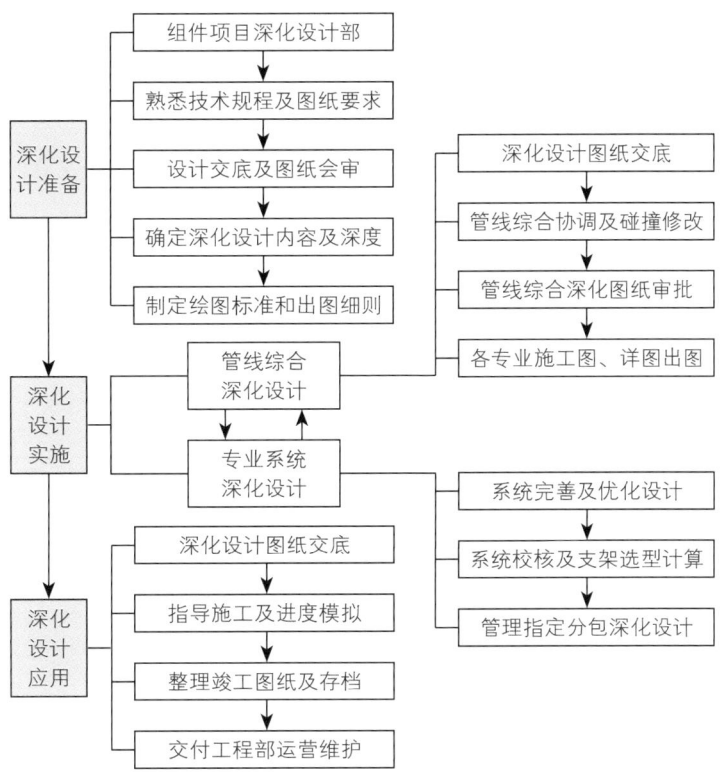

图 41.1-1　虹桥丽宝广场项目机电工程 BIM 深化工作流程图

2.BIM 团队组织架构

中建八局根据该工程的规模、进度及深化设计工作量进行综合考量，组建了如图 41.1-2 所示的 BIM 深化设计团队。

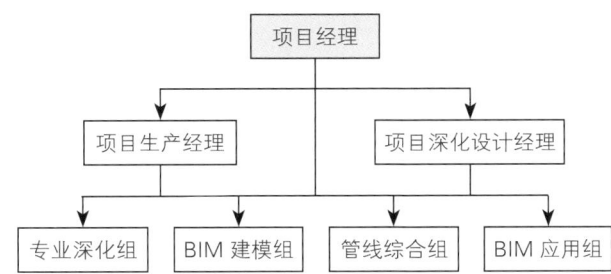

图 41.1-2　虹桥丽宝广场项目机电工程 BIM 团队组织架构

3.BIM 深化设计依据

虹桥丽宝广场项目机电工程 BIM 深化设计依据主要包括：

（1）虹桥丽宝广场项目工程合同技术规程相关要求。

（2）由业主提供的最新版各专业施工电子版图纸。

（3）图纸会审及图纸交底纪要以及过程中业主下发的各种变更联系单等相关内容。

（4）业主指定分包商提供的专业深化施工图纸，以及符合实际需求的设备材料等真实信息。

（5）国家及行业现行规范标准等。

（6）各参与方所提供的建设性意见。

4.BIM 深化工作要求

虹桥丽宝广场项目机电工程 BIM 深化工作要求如表 41.1-1 所示。

表 41.1-1　虹桥丽宝广场项目机电工程 BIM 深化工作要求

序号	要点	描述	措施
1	符合合同技术规程要求	（1）应符合该工程合同技术规程； （2）应满足现行的国家及行业规范标准的要求	仔细阅读相关合同文件及现行规范
2	满足设计意图及系统功能要求	（1）应以原设计为依据，不能违背原设计意图及降低系统功能要求； （2）应配合业主需求或过程设计变更优化各专业系统	仔细熟悉并遵守原施工图纸，合理优化系统方案
3	倡导绿色施工	（1）在满足业主要求的吊顶标高及各方要求的前提下，应合理规划各专业管线路由，节约工程材料消耗，减少系统运行阻力等； （2）应通过深化设计提供土建专业准确的预留预埋图纸信息，减少专业之间配合不当而产生的资源浪费	深化设计全过程采用 BIM 技术并进行创新应用
4	确保系统及结构安全	（1）管线穿越结构墙体及梁时不能影响结构的安全，预留洞须经结构顾问审核方可实施； （2）支架生根及选型须确保结构安全； （3）确保深化后的机电各系统稳定安全运行	增加系统校核及支架选型环节，保障各机电系统运行安全可靠
5	便于施工操作及维修	（1）充分考虑安装工序及条件，机电设备、管线对安装空间的要求，合理性确定管线的位置和距离； （2）方便系统调试、检测、维修	加强设计与施工的沟通及协调，积累相关经验
6	力求工艺美观	管线综合布局合理，外观整齐有序，间距均匀，有层次感，安装可靠，制作精良，细部质量应体现工艺的美观	多向行业内机电工程观摩参观学习，并努力创新

5.BIM 深化工作原则

虹桥丽宝广场项目机电工程 BIM 深化工作原则如表 41.1-2 所示。

表 41.1-2　虹桥丽宝广场项目机电工程 BIM 深化工作原则

序号	项目	描述
1	基本原则	（1）该工程所有深化设计以原设计为依据，深化图纸完成后须经业主、设计院及机电顾问同意后方可作为施工依据； （2）管线综合布置应力求达到建设方提供的最低净高要求（表 41.1-3）
2	管线综合原则	（1）管道最终安装标高的一般优先排序是排水管、电缆桥架、线槽、暖通管道、给水及消防管道、通风管道； （2）遇管线交叉时，以"小管让大管、有压让无压、冷水管让热水管"原则避让； （3）管线水平平行敷设时，管道外壁或管道保温外壁之间净距不小于 60mm；同类型管道尽可能采用共用支架；管道与墙壁之间的净距要考虑支吊架的宽度； （4）各种管线在同一处垂直方向布置时，一般是桥架、线槽在上，水管在下，热水管在上，冷水管在下，风管在上，水管在下。尽可能使管线呈直线布置，相互平行不交叉，满足安装维修空间要求
3	便于操作性原则	充分考虑安装工序及条件，以及机电设备、管线对安装空间的要求，合理确定管线的位置和距离
4	结构安全原则	机电支吊架及支撑设置、穿越墙体的预留洞必须满足结构设计要求，确保结构安全
5	美观原则	明装机电综合应充分考虑各机电系统安装后外观整齐有序，间距均匀

表 41.1-3 虹桥丽宝广场室内净高设定

区域	部位	高层（结构板）/m	梁高/板厚/mm	管线设备高度/mm	面层/高架地板/mm	净高/mm	备注
地下	B1 电梯厅	5.00（5.05）	800	500	100	3 650	
	B1 商业空间	5.00（5.05）	800	800	100	3 350	
	B1 公共走道	5.00（5.05）	800	800	100	3 350	
	B1 后勤走道	5.00（5.05）	800	1 650	100	2 500	
	B1 公共卫生间	5.00（5.05）	800	1 450	100	2 700	
	B1 绿化降板处	3.85（3.95）	250（反梁）	500	100	3 100	*仅过空调支架、喷淋、空调主管、桥架外绕
	B1 其他降板处	4.50（4.60）	800	600	100	3 100	*外部为0.4~0.6（取平均值0.5） *空调扁管
	B2 电梯厅	5.00（5.05）	800	500	100	3 600	
	B2 商业空间	5.00（5.05）	800	800	100	3 300	
	B2 公共走道	5.00（5.05）	800	800	100	3 300	
	B2 后勤走道	5.00（5.05）	800	1 600	100	2 500	
	B2 公共卫生间	5.00（5.05）	800	1 400	100	2 700	
	B3 电梯厅	4.25（4.25）	800	500	100	2 850	
	B3 车库	4.25（4.25）	800	750	100	2 600	*货车通行道需满足2.8m以上净高
	其他地下空间	4.25（4.25）	800	800	100	2 550	
地上	1F 电梯厅	6.60（6.60）	800	500	50	5 250	
	1F 商业空间	6.60（6.60）	800	800	50	4 950	
	1F 公共走道	6.60（6.60）	800	3 350	50	2 400	
	1F 后勤走道	6.60（6.60）	800	2 750	50	3 000	
	2F 商业（1#圆塔）	4.50（4.50）	800	550	150	3 000	
	2F 电梯厅	4.50（4.50）	800	500	50	3 150	
	2F 办公空间	4.50（4.50）	800	200	150	3 350	*仅Φ200新风管、冰暖水管、喷淋入户（风管入户处无主梁）
	2F 走道	4.50（4.50）	800	800	150	2 750	
	2F 公共空间	4.50（4.50）	800	1 250	50	2 400	
	3F 电梯厅	4.30（4.30）	800	500	50	2 950	
	3~8F 办公空间（1#楼圆塔除外）	4.30（4.30）	800	200	150	3 150	*仅Φ200新风管、冰暖水管、喷淋入户（风管入户处无主梁）
	3F 办公走道	4.30（4.30）	800	80	150	2 550	
	3F 公共卫生间	4.30（4.30）	800	1 050	50	2 400	
	地上其他空间	4.30（4.30）	800	500	50	2 950	

6.BIM深化工作计划

虹桥丽宝广场项目机电工程BIM深化工作计划如表41.1-4所示，CSD图纸送审计划如表41.1-5所示。

表 41.1-4 虹桥丽宝广场项目机电工程 BIM 深化工作计划

序号	图号	图名	图纸比例	图幅	预算日期 首次送审日期	预算日期 最迟须获批复日期	第一次会审 报审日期	第一次会审 回复日期	第一次会审 审核情况	第二次会审 报审日期	第二次会审 回复日期	第二次会审 审核情况	备注
1	B3F-CSD-001	地下三层 CSD 平面图	1:150	A0		2014.05.07				2014.05.26			
2	B2F-CSD-002	地下二层 CSD 平面图	1:150	A0	2014.06.04	2014.06.18	2014.06.04			2014.06.11			
3	B1F-CSD-003	地下一层 CSD 平面图	1:150	A0	2014.06.29	2014.07.13	2014.06.29			2014.07.06			
4	1F-CSD-004	一层 CSD 平面图	1:150	A0	2014.06.06	2014.06.13	2014.06.06			2014.06.10			
5	2F-CSD-005	二层 CSD 平面图	1:150	A0	2014.06.06	2014.06.13	2014.06.06			2014.06.10			
6	3F-CSD-006	三层 CSD 平面图	1:150	A0	2014.06.09	2014.06.23	2014.06.09			2014.06.16			
7	4F-CSD-007	四层 CSD 平面图	1:150	A0	2014.06.19	2014.07.03	2014.06.19			2014.06.26			
8	5F-CSD-008	五层 CSD 平面图	1:150	A0	2014.06.29	2014.07.13	2014.06.29			2014.07.06			
9	6F-CSD-009	六层 CSD 平面图	1:150	A0	2014.07.09	2014.07.23	2014.07.09			2014.07.16			
10	7F-CSD-010	七层 CSD 平面图	1:150	A0	2014.07.20	2014.08.03	2014.07.20			2014.07.27			
11	8F-CSD-011	八层 CSD 平面图	1:150	A0	2014.07.30	2014.08.13	2014.07.30			2014.08.06			
12	RF-CSD-012	屋面层 CSD 平面图	1:150	A0	2014.08.09	2014.08.23	2014.08.09			2014.08.16			
13	BF-CSD-016	地下强、弱电间详图	1:50	A0	2014.07.20	2014.07.27	2014.07.20			2014.07.24			
14	F-CSD-017	地下强、弱电间详图	1:50	A0	2014.07.23	2014.07.30	2014.07.23			2014.07.27			
15	B1F-CSD-018	地下三层生活水泵房 CSD 平剖面图	1:50	A0	2014.07.28	2014.08.04	2014.07.28			2014.08.01			
16	B1F-CSD-021	地下一层消防水泵房 CSD 平剖面图	1:50	A0	2014.08.01	2014.08.08	2014.08.01			2014.08.05			
17	B3F-CSD-013	地下三层风机房 CSD 平剖面图	1:50	A3	2014.08.04	2014.08.11	2014.08.04			2014.08.08			
18	B3F-CSD-014	地下二层风机房 CSD 平剖面图	1:50	A3	2014.08.07	2014.08.14	2014.08.07			2014.08.11			
19	B1F-CSD-015	地下一层风机房 CSD 平剖面图	1:50	A1	2014.08.10	2014.08.17	2014.08.10			2014.08.14			
20	1~3F-CSD-022	一~三层风机房 CSD 平剖面图	1:50	A3	2014.08.13	2014.08.20	2014.08.13			2014.08.17			
21	4~RF-CSD-023	四~屋面层风机房 CSD 平剖面图	1:50	A0	2014.08.13	2014.08.20	2014.08.13			2014.08.17			
22	B1F-CSD-020	地下一层变电机房 CSD 平剖面图	1:50	A0	2014.08.17	2014.08.24	2014.08.17			2014.08.21			
23	B2F-CSD-019	地下二层换热站 CSD 平剖面图	1:50	A0	2014.08.20	2014.08.27	2014.08.20			2014.08.23			

注：1. A—批准/无反对意见；B—批准/但须跟进意见；C—未批准/重新提交；D—反对；E—其他备注。
2. 本计划参考了土建 2014.5.20 总进度计划，所有深化设计图纸计划的实施需要各专业图纸完善及设备材料信息确定的情况下保证实施。

表 41.1-5 CSD 图纸送审计划表

工程项目：虹桥丽宝广场（南）2# 及 5# 楼　施工单位：中国建筑第八工程局有限公司　更新日期：2014.06.26　版次：第一版

序号	图号	图名	图纸比例	图幅	预算日期		第一次会审			第二次会审			备注
					首次送审日期	最迟须获批复日期	报审日期	回复日期	审核情况	报审日期	回复日期	审核情况	
1	B3F-CSD-001	地下三层 CSD 平面图	1：250	A0	2014.11.20	2014.11.30	2014.11.20			2014.11.25			S-1~S-12 轴
2	B2F-CSD-002	地下二层 CSD 平面图	1：250	A0	2014.11.28	2014.12.08	2014.11.28			2014.12.03			S-1~S-12 轴
3	B1F-CSD-003	地下一层 CSD 平面图	1：250	A0	2014.12.05	2014.12.15	2014.12.05			2014.12.10			S-1~S-12 轴
4	1F-CSD-004	一层 CSD 平面图	1：150	A0	2014.12.10	2014.12.20	2014.12.10			2014.12.15			2# 及 5# 楼
5	2F-CSD-005	二层 CSD 平面图	1：150	A0	2014.12.15	2014.12.25	2014.12.15			2014.12.20			2# 及 5# 楼
6	3F-CSD-006	三层 CSD 平面图	1：150	A0	2014.12.20	2014.12.30	2014.12.20			2014.12.25			2# 及 5# 楼
7	4F-CSD-007	四层 CSD 平面图	1：150	A0	2014.12.25	2015.01.05	2014.12.25			2014.12.30			2# 及 5# 楼
8	5F-CSD-008	五层 CSD 平面图	1：150	A0	2014.12.30	2015.01.10	2014.12.30			2015.01.05			2# 及 5# 楼
9	6F-CSD-009	六层 CSD 平面图	1：150	A0	2015.01.05	2015.01.15	2015.01.05			2015.01.10			2# 及 5# 楼
10	7F-CSD-010	七层 CSD 平面图	1：150	A0	2015.01.10	2015.01.20	2015.01.10			2015.01.15			2# 及 5# 楼
11	8F-CSD-011	八层 CSD 平面图	1：150	A0	2015.01.15	2015.01.25	2015.01.15			2015.01.20			2# 及 5# 楼
12	RF-CSD-012	屋面层 CSD 平面图	1：150	A0	2015.01.25	2015.02.05	2015.01.25			2015.01.25			2# 及 5# 楼

7.BIM 深化管理措施

为保证虹桥丽宝广场项目机电工程的 BIM 深化设计工作顺利进行，中建八局特制订了以下几点保障措施：

（1）明确各团队成员岗位责任，制订详细的工作计划，根据工程实际情况进行出图计划及图纸质量管控。

（2）全过程采用 BIM 软件（TFAS）进行管线综合深化设计，提高深化设计效率和质量。

（3）实行样板引路制度，及时修正深化设计缺陷。

（4）定期召开技术协调会，及时解决图纸的一些疑难杂症。

（5）在工程深化设计进度出现高峰密集时，请求公司提供支援，保障该项目的深化设计进度正常。

8.BIM 管线综合设计方法

BIM 管线综合设计基本工作步骤包括：

（1）导入各专业 CAD 施工图底图。

（2）根据各专业施工图底图，分别建立 BIM 模型。

（3）检测碰撞及优化管线路由，合理设置各管线标高，修改碰撞，力求各管线布置经济合理。

（4）获得优化后的 BIM 模型，按照内审—修改—送审的流程循环进行。

（5）根据审核后的管线综合 BIM 模型，导出各种施工用的预留预埋图、专业拆分图、综合断面图及局部详图、机房设备基础图及机房大样图等，用于指导施工。

9.BIM 深化审核流程

虹桥丽宝广场项目机电工程 BIM 深化设计图纸审核流程如图 41.1-3 所示。

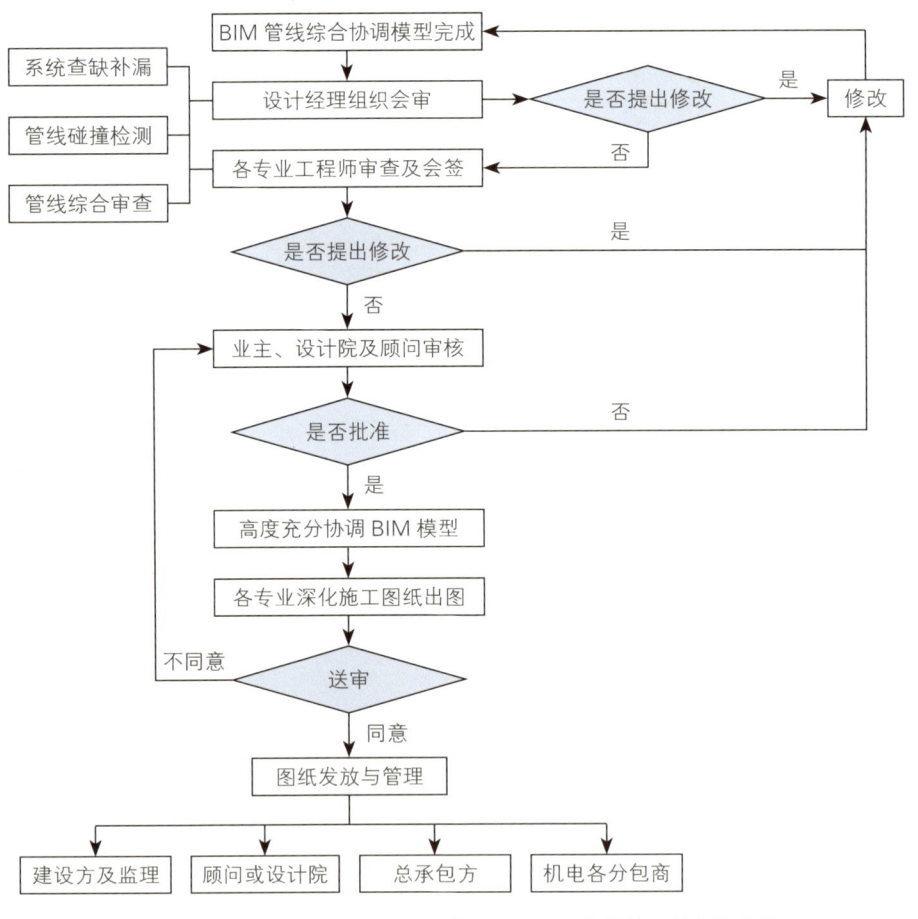

图 41.1-3　虹桥丽宝广场项目机电工程 BIM 深化设计图纸审核流程

10.BIM 技术应用特点

项目实施过程中，中建八局对虹桥丽宝广场项目机电工程施工过程中 BIM 技术的应用特点进行了总结。

（1）运用 BIM 软件进行机电管线综合深化设计，专业空间协调碰撞问题一目了然，BIM 可视化模拟帮助施工单位快速提供不同方案，实现方案优化。图 41.1-4、图 41.1-5 分别为办公区管线综合方案一和方案二的模型示意图。

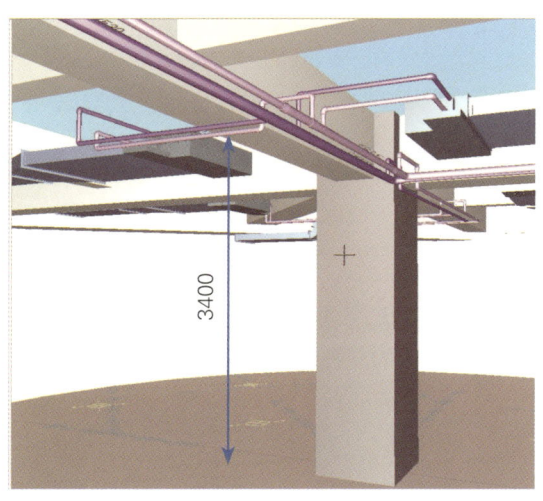 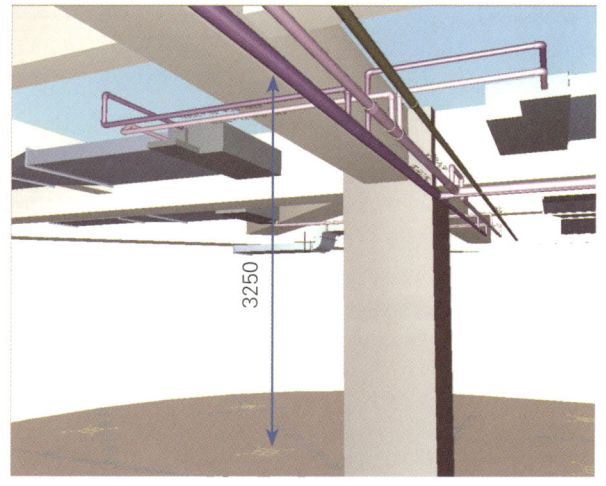

图 41.1-4　办公区管线综合方案一模型示意图　　　　图 41.1-5　办公区管线综合方案二模型示意图

（2）以 BIM 管线综合模型为平台的各方技术协调会议比传统模式沟通更方便、问题解决效率更高。表 41.1-6 为 D04 地下一层机电管线净高与要求净高对比表。图 41.1-6 为 D04 地下一层各区域标高及问题部位索引示意图。图 41.1-7 所示为管线综合模型优化前后的对比。

表 41.1-6　D04 地下一层机电管线净高与要求净高对比表（单位：mm）

序号	区域部位	梁底净高	预留吊顶厚度	要求净高	支架底部净高	备注
1	B1 电梯厅	4 150	150	3 650	3 500	未满足
2	B1 商业空间	4 150	150	3 350	3 350，2 800	未满足
3	B1 公共走道	4 150	150	3 350	3 350，2 800	未满足
4	B1 后勤走道	4 150	150	2 500	2 700	满足要求
5	B1 公共卫生间	4 150	150	2 700	2 900	满足要求
6	B1 绿化降板处	3 500	150	3 100	2 800	未满足
7	B1 其他降板处	3 600	150	3 100	2 800	未满足

图 41.1-6　D04 地下一层各区域标高及问题部位索引示意图

问题描述：在 N–11/N–13 轴交 N–M/N–L 轴处，此处桥架及管道众多，分层布置后，标高较低，而该处的防火卷帘在其下方，标高仅有 2 200mm，而且经仔细核查，此处的管线均未有更好的方案避让该处的防火卷帘。

优化建议：

排水：N–11/N–13 轴交 N–M/N–L 轴处 1 根给水管、2 根消防管、1 根喷淋管可以从该电梯厅或 N–P 轴处绕行，确定后作出变更。

根据建学设计师以及 8 月 21 日图纸会审会议讨论方案，对该部位重新进行了优化，将该走廊的空调水管道、给排水管道、消防管道及一根弱电桥架全部移至其他位置敷设，这样将该处的防火卷帘底标高提高至 2 900mm。

（a）方案优化前　　　　　　　　　　　　　　　（b）方案优化后

图 41.1–7　方案优化前后防火卷帘安装净高 2200mm 处管线综合模型示意图

（3）BIM 模型导出专业施工图纸，精确指导施工，如图 41.1–8 所示。

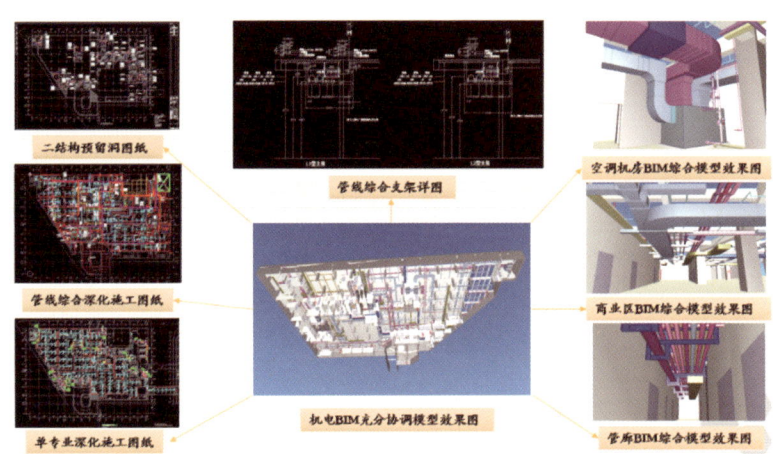

图 41.1–8　BIM 模型导出专业施工图纸

（4）在施工前，对管线复杂部位（如管廊、机房等）召开专门的模型交底会，通过 BIM 模型（图 41.1–9），提前规划综合支架、施工工序，让施工操作班组充分理解模型和图纸意图，以保证现场按模型有序组织施工，避免交叉作业带来的冲突和矛盾。

 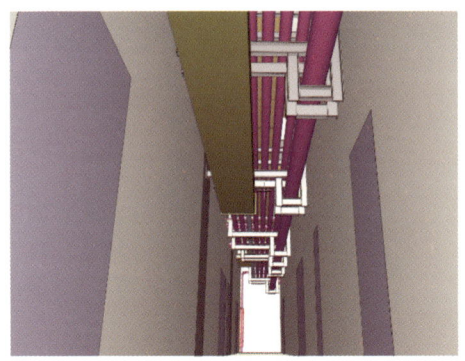

图 41.1–9　管线交底 BIM 模型

（5）虹桥丽宝广场项目可视化 BIM 模型，给建设单位现场工程管理部与中建八局总部快速沟通提供方便，从而让项目管理效率提高。

11.BIM 技术应用经验

在虹桥丽宝广场项目机电工程施工中应用 BIM 技术过程中，中建八局总结了一系列应用经验，主要包括以下几点：

（1）BIM 建模初期，对各专业图纸的清图、核查、会审要彻底，充分理解原设计意图，与 BIM 模型有关的信息收集要全面不遗漏，通过 BIM 建模及模型整合，获取信息完整的 BIM 初步综合模型。

（2）BIM 管线综合原则上以原设计意图为基础，充分考虑结构及系统安全，业主对空间的标高要求、管线路由最短优化以及兼顾考虑施工检修。BIM 管线综合要力求经济合理，充分协调，这样用于现场和施工管理才具有价值，否则协调不完善的模型不但不会给项目管理带来效益，反而会成为项目管理的人力负担。

（3）建模过程中所接收的各种设计变更、洽商记录、现场误差反馈及设备材料信息等要及时反馈到 BIM 模型中，时刻保持 BIM 模型更新与现场及项目信息管理同步，避免不必要的误差。

（4）BIM 模型综合协调切莫闭门造车，在初步管线综合模型协调完成后，及时组织项目各方参与 BIM 模型检讨会议，通过多方位、多层次对管线综合协调模型进行不同角度的核查和考量，形成 BIM 检讨报告，再根据 BIM 检讨报告修正 BIM 模型，最终形成充分协调模型用于指导现场施工和基于 BIM 模型的项目各部门之间的协调。

（5）结合 BIM 模型，优化传统的工艺工序交底，将关键部位和复杂节点模型融入施工技术交底中，更直观、更容易给施工操作层传达准确的交底信息。在办公室可以结合 BIM 模型可视化漫游动画技术，对关键工序进行施工预演和模拟，真正做到技术先行，施工过程管控更有针对性。

（6）结合 BIM 模型，制定材料管控计划，可较为精确地对材料损耗进行评估和管控。

（7）结合 BIM 模型，强化施工进度计划的合理优化，根据拟定工期进行施工进度动态管控，进度目标及劳动力投入更灵活更易掌控。

12.BIM 技术实施效果

BIM 技术实施效果如图 41.1-10—图 41.1-12 所示。

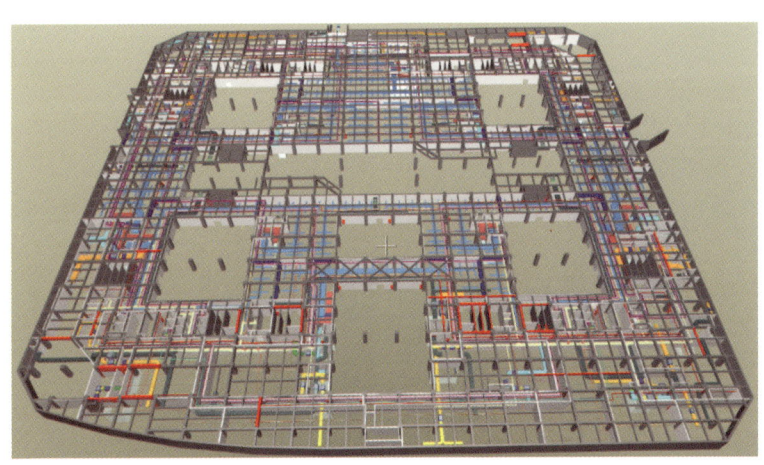

图 41.1-10　整层管线综合效果图

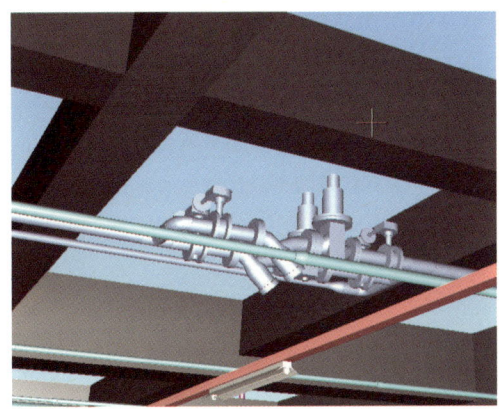

（a）给水减压阀组安装效果图

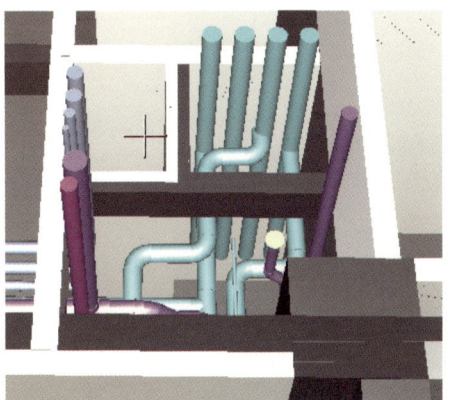

（b）管井管线综合效果图

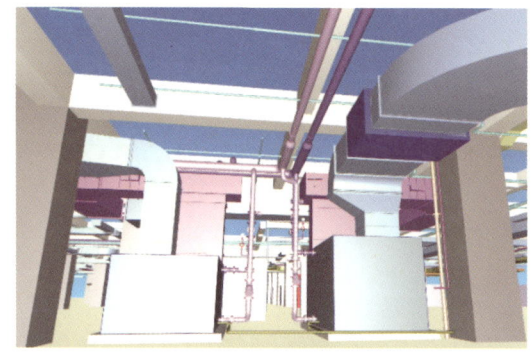

(c)空调机房效果图

(d)风机房效果图

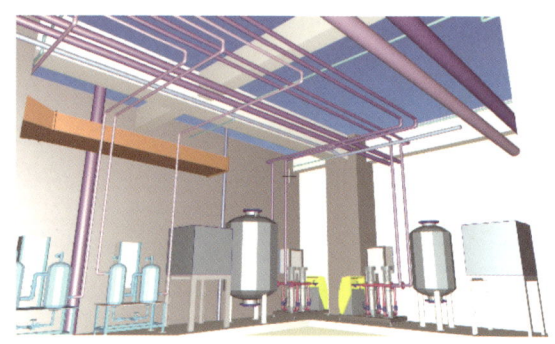

(e)换热机房综合效果图

图41.1-11 机电工程BIM模型效果图

(a)车库车道管线综合模型与现场对比图

(b)车库车位管线综合效果图

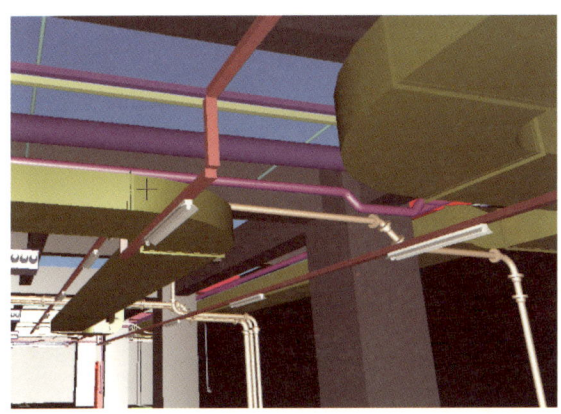

(c)车库管线综合模型与现场对比图

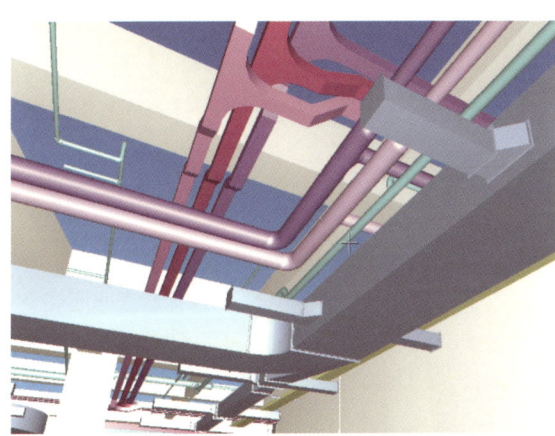

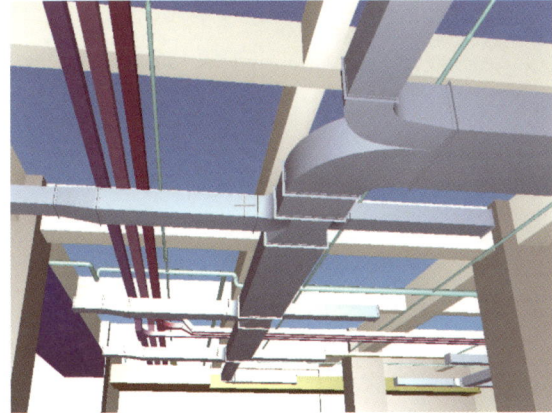

(d)地下二层管线综合模型与现场对比图

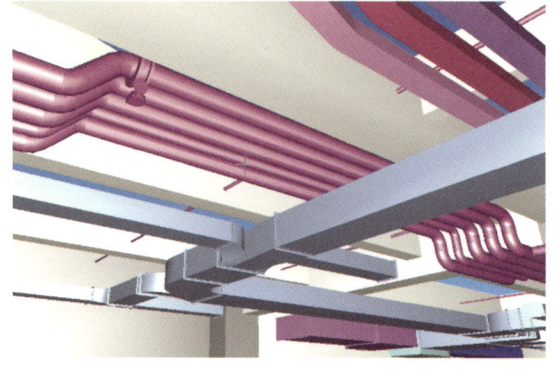

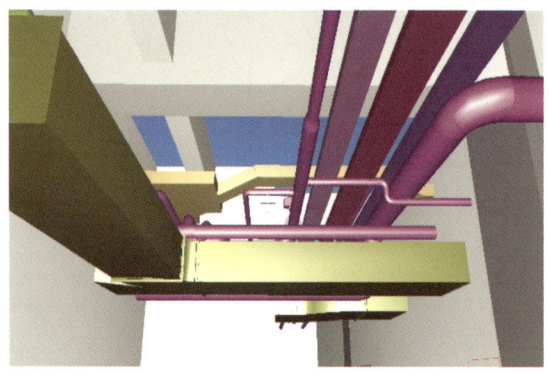

（e）地下一层管线综合模型与现场对比图

图 41.1-12 管线综合模型与现场对比图

13.BIM 在项目中的运用效益评估

中建八局对项目的 BIM 运用效果进行了初步评估，BIM 技术的运用价值和效益主要体现在以下几个方面：

（1）项目双优化方面：比传统的二维图纸优化模式更能提高效率，优化点更多，项目精细化管理水平得到明显改善，预计 BIM 在该项目双优化中能达到节约机电总造价的 1%~3% 的成本。

（2）劳动力投入方面：高质量的 BIM 综合协调模型付诸现场施工，明显比传统模式提高工人操作效率，从而节约劳动力成本。

（3）施工操作方面：专业之间的交叉施工及碰撞事前解决接近 100%，返工量大大减少，节约重复施工成本。

（4）成本管控方面：提供较为精确的材料及配件采购工程量，有效控制损耗。

（5）工程创优方面：在施工前期将行业规范及创优要点融入 BIM 模型综合协调中，工程施工质量得到显著改善，比传统模式大量节约创优整改成本。

（6）工期管控方面：各项工作的施工周期缩短，且比传统工期管控更直观可控。

（7）业主服务方面：项目全过程应用 BIM 技术，不仅为业主提供最优化的空间使用效果，带来投资回报价值，同时对中建八局的 BIM 技术这一核心竞争力有明显提升，对中建八局有潜在的宣传效益。

41.2　一种用于风管内吊装可调式夹具在虹桥天地项目中的应用

06 号地块虹桥天地项目 D19 街坊机电安装工程中，有部分风管井空间小，按传统方法难以进行安装。针对该情况，中建五局工业设备安装有限公司（以下简称"中建五局"）设计发明了一种用于风管内吊装的可调式夹具，很好地解决了狭窄井道中风管安装难的问题，并申请取得了国家专利（图 41.2-1）。

41.2.1　工程背景

管井中风管安装的传统施工工艺包括两种：一是安装风管，再砌筑墙体；二是先砌筑墙体，将分段的风管搬运至相应楼层，再从上往下进行管道安装。由于本段风井空间狭小，采用传统施工工艺会存在较多的困难，如传统成品保护难度大；施工方案较为复杂，易出现管道局部螺栓无法连接，风管保温法兰部位出现冷桥等质量通病；管道垂直运输给原本繁忙的施工电梯增加了负担，影响风管安装的施工进度。

图 41.2-1　一种用于风管内吊装的可调式夹具实用新型专利证书

由于采用传统施工工艺无法满足施工进度、施工质量及运营要求，因此中建五局项目团队寻找突破口，进行了狭窄竖直管井风管安装技术的研究创新。

41.2.2　一种用于风管内吊装的可调式夹具

针对风管井空间狭小，风管吊装安装困难等情况，中建五局项目团队发明了一种用于风管内吊装的可调式夹具，并于 2015 年 2 月 3 日申请了国家专利。该夹具用于风管吊装时的平面图和立面图如图 41.2-2 所示。

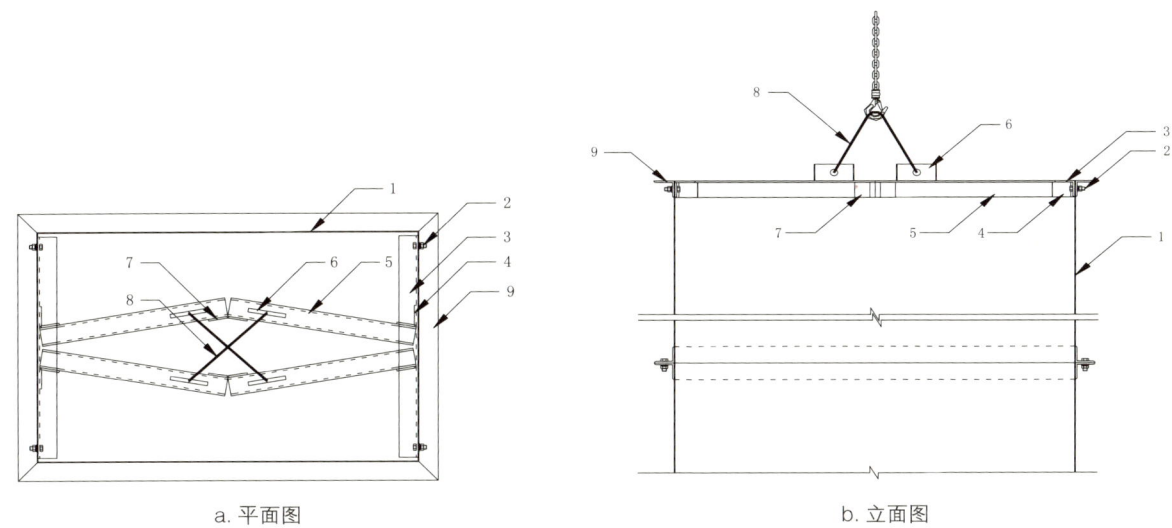

a. 平面图　　　　　　　　　　　　　　　　b. 立面图

1—风管；2—固定螺栓；3—固定角钢；4—固定铰链；5—活动角钢；6—吊耳；7—活动铰链；8—吊绳；9—风管角钢法兰

图 41.2-2　利用可调式夹具进行风管吊装时的平面图及立面图

该夹具通过固定螺栓固定在风管内侧，实现对风管的倒装法吊装，并通过调节铰链来适应不同规格的风管吊装。设计中最需要关注的重点是内吊装夹具采用何种构造、选用何种材料以保证风管吊装安全和施工的顺利进行。

使用可调式夹具进行风管吊装时，首先计算所需提拉风管的总质量，选择相应的电动机，然后将电动机固定于提供支撑作用的结构梁或者楼板上，接着将夹具吊在电动机铁链或者钢丝绳上。调节活动铰链 7，将吊装夹具置入风管内部；再次调节活动铰链 7，使固定角钢 3 紧贴风管法兰内壁；将固定螺栓穿入固定角钢 3 与风管角钢 9，将吊绳 8 挂在吊耳 6 上，提升吊绳 8，则实现了风管的竖向吊装。

将夹具从竖井放到底层，开始组装风管，组装完成后将两个接触臂固定于第一节风管上进行提拉。当第一节风管达到一定高度时，将第二节风管固定好，并继续提升。然后将第三节风管与第二节风管连接，以此类推，直到达到吊装夹具的设计受力范围，再进行下一流水段风管吊装，直至完成风管安装。

41.2.3 技术重点

运用该可调式夹具时，主要通过以下技术方案实现在狭窄井道内的风管吊装：

（1）制作活动槽钢内支撑，将支撑安装在风管内部，实现多节风管的提升；

（2）槽钢采用铰链连接，吊装夹具能收缩伸张，满足不同型号风管的吊装；

（3）使用电动机提供提升拉力，采用分段倒装，满足狭窄管井施工。

该可调式夹具弥补了传统施工工艺的不足，将风管分段组装完成后，采用倒装法将内夹具安装在风管内部再拉升吊装风管。该方法保证了吊装过程中的施工安全，因为在首层分段整体组装，降低了材料在楼层间的搬运难度，可以加快施工进度，管道螺栓及保温都在楼层平面施工，在一定程度上保证了工程质量。

通过内吊装夹具及电动机拉力提升风管，大大缩短了施工时间，降低了劳动成本，节约了资源，尤其是解决了狭窄空间风管安装施工难的问题。

41.2.4 技术效益

该技术针对狭窄竖直管井施工难点，提出了全新的解决方案，加快了施工进度，对于垂直管道的吊装工作进行了全新的改革。该技术施工工艺简单，可减少劳动力投入，并实现节能效果；避免墙体开洞运输，减少建筑垃圾；可设计狭窄管道，比传统竖直管井节约空间；节约资源，绿色低碳，可广泛适用于各种风管竖直管道安装施工，最大限度地节约了施工劳务成本，加快施工进度，增大建筑空间。

42 项目管理

42.1 EPC 模式简介

EPC（Engineering-Proeurement-Construction）总承包模式是一种重要的承发包管理模式，包括工程、采购、施工三大方面。在这种建设模式下，业主通过工程招标或者委托建设的方式，把整个工程的设计、设备和材料的采购、工程施工、调试直至竣工交付使用的全部工作交给一个总承包商或者承包联合体，总承包商按照合同约定对工程项目的质量、进度、造价、安全等向业主负责。总承包商也可通过分包的方式将所承包工程中的部分工作发包给具有相应资质的分包企业，中标的分包企业按照分包合同的约定对总承包商或承包联合体负责。

在发达国家，EPC 模式最初是根据市场需要演变和发展起来的，至今已有近百年历史，并且一直在持续发展。1984 年 9 月，国务院印发的《关于改革建筑业和基本建设管理体制若干问题的暂行规定》（国发〔1984〕123 号），提出"工程承包公司对项目建设的可行性研究、勘察设计、设备选购、材料定货、工程施工、生产准备直到竣工投产实行全过程的总承包或部分承包"。30 多年来，尽管我国的工程建设总承包模式得到了长足的发展，但大部分工程依然只停留在"施工总承包"阶段。

EPC 总承包模式从字面上看包含了工程、采购、施工三个主要的阶段，但是根据不同的合同要求，EPC 总承包商所承担的工作范围是不一样的，如设计阶段可以包含方案设计、初步设计和详细设计，也可以包含后两项或仅包含最后一项，即从初步设计开始做起或从详细设计开始做起。如图 42.1-1 所示。

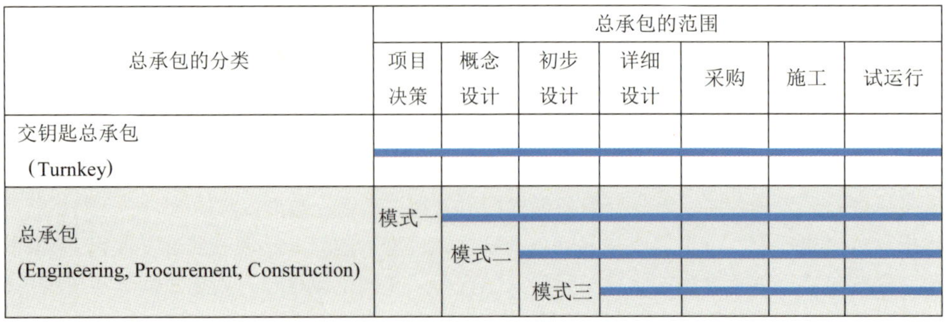

总承包的分类	总承包的范围						
	项目决策	概念设计	初步设计	详细设计	采购	施工	试运行
交钥匙总承包（Turnkey）							
总承包(Engineering, Procurement, Construction)			模式一				
				模式二			
					模式三		

图 42.1-1 总承包模式范围

在我国，业主（企业或政府）往往控制着项目的决策权，在概念设计阶段，通常会委托设计单位单独进行，故我国目前的 EPC 总承包项目中，多采用模式二或模式三。其中模式三是比较科学的一种，因为只有在模式三下，业主才能拿出比较全面的工程量清单，总承包商才有相对充分的报价依据，否则总承包商将承担巨大的成本风险。

42.2 EPC 模式在虹桥阿里中心项目中的应用

42.2.1 应用背景

虹桥阿里中心项目位于虹桥商务区核心区北片区 07 号地块，处于申长路、淮虹路和润虹路的交汇处，是以办公、商业为主要物业类型的中高端城市商务综合体。虹桥阿里中心项目业主为阿里巴巴集团，作为主营业务为电子商务的企业，阿里巴巴集团希望摸索一整套可复制的创新的项目管理模式，为后续开发规模的快速扩张提供支持，并保持轻资产的运营。项目总承包商中建三局在施工总承包方面实力雄厚，希望借助 EPC 模式加强自身的设计、采购、施工、试运行等管理能力，打通全产业链，实现公司两商战略目标。正是双方这种共同的追求和目标，促成了 EPC 模式在该项目中的应用。

在 EPC 模式中，业主方仅保留关键权利（方案、建筑设计等），其他所有责任均由总承包商承担。总承包商同时承担管理责任，规避了由设计造成的风险，缩短了工程开发周期，保证了工程品质，在全过程中加强了对工程造价的控制。作为高端客户，希望总承包单位履行总承包开发报建、勘察、设计、采购、施工、试运行等总承包管理职能，减少项目的管理投入。

对于总承包方，EPC 模式是企业发展战略的需要，提高总承包管理能力是新形势下建筑施工企业创新经济增长方式的必然选择，即从劳动密集型向智力密集管理型（知识经济）企业转型。EPC 模式也有利于集合优势，使资源最大化利用，总承包商以项目整体利益为出发点，通过对设计、采购和施工一体化管理，对共享资源的优化配置、大型专用设备的提供以及各种风险的控制为项目增值，从而获取更多的利润。在人员整合方面，总承包人员集约共享，以较少管理投入保证足够的管理效果。同时可以探索一套实用的 EPC 项目总承包管理架构及运行体系，为成为"一站式优质服务提供商"累积人才及管理经验。

42.2.2 合作模式

虹桥阿里中心项目采用 EPC 工程总承包建设模式，即从事工程总承包的企业（承包人）受业主（发包人）委托，按照合同约定对工程建设项目的全程报批报建、勘察、设计、采购、施工、试运行、竣工验收及专项验收、检测、竣工备案等实行全过程承包，承包人应在固定总价、固定工期的合同条件下，对所承包工程的组织管理、质量、安全、进度和造价全面负责。

业主与总承包方分别建立了与 EPC 合作模式相对应的组织架构，分别如图 42.2-1 和图 42.2-2 所示。

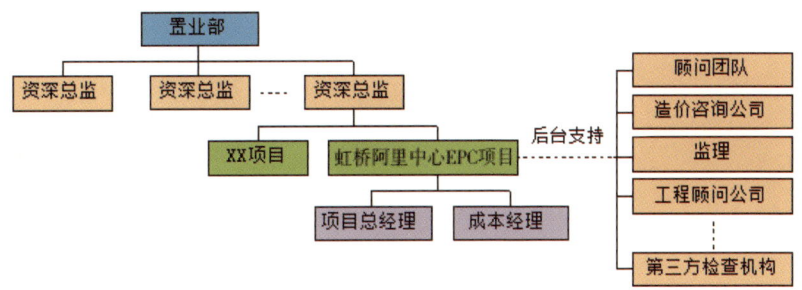

图 42.2-1 业主方组织架构图

EPC 模式总承包商与传统总承包商最大的区别在于，EPC 模式总承包商不仅是项目施工总承包，更是项目全过程的总承包商，涉及的专业范围更加庞杂，由项目经理牵头的管理模式已经无法适应新的管理需求，亟需探索新的管理模式来适应 EPC 模式。在反复摸索和完善后，中建三局成立了专门的 EPC 总承包管理事业部，以大资源、大商务、大技术、独立计划系统、独立品质系统为基本理念的矩阵式管理组织架构。该架构模式不再是传统的线性管理体系，而增加各个部门间的横向联系，使得内部信息沟通顺畅，权责明确，提高了整体的管理效率，反映到工程上，就是降低了工程造价，缩短了建设工期，保证了工程质量。这对于业主和总承包商来说形成了双赢的局面。

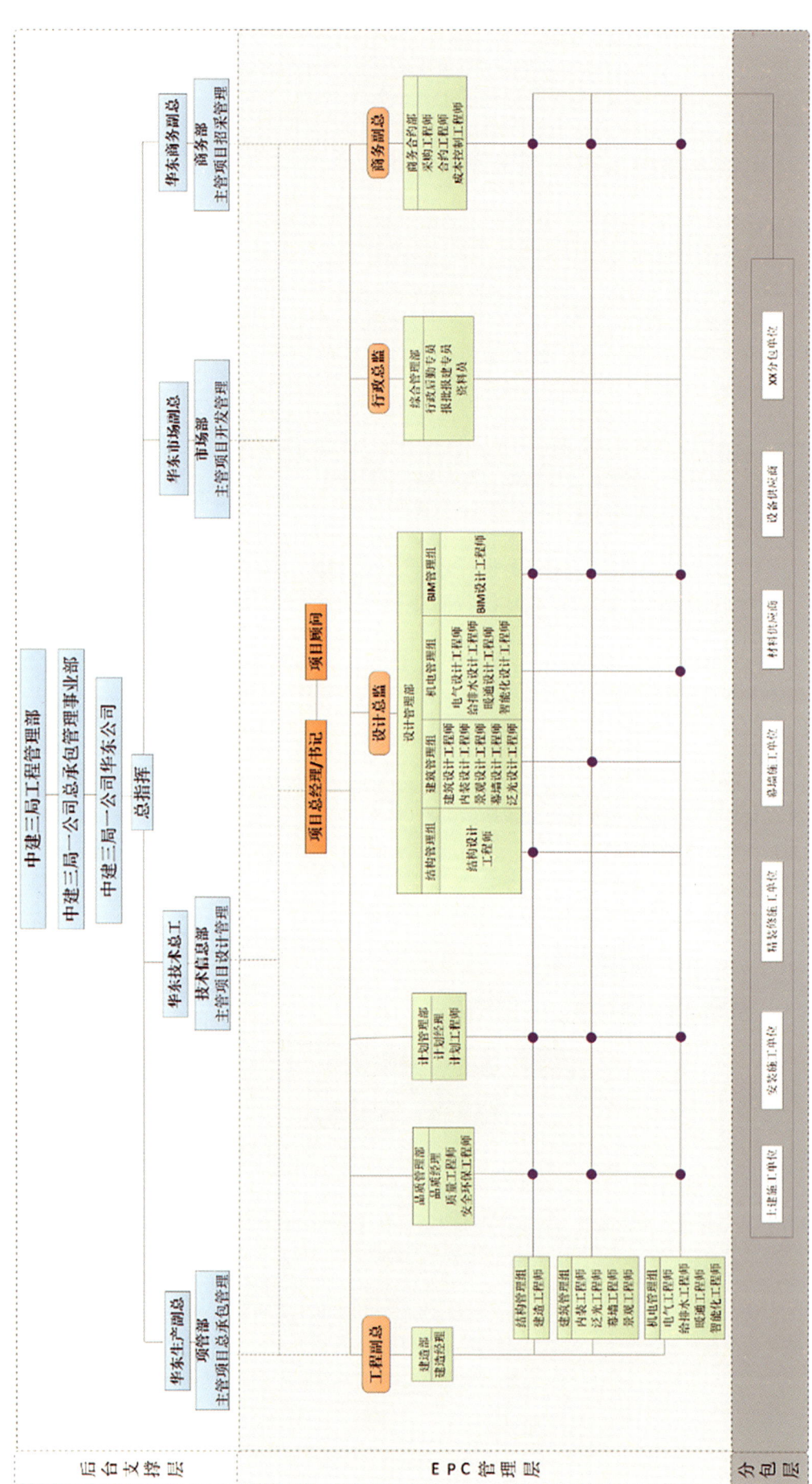

图 42.2-2 总承包方组织架构图

42.2.3 合作过程

自 2013 年 11 月阿里巴巴集团拍得虹桥商务区核心区北片区 07 号地块，至合作双方签订 EPC 总承包合同，双方的谈判共经历 15 个月，合作过程如图 42.2-3 所示。

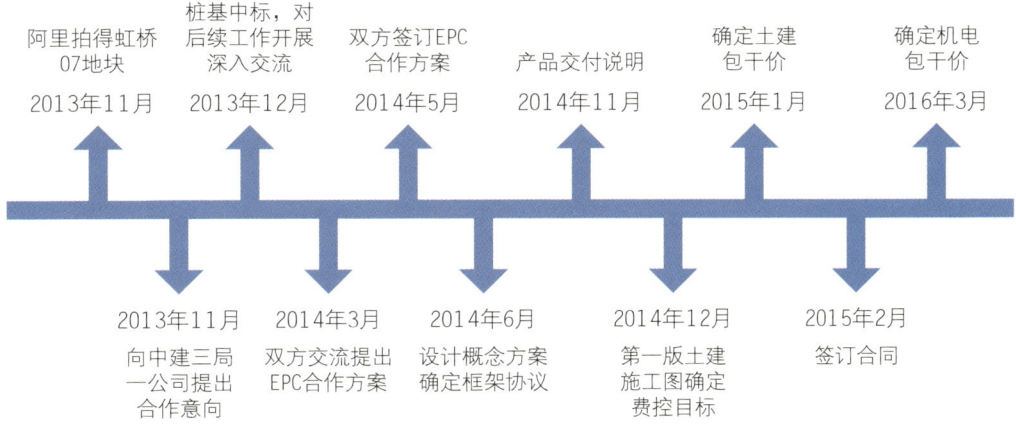

图 42.2-3　阿里巴巴集团与中建三局合作过程关键节点

42.2.4　EPC 模式项目应用

虹桥阿里中心项目中 EPC 模式应用主要涉及设计管理、招采管理和计划管理等方面。

1. 设计管理

（1）主要工作内容

虹桥阿里中心项目定位是中高端商务办公城市综合体，内含办公、商业、邮局等功能。其中地下三层为地下车库，部分为人防区域，地下二层与地铁及能源通道相连，地下一层有下沉式商业广场；地上部分包含 4 栋塔楼和 4 栋裙楼，内含办公、商业、邮局等功能。整体建筑业态丰富，各部分设计需求不同。

EPC 总承包商设计管理的范围包括业主委托的设计单位管理（包括但不限于总图、建筑、人防、结构、电气、消防、给排水、暖通、动力、日照分析、方案设计阶段的绿色三星专篇、方案设计阶段的弱电及智能化设计专篇、概算专业设计工作等）（图 42.2-4），以及其他根据工程需要须完成的专项设计（包括燃气、环境评价、交通评价、泛光照明、弱电专项、室内装修、标识设计、幕墙专项招标图、景观、基坑支护设计、施工图预算、竣工图编制等）承包与委托等。

图 42.2-4　EPC 模式中设计管理的主要工作内容

（2）设计流程

EPC 模式总承包商的设计管理工作流程如表 42.2-1 所示。

表 42.2-1　EPC 总承包商设计管理工作流程

工作流程	工作名称	工作具体内容
1	设计资料收集	收集设计各阶段资料，包括产品设计说明书及交付标准、业主需求等
2	设计任务书编制	设计部编制各设计任务书，设计任务书经 EPC 项目部审核，最后经业主审批确认
3	方案设计启动会	设计部组织对设计单位进行设计交底，EPC 项目部、关联设计单位、业主参加，形成设计启动会会议纪要
4	概念方案（或深化方案）设计	设计单位进行概念方案（或深化方案）设计，设计过程中设计技术部进行若干次设计交流（通知业主及第三方专家顾问），形成会议纪要
5	概念方案（或深化方案）评审	设计部组织评审会，EPC 项目部、关联设计单位、业主、第三方专家顾问参加，形成评审会议纪要
6	扩初图设计	设计单位进行扩初图设计，设计过程中设计技术部不定期进行设计交流（通知业主及第三方专家顾问参加），并形成会议纪要
7	扩初设计成果评审	设计部组织扩初设计评审会，EPC 项目部、关联设计单位、业主、第三方专家顾问参加，形成评审会议纪要
8	施工图设计启动会	设计部组织对设计单位进行设计交底，EPC 项目部、关联设计单位、业主（如需要）参加，形成启动会会议纪要
9	施工图设计	设计单位进行施工图设计，设计过程中设计技术部不定期进行设计交流（通知业主及第三方专家顾问参加），并形成会议纪要
10	施工图设计成果评审	设计部组织施工图评审会，EPC 项目部、关联设计单位、第三方专家、业主（可选）参加，形成评审会议纪要
11	施工图图审机构审查（若有）	如相关部门规定施工图必须经图审机构审查，设计技术部安排设计单位完成施工图审查，并将审查合格证书原件及盖章图纸（1 套）送业主存档

（3）职责分工

EPC 总承包商与业主方在设计管理中的职责分工如表 42.2-2 所示。

表 42.2-2　EPC 总承包商的与业主方的职责分工

序号	工作事项	权责界面 EPC 项目部	权责界面 业主方	设计成果文件	业主方管控要点
1	设计资料收集	主办	配合		完整性、真实性
2	设计任务书	主办、审核	审核、审批	任务书	（1）是否包含模板中的各章节内容； （2）设计范围是否完整无缺漏； （3）是否有限额设计要求； （4）是否与交付标准要求相符； （5）任务书是否已按流程进行内部审核及各方评审，审核记录完整性
3	设计启动会	主办	配合	会议纪要	（1）是否按启动会规程中的要求进行； （2）是否明确设计要求及计划； （3）有会议纪要，记录完整
4	概念方案设计及评审	主办、审核	审批	方案会议纪要	（1）方案是否从功能、体验、招商运维、可实施性、造价及效果综合考虑； （2）方案是否满足交付标准要求； （3）方案成果是否满足任务书及合同要求（完整性、概算等）； （4）过程沟通是否有会议纪要，会议遗留问题的跟踪及闭合情况； （5）是否已按流程进行内部审核及各方评审，评审记录完整性
5	深化方案设计与评审	主办、审核	审批	图纸会议纪要	
6	扩初设计及评审	主办、审核	备案	图纸会议纪要评审记录	（1）方案评审的要求是否已在此阶段落实； （2）是否满足交付标准要求，与方案确定的功能、效果、材质、做法及系统架构是否有偏离； （3）扩初成果及深度是否满足任务书及合同要求； （4）是否设置过程检查点并有记录，检查的问题或会议纪要的遗留问题是否跟踪、闭合； （5）是否已按流程进行内部审核及各方评审，评审记录完整性
7	施工图设计启动会	主办	配合	会议纪要	（1）是否按启动会规程中要求的进行； （2）是否明确设计要求及计划； （3）有会议纪要，记录完整

表 42.2-2（续）

序号	工作事项	权责界面 EPC项目部	权责界面 业主方	设计成果文件	业主方管控要点
8	施工图设计及评审	主办、审核	备案	图纸会议纪要评审记录	（1）扩初评审的要求是否已在此阶段落实； （2）是否满足交付标准要求，与方案确定的功能、效果、材质、做法及系统架构是否有偏离； （3）施工图成果及深度是否满足任务书及合同要求（图纸完整性、预算）； （4）是否设置过程检查点并有记录，检查的问题或会议纪要的遗留问题是否跟踪、闭合； （5）是否已按流程进行内部审核及各方评审，评审记录完整性； （6）施工图修改符合度、问题闭合情况
9	施工图管理	主办	备案	盖章版施工蓝图	（1）在用图纸清单详实，包括图纸版本、白图、电子图等； （2）发放记录清晰； （3）在用图纸均受控，各方版本一致； （4）持有人与发放记录可对应
10	技术交底	主办	配合	技术交底材料会议纪要	（1）交底参与方、流程符合度； （2）交底内容完整性； （3）有会议纪要，记录完整
11	四方会审	主办	配合	评审记录会议纪要	（1）交底参与方、流程符合性； （2）交底内容完整性； （3）有会议纪要，记录完整； （4）问题闭合情况、修改符合度
12	施工图深化设计及评审	主办、审核	备案	图纸会议纪要评审记录	（1）是否满足交付标准要求，与施工图确定的功能、效果、材质、工艺做法及系统架构、选型、质量安全是否有偏离； （2）过程沟通是否有会议纪要，会议遗留问题的跟踪及闭合情况； （3）是否已按流程进行内部审核及各方评审，评审记录完整性； （4）深化图纸的管理规范性
13	效果类专项设计封样	主办、审核	审批	电子样品实物样品台账	（1）样品封样的完整性，是否有台账记录； （2）流程审批的规范性
14	设计全周期计划编制	主办、审核	审批	设计全周期计划表	（1）各级计划完整性； （2）计划合理性； （3）审批流程规范性
15	设计全周期计划执行	主办	管控到一级计划	—	（1）计划过程跟踪情况； （2）划预警及解决方案
16	设计全周期计划变更	主办、审核	审批	设计全周期计划表变更审批	变更调整的审批流程规范性（需说明调整原因、对项目进度的影响）
17	设计变更	主办、审核	备案（<10万元），审批（≥10万元）	设计变更申请书	变更申请流程的合规性（时效、审批程序）
职责描述说明					
主办	业务（工作任务）组织起草或发起部门，业务承办部门（主办），对业务执行的全过程及最终结果负责				
配合	根据职责必须参加某项业务工作的配合部门，为业务承担部门完成该项工作任务提供输入性前提条件，或根据业务承担部门的安排可选择性地参与相关工作				
审核	根据专业标准、规范要求、专业能力或经验，对审议（评审）的事项或文件提出建议或意见，供决策参考				
备案	以书面形式将工作情况反馈给相关单位/部门存档备查				

（4）设计变更流程

EPC总承包模式中，工程设计变更分为实质性需求变更和一般性设计变更，一般性设计变更可细分为设计优化、错漏碰缺及其他情况三种变更类型。

①实质性需求变更：是指由业主方主动提出的与《产品说明书（交付标准）》不一致或对工程功能、档次及标准要求所做的重大更改，业主方以书面函件形式通知EPC项目管理方予以实施。实质性需求变更流程如图42.2-5所示。

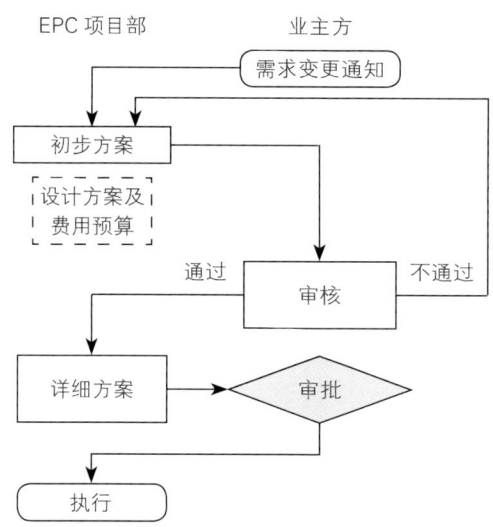

图 42.2-5 实质性需求变更流程图

②一般性设计变更：是指除实质性需求变更外的其他变更，如设计优化、技术核定单、包干价中明确的施工工艺改变等均属一般性设计变更。

a. 设计优化类：指在不改变规划、功能、档次及效果的前提下，对已商定包干价部分的设计文件进行的优化调整，对应的流程如图 42.2-6 所示。

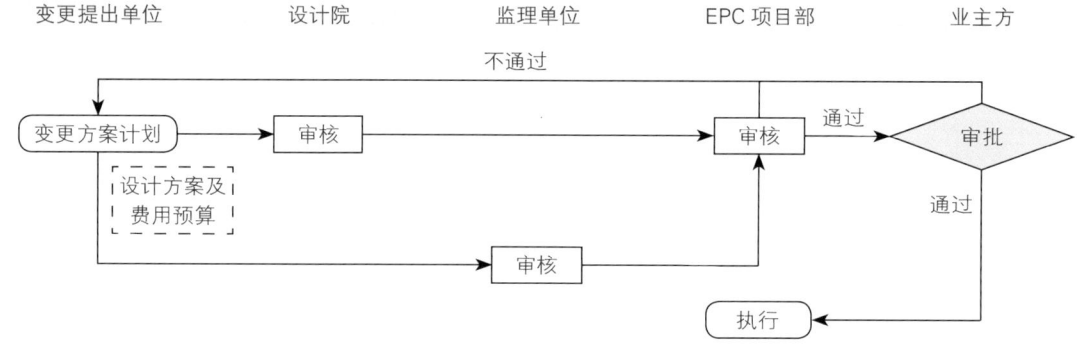

图 42.2-6　设计优化类一般性变更审批流程

b. 错漏碰缺类：指对已确定包干价的设计文件中所存在的遗漏、错误、缺陷和不足之处，EPC 项目管理方自行修复、弥补、纠正和完善的设计变更，对应的流程如图 42.2-7 所示。

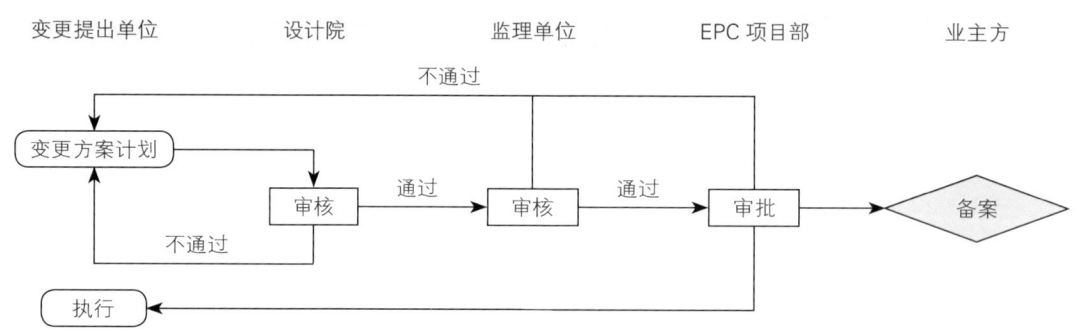

图 42.2-7　错漏碰缺类一般性变更审批流程

c. 其他情况类：指除以上设计优化、错漏碰缺、图纸深化以外的其他特殊变更情况。

2. 招采管理

（1）管理范围

招采管理方面，EPC 总承包商负责的内容包括但不限于以下范围：

①报批报建：为发包方代为办理规划设计方案批复完成后至房屋产权登记完成前的全部报批报建、竣工备案、房屋产权初始登记等一切事务。

②勘查及设计：包括对发包人所完成委托的勘察（设计）单位管理及其他根据工程需要须完成的专项设计（基坑、幕墙、精装修、智能化、景观、标识、泛光照明、外线供电等专项设计及土建施工图设计）承包与委托等。

③建筑安装及配套工程采购与施工：包括土建工程、机电工程、送配电工程、消防工程、装修工程、幕墙工程、智能化工程、泛光照明、景观园林、市政配套等工程的采购与施工及与该工程有关的环境清理、市容维护、交通、噪声、民扰（扰民）调停处理及垃圾清理外运等相关工作。

④满足业主前期设计规划和相关规范要求：工程应满足凯达环球建筑设计咨询（北京）有限公司编制的方案设计文件、上海建筑设计研究院有限公司编制的总体设计文件、产品说明书（交付标准）全部性能标准及现行的国家、地方相关设计、施工等规范要求的预期功能。

（2）计价方式

在虹桥阿里中心项目的EPC模式应用中，采用了如下的计价方式：

计价方式 = 土建工程（固定总价）+ 工程费控

其中，土建工程为固定总价包干，在合同执行期内，除合同约定的可调整部分外，合同总价不再调整。其它专项工程为费控价，费控价是后续专项工程包干价谈判的费控目标上限，承包人提出的包干总价不得超出上述费控目标，除合同约定、不可抗力、发包人要求的实质性需求变更、人工及主材（涨跌幅度超过5%以外部分）及相关税收法律法规（营改增税收政策变化时，双方再行商议）调整外，总价不予调整。

EPC项目管理服务费依据项目总建造成本按照一定的比例计取，总建造成本是指经双方协商并达成一致后的建筑安装工程费、项目配套工程费、设计费（含施工图设计费）、前期费等，不含招商及运营费、财务费、土地费等其他费用，项目竣工验收后根据最终核定的项目总金额乘以上述比例据实结算并支付。

（3）招采方式

招采规划共分为五个板块，分别为开发、设计、施工、竣工、售后，共有五种采购方式：A类自选品牌——乙采乙供；B类指定品牌——乙采乙供；C类准入控制——乙定乙供；D类联合采购——甲定乙供；E类业主采购或垄断采购——甲采甲供。采购方式A~D的流程分别如图42.2-8—图42.2-11所示。

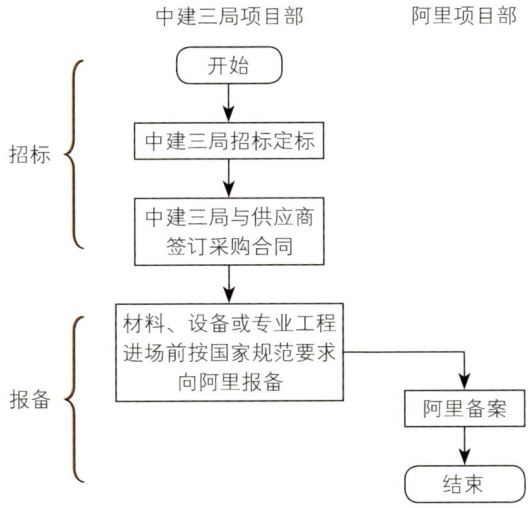

图42.2-8 自选品牌采购流程

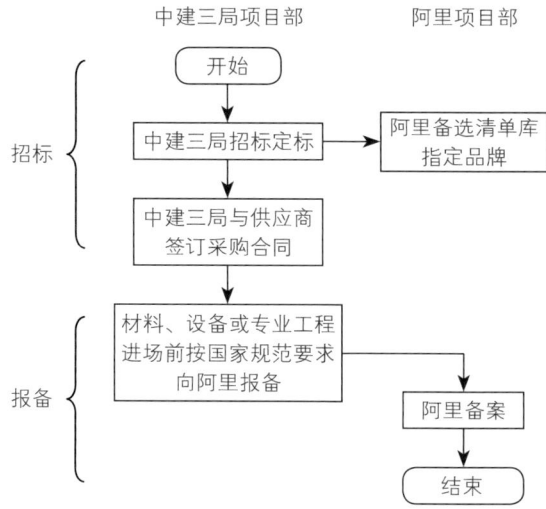

图 42.2-9 指定品牌采购流程

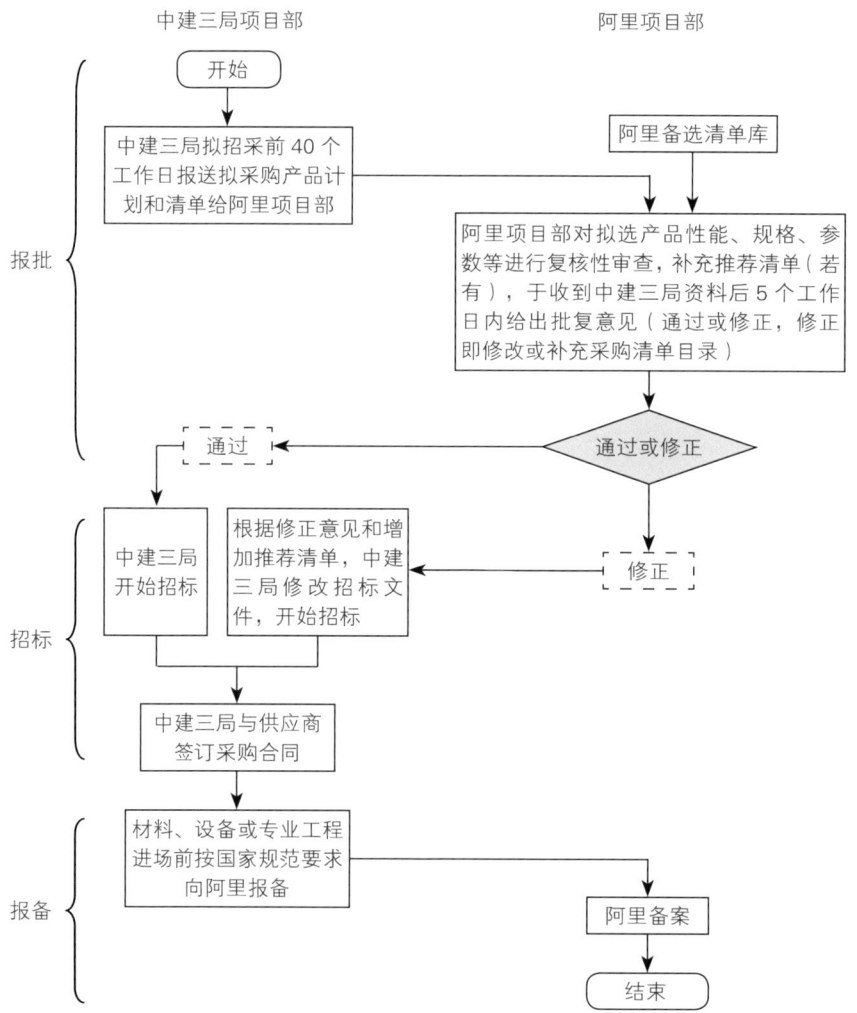

图 42.2-10 准入控制采购流程

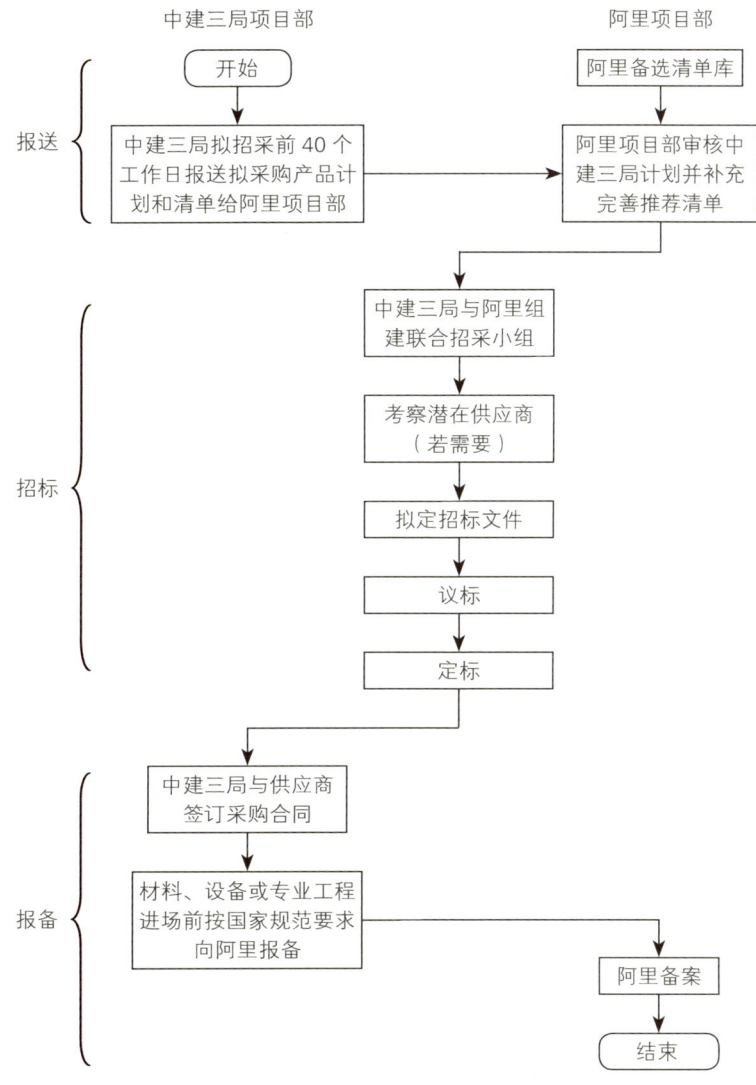

图 42.2-11 联合采购采购流程

（4）工程款支付

该工程款支付实行综合节点付款方式，即 EPC 工程进展须完全达到施工、报批报建、设计、成本采购四个形象进度（21 个节点）窗口期，原则上每两个月按已完成工程量（含工厂制作部分）的 80% 支付进度款。对于电梯、电线电缆（母线）、铝型材，支付一定比例的预付款，其中电梯设备款支付比例为"设备合同签订后支付设备款 10%，排产前支付设备款 20%，发货前支付设备款 30%"，其他材料预付款比例为 10%。付款申请流程如图 42.2-12 所示，付款申请表形式如图 42.2-13 所示。

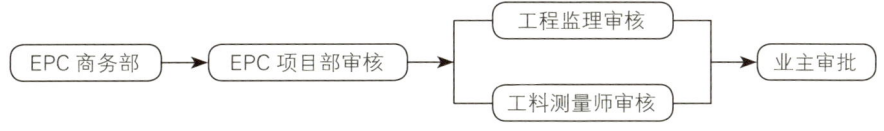

图 42.2-12 EPC 工程款支付申请流程

（5）签证变更

该工程设计变更分为实质性需求变更和一般性设计变更，只有实质性需求变更才发生费用。发包人发出更改指令后，承包人需在 28 日内提出费用变更单，发包人在收到费用变更单之日起 14 日内回复审核意见，并确认盖章发放给承包人，作为工程结算依据。签证变更流程如图 42.2-14 所示，相应的费用确认单如图 42.2-15 所示。

EPC工程综合形象进度付款申请表

申请编号：________

项目名称		EPC总包单位	
合同编号		申请日期	
综合形象进度			
1、施工形象进度：			
2、报批报建形象进度：			
3、设计形象进度：			
4、成本采购形象进度：			
本次付款申请			
附件：工程形象进度表。			
付款审批意见			
EPC总承包单位（签字及盖章）	施工工程经理：	EPC执行经理：	年 月 日
监理单位（签字及盖章）	工程监理总监：		年 月 日
工料测量单位（签字及盖章）	工料测量师：	测量审核人：	年 月 日
建设单位（签字或盖章）	成本采购经理：	虹桥项目总监：	年 月 日

图 42.2-13　EPC 工程综合形象进度付款申请表

图 42.2-14　EPC 签证变更流程图

实质性需求变更费用确认单

编号：________

项目名称		EPC总包单位	
合同名称		合同编号	
变更联系单编号		原估算造价	
原　因			
内　容			
EPC申报造价	总造价：　　元； 附件：量价明细表页、工程量计算书页、工程联系函页。		
审核后形成结论	□ 费用：　　元；　□ 工期：延长　　天； 是否：在原估算范围内：　是　　是否：在原工期范围内：　是		
审批流程			
EPC合约部门	经办人：	EPC合约经理：	年 月 日
EPC项目管理方（签字及盖章）		EPC执行经理：	年 月 日
工料测量单位（签字及盖章）	工料测量师：	测量审核人：	年 月 日

图 42.2-15　实质性需求变更费用确认单

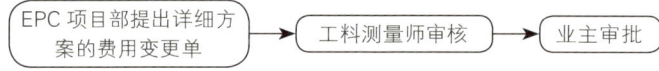

3. 计划管理

（1）管理思路

计划管理能力是核心业务管理能力的根本，是总承包项目开展是否顺利的前提，也是总承包全局目标把控的前提。该项目 EPC 计划管理思路由三大部分组成，自上而下分别为工期计划、资源计划和工作计划。工期计划是龙头，是所有计划的根本，资源计划和工作计划的重要依据；资源计划辅助工期计划，是工期计划实现的重要保证；工作计划则是资源计划的基础，是保证资源计划落实的重要保证。

（2）编制方法

计划管理涵盖了业主、设计、分包商、供应商等计划，而总承包商的计划以业主计划为导向，计划管理应居于主导地位。在这个大框架下，形成了该项目的计划编制方法，具体如图 42.2-16 所示。

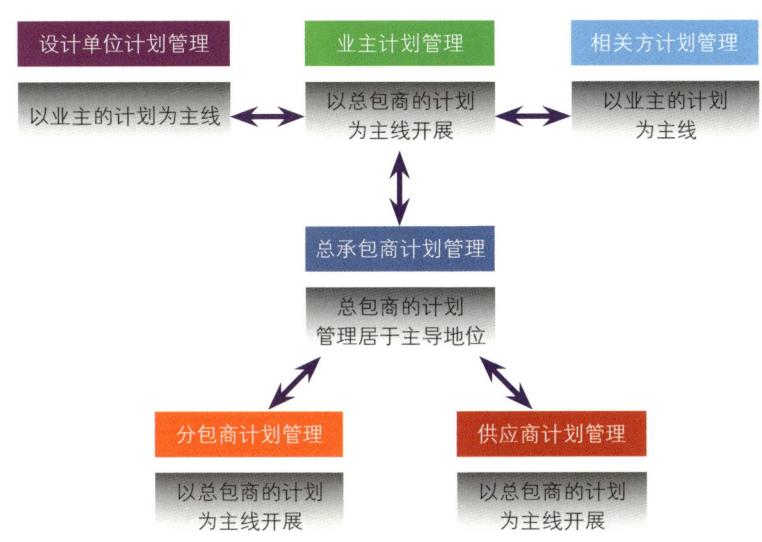

图 42.2-16　EPC 管理计划编制方法

（3）管理过程

该项目的计划管理过程共包含如下五个方面的内容：

①制定进度计划管理办法、分包进度计划管理办法、进度协调会会议制度。

②梳理各项进度计划。

③日常进度的跟踪与协调。

④梳理工程的功能区间，编制工程的编码体系。

⑤完成土建与机电部分功能区间工序的梳理工作。

（4）管控方法

该项目划管控方法的制定遵循如下三个主要思路：

①以进度为主线，把与项目推进相关的各业务工作进行分阶段、分层级的策划。

②加强项目进度过程控制，建立实时跟踪、进展偏差的实时纠正与风险控制方法。

③项目实施策划前置到设计阶段。项目实施过程以策划实施和进度跟踪管理为主。

在此基础上把计划管控方法分为三大阶段分别制定，具体如表 42.2-3 所示。

表 42.2-3　EPC 管理计划管控方法

工程阶段	具体内容
设计阶段	（1）协助设计管理搭建设计任务架构，编制设计进度计划。协助理清各项设计任务之间的关联点和关键点，梳理设计、合约招采、工程施工的逻辑关联关系，建立完善的设计进度计划和设计进度风险控制清单。 （2）依据设计进度计划，跟踪各设计任务的进度状况，督促设计管理人员跟进主要关联点设计进度，督促合约招采部按时完成设计商、专业分包商的招采和对设计所需材料、设备性能、参数等的咨询工作。 （3）编制项目实施策划：通过从方案设计、扩初图设计到施工图设计一系列的管理活动中，深入了解设计意图和业主需求，在设计阶段从单点单方案的工程策划逐步完善成项目整体策划

表 42.2-3（续）

工程阶段	具体内容
合约招采阶段	（1）协助合约招采管理搭建合约架构和合约规划，编制合约招采进度计划和合约招采进度风险控制清单。 （2）依据合约招采进度计划，跟踪各项合约招采工作的进度状况，督促合约招采部按计划完成承包商和主要材料、设备的招采工作
工程实施阶段	（1）进度过程管理重点是策划中进度风险项和工期线条管理。 （2）过程跟踪合约招采进度、各承包商的施工进度、资源配置、工作计划是否符合项目总进度要求。 （3）跟踪过程中如发现异常或偏离，需要进行分析、预警、责任方认定并制定进度纠偏措施。 （4）定期编制进度报告，作为业主和相关单位进度管理参考文件。 （5）对进度计划的偏离，重点监督和防范可能对工期造成重大影响的主要方面进行梳理

42.2.5 EPC 模式优点总结

EPC 模式作为先进的工程总承包模式，给业主和总承包商双方都带了诸多好处。下面分别从业主和总承包商的角度阐述 EPC 模式的优点。

1. 业主方面

（1）降低了工程造价

工程总承包一般为固定总价合同，除政策性因素或业主要求变更引起的费用调整外，其他一律不得调整合同额。因设计深度不够，施工组织不当等引起的其他所有费用调整，都由工程总承包单位承担，工程总承包单位不得额外索取要求变更增加合同费用。这样业主从根本上规避了总承包单位通过各种手段变更增加费用的风险，保证工程投资可控。

（2）缩短了工程建设周期

EPC 模式能够使业主方发挥整合和协调的作用，通过对设计、物资设备采购、施工的统筹安排，显著提高工作效率，从而缩短建设工期。初步设计审查后施工图设计过程中，可提前组织施工单位进场开展"三通一平"等施工准备工作。通过科学合理组织安排，保障项目设计、采购、施工有序衔接，缩短建设工期。

（3）保证了工程质量

通过 EPC 模式，业主可实现设计、采购、施工、竣工验收全过程的质量控制，能够在很大程度上消除质量不稳定因素。设计、施工在总承包方内部进行，设计工程师、施工工程师可以随时相互沟通和对接，能有效地克服以往设计、施工分离从而造成的相互制约和脱节的矛盾，可以有效避免施工环节由于没有完全理解设计意图而造成错误和问题，同时，针对工程建设的重点难点问题，工程总承包单位可以主动组织项目设计人员、施工人员提前对接，施工人员的合理建议将纳入设计方案中，设计人员将对施工组织全过程进行配合和指导，确保项目建设质量。

2. 总承包商方面

（1）大资源

由 EPC 项目核心管理层统一集中资源，工作界面的划分、工作界面的交接、工作界面的穿插施工及验收、垂直运输、总平面、临水临电、测量、后勤、行政由总包层统一集中，发挥项目集合优势，将整体共享资源集约管理。

（2）大商务

商务资源由合约商务部统一管理，并负责项目整体费控目标实现及利润、创效实现。总包商务部负责项目整体利润与创效，成本部担负内部成本责任；土建商务人员由总包商务部指定专人负责，土建商务人员负责土建商务工作管理目标实施及土建日常商务工作，接受总包层及土建项目管理双层领导。

（3）大技术

技术资源由总包设计技术部统一管理，土建技术人员由总包技术深化设计部指定专人负责，土建技术人员负责土建日常技术工作及技术工作管理目标实施，接受总包层及土建项目管理双层领导。

（4）独立计划系统

计划管理部与技术深化设计部分离，组成独立的计划编制、计划管控与纠偏、计划考核体系。

（5）独立品质系统

项目将质量、健康、安全和环境（QHSE）工作划归品质管理部统筹管理，成立了对项目整体实施进行监督的 QHSE 独立系统，EPC 负责 QHSE 管理体系的建立、运行与考核，品质部经理负责对项目 QHSE 管理的宏观掌控和微观展开，各专业分包工程师由本专业分包负责人统一领导，但需接受项目 EPC 管理层考核的整体要求。

42.2.6 EPC 模式应用经验总结

虹桥阿里中心项目采用 EPC 模式，本质上是施工总承包向工程总承包过渡阶段的 EPC 模式。在工程建造周期内，从管理深度上,业主逐步退出,总承包商逐步深入,由于行业缺乏成功的经验,业主和总承包商在项目合作的过程中都暴露了一定的问题,同时也都在探索适合自己的管理模式。业主方对项目的实质性需求较多且定位很高,希望打造成上海中高端商务办公城市综合体中的标杆,但在实际操作过程中并没有完全放开管理权限。总承包商前期设计管理的经验有所欠缺,在有限权限、固定总价、固定工期的条件下,对工程的组织管理、质量、安全、进度和造价全面负责,存在实质性困难。

1. 项目设计方案

业主参与概念方案设计阶段和成果的审核,以及最终方案成果审批;EPC 总承包商的设计效果需最大限度地满足业主需求。业主在降低成本压力的情况下,容易出现在设计上过于追求效果的情况,加上决策流程较为复杂,设计方案阶段方案确认难度大,时间不可控。EPC 总承包商则对设计的全周期进度计划负责,由于前期概念方案的进度控制权限不足,直接影响到工程设计、包干价谈判、各专业图纸整合和施工等后续工作,由此产生的所有后果均由 EPC 总承包商负责。对于这种情况,应将项目全周期进度计划进行合理划分,明确业主和 EPC 总承包商各自的权责范围,并形成相应的制度加以约束,加强设计计划的严肃性。

在设计变更方面,业主存在对实质性需求变更的指令确认及下发不及时,对设计变更和设计优化缺乏推动的动力,设置流程限制大且审批积极性并不高等问题。EPC 总承包商现行流程时限限制无法及时消除图纸中的错漏碰缺,无法全面对现场施工出现的问题进行及时解决,影响工期,同时没有优化平衡项目费用风险。故双方应提前确定设计变更制度来约束各自的行为,避免设计变更对项目整体进度的影响。

2. 交付标准

甲方的交付标准自身缺乏细致性和完善性,而施工图做法清晰明确,在两者出现冲突时,业主倾向于费用高或施工图成果好的做法,这给 EPC 总承包商带来了额外的成本。此外,修改交付标准程序上存在很大困难,业主对交付标准修改的积极性不高。EPC 总承包商由于缺乏前期经验及管理权限,未及时统一、细化交付标准并与业主形成共识,导致专项设计超费控。故双方应协商确定细致明确且便于操作的交付标准,尽量减少交付标准与施工图冲突的情况,如发生冲突,则应及时组织三方会谈,确定最终的做法。

3. 招采购合约

业主在设计咨询招采上,更倾向于行业领先的知名设计咨询单位,在设计方案选择上,更关注效果,造成专项设计概算超费控。EPC 总承包商在费控及合同签订时是考虑整合已确认做法,对未明确部分未在交付标准中明细说明,费控在此基础上产生,超费控无法平衡。对于这样的问题,业主应加强管理团队的专业性,着重考虑实用性,避免盲目追求效果,同时给 EPC 总承包商开放更多的权限。EPC 总承包商也要与业主积极协商,调整方案或增加费控。

4. 权限职责

在 EPC 模式的框架下,特别是"交钥匙工程",总承包商应得到更多的权限,而在我国,业主通常完全掌握着规划、概念设计等关键权限,由于业主管理团队专业性的欠缺,前期设计往往存在一些问题,给后续的 EPC 总承包商深入设计、招采等带来困难。因此,业主应在前期规划阶段邀请 EPC 总承包商共同参与,在方案形成过程中,充分平衡业主的需求与实施难度之间的矛盾,在项目前期就形成切实可行的设计方案,减少后期方案变更带来的成本增加。

现行市场环境下 EPC 项目尚处于探索推广阶段,实操过程中也缺少相关经验,因此在施工总承包向工程总承包过渡阶段必然存在着许多问题。特别是综合体建筑功能复杂,需求较多,在这类项目中,概念方案阶段之前都由业主方全部负责或采用联合招标确定一家设计单位负责设计。同时为增加双方的积极性,可考虑双方共同入股参与项目开发,形成利益共同体,而不是简单的甲方乙方关系。

但瑕不掩瑜,EPC 模式本身仍然是先进的模式及未来发展的方向,也将有更多的业主、承包商在 EPC 模式本土化方面进行有益的探索,促进 EPC 模式在我国的健康发展。

附录

虹桥商务区开发建设大事记

附录　虹桥商务区开发建设大事记

2011 年

2011年3月26日，虹桥商务区举行核心区区域集中供能项目开工暨06号、08号地块建设项目奠基仪式，这标志着虹桥商务区核心区开发建设正式启动。时任上海市副市长沈骏宣布虹桥商务区建设项目开工，管委会党组书记、常务副主任薛全荣主持仪式。

2011年6月10日，虹桥商务区管委会向核心区一期08号地块D23街坊城市综合体桩基部分工程发放施工许可证，这是虹桥商务区管委会受理并发放的第一张施工许可证。

2011年12月20日，中共中央政治局委员、时任上海市委书记俞正声赴虹桥商务区视察调研，时任上海市委副秘书长李逸平，管委会党组书记、常务副主任薛全荣等陪同调研。

2011年12月26日，中国博览会会展综合体项目举行开工仪式。

2011年12月29日，上海湘虹置业有限公司举行虹桥商务区核心区一期09地块项目启动仪式。

2011年12月30日，丽宝（上海）房地产开发有限公司在虹桥商务区举行核心区01号地块"虹桥丽宝广场项目"动土奠基仪式。时任上海市人大常委会副主任吴汉民，管委会党组书记、常务副主任薛全荣，市台办主任李文辉，闵行区委书记孙潮以及海基会董事长江丙坤等出席奠基仪式。

2012 年

2012年2月8日，时任上海市委副书记、市长韩正一行赴虹桥商务区视察调研。时任上海市副市长、虹桥商务区管委会主任沈骏，市政府副秘书长、市发展改革委主任周波，市政府副秘书长、市商务委主任沙海林，市政府副秘书长尹弘陪同调研。管委会党组书记、常务副主任薛全荣等参加调研。

2012年3月12日，经市政府研究决定成立虹桥商务区开发建设指挥部，指挥部办公室设在虹桥商务区管委会。

2012年3月15日，虹桥商务区开发建设指挥部召开成立大会暨第一次全体会议。时任上海市副市长、虹桥商务区开发建设指挥部总指挥、管委会主任沈骏出席，市政府副秘书长、虹桥商务区开发建设指挥部第一副总指挥尹弘主持会议。指挥部常务副总指挥、管委会党组书记、常务副主任薛全荣，市建设交通委主任黄融，闵行区区长莫负春及市发展改革委、市商务委、市经济信息化委、市规划国土资源局等负责人出席会议。

2012年3月21日，指挥部常务副总指挥、管委会党组书记、常务副主任薛全荣主持召开虹桥商务区开发建设指挥部办公室第一次全体会议。

2012年4月12日，时任上海市副市长、虹桥商务区开发建设指挥部总指挥、管委会主任沈骏召开专题会议，协调落实虹桥商务区主功能区政府性投资项目授权委托审批、资金平衡、核心区一期能源管沟工程建设资金和博世变电站差价资金等工作。指挥部常务副总指挥、管委会党组书记、常务副主任薛全荣，市建设交通委主任黄融，市发改委、市财政局、市规划国土资源局、闵行区政府、申虹公司、市电力公司等单位有关负责同志参加会议。

2012年7月30日，核心区一期02号地块虹源盛世国际文化城项目举行奠基仪式。指挥部常务副总指挥、管委会党组书记、常务副主任薛全荣出席会议并致辞。

2012年9月20日，虹桥商务区核心区一期04号地块上海虹桥万通新地中心正式动工。

2012年10月11日，时任上海市委常委、市纪委书记杨晓渡调研核心区06号地块瑞安"虹桥天地"项目工地，并召开座谈交流会。指挥部常务副总指挥、管委会党组书记、常务副主任薛全荣参加座谈会。

2012年10月15日，中共中央政治局委员、时任上海市委书记俞正声调研虹桥商务区，现场踏勘核心区一期06号地块虹桥天地项目、08号地块虹桥绿谷项目和区域三联供能源中心及管沟项目，了解虹桥商务区开发建设进展情况。市委常委、市委秘书长尹弘陪同调研。指挥部常务副总指挥、管委会党组书记、常务副主任薛全荣汇报了土地出让、项目建设等方面的进展情况。

2012年11月8日，虹桥商务区核心区一期07-1号地块上海冠捷科技总部大厦项目举行开工典礼。

2012年12月3日，核心区一期05号地块龙湖虹桥天街项目举行开工仪式，这标志着虹桥商务区核心区一期所有地块社会投资项目全面开工建设。

2012年12月18日，虹桥商务区基础设施项目在迎宾绿地举行开工典礼，这标志着虹桥商务区核心区政府投资项目全面开工建设。

2013年

2013年1月29日，虹桥商务区管委会获得"2012年度建筑节能工作先进单位"。

2013年1月，虹桥商务区核心区（一期）首批四个绿色建筑设计标识项目正式获得国家住建部颁发的"绿色建筑三星设计"标识证书，四个项目分别为核心区（一期）06号地块D17街坊1~3号办公楼、06号地块D17街坊虹桥新天地、08号地块D23街坊城市综合体项目和区域集中供能能源中心及配套工程。

2013年3月11日，虹桥新能源技术中心揭牌仪式在申虹国际大厦五楼举行。指挥部常务副总指挥、管委会党组书记、常务副主任薛全荣出席仪式，并与三菱重工业株式会社社长大宫英明共同为虹桥新能源技术中心揭牌。

2013年3月12日，时任上海市副市长姜平、市政府副秘书长黄融一行到虹桥商务区调研，指挥部常务副总指挥、管委会党组书记、常务副主任薛全荣参加调研。姜平一行察看了商务区核心区一期06号虹桥天地项目、08号地块虹桥绿谷项目及区域供能能源站项目建设现场，参观了商务区展示厅、应急响应中心指挥大厅等，随后观看了工作汇报片，听取了管委会关于虹桥商务区规划建设情况的汇报。

2013年5月6日，中共中央政治局委员、时任上海市委书记韩正来虹桥商务区调研。时任上海市委常委、秘书长尹弘，副市长姜平，市委副秘书长、办公厅主任李逸平，市委副秘书长、市委研究室主任张道根，市委副秘书长王为人，市政府副秘书长黄融等陪同调研。韩正一行实地察看了商务区核心区（一期）06号地块"虹桥天地"项目、08号地块"虹桥绿谷"项目、区域三联供能源中心项目及国家会展项目的建设现场。指挥部常务副总指挥、管委会党组书记、常务副主任薛全荣汇报了虹桥商务区开发建设推进情况。

2013年5月31日，虹桥商务区开发建设2012年立功竞赛表彰暨国家会展项目分赛区动员大会在国家会展中心项目建设指挥部召开。

2013年7月5日，虹桥商务区核心区南02号地块上海宝业中心项目举行开工典礼。

2013年8月1日，中共中央政治局委员、时任上海市委书记韩正，时任上海市委副书记、市长杨雄到虹桥商务区调研。韩正、杨雄一行实地查看了虹桥商务区核心区（一期）08号地块"虹桥绿谷"项目建设进展，听取了各地块项目的建设方案，观看了地块项目展示模型。指挥部常务副总指挥、管委会党组书记、常务副主任薛全荣现场汇报了虹桥商务区开发建设的有关情况。

2013年10月18日，虹桥商务区区域集中供能一期工程正式竣工并投入试运行，标志着历时两年多的区域冷热电三联供项目顺利完工。

2013年11月11日，时任上海市副市长蒋卓庆、市政府副秘书长黄融一行来虹桥商务区调研。指挥部常务副总指挥、管委会党组书记、常务副主任薛全荣汇报了虹桥商务区开发建设情况。

2013年12月23日，虹桥商务区管委会组织开展核心区南北片区已出让地块开工目标签约仪式，上海中骏创富房地产有限公司、上海旭弘置业有限公司、正荣御品（上海）置业发展有限公司、传富置业（上海）有限公司负责人参加签约。

2013年12月31日，虹桥商务区核心区一期06号地块D17街坊2号、3号办公楼上盖工程顺利通过管委会竣工验收备案，这是虹桥商务区核心区第一个通过竣工验收备案的建设工程项目。

2014年

2014年1月18日，核心区一期03号南地块虹桥万科中心项目一期全面实现主体结构封顶。

2014年3月14日，虹桥商务区核心区北片区09、10号地块"上海新华联国际中心"项目举行开工典礼。

2014年3月21日，国家会展中心项目赛区2013年立功竞赛总结表彰暨2014年百日竞赛动员大会召开。

2014年3月27日，富力地产集团收购虹桥商务区核心区一期08号D13街坊签约仪式举行，至此，富力公司在虹桥商务区的投资总额已达近200亿元，开发体量逾66.7万 m³。

2014年6月，虹桥商务区核心区区域一期集中供能项目正式运行，开始为核心区首批入驻企业提供清洁高效的能源服务。

2014年6月18日，上海市"安全文明施工、建筑节能、节约型工地"施工现场观摩活动在核心区一期09号地块"三湘湘虹广场"开展，这是虹桥商务区第一家市级观摩工地。

2014年7月9日，虹桥商务区防汛防台应急演练在虹源盛世国际文化城B区深基坑施工现场拉开帷幕。

2014年7月17日，台湾丽宝集团在上海的首个项目"虹桥丽宝广场"D04街坊1号楼主体结构封顶。

2014年9月19日，虹桥商务区3号能源站暨北15号地块地下空间项目开工。

2014年10月9日，市建管委发布《关于调整委托虹桥商务区管委会对虹桥商务区主功能区建设管理事项的函》，对委托管委会实施的建设管理事项作了调整。

2014年10月19日至21日，世界上面积最大的建筑单体和会展综合体——国家会展中心（上海）试展。

2014年10月23日，会展通道东段工程正式开工。

2014年11月14日，由经纬集团开发建设的核心区南片区03号地块取得建设工程施工许可证并开工建设。至此，虹桥商务区核心区一期以及南北片区已出让的地块全部取得建设工程施工许可证。

2014年12月，虹桥商务区五个"三年行动计划"相继出台并实施，即《虹桥商务区公交配套三年行动计划》《上海虹桥商务区开发建设指挥部推进"智慧虹桥"建设2015–2017行动计划》《虹桥商务区核心区外围整治改造三年行动计划》《虹桥商务区核心区商务配套三年行动计划》《虹桥商务区主功能区"环境提升"三年行动计划》。

2014年12月4日，市政府副秘书长黄融在虹桥商务区管委会就核心区连接会展二层步廊、新能源项目建设等工作召开专题协调会。

2015 年

2015年1月20日，时任上海市副市长、虹桥商务区开发建设指挥部总指挥、管委会主任蒋卓庆召开专题会议听取虹桥商务区开发建设指挥部年度工作汇报。市政府副秘书长黄融出席会议，指挥部常务副总指挥、管委会党组书记、常务副主任薛全荣汇报了虹桥商务区2014年工作总结和2015年工作安排以及相关建议，市发展改革委、市建管委、市交通委、市规土局、闵行区政府等相关单位参会。

2015年5月6日，市委、市政府宣布：闵师林同志担任虹桥商务区开发建设指挥部常务副总指挥、管委会党组书记、常务副主任，免去薛全荣同志指挥部常务副总指挥、管委会党组书记、常务副主任职务。

2015年5月28日，时任上海市委副书记、市长杨雄调研虹桥商务区，市政府秘书长李逸平陪同调研。杨雄强调面对新的形势要求，作为全市六大重点开发区域之一，虹桥商务区要坚决贯彻落实市委、市政府"高品质开发"的要求，既要充分立足区位优势，站高看远，不断优化区域规划、功能定位和产业布局，又要加强各方统筹协调，探索联合开发机制，积极运用先进技术理念，进一步提高开发能级和水平，打造具有世界水准的精品。指挥部常务副总指挥、管委会党组书记、常务副主任闵师林参加调研。

2015年7月17日，虹桥商务区开发建设指挥部、管委会2015年半年度工作会议召开。副市长、虹桥商务区开发建设指挥部总指挥、管委会主任蒋卓庆出席会议并讲话。市政府副秘书长、虹桥商务区开发建设指挥部第一副总指挥黄融主持会议。指挥部常务副总指挥、管委会党组书记、常务副主任闵师林报告了2015年虹桥商务区开发建设上半年工作情况及下半年重点工作安排。

2015年7月22日，市政府新闻办举行新闻发布会，管委会副主任陈伟利介绍了虹桥商务区开发建设总体情况。

2015年8月10日，伴随桩基施工的启动，虹桥商务核心区（一期）与中国博览会会展综合体二层步廊工程正式宣告开工。

2015年9月15日，时任上海市委副书记、市长杨雄陪同云南省委副书记、省长陈豪率领的云南省代表团一行来到虹桥商务区考察。副市长时光辉，市政府秘书长李逸平，指挥部常务副总指挥、管委会党组书记、常务副主任闵师林等陪同考察。

2015年11月，虹桥商务区核心区一期07-1号地块冠捷科技大厦项目顺利通过管委会竣工验收备案并投入使用。

2015年11月20日，时任上海市政府副秘书长、虹桥商务区开发建设指挥部第一副总指挥黄融赴虹桥商务区调研会展二层步廊和地下通道工程。指挥部常务副总指挥、管委会党组书记、常务副主任闵师林，市发改委、市商务委、市交通委、市住建委（市重大办）、市规土局、申虹公司、东浩兰生集团、上博公司等负责人参加。

2015年11月27日,虹桥商务区管委会与美国绿色建筑委员会签订战略合作备忘录,进一步推进商务区绿色低碳建设。管委会党组书记、常务副主任闵师林,美国绿建委首席运营官马晗出席并致辞。

2016年

2016年1月11日,随着最后一榀钢桁架吊装到位,一条连接国家会展中心与虹桥商务区的人行步廊正式打通。这条由上海申虹投资发展有限公司投资建设、上海建工机械施工集团和上海市政设计总院联合总承包施工的"空中绿色通道"全长343m,最大宽度达25m,它相继穿越涞港路、小涞港、外环铁路和嘉闵高架,连接5号停车场、华翔路和虹桥商务区,有望解决国家会展中心观众快速分流疏散的难题。

2016年1月,由上海三湘(集团)有限公司投资建设虹桥商务区核心区(一期)09号地块虹桥三湘广场项目顺利通过管委会规划验收及竣工验收备案。

2016年2月24日,虹桥商务区开发建设指挥部、管委会2016年工作会议召开,副市长、虹桥商务区开发建设指挥部总指挥、管委会主任蒋卓庆出席会议并作讲话,市政府副秘书长、虹桥商务区开发建设指挥部第一副总指挥黄融主持会议。指挥部常务副总指挥、管委会党组书记、常务副主任闵师林对虹桥商务区2015年工作进行了总结并部署2016年工作安排。

2016年5月4日,指挥部、管委会召开虹桥商务区开发建设立功竞赛动员大会,虹桥商务区首次作为独立赛区全面启动新一轮立功竞赛活动。

2016年6月16日,时任上海市委副书记应勇到虹桥商务区调研。指挥部常务副总指挥、管委会党组书记、常务副主任闵师林等陪同调研。应勇指出,虹桥商务区区位、交通等优势明显,市委、市政府对商务区建设发展高度重视,要充分发挥管委会的牵头统筹作用,按照市委、市政府主要领导的要求,做好规划建设、招商推介、社会管理等各方面工作,做到规划的高起点高标准、区域建设布局的科学合理、各类功能配套逐步完善,实现商务区作为上海国际贸易中心新平台等方面的功能定位。

2016年6月20日,时任上海市委副书记、市长杨雄主持召开市政府常务会议,审议通过《上海虹桥商务区发展"十三五"规划》等事项,指挥部常务副总指挥、管委会党组书记、常务副主任闵师林汇报了规划编制情况。

2016年7月13日,由中共中央政治局委员、北京市委书记郭金龙率领的北京市代表团在中共中央政治局委员、市委书记韩正,市委副书记、市长杨雄等领导陪同下参观考察虹桥商务区。副市长、虹桥商务区开发建设指挥部总指挥、管委会主任蒋卓庆参加。代表团一行听取了指挥部常务副总指挥、管委会党组书记、常务副主任闵师林关于虹桥综合交通枢纽应急管理工作的汇报,听取了市交通委关于"十三五"上海综合交通发展情况的汇报。

2016年7月19日,时任上海市副市长、虹桥商务区开发建设指挥部总指挥、管委会主任蒋卓庆到虹桥天地、冠捷科技大厦总部、虹桥万科中心等项目现场调研,并召开指挥部、管委会2016年上半年工作会议,指挥部常务副总指挥、管委会党组书记、常务副主任闵师林报告了2016年虹桥商务区开发建设上半年工作情况及下半年重点工作安排。

2016年8月30日,时任上海市副市长、虹桥商务区开发建设指挥部总指挥、管委会主任蒋卓庆召开市政府专题会议,围绕功能提升,深入分析商务区开发建设现状,研究提出进一步推进落实的工作举措。市政府副秘书长、虹桥商务区开发建设指挥部第一副总指挥黄融,指挥部常务副总指挥、管委会党组书记、常务副主任闵师林等参加会议。

2016年9月28日,虹桥商务区核心区内首家国际五星级酒店新华联索菲特酒店开业运营。

2016年12月,虹桥商务区核心区一期09号Ⅲ-D0207街坊三湘湘虹广场工程荣获2016-2017年度国家优质工程奖,这是虹桥商务区首个"国优"工程。

2017年

2017年4月5日,世界技能组织评估考察团主席西蒙·巴特利、首席执行官大卫·霍伊、竞赛部主任斯多基等一行赴虹桥商务区参观考察,国家人社部副部长汤涛、副市长时光辉等陪同考察。

2017年4月13日,虹桥商务区东片区综合改造指挥部召开会议,时任上海市副市长陈寅,市政府副秘书长、虹桥商务区开发建设指挥部第一副总指挥黄融出席,虹桥商务区管委会、市发改委、市交通委、长宁区政府等相关单位负责同志参加。会上,上海机场集团和长宁区政府分别就虹桥东片区综合改造推进情况和临空经济示范区近期工作进行了汇报,指挥部常务副总指挥、管委会党组书记、常务副主任闵师林汇报了有关情况。

2017年4月28日,中国商务区联盟8个成员单位共34人赴虹桥商务区考察。

2017年5月17日，市委统战部组织各民主党派市委、市工商联、市职教社、市知联会赴虹桥商务区考察，指挥部常务副总指挥、管委会党组书记、常务副主任闵师林接待考察团一行。

2017年6月，全国低碳日上海主题宣传活动在黄浦区8号桥创意园区举行。此次活动聚焦绿色建筑领域，邀请在低碳建筑建设和运营等领域取得突出成绩的单位和个人进行了经验分享。活动中向上海市首批低碳发展示范区、首批低碳社区、第二批低碳发展实践区以及首批能效领跑者获奖单位进行了授牌。

2017年6月2日，虹桥商务区核心区04号地块D09街坊虹桥新地中心项目通过管委会竣工验收备案，标志着虹桥商务区核心区地标性建筑建成。

2017年6月26日，指挥部常务副总指挥、管委会党组书记、常务副主任闵师林召开专题会议，协调推进迎宾三路东延伸工程前期工作。

2017年6月27日，指挥部常务副总指挥、管委会党组书记、常务副主任闵师林召开专题会研究虹桥枢纽西交通中心大平台、会展中心二层连廊东延伸方案。

2017年7月4日，国务院安委会第七巡查组王力争司长一行6人，到虹桥商务区物流片区地块检查工地安全情况。

2017年7月19日，虹桥商务区开发建设指挥部常务副总指挥、管委会党组书记、常务副主任闵师林主持召开专题会研究商务区工程建设推进情况和核心区非机动车管理等工作。

2017年7月24日，时任上海市副市长时光辉，市政府副秘书长、虹桥商务区开发建设指挥部第一副总指挥黄融一行到虹桥商务区调研，指挥部常务副总指挥、管委会党组书记、常务副主任闵师林等参加调研。

2017年10月27日，虹桥商务区核心区（一期）07-2号地块金臣汇项目通过管委会竣工验收备案，嘉寓、嘉轩酒店即将投入使用。

2017年11月5日，首届中国国际进口博览会倒计时一周年启动仪式在北京和上海两地同时举行，标志着将于2018年11月在国家会展中心（上海）举办的中国国际进口博览会筹备工作进入全面推进的新阶段。时任上海市委副书记、市长应勇出席上海启动仪式并讲话。市政府常务副市长周波，指挥部常务副总指挥、管委会党组书记、常务副主任闵师林等出席仪式。

2017年11月9日，虹桥商务区核心区北片区08号地块虹桥嘉汇和尚品华庭项目全部通过管委会竣工验收备案，该项目总建筑面积约13.6万 m^2。

2017年11月24日，时任上海市副市长、虹桥商务区开发建设指挥部总指挥、管委会主任时光辉在市政府召开虹桥商务区开发建设指挥部工作会议。市政府副秘书长、虹桥商务区开发建设指挥部第一副总指挥黄融，指挥部常务副总指挥、管委会党组书记、常务副主任闵师林参加会议。会议明确，围绕2018年首届中国国际进口博览会的举办，虹桥商务区开发建设指挥部将按照市委、市政府的要求，全力协调推进五大方面、二十六项配套任务。